CLAUS JACOBI

Der Verleger Axel Springer

Eine Biographie aus der Nähe

Herbig

Für Sven

Besuchen Sie uns im Internet unter:
www.herbig-verlag.de

© 2005 by F. A. Herbig Verlagsbuchhandlung GmbH, München
Alle Rechte vorbehalten
Umschlaggestaltung: Wolfgang Heinzel
Umschlagbild: ullstein bild, Berlin
Herstellung und Satz: VerlagsService Dr. Helmut Neuberger
& Karl Schaumann GmbH, Heimstetten
Gesetzt aus der 12/15 pt New Caledonia
Drucken und Binden: GGP Media GmbH, Pößneck
Printed in Germany
ISBN 3-7766-2440-X

Inhalt

Die vier Jahreszeiten

Der Mann *20*
Der Verleger *32*
Der Patriot *41*
Die Hatz *48*

I
Der Frühling

Das Idol hieß Richard Tauber *65*
Hitler, Heirat und das erste Kind *71*
Kriegsausbruch *82*
Hans Zehrer und John Jahr auf Sylt *90*
Flucht in die Heide *97*

II
Der Sommer

»AS war ein Fluchttier« *112*

Begegnung im Walsertal *119*

Briefe aus Badenweiler *127*

Die weiße Hochzeitskutsche rollt *133*

Die neue Frau *138*

Bild wird erfunden *144*

Ein neues Flaggschiff *151*

Auf den Spuren Heiliger *158*

Von Christus zu Chruschtschow *168*

Der letzte Ullstein kam zu Fuß *178*

Auf Schwanenwerder ein weißer Springer *184*

»Noch so eine Scheidung und wir sind pleite« *191*

III
Der Herbst

Die Reise nach Jerusalem *213*

»Enteignet Springer!« *220*

Ein Konzern wird neu geordnet *236*

Das schönste Salatrezept *247*

Ein Stuhl blieb leer *253*

Er nannte sie »Schalom« *267*

IV
Der Winter

Die Stelle der Tapferen 289

Reise in die Vergangenheit 296

Die Burda-Söhne gehen an Bord 305

Das letzte Konzert auf Schierensee 318

Tage im Kloster 326

»Warum weinst du?« 336

Literatur 346

Danksagung 347

Bildnachweis 347

Personenregister 348

Die vier Jahreszeiten

Oh Jahreszeiten, oh Chateaux!
Welch' Seele wäre ohne Fehl.

Arthur Rimbaud

»Das Leben ist nichts als ein Weg, etwas zu werden«, schrieb Axel Springers Mutter ihrem Sohn zur Konfirmation in sein Gesangbuch.

»Kein einzelner Mann in Deutschland«, so befand Rudolf Augstein etwa 40 Jahre später über ihn, »hat vor Hitler und nach Hitler soviel Macht kumuliert, Bismarck und die beiden Kaiser ausgenommen.«

Und 1985 rief der damalige Kanzler Helmut Kohl in Berlins Gedächtniskirche Axel Springer nach: »Er war ein großer Deutscher.«

War er das?

Über wenige Menschen sind so viele Unwahrheiten verbreitet worden wie über Axel Springer, Lichtgestalt für die einen, Schurke für die anderen, Menschenfreund und Menschenverführer, Vorbild und Feindbild, umschmeichelt und geschmäht, im Positiven wie im Negativen meist aus der Froschperspektive beurteilt. Widersprüche umwuchern seine Figur.

Rudolf Augstein verfasste drei Titelgeschichten für seinen *Spiegel* über ihn. Veröffentlicht wurde keine. »Ich kriegte ihn nicht in den Griff«, gestand Augstein. Dennoch haben mehrere Autoren ein Buch über ihn gewagt. Gerhard Naeher schrieb die bisher umfassendste Biographie, Michael Jürgs die weitaus erfolgreichste.

Der Rhythmus des Jahres ist der Rhythmus eines menschlichen Lebens: werden, wachsen, welken und vergehen. Axel Springer hatte im Frühling seines Lebens die Freuden des Daseins genossen und im Sommer Ruhm und Reichtum erobert. Er wurde im Herbst zum bestgehaßten Mann der Republik und fand im Winter Frieden in Gott. Er war Kapitalist und Missionar. Sein Gespür für Geschäfte, Geschichte und Gefühle wurzelte im Grenzbereich des Genialen. Die *Sunday Times* zählte ihn 1971 zu den 20 einflußreichsten Menschen der Welt.

Ich kannte Axel Springer seit Mitte des letzten Jahrhunderts. Lange bevor ich in seinen Verlag eintrat, saßen wir eines Abends zu fünft im Klenderhof, seinem Gästehaus am Watt von Kampen, und spielten ein albernes Psycho-Spiel. Jeder hatte einen Zettel mit sechs Feldern vor sich, in denen jeweils ein geometrisches Zeichen eingetragen war, eine Senkrechte, eine Waagrechte, ein Punkt, ein Kreis, eine Diagonale und ein Oval. Unter Einbeziehung dieser Zeichen sollte man in jedes Feld zeichnen, was einem gerade einfiel.

Dann kam die Auflösung: Jede Zeichnung, die man angefertigt hatte, verriet angeblich etwas über den Charakter des Zeichners. Die mit dem Punkt: was er begehrt. Die mit der Diagonale: wovor er sich hüten soll. Die mit der Senkrechten: warum er geliebt wird.

Die Zeichnung, die man aus dem Oval fertigte, sollte preisgeben, wie man sich selber sah. Axel Springer hatte das Oval mit einer Stirnlocke und einem Schnurrbart versehen – die perfekte Hitler-Karikatur. Wir lachten und er am unbekümmertsten. Als »Gröfaz« war einst Adolf Hitler verspottet worden: »Größter Feldherr aller Zeiten«. »Grövaz« wurde später Axel Springer getauft: »Größter Verleger aller Zeiten«. Er hielt das für keinen ganz schlechten Witz.

»Wenn es die *Bild*-Zeitung damals gegeben hätte«, hatte Axel Springer zum ersten Bundespräsidenten Theodor Heuss gesagt, »wäre Hitler wahrscheinlich nie gekommen.« In der *Zeit* spottete ich darüber, als *Bild*-Verleger habe er dann erleben müssen, »daß er nicht einmal Willy Brandt stoppen konnte«. Daraufhin sagte er mir, ich wisse eben immer noch zuwenig über ihn, und holte mich in seinen Konzern.

An einem Mittag im Sommer besuchte ich ihn zum erstenmal in seinem Hamburger Haus am Falkenstein hoch über der Elbe. »Wo wollen Sie sitzen?« erkundigte er sich höflich: »Viel Licht? Wenig Licht?« Das hatte mich bis dahin noch kein Mann gefragt. Ich war unter irgendeinem Vorwand zu ihm gekommen, um eine unangenehme Affäre zu besprechen. Kaum hatte ich mich gesetzt und angefangen, von meinem Vorwand zu reden, da unterbrach er mich: »Und nun sagen Sie, Claus Jacobi, was Sie wirklich auf dem Herzen haben.« Er sollte noch oft meine Gedanken entziffern, es war so seine Art.

Als wir miteinander vertrauter waren, sprachen wir am Telefon über einen Hamburger Verleger und ehemaligen CDU-Politiker, der jahrelang auf allen linken und liberalen Hochzeiten getanzt hatte, inzwischen jedoch wieder Kommentare aus bürgerlich-konservativer Sicht verfaßte. »Im Alter werden die Huren fromm«, meinte Axel Springer. Ich lachte, weil es saß, aber auch weil der Satz aus dem Mund eines Mannes kam, der selbst erst nach recht lebenslustiger Jugend religiös geworden war. Meine Reaktion genügte meinem Gesprächspartner, um am anderen Ende der Leitung in Berlin zu wissen, was ich dachte. »So laut brauchen Sie nun auch wieder nicht zu lachen«, klang es aus dem Draht.

In seinem Berliner Verlagshaus an der Mauer zeigte er mir seine Bibliothek im 19. Stock. Er liebte diesen Raum von 300 Quadratmetern mit 3000 Büchern, dessen Holztäfelung zum Teil aus dem abgerissenen Gebäude von Londons ehrwürdiger *Times* stammte.

Außer seiner Noblesse spiegelte der Raum zwei Passionen Axel Springers wider. Er atmete den Geist von Preußen und von Israel. An der Wand hing ein Bronzerelief Jerusalems mit der Inschrift: »An Axel. Einem treuen Hüter der Tore Jerusalems.

In Freundschaft Teddy Kollek«. Ein Aquarell von Chodowiecki zeigte Preußens Friedrich zu Pferde; Glas schützte einen Originalbrief des Königs dicht daneben.

Bundespräsidenten und Bundeskanzler, Staats- und Regierungschefs, der Dalai Lama und der erste Mann auf dem Mond waren im Lauf der Jahre in der Bibliothek zu Gast. Die Prinzgemahle Englands und der Niederlande wärmten sich an den flackernden Kaminen. Aus den Fenstern hatten Karajan und Kokoschka, Ingrid Bergman und David Rockefeller auf die noch geteilte Stadt und den Todesstreifen zu ihren Füßen geblickt. Der Eindruck des Blickes war nachhaltig. »Dear Claus«, schrieb mir nach Springers Tod der 37. US-Präsident Richard Nixon, »ich erinnere mich an den Tag, an dem ich Axel Springer zum erstenmal traf. Er ... zeigte mir von seinem Büro in Berlin aus die Mauer.«

Zum zehnten Jahrestag des Falls der Berliner Mauer signierten ihre drei Zerstörer, Gorbatschow, Kohl und Bush, einen Zementbrocken aus ihr und deponierten ihn auf einer Fensterbank der Bibliothek. Siriusfern schien solches Geschehen, als Axel Springer mich Jahrzehnte zuvor durch den Raum führte – siriusfern für mich, nicht für ihn. »Die Einheit ist sowieso nicht aufzuhalten«, meinte er, obwohl außer ihm zu jener Stunde wohl kaum einer davon überzeugt war. Dann redeten wir vom Geschäft.

Als Terroristen sich an seine Fährte geheftet hatten und Leibwächter ihn umgaben, bestellte er mich in sein schmalbrüstiges weißes Haus am Neuen Jungfernstieg, das einzige private Wohnhaus an Hamburgs Binnenalster, besprach, was es zu besprechen gab, und bestand allen Protesten zum Trotz zum Abschied darauf, mich aus dem Wohnzimmer im zweiten Stock bis zum Ausgang im Erdgeschoß zu begleiten. Er öffnete mir die Haustür und sagte lächelnd: »Hinaustreten müssen Sie allein, in diesen bewegten Zeiten.«

Er war immer ängstlich, aber niemals feige. Wenn es darauf ankam, besiegte er seine Furcht. Aus Angst vor Entführung oder einem Angriff von Sowjets hatte er Fluchtwege, Fluchtkonten und Fluchttunnel eingerichtet. Doch als die Sowjets nach Berlin griffen und Scharen von Berlinern in den Westen flohen, da verlegte er seinen Wohnsitz in die eingeschlossene Stadt und zog sein Verlagshochhaus direkt am Todesstreifen wolkenwärts. Und mit erhobenen Fäusten ging er als alter Herr auf einen jungen Randalierer los, der ihm den Weg versperren wollte.
Mitte der siebziger Jahre hatte ich mir ein kleines Reetdach-Haus in Kampen gekauft. Sobald die Sonne hineinschien, war es voll. An einem eisigen Wintertag kam Axel Springer mit seiner Frau Friede und seinem Sohn Axel, um es sich anzusehen. Neugierig war er immer. Als er auf der Couch saß, dachte ich, daß es wohl doch keine so gute Idee gewesen sei, ihm vorzuschlagen, bei uns vorbeizuschauen. Denn was für ein Wort sollte er über meine Immobilie verlieren. »Das tollste Heim, was ich je gesehen habe«, hätte aus dem Mund eines Schloßbesitzers nicht sehr überzeugend geklungen. »Bescheiden, aber ganz gemütlich«, wäre eher wahr, aber nicht besonders höflich gewesen. Für Axel Springer war es kein Problem. Er streckte seine langen Beine vor den Kamin, sah aufs Watt, hob sein Glas und sagte: »Schöner muß der Mensch nicht wohnen.«
Als die Familie über meine vereisten Stufen aus alten Schwellen der Inselbahn wieder von dannen rutschte, kam sie an einem Prunkstück meines Nachbarn vorbei. Der erfolgreiche Gebrauchtwagenhändler aus Westberlin hatte neben dem Eingang seines Mallorca-Palastes die Replik eines achtarmigen Kandelabers vom Charlottenburger Schloß errichten lassen. Sie störte meinen Blick nicht sehr, doch sie störte.
»Kauf sie ihm ab«, sagte Axel Springer zu seinem Sohn im Vorübergehen.
»Und was soll ich mit dem Monstrum machen?« fragte Axel jun.

»Erster Preis in einem Preisausschreiben der *Berliner Morgenpost*«, antwortete der Vater.
Und so geschah es.
Bei einem Aufenthalt in London wohnten Axel Springer jun. und ich im Haus seines Vaters in der Upper Brook Street. »Gute Gegend«, sagte mein Freund Sefton Delmer, »vielleicht ein bißchen jüdisch.« Der Butler war ein Ex-Offizier der britischen Garde. Als wir uns nach drei Tagen verabschiedeten, gestand er, daß Axel Springer jeden Vormittag angerufen habe, um zu fragen, ob wir auch alles haben würden, was wir haben wollten. Als Gastgeber war er stets überwältigend.
In meinem Büro in Hamburg ging ein kontinuierlicher Strom schriftlicher Mitteilungen Axel Springers auf mich nieder: Briefe, Anweisungen und Anregungen, Briefe, Bitten und Botschaften, Briefe, Notizen und Kopien. Ich liebte die kurzen am meisten. »Seine Briefe sind das Schlimmste«, hatte Herbert Wehner einmal geknurrt. Briefe, meinen andere, seien Fenster zur Seele. Einige lassen sich öffnen.

Hamburg, 17. Juli 1976
»›Kann der Mensch 150 Jahre alt werden?‹ – es muß ja nicht Herbert Wehner sein –, aber das Thema reißt die Leser doch vom Schlitten.«

Oslo, 24. August 1978
»Aus einer norwegischen Zeitschrift schicke ich Ihnen ein Beispiel für Mode, wie ich sie mir in der ›WamS‹ vorstelle. Fragen Sie einmal Ihre Frau?«

Berlin, 4. September 1978
»Im Libanon werden die Christen gemordet. Der Westen tut nichts. Der Papst schweigt. Die Juden helfen. Tun wir genug?«

Berlin, 4. Januar 1979
»Mir wird speiübel bei der Feststellung, wie das vermeintlich reich gewordene Deutschland sich nur gequält um seine ehemalige Hauptstadt kümmert.«

Nachdem italienische Beamte in Sardinien im Gepäck von *Spiegel*-Herausgeber Rudolf Augstein Hasch gefunden und ihn vorübergehend festgenommen hatten, schrieb mir Axel Springer, in dessen Druckerei der *Spiegel* gedruckt wurde, 1979 aus Jericho: »Auf dem Zürcher Flughafen gab ich dem Beamten meinen Paß. Der suchte lange in dem Ausweis und fragte dann: Und wieviel Hasch haben Sie heute? Sehr wenig, war die Antwort des Druckers, der mit dem Verleger verwechselt wurde.« Das gefiel Rudolf Augstein, als ich es ihm erzählte, obgleich er es sonst nicht gern hatte, an den Zwischenfall erinnert zu werden.

Schierensee, 24. Juli 1981
»Von Mary und Ernst hörte ich, daß Sie mit Ihrem Jungen im Schierensee angelten. Warum schließen Sie mich aus, der ich doch auch wieder reite. Wäre ich Carter, würde ich sagen: reborn.«

Berlin, 12. September 1982
»Es ist sehr billig, für Freiheit im fernen Chile zu demonstrieren und die Sklaverei vor der eigenen Haustür zu vergessen.«

Schierensee, 30. September 1982
»Nach Amtsantritt besuchte mich [Hamburgs Bürgermeister] Dohnanyi und sagte u. a., Brandt sei für ihn der größte deutsche Politiker der Nachkriegszeit. Der Schierensee war zu weit weg, um mich in ihn zu stürzen. Am nächsten Tag traf ich Axels Lehrerin Loki Schmidt im Hamburger Rathaus und erzählte ihr

diese Geschichte. Sie sagte: Dies A., darf ich es Helmut sagen? ›Deshalb habe ich es Ihnen, liebe Frau Schmidt, erzählt.‹«
Dem Mann, der so dachte, sprach und schrieb, war auf Erden wenig fremd. Im April 1977 hatte der Bruder meines Freundes Gunter Sachs beim Skilaufen in einer Lawine sein Leben verloren. Axel Springers *Bild* kommentierte das Unglück unter der Überschrift »Playboy Sachs – verspielt bis in den Tod«. In einem »Offenen Brief an Axel Cäsar Springer«, den er als ganzseitige Anzeige veröffentlichte, antwortete Gunter Sachs:

> »Sehr geehrter Herr Springer ... Über den Tod meines Bruders berichtete Ihr *Bild:*
> ›Der Tote im Schnee ist an seinem Reichtum erstickt.‹
> ›Sein Leben und Sterben war wirklich nur eines Frage des Kontos.‹
> ›Er war kleiner als Gunter, hatte nicht dessen große Nase, dessen behaarte Brust und was sonst noch an ihm groß sein soll.‹
> Herr Springer, wir sind uns selten begegnet. Ich möchte Sie nie mehr wiedersehen.«

Axel Springer war in jenem Jahrzehnt Schlimmeres widerfahren. Sein Leben war bedroht. Er wurde von Demonstranten und Chaoten, Brandstiftern und Attentätern verfolgt und hatte gelernt, damit zu leben. »Die Hunde bellen, die Karawane zieht weiter«, sagte er. Nun bellte auch noch ein Sachs. Na und?
Indes, da war ein Unterschied. Etwas war anders. Daß Minister und Partei-Funktionäre, daß Randalierer, Intellektuelle und Sozialisten ihn anfeindeten, daran hatte Axel Springer sich gewöhnt. In einem Brief schrieb er mir dazu: »Wir sind Schreibtischtäter, Hugenbergianer, Faschisten und anderes mehr, so jedenfalls meinen einige ... Parteigenosssen. Ich habe mich merkwürdigerweise über diese Dinge nie erregt. Das liegt wohl

an dem Wissen darüber, daß Portiers grundsätzlich klobiger sind.«

Aber Gunter Sachs war kein Portier. Da lag das Problem. Er war ein wohlhabender Großbürger wie der Verleger, und es ging nicht um Politik, sondern um Anstand. »Ich fürchte, wir haben gefehlt«, sagte Axel Springer zu mir. Doch da war nun nichts mehr zu machen.

Sieben Jahre später kreuzte Gunter Sachs mit Familie und Freunden auf der »Alpega« im Juni durch die Ägäis. Wir liefen Mykonos und Santorini an, besuchten Stavros Niarchos auf Spetsopoula und machten an einem Freitag in Patmos fest.

Auf dem nur 40 Quadratkilometer großen Felseneiland, auf dem mein Verleger sein letztes und kleinstes Haus gebaut hatte, war nach der christlichen Überlieferung dem Apostel Johannes Gott erschienen. In zwei Taxis brachen wir in die Berge auf, zum Johanniskloster aus dem elften Jahrhundert und zu der Höhle, in der Johannes seine »Geheime Offenbarung« niedergeschrieben hatte.

Auf halbem Weg stoppte unser Führungs-Taxi, der einzige Mercedes der Insel, an einem hübschen Aussichtspunkt. Wir nahmen an, wir sollten die Gegend bewundern, und stiegen aus. Da brauste von hinten ein Fiat 500 heran und hielt. »Hallo, Claus Jacobi«, rief eine mir vertraute Stimme. Axel Springer und seine Frau Friede kletterten lachend aus dem Kleinwagen.

Sie reichten dem überraschten Sachs-Ehepaar die Hände. »Ich bin froh, Sie und Ihre Familie hier zu sehen«, sagte Axel Springer zu Gunter Sachs. Dann lud er uns alle für den nächsten Vormittag zu einem Glas Champagner ein, faltete seine lange Gestalt wieder zusammen und sauste im Mini-Fiat weiter (»Wir sind schon zu spät«), zu einer Verabredung beim Bürgermeister. Ich bin sicher, daß Axel Springer jeden Moment dieses zufälligen Zusammentreffens am vermeintlichen Aussichtsplatz geplant hatte. Er glaubte zwar an den lieben Gott, überließ aber irdische

Angelegenheiten nur ungern dem Zufall. Er hatte unsere Ankunft erfahren, denn der Mercedes, den wir nach dem Festmachen geheuert hatten, war von ihm gestiftet worden und besaß eine Sprechfunkverbindung zu seinem Haus.

Auch die Stätte der Begegnung war überlegt gewählt: nicht das Springer-Haus, nicht das Sachs-Schiff, sondern ein neutrales Territorium, auf dem sich niemand etwas vergeben konnte. Und die Einladung zum nächsten Tag gab Gelegenheit, über Nacht zu überdenken, ob man die so eingeleitete Versöhnung nach sieben Jahren besiegeln wollte oder nicht.

Gunter Sachs wollte, nicht zuletzt, weil seit dem Tod des Sachs-Bruders auch Axel Springers ältester Sohn sein Leben verloren hatte. So blickten wir am nächsten Vormittag vom Haus des Verlegers auf die Insel des Johannes, auf das Meer und die biblische Landschaft. Springer entschuldigte sich für *Bild*.

Wir sprachen über die Presse und über Freunde, über die Presse und über Feinde, über die Presse und über den Unfalltod von Marianne Strauß in der vorangegangenen Nacht. Während er mir anschließend sein Haus zeigte, meinte Axel Springer unvermittelt zu mir: »Ich sterbe noch als Pressefeind.« Sein Denken kreiste seit dem Fortgang seines Sohnes immer enger um den Tod.

Im Januar des nächsten Jahres schrieb er mir nach einer US-Reise über seinen inzwischen verstorbenen Vertrauten Matthias Walden: »Als wir in Key Biscayne bei Miami waren, machte Friede mich darauf aufmerksam, daß wir bei unserem letzten Aufenthalt in unserer dortigen Wohnung vor vier Jahren die Bilder von Axel rahmen ließen. Diesmal war Matthias Walden dran. Sic transit gloria mundi.«

Himmelfahrt jenes Jahres erinnerte Axel Springer, der dauernd etwas vergaß, aber nie etwas, was ihm wichtig war, mich brieflich noch einmal an unser Gespräch auf Patmos: »Als Ihre Frau, Sie und Ihre Freunde uns hier besuchten, machte ich einmal den

Hinweis, daß ich wohl pressefeindlich sterben würde. Ich meine damit nicht die Blätter unseres Hauses.«
Seine letzte handschriftliche Mitteilung an mich im Spätsommer bestand lediglich aus einem Satz: »Ich habe privat der ›Märtyrerkirche‹ 10 000 Mark überwiesen. Herzlichst Ihr Axel Springer.« Einen Monat später stand sein Herz für immer still.
Im Buch *Über den christlichen Gentleman* steht das Gleichnis: Ein Parvenü sei leicht zufriedenzustellen, aber es sei schwer, ihm zu dienen. Ein Gentleman sei schwer zufriedenzustellen, aber es sei leicht, ihm zu dienen. Ein solcher Mann war Axel Springer – mit allen seinen Fehlern. Es war ein Vergnügen, ihm zu dienen. Hassen konnte ihn wohl nur, wer ihn nicht kannte.

Der Mann

Wie bei allen außergewöhnlichen Menschen waren in Axel Springers Persönlichkeitsstruktur die Gipfel höher und die Schluchten tiefer angelegt als üblich. Sein Maß war das Übermaß, in Luxus, Leiden und Leistung, als Liebhaber, Unternehmer und Patriot.
»Axel Springer«, seufzte sein langjähriger Partner Karl Andreas Voß: »Ich liebe Sie. Ich bewundere Sie. Aber ich fürchte Ihre Maßlosigkeit.« Er verdiente mehr und verschenkte mehr als andere. Als er sich Zähne ziehen lassen mußte, ließ er sich alle ziehen. Wenn der Arzt ihm eine Pille verordnet hatte, schluckte er vier. Seine Erklärung: »Für mich gelten andere Gesetze.«
Sie galten seit seiner Kindheit. Seine Mutter hatte ihn vergöttert, verzogen und verhätschelt. Sie gab ihm das Gefühl, etwas Besonderes zu sein, Fundament seines späteren Sendungsbewußt-

seins. »Wenn man der unbestrittene Liebling der Mutter gewesen ist«, analysierte Sigmund Freud, »so behält man fürs Leben jene Zuversicht des Erfolges, welche nicht selten wirklich den Erfolg nach sich zieht.«
Axel Springer übernahm von seinem Freund Philipp Reemtsma die Weisheit: »Erfolg ist eine Eigenschaft.« Und danach zitierte er gern Luther: »Selbstbewußtsein und Demut schließen einander nicht aus, sie bedingen einander.« Die Spur, die Axel Springers Erfolge, Selbstbewußtsein und Demut auf Erden hinterließen, wurden Jahresringe deutscher Geschichte.
Wohl kein Deutscher hat nach dem Krieg erreicht, was er erreichte. Sein Lebensbogen stieg höher. Andere mochten mehr Geld angehäuft oder mehr staatliche Gewalt ausgeübt haben. Doch niemand kam ihm an Einfluß gleich. Kanzler und Kabinette waren gemessen an ihm vorübergehende Erscheinungen. Sie zogen an ihm vorbei. Und ihre Macht war nur entlehnt. Die Insignien ihrer Bedeutung waren lediglich auf Zeit gepachtet: Würde und Wichtigkeit, Spesen, Staatskarossen und rote Teppiche.
Ihm aber gehörte, worüber er verfügte. Er hatte erreicht, was für andere Sterbliche Endstation Sehnsucht war: Yachten und Jets, Mätressen und Schlösser, Vermögen und Ansehen. Seine Häuser waren so groß geworden, daß seine Ehefrauen Handtaschen darin trugen. Er sah nicht auf die Politiker herab, aber sie sahen zu ihm auf, je nach Partei oder Person voller Abscheu und Neid oder Ehrfurcht und Achtung.
Axel Springers Weg nach oben hatte sich fast spielerisch vollzogen. Vom Schicksal begünstigt, vom anderen Geschlecht umschwärmt, jung und gutaussehend, witzig, wohlerzogen und wohlhabend, schien ihm das sorglose Dasein eines Lieblings der Götter auf Seide bestimmt. Er lachte gern, Siege flogen ihm zu, Harmonie, Heiterkeit und Melancholie umspielten ihn.
Der Alte Fritz war sein Lieblingsheld, Matthias Claudius sein

Lieblingsdichter, die gefühlsbetonte Sprache des 19. Jahrhundert seine Diktion. Er liebte Romantik und las seinen Geliebten gern Rilke vor. »Weisheit und Liebe sind die Fittiche zu großen Taten«, lautete sein Motto.

Nach dem Zweiten Weltkrieg sollte sein Leben meist in extremen Bahnen verlaufen, selten im Normalbereich. Das Selbstbewußtsein der unter dem Sternzeichen des Stiers Geborenen zeichnete ihn dabei aus. Was immer er anpackte, gelang. Was immer er säte, erblühte. »Ich kann nicht nur Millionen, ich kann Milliarden machen«, hatte er als Jungverleger im Zimmer seines *Abendblatt*-Chefredakteurs Otto Siemer prophezeit. Konnte er nicht noch viel mehr? Auf dem Höhepunkt von kaltem Krieg und sowjetischer Machtentfaltung teilte er mit: »Ich werde Deutschland wiedervereinigen.«

Rudolf Augstein meinte damals zu ihm: »Axel, Sie können doch nicht im Ernst an die Möglichkeit einer Wiedervereinigung glauben.«

»Wissen Sie, Rudolf«, war die Antwort, »bisher ist noch immer all das eingetroffen, was ich mir wirklich gewünscht habe.«

Manchem mochte es erscheinen, als habe Axel Springer jede Bodenhaftung verloren. Aber er war ein Visionär. Und viele seiner Visionen, die zunächst eher auf einen Realitätsverlust hinzudeuten schienen, sind Wirklichkeit geworden – sogar die deutsche Einheit und der Untergang der Sowjetunion, wenn auch erst nach seinem Tod.

Zum Faszinosum dieses Charakters gehörten die Gegensätze, die er in sich vereinte. Mitleid und Selbstmitleid, Toleranz und Intoleranz lebten in seiner Brust einträchtig nebeneinander. Er war unbeherrscht, eingebildet und selbstsüchtig und zugleich gütig, großzügig und hilfsbereit. Er konnte behutsam und kalt sein.

Er ähnelte in vielen Zügen seines Wesens Englands großem Poeten Lord Byron, dessen Charakter vereinfacht so umrissen worden ist: eine zwiespältige Mischung aus männlicher Kraft und weiblicher Eitelkeit, aus demokratischer Gesinnung und elitärem Dünkel, aus weltschmerzlicher Pose und echtem Leid, aus hingebender Liebe und ausschweifender Sinnlichkeit. Und dazu eine Ladung Genie.

In Springers Konzern ging es Jahrzehnte zu, wie am Hof von Versailles. Die Mächtigen des Reiches stritten um den Platz an der Sonne und wurden von ihrem Souverän gegeneinander ausgespielt; nie sagte er einem alles. Höflinge buckelten rücklings aus seinem Arbeitszimmer. Ratgeber traten auf Zehenspitzen durch die Tapetentür und träufelten Gift in das Ohr der Majestät. Axel Springer vermochte Freunde und Frauen von einem Tag zum anderen fallen zu lassen wie eine heiße Kartoffel. Wenn er über einen Mitarbeiter urteilte, »Ich kann sein Gesicht nicht mehr sehen«, wurde der Unglückliche (bei gleichbleibenden Bezügen) aus seinem Blickfeld verbannt. Er konnte aber auch Dankbarkeit zu einem Menschen über Jahrzehnte in seinem Herzen bewahren, pflegen und immer aufs neue beweisen. Ambivalenz war Teil von ihm, wie Arm und Bein. Er reiste häufig nach Key Biscayne, wo er mehrere Apartment-Blocks besaß. »Ist es nicht herrlich«, sagte er am ersten Tag, wenn er ohne Bodyguards einen Einkaufswagen durch den dortigen Supermarkt schob: »Hier kennt mich keiner.« Doch genauso unverzichtbar waren für ihn Plätze, wo ihn jeder kannte.

Axel Springer war Ästhet. Schönheit zog ihn an, alles Ordinäre war ihm zuwider, fette Männer und Kommunisten zählten dazu. »Walter, du wirst fett«, rügte er seinen Freund Schultz-Dieckmann, als der es wurde, und seinen erwachsenen Sohn Axel mit Übergewicht mahnte er wie einen Zehnjährigen bei Tisch: »Iß nicht so viel.«

Sein Geschmack war erlesen. »Wäre er nicht Europas größter Verleger geworden«, sagte sein Alleinvorstand Peter Tamm, »hätte er jederzeit ein Vermögen als Inneneinrichter verdienen können.« Axel Springer legte Wert auf das Äußere, kleidete sich englisch, lässig, konservativ und hätte sich lieber den Magen verdorben, als mit einer gestreiften Krawatte zum karierten Jackett erwischt zu werden.

Auf Reisen bestand er in seinen bevorzugten Hotels – wie dem Zürcher »Dolder« – stets auf der gleichen Suite. Eine Extravaganz daheim war ein etwas teurer Champagner, den ihm seine Ärzte aus medizinischen Gründen verordnet hatten. Er habe, erzählte er mir, ihn nur einmal woanders angeboten bekommen: »Bei Albert Vietor, dem Gewerkschaftsboß.«

Manieren waren ihm wichtig, aber er hatte stets Verständnis, wenn jemand vor Ärger explodierte oder wie ein Bierkutscher fluchte. Das kannte er von sich selbst. Sein Jähzorn war gefürchtet. »Sobald er schlechte Stimmung hatte«, erinnert sich Erika Rüschmann, die ihm 18 Jahre lang als Sekretärin diente, »ging niemand freiwillig in sein Büro.«

Gattinnen, Kinder und Sekretäre fingen schon mal eine Ohrfeige ein. Er zerschmetterte einen Telephonapparat am Boden, weil ihm ein Gespräch nicht gefallen hatte, knallte im Palais Schaumburg Kanzler Adenauers die Tür, daß der Kalk rieselte, und hob in seiner Suite im Londoner »Savoy« einen Sessel hoch, um ihn voller Wut aus dem Fenster zu schleudern.

Seine Ausstrahlung schlug Männer und Frauen in den Bann, aber Frauen eben doch ein bißchen mehr. Seine Wirkung auf das schwache Geschlecht war bereits als Jüngling in des Wortes ursprünglicher Bedeutung häufig umwerfend gewesen. Die Aphrodisiaka Macht und Mammon verschlechterten seine Chancen nicht.

Die Zahl der Affären des fünffachen Ehemanns war dreistellig. Dabei erschien ihm die Reise oft so wichtig wie das Ziel. Er begehrte mit Vorliebe solche, die ihn begehrten. Er wollte geliebt werden. Er brauchte Bewunderung, um atmen zu können. Er war ein hochkarätiger Narziß. Die ganze Welt diente ihm als

Spiegel. Er verstand es, in viele Rollen zu schlüpfen, und probierte vor dem Spiegel so manche Geste aus – die des Dankes, des Unmuts oder der Andacht.

Seine Egozentrik war von Qualität. Schlechte Nachrichten – und sei es die Botschaft an die Ehefrau, daß er die Scheidung wolle – ließ er mit Vorliebe durch Dritte überbringen. Einer Gattin schrieb er: »Laß Dich nicht quälen und quäl' mich nicht durch Traurigsein ... Tschüß, meine Hübsche (Du wirst immer hübscher ... aber durch mich)«. Er war zuständig für Glück, Glanz und Gloria. Nach einem Vier-Augen-Gespräch mit einem Chefredakteur, das eigentlich dazu hatte dienen sollen, sich von dem Betreffenden zu trennen, entließ er den Beglückten als Redaktionsdirektor.

Wenn aber ein Licht neben Axel Springer allzu hell leuchtete, war er nicht amüsiert. So, als sein gutaussehender, hochgewachsener Privatsekretär Walter Schultz-Dieckmann in seiner Gegenwart im Rathaus versehentlich als Axel Springer begrüßt wurde. So, als Chefredakteur Peter Boenisch sich in Kampen auf einem Grundstück, das Axel Springer ihm geschenkt hatte, ein Haus bauen ließ, das größer war als das seines Verlegers. So, als sein Generalbevollmächtigter Christian Kracht mit einem Springer-Ableger in München eigene verlegerische Erfolge errang.

Schmeicheleien dagegen waren in Axel Springers Hofstaat nicht untersagt. Die meisten Schmeichler wurden von ihm zwar durchschaut, aber er ließ sie gern gewähren. Keine Schmeichelei, die er nicht schluckte, auch wenn sie – je höher er stieg – kaum noch zu verdauen war. »Springer, das ist Religion«, sagte sein Generalbevollmächtigter Christian Kracht. Springers Astrologin Ina Hetzel scheute nicht den Vergleich: »Mir erscheinen Sie wie ein Lichtstrahl von oben.« Und der große Violoncellist Mstislav Rostropowitsch nannte ihn in einem Brief »Ritter der Wahrheit und des Gewissens«.

Solche Komplimente wegzustecken, fiel Axel Springer leicht wie einer Diva. »Er war eine Frau in Männergestalt«, behauptete Peter Tamm. Er schien tatsächlich voll von weiblichen Hormonen. Seine Gestik war zuweilen so feminin, daß die Mär von seiner Homosexualität aufkam.

Herausragende Eigenschaften Axel Springers trugen weibliche Züge, von seiner Eitelkeit bis zu seiner Launenhaftigkeit, vor allem aber seine Sensibilität. Seine Antennen empfingen mehr als andere – sogar »die geheimsten Erwartungen seines Gegenübers«, meinte Peter von Zahn. Sie ließen ihn verschüttetes Talent erkennen, einen Feind wittern, Zeitströmungen ausmachen.

Er las Frauen ihre Wünsche von schweigenden Lippen ab, wußte, was Kerle im Schilde führten, wenn sie sein Zimmer betraten, ahnte, was die Masse wollte, bevor sie es selbst wußte. Er spürte, was andere Leute dachten, ablehnten oder begehrten, war es der Einzelne oder waren es Millionen.

Er war ein Magier der Menschenbehandlung. Er konnte (fast immer) bezaubern, wen er wollte, und vermochte (fast jedem) Besucher in wenigen Minuten das Gefühl zu geben, sein wichtigster Gesprächspartner des Tages zu sein. Sein Instinkt für andere Menschen machte Axel Springer anderen Menschen überlegen. Wenn es darum ging, Chefredakteure oder Dienstboten auszuwählen, kam ihm keiner gleich.

Alles, was in seinen Bann geriet, wußte er zu formen und zu biegen, bis es seinen Zielen diente. Zu jeder Jahreszeit seines Lebens wählte er die passende Frau: zwei überschäumende Temperamente für den Frühling, eine sonnengebräunte Olympia-Reiterin für den Sommer, eine damenhafte Erscheinung für den Herbst und eine liebende, wärmende Schönheit für den Winter. »Ich weiß, daß es ungeheuer schwierig ist, mit mir verheiratet zu sein«, sagte er, »aber ich glaube, daß es sehr angenehm sein muß, von mir geschieden zu sein.«

Seinen Kindern war er ein schlechter Vater. Er hatte nicht genug

Zeit für sie und steckte sie zu früh in teure Internate, seine älteste Tochter Bärbel nach Salem, seinen ältesten Sohn Axel nach Zuoz. Mit 38 Jahren beging dieser Sohn Selbstmord. In einer für die Nachwelt bestimmten Niederschrift von Axel Springer *Für meine Kinder und Kindeskinder* ist das Todesdatum aus Nachlässigkeit um einen Tag falsch angegeben.

Als Axel Springer – wie so häufig kränkelnd im Bett liegend – mit Vertrauten die Zukunft seines dritten Kindes »Lumpi« beriet, schlug sein Ratgeber Schmidt-Carell vor, den Jungen vielleicht ein Handwerk lernen zu lassen. Da richtete der Vater sich im Bett auf, fegte mit einer Handbewegung alle Medikamente, Pillen und Gläser vom Nachttisch und zürnte: »Was reden Sie da. Sie sprechen von meinem Sohn.«

Schmidt-Carell, einst Pressechef von Hitlers Außenminister, entgegnete, er habe sich von Ribbentrop nicht anschreien lassen, möchte das auch ungern in Zukunft erleben und schickte sich an, den Raum zu verlassen. Da erst lenkte Axel Springer ein. Seine heftige Reaktion war Ausfluß seines schlechten Gewissens gewesen. Er wußte, daß er als Vater gefehlt hatte. Doch wäre er ein besserer Vater gewesen, hätte er seinen Konzern sicher nicht bauen können.

Die Reichen, Starken und Gesunden müssen den Armen, Schwachen und Kranken helfen. Das war Axel Springers Glaubensbekenntnis. So würde jede Gesellschaft erblühen. So wurde er selbst zum größten Wohltäter im Deutschland seiner Zeit. Wo er Not begegnete, da half er. »Mir ist ein wenig Liebe von Mensch zu Mensch wichtiger als alle Liebe zur Menschheit«, entschied er.

Alten und Kranken beizustehen, war ihm Bedürfnis, Witwen und Waisen galt seine Hinwendung. Eine Notiz von ihm lautete: »K. ist ein alter Mann, der des Schutzes bedarf. Welch' Glück (unverdient) für mich, wieder etwas Glück stiften zu können!«

Kampens junger Briefträger Jürgen Kunz brachte eines Tages

Post in Springers Klenderhof am Watt. Wie üblich nahm er einen Moment Platz am Küchentisch bei seinem Freund, dem Hausmeister Sönksen, neben dem auch noch ein unbekannter Dritter saß. »Na, gibt's heute kein Bier?« fragte Kunz. Sönksen trat ihm unter dem Tisch ans Schienenbein. Da stand der Unbekannte auf und verbeugte sich: »Gestatten, Springer.«
Kunz erinnerte sich später: »Ich war schneller aus der Küche, als ich meine Mütze aufsetzen konnte.« Hausmeister Sönksen aber erhielt noch am selben Tag schriftliche Anweisung aus dem Verlegerbüro: »Bringt Briefträger Kunz Post, ist ihm morgens ein Bier, ein Kaffee oder ein Getränk seiner Wahl anzubieten.«
Jahre danach beging Hausmeister Sönksen Selbstmord durch Auspuffgase seines Wagens. Axel Springer tröstete die Witwe wie die Witwe eines Freundes. Er besuchte sie im Krankenhaus, er schrieb ihr aus dem Ausland. Kein Seelsorger hätte verstanden, ihr mehr Mut zuzusprechen, als er es vermochte.
Willi, der erste Fahrer Axel Springers, starb an Krebs in seinen Armen. »Und so«, erzählte sein früherer Mitarbeiter Otto Siemer, »war es auch bei seinem journalistischen Ziehvater Walther Hansemann. Wir alle waren Hansemann nah, wir alle hätten da sein können. Wir waren es aber nicht, sondern Springer, Springer war bei dem Sterbenden.«
Axel Springer finanzierte Kliniken, Parks und Lehrstühle, Kunstwerke und Wohnblocks. Er gab Millionen für Israel, Berlin und den Freikauf von Gefangenen aus der DDR. Er schenkte und schenkte und schenkte, Lebensrenten für alte Weggefährten, Geld für unschuldig ins Elend gerutschte Menschen, er schenkte Bücher und Pelze, Grundstücke und Häuser, Uhren, Bilder und Autos.
Nicht immer hatte jeder den Segen verdient, der auf ihn niederging. Axel Springer war Fan und Förderer des Berliner Fußballclubs »Hertha BSC«. Nach einer Niederlage suchte er die Mannschaft im Umkleideraum auf, um sie zu trösten. Was er

nicht ahnte: Die Elf hatte das Match gerade absichtlich und lohnend verloren.

Springers Blätter priesen Nächstenliebe. Er übte sie, nicht selten anonym. Für die Mitarbeiter seines Hauses sorgte er einmalig, bezahlte sie über Tarif, gab ihnen mehr freie Tage als üblich, bescherte ihnen teure Vergünstigungen. »Herr Springer«, sagte Deutschlands oberster Gewerkschafter Vetter zu ihm: »Für soziale Unternehmer wie Sie brauchte es keine Gewerkschaften zu geben.« Er genoß die Rolle, Menschen zu beglücken, und hatte mehr Möglichkeiten als andere, Gutes zu tun. Aber er tat es auch. »Wozu ist denn der Wohlstand da, wenn er nicht dem Wohltun dient«, meinte er.

Der Erfolg Axel Springers ist dabei von seinen Leiden nicht zu lösen. Von Geburt an wurde sein Dasein durch eine labile Gesundheit beeinflusst. Sie steigerte die Fürsorge seiner Mutter, bewahrte ihn vor dem Kriegsdienst und wirkte auf seine Anlagen ein. Er pflegte echte und eingebildete Krankheiten mit der Hingabe eines Hypochonders. Er ließ sich Frischzellen spritzen, wurde williges Opfer von Quacksalbern und floh vor unangenehmen Entscheidungen gern ins Krankenbett.

Erst als er weit über 50 Jahre alt war und sein Hamburger Freund Hubertus Wald ihn in die Mayo-Klinik in den USA geschleift hatte, entdeckten die Mediziner dort, daß ein Organ besonders tückisch falsch funktionierte: die Schilddrüse am Kehlkopf, die das vielseitige Hormon Thyroxin in das Blut abgibt. Ihre Überfunktion steigert den Stoffwechsel und führt zu Übererregbarkeit, Schlaflosigkeit und vermehrter Schweißneigung, zu nervösen und seelischen Störungen.

»Es drängt mich, Ihnen noch einmal Dank zu sagen«, telegraphierte Axel Springer nach seiner Heimkehr an den legendären Mayo-Arzt Dr. Richard F. Emslander: »Sie brachten mich durch Ihre Schilddrüsendiagnose auf den Weg zur Gesundheit.«

Axel Springers Zustand bescherte ihm abwechselnd Schübe depressiver Erschöpfung und brillante Phasen, in denen er sich Fremden, Freunden und Feinden weit überlegen erwies. »Manche nennen es Krankheit«, sagte mir sein Arzt Professor Wolfgang Horst in Zürich, der ihn nach der Mayo-Diagnose behandelte: »Man kann es so nennen. Manche nennen es Genie.« Werk und Schmerz Axel Springers waren untrennbar miteinander verwoben.

Sein Leben lang blieb dieser Mann ein Suchender. Ruhelos trieb es ihn von Ziel zu Ziel. Nachts, wenn der Schlaf ihn floh, wanderte er im Alter durch seine Schlafzimmer von einem frisch bezogenen Bett ins nächste, aß Kefir, bürstete sich kalt in der Badewanne ab und las und las und las und schluckte Schlafmittel.

Wie einst seine Mutter reiste er von Hotel zu Sanatorium, von den Bergen an die See, zog um und um und baute immer neue Häuser an immer neuen Plätzen in immer neuen Ländern. Er hatte Wohnsitze in Hamburg und Berlin, auf Sylt und in Schleswig-Holstein, in Gstaad und Klosters, in England, Norwegen und Amerika, in Israel und Griechenland. In Hamburg allein unterhielt er zeitweise neun Villen und Wohnungen.

Rastlos war er. »Nur Tiere schlafen acht Stunden«, sagte er seinem Sohn »Lumpi«. Er wusch seine Hände in Ungeduld. Seine letzte Frau Friede lernte Dutzende wichtige und unwichtige Telephonnummern auswendig, weil er ausrasten konnte, wenn er warten mußte, bis eine Nummer aus einem Buch herausgefunden war.

Nach langer Suche war in seinem letzten Lebensjahr die Malerin Ulrike Borchardt ausfindig gemacht worden, um ein Porträt von Axel Springer anzufertigen. In welcher Jahreszeit sollte die Künstlerin mit dem großen Werk wohl am besten beginnen? »In einer Stunde«, entschied Axel Springer.

Rastlos auch seine Jagd nach dem Unerklärlichen. Alles Übersinnliche faszinierte ihn. Er nahm in frühen Jahren an spiritistischen Sitzungen teil, ließ sich von Rutengängern gegen schädliche Erdstrahlungen abschirmen und legte Aluminiumfolie auf Hinterkopf und Nieren, um Kraft aus dem Kosmos zu beziehen. Astrologen befragten für ihn über Jahre täglich die Sterne und nannten günstige Termine für den Start neuer Blätter und neuer Ehen.

Genauso rastlos war später seine Suche im spirituellen Raum. Er hatte messianische Visionen und fühlte sich stigmatisiert. Zunächst schien es, als fahnde er nur nach einer Abkürzung des Pfades zum lieben Gott, auf die sein Ego Anspruch erhob. Aber je älter er wurde, desto mehr legte er jede Überspanntheit ab, desto intensiver beschäftigte er sich mit der christlichen Religion.

»Für mich«, schrieb er 1969 an den Chefredakteur seines *Hamburger Abendblatts,* Martin Saller, »ist das Gute, das überall in der Welt vorhanden ist, der Nachweis für die Gegenwart Gottes und das Böse in der Welt der Hinweis auf die Existenz des Teufels.«

Er ließ keine Zweifel aufkommen, wer von den beiden das Glück hatte, ihn auf seiner Seite zu finden. Kaum eine Rede, in der er nicht an Gott erinnerte. Gern ließ er sich mit andächtig aneinandergelegten Händen fotografieren. In seiner Frömmigkeit steckte zuweilen ein Hauch Bigotterie.

Nach dem Freitod seines ältesten Sohnes 1980 machte Axel Springer sich Selbstvorwürfe und sein Lebenswille verfiel, doch zugleich vertiefte sich sein Glaube. Er wurde ein frommer Mann, spürte Trost in Bibel und Gebet. »Mein Gott, gibt's überall viel Leid«, schrieb er mir.

Immer häufiger sah er vor seinem Schlafzimmer auf Schierensee zum »Schmerzensmann« von Lukas Cranach empor, immer häufiger reiste er nach Patmos, wo Gott Johannes die Apokalypse offenbart hatte und auch Axel Springer Stimmen von oben zu

hören glaubte. Der Ruhelose fand endlich Ruhe. Er zog Bilanz:
»Was für ein Segen ist es doch, daß ich über Jahre hinweg machen konnte, was mein Herz mir befahl, das heißt: der Herrgott mir befahl.«
Er war bereit, vor seinen Schöpfer zu treten.

Der Verleger

Wie wohl kaum ein anderer wußte Axel Springer um den Januskopf der Medien. Sie tun Gut und Böse in einem Atemzug. Sie formen den Geschmack der Massen und sie werden von diesen geformt. Und wie wohl kaum ein anderer wußte Axel Springer um die Rolle der Medienmogule in dem Spiel. Sie alle predigten Moral, die – von kleineren Geistern verkündet – leicht wie Hypokrisie hätte wirken können. Sie alle waren, wie einer von ihnen (Howard W. Scripps, USA, 23 Zeitungen) es formulierte, bereit, für »die armen Massen« alles zu tun, »außer wie sie zu leben«. Sie alle errangen durch eben diese Massen beträchtliche Macht.
Der Besitz von Macht ist in der Geschichte jenen, die sie besaßen, wieder und wieder zu Kopf gestiegen – bis hin zu Größenwahn und Gottesgnadentum. Auch Pressekönige neigten dabei dazu, die eigene Macht zu überschätzen. Die Versuchung, der sie ausgesetzt sind, war stets die gleiche: Sie verwechselten leicht ihre Möglichkeit, Geschehnisse zu Schlagzeilen machen zu können, mit der Möglichkeit, die Geschehnisse selbst machen zu können.
Von allen reichen Leute schnappten deshalb Zeitungszaren im letzten Jahrhundert wohl am häufigsten über. Die meisten waren normal, aber man konnte sich des Eindrucks schwer erwehren,

daß sie ein bißchen normaler hätten sein können, in welchem Land auch immer sie der Massenpresse den Weg gebahnt hatten:
- Der Engländer Alfred Charles William Harmsworth (1865–1922), dem die *Times* gehörte, schuf die *Daily Mail* als erstes Massenblatt. In seinem Badezimmer stand ein Aquarium mit einem Hecht und einem Goldfisch, und wann immer ihm danach war, zog er die Trennscheibe zwischen den beiden hoch, um zu sehen, was passierte. Er wählte als Adelsnamen den Titel Lord Northcliffe, damit er seine Befehle fortan mit einem großen »N« unterzeichnen konnte – wie Napoleon.
- Der Amerikaner William Randolph Hearst (1853–1951), der von goldenen Tellern aß und aus Pappbechern trank, war das Vorbild für *Citizen Kane*. Während der kubanischen Auflehnung gegen die spanische Kolonialherrschaft um die Jahrhundertwende entsandte er für seine 27 Blätter den großen Zeichner Frederic Remington zur Schlachten-Illustrierung auf die Zuckerinsel. Schon bald bat Remington zurückkehren zu dürfen, weil er sich langweilte, kein Krieg in Sicht war und »alles ruhig« sei. »Bitte bleiben«, kabelte ihm Hearst zurück: »Sie liefern die Bilder. Ich liefere den Krieg.«
- Der Deutsche August Scherl (1849–1921) errichtete mit dem *Berliner Lokal-Anzeiger, Die Woche* und *Die Gartenlaube* das Imperium, das später Hugenberg übernahm. Nach dem Tod seiner ersten Frau erblickte er 1885 das Gemälde »Die Schützenkönigin« von Franz Defregger. Modell war die etwa zwanzigjährige Tischlertochter Therese Zöttl gewesen. Ohne sie je lebend gesehen zu haben, setzte sich Scherl in seinen Sonderzug, fuhr nach Tirol und hielt bei den Eltern um ihre Hand an. Sie wurde ihm eine gute Frau.

Sein unvergleichlicher Aufstieg ließ es auch Axel Springer normal erscheinen, nach den Sternen zu greifen, privat, religiös, politisch und als Verleger. War er nicht ausersehen Großes zu vollbringen? Er wußte besser als alle anderen, was die Menschen wollten. Sie hörten auf ihn. Sie sprachen ihm jeden Tag ihr Vertrauen aus – durch die Abstimmung am Kiosk.

»Unter den deutschen Verlegern der Nachkriegsjahre«, schrieb H.-G. von Studnitz, »nimmt sich Axel Springer aus wie der Mount Everest unter Schwarzwaldbergen.« Mit dem freien Wort veränderte Axel Springer nicht nur die eigene Welt. Er prägte Züge der Republik. Das journalistische und das unternehmerische Ingenium des Verlegers hielten sich dabei die Waage. Als Journalist erfand er Blätter neuen Typs, wie es sie nie zuvor in Deutschland gegeben hatte. Als Unternehmer gelang ihm durch raffinierte Manöver Kauf und Übernahme von Konkurrenten, Titeln und Verlagen.

So schuf er einen Konzern mit 12 000 Mitarbeitern, mit den modernsten Druckereien des Kontinents und mit 36 Zeitungen und Magazinen, darunter Europas seinerzeit größte Zeitschrift *HörZu!* und Europas größte Tageszeitung *Bild*.

Andere Verleger hielten und halten Blätter für gut, die schwarze Zahlen schreiben, und Blätter mit roten Zahlen für schlecht. Axel Springer pflegte zu wissen, wenn ein Blatt trotz schwarzer Zahlen gefährdet und ein Blatt trotz roter Zahlen auf dem richtigen Weg war. So wuchs sein Haus und wuchs und wuchs.

Seine Feinde warfen ihm Mißbrauch seiner Macht vor. Die Existenz seines Konzerns gefährde die Presse-Vielfalt. Er manipuliere mit seinen Blättern die öffentliche Meinung. In seinen Zeitungen würden Nachrichten vorsätzlich verfälscht. Er oktroyiere den Massen seine Meinung.

Axel Springer sah es anders. Die Menschen konnten wählen, was sie kaufen wollten. Sie kauften seine Blätter freiwillig, weil sie ihnen gefielen. Er vermochte es ihnen nicht zu befehlen. Sollten doch die anderen Verlage attraktivere Produkte herausbringen. Ziele, Moral und Methoden seiner Blätter waren gewiß nicht verwerflicher als diejenigen anderer Häuser. Und warum konnte er nicht – genau wie Augstein und Nannen, Burda oder Bucerius – mit jenen Mitteln seine Meinung verbreiten, die ihm zur Verfügung standen und die er sich geschaffen hatte? Nur weil er mehr geschaffen hatte als andere oder weil er ein Sendungsbewußtsein verspürte?

»Es ist meine Überzeugung«, sagte er, »dass ein Zeitungsverleger kein Recht hat, politisch teilnahmslos zu sein.« Zugleich mahnte er den Kölner Verleger Alfred Neven DuMont brieflich: »Ich glaube, daß, wenn nicht ein Minimum von Ethos von allen angestrebt wird, wir eine Schuld auf uns nehmen, die wir nicht tragen können.«

Axel Springers Credo lautete: »Verleger sein heißt eine öffentliche Aufgabe zu erfüllen, nicht Gewinn zu maximieren« – obgleich ihm lange Zeit auch darin niemand gleichkam. Geld war jedoch für Axel Springer immer in erster Linie Mittel zum Zweck. Geld war ihm stets wichtig, doch wurde es nie sein Götze. »Der schmerzlichste Gedanke ist, daß ich eines Tages wieder arm werden könnte«, hatte er als junger Unternehmer gemeint. Statt dessen wurde er immer reicher. »Ich liebe das Geld, weil es Freiheit mir bringt«, hatte Fritzi Massari in den Roaring Twenties seiner Jugend gesungen. Noch ein halbes Jahrhundert später summte Springer den Refrain. Genau das war es, was auch er am Geld schätzte. Geld bedeutete für ihn Freiheit.

Während der Verhandlungen über den Kauf des Ullstein-Verlages in den fünfziger Jahren gab Frederick Ullstein ihm den Decknamen »Midas«, nach dem Sagen-König, der zu Gold verwandelte, was er anfasste (auch wenn ihm schließlich Eselsohren wuchsen).

Als es galt, im Konzern eine unangenehme Personalangelegenheit zu erledigen, entschied Axel Springer: »Geben wir ihm doch, wovon wir am meisten haben – Geld.« Und während der Verwalter seines Privatvermögens auf Gut Schierensee mit einem Taschenrechner vor ihm saß, flüsterte Axel Springer seinem Ver-

trauten Paul Schmidt-Carell zu: »Bring' mir den Mann vom Hals. Er macht mich noch wahnsinnig mit meinem Geld.«
Die meisten seiner großen Entscheidungen, die ihn zum reichen Mann machten – wie die Gründung vom *Hamburger Abendblatt*, die Gründung von *Bild* oder sein Engagement in Berlin –, widersprachen unter den gegebenen Umständen jeder wirtschaftlichen Vernunft. Er hatte für sie nicht genug Geld oder riskierte zuviel bei zu geringen Chancen. Er aber folgte nicht der Logik, sondern seinem Gefühl – und erzielte jedes Mal Volltreffer.
Das Vertrauen in seine Intuition verließ ihn auch auf dem Höhepunkt seines Erfolges nicht. Bei der Präsentation eines neuen Projektes seines Hauses im Kampener Klenderhof in den siebziger Jahren blätterte Axel Springer interessiert in der ihm vorgelegten Probenummer eines neuen Magazins, lobte hier, lobte dort. »Und das Beste ist«, platzte der zuständige Verlagsmanager heraus, »daß wir Ihnen den Erfolg ausrechnen können.« Da drückte Axel Springer ihm das Dummy wieder in die Hand: »Dann nehmen Sie's mit zurück nach Hamburg. Rechnen können die bei Gruner + Jahr genauso gut wie wir.«
Der langjährige Chefredakteur des *Hamburger Abendblattes*, Otto Siemer, einer der Mitarbeiter der ersten Stunde, hat Axel Springer in den Aufbaujahren hautnah miterlebt. »Er besaß ein natürliches Talent zur Menschenführung. Er konnte mitreißen und begeistern. Die Leute, die ihn umgaben, die hat er mühelos veranlaßt, seine Führungsrolle anzuerkennen, mühelos. Seine eigene Arbeitsleistung ließ sich nie organisieren. Aber er war immer und unentwegt der große Anreger. Von ihm kamen die Anregungen, auf die sonst niemand verfallen wäre, ausgeführt wurden sie dann von anderen. Kein Mensch hat den ganzen Bogen, sagte er immer. Doch ohne ihn hätten das *Hamburger Abendblatt* und *Bild* nie geschaffen werden können.«
Er war in jenen frühen Jahren ein Workaholic. Er litt, wenn Mitarbeiter sich ins Wochenende verabschiedeten, und ihn grauste

vor drei freien Weihnachtstagen, wenn er nichts bewegen konnte. »Wenn du einmal Erfolg hast, kann es Zufall sein«, sagte er: »Wenn du zweimal Erfolg hast, kann es Glück sein. Wenn du dreimal Erfolg hast, so sind es Fleiß und Tüchtigkeit.« Geschäftsessen oder Diners waren für ihn Zeitverschwendung. Seine wichtigste Mahlzeit war das Frühstück im Bett – mit einem Dutzend Zeitungen.

»Er war von ungeheurer Dynamik«, berichtete Otto Siemer. »Und wenn er ermüdete, war sogar das bei ihm anders als bei anderen. In einer langen Konferenz konnte es geschehen, daß er nach zwei Stunden oder so völlig absackte und nur noch dabeisaß, fast schlafend, so daß man schon glauben konnte, jetzt ist es zu Ende. Aber plötzlich sprang er wieder hinein. Und in der Zeit des scheinbaren Abgeschaltethabens hatte er möglicherweise eine Kehrtwendung vollzogen. Dann wischte er alles weg, was vorher schon beschlossen schien. Dann ging es plötzlich in eine neue Richtung von vorne los.«

»Der Bequeme hatte bei ihm keine Chance«, rief sein Majordomus Peter Tamm seinem Chef Axel Springer nach: »Fleiß, Fleiß und nochmals Fleiß – das war sein Motto. Nur wer ›brenne‹, der habe den Beruf des Journalisten begriffen, impfte er uns ein und lebte es uns vor.«

In seinem Unternehmen, so betonte Axel Springer wieder und wieder, sei der Journalist »der erste Mann im Haus«. Alle anderen Bereiche – ob Anzeigen, Vertrieb, Technik oder Marktforschung –, alle hatten sich dem Journalismus unterzuordnen. Von ihm allein hingen letztendlich Anzeigen, Auflagen und Erlöse ab. Auf das Produkt kam es ihm an, das Produkt war der Kern des Geschäfts, das Produkt entschied über Größe und Bedeutung des Hauses.

Der Verlag habe dafür zu sorgen, sagte Axel Springer, daß die Redakteure morgens einen Block weißes Papier und gespitzte Bleistifte vorfänden. Seinen kaufmännischen Nachwuchs rekrutierte er aus dem Journalismus. Wer Verlagsleiter oder gar eine höhere Position anstrebte, mußte Redakteur gewesen sein. Das gab es in keinem anderen Presseverlag. Selbst Springers Generalbevollmächtiger Christian Kracht und Springers Alleinvorstand Peter Tamm hatten in der Redaktion des *Hamburger Abendblattes* begonnen.

Als Axel Springer feststellte, daß im Casino seines Hamburger Hochhauses mittags nahezu ausschließlich Verlagsmanager speisten, ließ er im 18. Stock seines neuen Berliner Verlagshauses einen eleganten Presseclub einrichten, der nur für seine Journalisten bestimmt sein sollte. Die besten unter ihnen erhielten in der Zeit der Blüte Gehälter wie Vorstände der Deutschen Bank. Sein Butler Heinz hatte die Anweisung, bei Anrufen aus dem Verlag nur Chefredakteure sofort zu ihm durchzustellen.

Axel Springers Leidenschaft waren Zeitungen, mehr als Zeitschriften. Er liebte es, seinen Freund, Englands Pressekönig Cecil King, zu zitieren: »Die Aktualität ist der Pulsschlag der Presse. Deshalb haben Zeitschriften einen relativ niedrigen Blutdruck.« Selbst beiläufige Bemerkungen Axel Springers ließen ahnen, warum er der Branche stets um Längen voraus war. Anfang der siebziger Jahre gab es in Zeitungen keine Farbe. »Farbe überall ist für das Überleben unserer Blätter Voraussetzung«, sagte er mir dazu nur kurz. Beim Thema Pressekampagnen gab er zu bedenken: »Kampagnen können nützlich sein. Aber man sollte einigermaßen sicher sein, daß man gewinnt. Leser mißtrauen Verlierern.« Über *Bild* bemerkte er: »Nie dürfen wir den Preis so erhöhen, daß sich ein billigeres Blatt drunterschieben kann, nie, nie, nie. In England ist das viermal passiert, erst mit der *Daily Mail*, dann mit dem *Daily Express* und schließlich mit dem *Daily Mirror* und der *Sun*.«

»Blick' auf zu den Sternen, hab' acht auf die Gassen«, dieses Wort Wilhelm Raabes hatte Axel Springer für seine Blätter verinnerlicht. Als die Menschen auf dem Mond landeten, ließ er auf Seite eins von *Bild* das »Abendlied« von Matthias Claudius veröffentlichen: »*Der Mond ist aufgegangen ...*«

»Wir müssen den Menschen wohltun, sie unterhalten, ihnen den Alltag erleichtern«, predigte er seinen Redakteuren nach dem Krieg wieder und wieder. Rudolf Michael, unter dem *Bild* von 300 000 Exemplaren auf fast drei Millionen anstieg, erinnerte sich an jene versunkene Zeit: »Er hatte eine ausgesprochene Abneigung gegen alles Politische. Die allgemeine Enttäuschung über das NS-Debakel sei so groß, daß das beim Aufbau einer Zeitung berücksichtigt werden müsse.«

Aber auch noch 1973, als Axel Springer längst die Politik entdeckt hatte und Bomben in seinem Verlag explodiert waren, sagte er auf einem Treffen mit *Bild*-Redakteuren im Hamburger Hotel »Intercontinental«: »Wenn Sie mich zum Schluß noch fragen, ob ich ein erfolgreiches Rezept wisse, bin ich heute abend so mutig, es auszusprechen ... Neben der Nachricht, neben der Politik, dem Crime und dem offensichtlich notwendigen Sex wünsche ich der *Bild*-Zeitung – nun erschrecken Sie nicht – ein bißchen mehr Herz, ein bißchen mehr Gefühl und ein bißchen mehr Liebe.«

Früher als alle anderen Verleger hatte Axel Springer vor Anbruch des optischen Zeitalters die Bedeutung des Bildes erkannt. Aus den Erinnerungen von *Abendblatt*-Chef Otto Siemer an die erste Nachkriegszeit: »Er war der Auffassung, daß sich der Mensch immer mehr zum Augenmenschen entwickele, daß er seine Informationen immer mehr mit dem Auge aufnehme und daß das Bild in der Zeitung darum eine andere Rolle spielen müsse als früher.«

Aus den *Zahmen Xenien* von Johann Wolfgang von Goethe grub Axel Springer acht Zeilen aus, in denen der Geheimrat seherisch vorweggenommen hatte, vor welchem Problem diejenigen stehen würden, die mit dem gedruckten Wort gegen laufende Bilder konkurrieren wollten:

Dummes Zeug kann man viel reden,
Kann es auch schreiben,
Wird weder Leib noch Seele tödten,
Es wird alles beim Alten bleiben.
Dummes aber vor's Auge gestellt
Hat ein magisches Recht:
Weil es die Sinne gefesselt hält,
Bleibt der Geist ein Knecht.

Schon 1952, als das Fernsehen noch in Babyschuhen steckte, gründete Axel Springer darum *Bild* als vorweggenommene »gedruckte Antwort auf das Fernsehen«. Dann schickte er sich an, direkt nach dem Medium TV zu greifen. »Für einen Fernsehsender würde ich meinen ganzen Verlag hingeben«, sagte er zu seiner letzten Gattin Friede.
Auch auf jenem Gebiet hätte ihm wohl kaum jemand den Sieg streitig machen können. Doch als das Privatfernsehen schließlich startete und der Springer-Verlag einen Anteil an »Sat 1« besaß, da war es zu spät. Axel Springer hatte nur noch ein Jahr zu leben. Er starb für sein Haus zu früh mit 73 Jahren, nur so alt wie Konrad Adenauer war, als er seine vierzehnjährige Kanzlerschaft begann.
Im Lauf seines Daseins als Verleger hatten sich die Schwerpunkte von Axel Springers Interesse verlagert. Im ersten Jahrzehnt nach dem Krieg hatte er jeden Reporter und Setzer beim Vornamen gekannt. Er war der Boß, aber einer von ihnen. Jeder konnte jederzeit zu ihm. Als sein Haus wuchs, war das naturgemäß nicht mehr möglich.
Eine Art Hofstaat, der sich langsam um ihn bildete, verschärfte die Entwicklung. Vertraute umgaben ihn und riegelten ihn ab, um ihre eigene Position aufzuwerten. Gleichzeitig nahm das Einwirken des Verlegers auf gewisse Bereiche ab. Hatte er in den Gründerjahren Busineß und Jounalismus die gleiche Aufmerk-

samkeit geschenkt, so überließ er nun das Alltagsgeschäft immer mehr dem Management.

Der Generalbevollmächtigte Christian Kracht gab in dieser Zeit dem Verlag erste Konzernstrukturen, der Alleinvorstand Peter Tamm vollendete sie. Der Konzern begann ein Eigenleben zu führen. Das machte den Eigner zwar täglich wohlhabender, interessierte ihn aber nicht mehr in allen Einzelheiten, und er machte sich sogar gern lustig über das, was er nun als typische Konzernprodukte ansah: »Druckerei-Großanlagen oder Minus machende Klein-Zeitschriften«. In beide könne er sich nicht »verlieben«, schrieb er mir. Bei der Einweihung seiner neuen Druckerei in Hamburg-Ahrensburg seufzte er: »Mein Gott, das gehört mir nun auch noch.«

Nach dem Tod seines Sohnes hing ihm der Konzern wie ein Mühlstein am Hals. Als das Vorstandsmitglied Liesner ihm eines Tages neuerworbene Grundstücke für einen Erweiterungsbau des Verlagshochhauses in Hamburg zeigte, legte ihm Axel Springer die Hand auf die Schulter und sagte: »Das ist mir alles fremd geworden.«

Der Patriot

Der Aufbau seines Imperiums hatte Axel Springer Spaß gemacht. Das war die Kür gewesen. Dann kam die Pflicht. Er wurde zum politischen Verleger. Qualität und Quantität seines Hauses hätten ihm früher oder später ohnehin keine Wahl gelassen. Doch er schlug den steinigen Weg freiwillig ein. Einige seiner frühen Ansichten und Wesenszüge gingen dabei über Bord. Alles, was den Pressezaren fortan in seiner neuen Rolle auszeichnen sollte, war ihm in der Zeit des Aufbruchs fern gewesen.

Er hatte sich weder für Religion noch für Politik, weder für die deutsche Einheit noch für Israel besonders interessiert. Das Geschehen jenseits des Geschäfts hatte ihn kalt gelassen, wie der Kuß einer Tante. »Ich hatte jahrelang nicht rechts und nicht links geguckt und nur an den Ausbau unseres Hauses gedacht«, notierte er selbst.

Politik hielt er in seinen Anfängen eher für geschäftsschädigend. Als die Engländer in ihrer Besatzungszone ausschließlich Parteizeitungen zulassen wollten, zog er seinen Lizenzantrag für eine Tageszeitung wieder zurück. »Die Menschen haben nach dem Tausendjährigen Reich von der Politik erst einmal die Nase voll.« Da war er sicher.

Zumindest zwei Ratgeber im Stab Axel Springers hatten enge Bindungen an das versunkene NS-Regime gehabt: Ribbentrops ehemaliger Pressechef Paul Schmidt, der unter dem Pseudonym Paul Carell nach dem Krieg den Bestseller *Unternehmen Barbarossa* schrieb, und der ehemalige SD-Referent im Reichssicherheitshauptamt, SS-Hauptsturmführer Horst Mahnke, der vom *Spiegel* kam.

Axel Springer störte sich nicht an ihrer Vergangenheit. Seine Einstellung gegenüber ehemaligen NS-Angehörigen entsprach dem Geist der Nachkriegszeit: Wer für Alliierte oder deutsche Behörden als »entnazifiziert« galt, konnte alles werden (sonst wären die meisten Deutschen auch arbeitslos gewesen).

Konrad Adenauer sprach aus, was die Mehrheit der Deutschen damals empfand: »Es wird Zeit, daß wir mit der Nazi-Riecherei aufhören.« Hans Globke, Herausgeber des Kommentars zu den Nürnberger Rassegesetzen, war sein Staatssekretär. Und ehemalige NSDAP-Mitglieder wurden Außenminister, Kanzler und Bundespräsident.

»Hat denn Herr Springer überhaupt politische Ansichten«, fragte in den fünfziger Jahren Konrad Adenauer den *Spiegel*-Chef Rudolf Augstein. Augsteins Antwort ist nicht überliefert. Aber zu

einem Freund meinte er, der für sich selbst in Anspruch nahm, bis zum Kriegsende keine Kenntnis von Auschwitz gehabt zu haben, über Axel Springer: »Glaub' ja nicht, daß der im Jahr 1954 das Wort Auschwitz schon einmal gehört hatte.«
Noch 1957 sah Axel Springer in seinem ersten Gespräch mit seinem späteren Vertrauten Ernst Cramer »gefährliche« amerikanische Einflüsse in Deutschland, die zurückgedrängt werden müßten, und er sprach von Möglichkeiten eines »dritten Weges« unabhängig von Amerikanern und Sowjets.
Anfang der sechziger Jahre hatte Axel Springers Mitarbeiter Peter Boenisch Mühe, seinen Verleger zu überreden, nicht bei pazifistischen Ostermarschierern mitzulaufen, und ihm ein Aschenkreuz abzureiben, das er sich dafür schon auf die Stirn gemalt hatte.
Auch Axel Springers Beziehungen zu den politischen Parteien entsprachen nicht den Klischeevorstellungen späterer Jahre. Wenn er nach dem Krieg überhaupt einer Partei näherstand, dann war es die SPD mit ihren großen Bürgermeistern – in Hamburg Max Brauer, in Berlin Ernst Reuter und in Bremen Wilhelm Kaisen. Axel Springer: »Das waren natürlich Vorbilder und Idole.«
Mit Sozialdemokraten bereitete er seine Reise nach Moskau zu Chruschtschow 1958 vor. Bis zum Mauerbau 1961 war er mit Berlins SPD-Bürgermeister Willy Brandt befreundet. 1965 setzte er erfolgreich die Kraft seines Hauses ein, um Herbert Weichmann in Hamburg zum SPD-Bürgermeister wählen zu lassen.
Nicht gerade feindselig verliefen auch seine Beziehungen zu amtierenden und ehemaligen SPD-Kabinettsmitgliedern. Karl Schiller, Bundeswirtschaftsminister der SPD von 1966 bis 1972, war von 1975 bis 1978 Leiter der volkswirtschaftlichen Abteilung des Springer-Konzerns. An Verkehrsminister Georg Leber entsann sich Axel Springer: »Als Georg Leber mich einmal ... besuchte, eröffnete er das Gespräch mit den Worten: ›Wie kom-

men wir von dem Scheißdampfer der Mitbestimmung herunter, Herr Springer?«Und Axel Springer überlieferte auch, daß Helmut Schmidt – damals noch Verteidigungsminister – »einmal zu mir im 19. Stock in der Kochstraße sagte: ›Herr Springer, wenn Ihre Blätter weiterhin so gut über mich berichten, halte ich das in meiner Partei nicht aus.‹«

Dagegen mißbilligte Axel Springer die Haltung von CDU-Kanzler Adenauer 1961 beim Mauerbau. Und 1978, inzwischen eng an der Seite Israels, versuchte er (vergeblich) die Wahl des CDU-Politikers Karl Carstens zum Bundespräsidenten zu verhindern. Dessen ehemalige Mitgliedschaft in der NSDAP sei »für die Position des Bundespräsidenten eines neuen Deutschland völlig unerträglich«, schrieb er dem CDU-Vorsitzenden Helmut Kohl in einem vertraulichen Brief und beschwor ihn, »um der Zukunft und des Wohles unseres Landes und seiner Bürger willen, das Ruder in letzter Minute noch herumzuwerfen«. Seinen CSU-Freund Franz Josef Strauß nannte Axel Springer in einem anderen Schreiben 1983 knapp »den unbeherrschten Bayern«.

Nach der Wahl von Ronald Reagan zum US-Präsidenten machte Axel Springer sich selbst über sein Geschick lustig, zur falschen Zeit auf die falsche Partei gesetzt zu haben: »Nach dem Krieg entschied ich mich für ... die SPD. Ich stand auf ihrer Seite ... Also wählte ich SPD. Aber die rheinische CDU siegte stets. Erst viel später, als Egon Bahr mich in meinem Haus in der Bernadottestraße besucht hatte und mir in orakelhaften Sprüchen einen Vorgeschmack seiner These von der ›Wandlung durch Annäherung‹ verkaufen wollte, wandte ich mich von der SPD ab und wählte CDU. Von nun an verloren die Christdemokraten. Ich wollte schon resignieren. Reagan ist es nun gewesen, der mich das Glück einmal hat nachfühlen lassen, zur Majorität zu gehören.«

Die Dimensionen, in denen er dachte und handelte, waren nie parteipolitischer Natur. »Ich bin ein Radikaler der Mitte«, defi-

nierte er sich und präzisierte: »Konservativ ist weder eine Wiederherstellung von dem, was war, noch ein Festhalten an dem, was ist, sondern ein Leben aus dem, was immer gilt. In diesem Sinne bin ich ein Konservativer. In diesem Sinne waren auch viele große Sozialisten Konservative.« Er bekannte sich zur Mitgliedschaft im Establishment. Aber: »Wir sind staatsloyal, wir sind nicht regierungsloyal«, lautete die Maxime für sein Haus.
»Sind Sie Nationalist, Herr Springer«, fragte ihn Henry Kissinger.
»Nein«, antwortete Axel Springer: »Ich bin für die Freiheit.«
Tatsächlich hatte die Freiheit, die er »das höchste Gut« nannte, in seinem Denken und Handeln stets Vorrang. Vorrang sogar vor der Wiedervereinigung – wobei er allerdings sicher war: Wäre in der DDR das eine erst einmal erreicht, wäre das andere nur noch eine Frage der Zeit.
»Ich bin kein nationalistischer Träumer«, sagte er: »Wiedervereinigung, das heißt für mich zu allererst Freiheit hüben und drüben.«
Gegenüber seinem Freund, dem Senator Franz Burda, Verleger der *Bunten* in Offenburg, klagte er: »Wissen Sie, Franz Burda, Ausländer, die uns besuchen, wundern sich immer wieder, daß wir so gut wie gar nicht über die Wiedervereinigung sprechen.« Burda lachte, streckte ihm die Hand hin und entgegnete: »Die kennen Axel Springer nicht.«
In kürzester Zeit hatte sich der ursprünglich so unpolitische Verleger zu einem Machtfaktor gemausert, an dem in der deutschen Politik kein Weg mehr vorbeiführte. Der Bundespräsident kam zur Einweihung seines Verlagshauses an der Mauer. »Von Herzen alles Gute!« wünschte Konrad Adenauer ihm aus dem gleichen Anlaß handschriftlich. Ronald Reagan und John F. Kennedy luden ihn ins Weiße Haus. Zu seinen Gesprächspartnern gehörten der Papst und Chruschtschow, Ben Gurion und de

Gaulle. »Best wishes« sandte ihm Maggi Thatcher von der Themse. Richard Nixon und Jimmy Carter traf er in Berlin.
Ehrungen und Dekorationen prasselten auf Axel Springer nieder. Wie Robert Bosch und Justus von Liebig, Thomas Mann oder Theodor Fontane hatte er nie Abitur gemacht. Aber nun wurde er vierfacher Doktor h.c. und Träger des Großen Bundesverdienstkreuzes mit Stern und Schulterband. Er erhielt den Bayerischen Verdienstorden und die Jakob-Fugger-Medaille, die American Friendship Medal, die Leo-Baeck-Medaille und die Ernst-Reuter-Plakette. Er wurde »Honory Fellow« des Weizmann-Instituts, »Mann des Jahres« im Pressewesen und »Bewahrer Jerusalems«.
Ende der sechziger Jahre stand Axel Springers Macht im Zenit. Er hatte den größten Zeitungskonzern Europas geschaffen. Er selbst nannte sein Haus »eine Symbolfigur der Bundesrepublik«. Da formierten sich seine Feinde. Ein Jahrzehnt hatte sein Aufstieg gedauert, ein Jahrzehnt seine Herrschaft als Sonnenkönig, über ein Jahrzehnt sollten ihm nun Haß und Gewalt entgegenschlagen.
Der Anlaß der Anti-Springer-Kampgane war Axel Springers Erfolg, ihr Ziel seine Entmachtung. Die Entwicklung trug sehr deutsche Züge: erst verehrt, dann verhöhnt, erst gefeiert, dann gebrandmarkt. Wie sagte doch die Hamburger Verlegersgattin, die mit den Worten haderte, mit denen der Ehemann handelte: »Wir Deutsche fallen immer von einem Exkrement ins andere Exkrement.«
Wie so oft in unserer Geschichte waren Aktion und Reaktion völlig unangemessen. Wenn denn das Haus Springer für die Republik wirklich zu groß geworden war, hätte seine weitere Ausdehnung leicht durch Tinte statt durch Gewalt verhindert werden können. Doch manche Gründe sprachen für den anderen Weg.
Es war die umfangreichste Hatz, die je gegen einen einzelnen in Deutschland entfesselt wurde. Terroristen hefteten sich an seine

Fersen. Der Liebling der Götter wurde zum meistgeschmähten Mann des Landes. Der Mann, der die Freiheit liebte, mußte unter Polizeischutz leben. Er trug eine Kapsel Zyankali um den Hals.
Genau am Beginn dieser kritischen Phase nahm das Schicksal des Axel Springer eine weitere unerwartete Wendung: Er entdeckte Israel. Im gleichen Jahr 1966, in dem in Deutschland erstmals der Ruf »Enteignet Springer!« erklang, reiste er erstmals nach Israel. Da war er schon 54 Jahre alt. Er wurde zum »wahren Freund Israels«, wie es in einer Schriftrolle von Jerusalems Bürgermeister Teddy Kollek hieß. »Als Bibelleser weiß ich, daß die Juden das auserwählte Volk sind«, sagte Axel Springer. Wann immer er Israel besuchte, und das war mindestens zweimal im Jahr, küßte er dessen Boden. Er war der treueste und der bedeutendste Freund, den die Juden unter den Deutschen besaßen.
Axel Springer fühlte sich von Israel geliebt, wie einst in seiner Heimat. Das war für ihn ein Gottesgeschenk und half ihm während der Anti-Springer-Kampagne, Anschläge und Morddrohungen besser zu ertragen. So wie sein Bekenntnis zum Christentum, so trug er nun auch sein Bekenntnis zu Israel stolz vor sich her.
Beide sollten sich in der politischen Arena als verläßliche Schutzschilde erweisen. War es doch nicht ganz einfach, einen gläubigen Christen und Freund Israels überzeugend als Faschisten zu brandmarken. Eben das aber versuchten Springers Gegner immer wieder in dem Sturm, der inzwischen in Deutschland tobte.

Die Hatz

Seit Adenauers Rücktritt 1963 war kein Deutscher für Moskau und die DDR so unbequem wie Axel Springer, der für die Wiedervereinigung stritt und unverbrüchlich zu den USA hielt, sogar im Vietnam-Krieg. Am 20. Jahrestag der SED-Gründung 1966 erklärte darum der Staats- und Parteichef Walter Ulbricht, es sei »notwendig«, Springers Macht »zu beseitigen«.
Diese kommunistische Forderung wurde in der Bundesrepublik von linken Gesinnungsfreunden sofort übernommen. Sprechchöre skandierten an Universitäten: »Enteignet Springer!« Die rote Saat trug reiche Frucht. Die Anti-Springer-Kampagne lief an, eine Kampagne »linker Magazine und linker Intellektueller, linker Studenten und simpler Rowdies«, wie er es sah. Sie wurde unterstützt von neidischen Konkurrenten, verunsicherten Politikern und einem allmächtigen Zeitgeist. Denn ihr Start fiel mit dem Beginn eines großen Umbruchs in der Bundesrepublik zusammen.
Verkrustete Herrschaftsstrukturen der Nachkriegszeit brachen auf. Ein Linksruck ging durch die Republik. An Universitäten verdrängte ordinäre Macht Ordinarienmacht. Axel Springer, Symbolfigur des Wirtschaftswunders, gab in dieser Situation das ideale Feindbild ab, an dem sich alle Aggressionen festmachen ließen: Er war mächtig, reich und über 30. Eine sogenannte Apo (Außerparlamentarische Opposition) und später die sogenannten 68er bliesen unter Beifall von Sozialisten, Liberalen und Intellektuellen zum Sturm auf seinen Konzern. Aus Hochschulen, Gassen und Gossen dröhnte es drohend: »Axel, wir kommen!«

Schriftsteller riefen zum Boykott gegen den Verlag auf. Demonstranten versuchten die Auslieferung von Springer-Zeitungen zu verhindern und das Berliner Verlagshaus zu stürmen. Neid und Haß mobilisierten den Mob. Gewalt brach los, Feuer flammten auf und schließlich floß Blut. Zwei Bomben explodierten im Hamburger Verlagshaus, zwei Springer-Häuser auf Sylt und bei Gstaad wurden angezündet. »Tötet Springer« wurde an die Wand gesprüht.
Die Republik übte damals den Kopfstand. Die Umwertung aller Werte nahm ihren Anfang. Aus Schwarz wurde Weiß, aus Knechten wurden Herren, aus Jägern Gejagte. Statt eines CDU-Kanzlers regierte erstmals ein SPD-Kanzler. An einem modernen Deutschland wurde gebaut, mehr Demokratie gewagt. Verbrecher erhielten Ausgang wie Rekruten. Tugend wurde belächelt. Pornographie lief Prüderie den Rang ab. Drogen wurden schick. Die Straße erhob ihr Haupt. Reichtum, bisher bewundert, wurde verteufelt. Sozialismus, bisher verteufelt, wurde salonfähig. »Gewinn« hieß plötzlich »Profit«, »Nächstenliebe« plötzlich »Solidarität«. Axel Springer geriet ins Abseits. Das, wofür er stand, galt als reaktionär.
Freizeit wurde in der Republik manchem wichtiger als Freiheit, die Häßlichkeit der Masse ein neues Schönheitsideal in der Kunst, Grün Modefarbe in der Politik. Über Goethe wuchs Grass. In Politik und Presse wurde Fahne auf Fahne in den neuen Wind gedreht. Selbst ein Sebastian Haffner, der einst den »widerwärtigen« Ulbricht mit Hitler verglichen hatte, nannte ihn nun einen »Politiker ersten Ranges«. Wer Antikommunist blieb, war »Kalter Krieger«, wer noch an die Wiedervereinigung glaubte, war ein Spinner oder Friedensfeind. »Der Brandenburger Tor«, höhnte das Gruner + Jahr-Magazin *Capital* über Axel Springer. Axel Springer stand allen jenen im Wege, deren Zeit damals anzubrechen schien, jenen, die vom Sozialismus träumten, jenen, die eine veränderte Republik wollten. Er war der Mann,

den zu hassen sie liebten. Sobald sein Name fiel, lief ihnen das Wasser im Munde zusammen, wie Pawlows Hunden, wenn die Glocke schrillte. Sie hatten ihn zum Fressen gern. Ihm wollten sie ans Leder, wenn nicht ans Leben.

Aber er wich nicht. Er war die letzte Galionsfigur eines tief verunsicherten Bürgertums, ein Kliff in der Brandung des Zeitgeistes, Verkörperung einer überkommenen Ordnung, Personifizierung des Establishment. Er verhinderte mehr als jeder andere das endgültige Einknicken der bürgerlichen Parteien vor der Linken.

»Anerkennung der Realitäten« war das Motto der neuen Ostpolitik der SPD. »Auch Rauschgifthandel ist eine Realität«, schnaubte Axel Springer verächtlich. Für ihn war das SED-Regime »inhuman, unzivilisiert und verbrecherisch«. Wieder und wieder wies er auf eine für die Linke schmerzhafte Parallele hin, die Parallele von Nationalsozialismus und Kommunismus. Für ihn waren Kommunisten »rotlackierte Nazis« (wie Kurt Schumacher sie einst getauft hatte), für ihn waren beide Diktaturen und Ideologien »dämonische Gewalten und Mächte ... luziferischen Charakters«. Davon war er überzeugt.

Axel Springer und seine Blätter stemmten sich gegen die steigende Flut. Je mehr er wegen seiner Ansichten angegriffen wurde, um so mehr verhärteten sich seine politischen Überzeugungen, um so schärfer wurde der Ton seiner Zeitungen. Sein Verlag blieb für den Sozialismus eine uneinnehmbare Bastion. Der Verleger gab seinem Haus die Weisung: »Die Einheit des Vaterlandes in Freiheit – das ist unser Auftrag« und er zitierte den Lützower Jäger Joseph von Eichendorff:

> *»Denn eine Zeit wird kommen,*
> *da macht der Herr ein End',*
> *da wird den Falschen genommen*
> *ihr unrechtes Regiment.«*

Nie gab er den Glauben an die deutsche Wiedervereinigung auf. »Ich würde dieses Ereignis gern miterleben«, sagte er lakonisch, »wenn nicht, wird mein Sohn dabei sein.«
Von seherischer Kraft waren seine Sätze vom Januar 1977: »Wenn wir nur wollen, wenn wir alles wagen, dann ist die Freiheit kein Märchen. In Deutschland nicht. In Polen nicht. In Ungarn, Rumänien, der Tschechoslowakei und den baltischen Staaten nicht. Und nicht in Rußland.« Und er prophezeite im gleichen Jahr: »Jenes von Marx entworfene Denkgebäude ist in toto ... am Zusammenstürzen.«
Bonns neue herrschende Klasse, Linke und Liberale, Genossen und Gewerkschaftler, *Spiegel*, *Stern* und *Zeit*, das öffentlich-rechtliche Fernsehen, Professoren und Proleten – sie alle wollten sich ausschütten vor Lachen. Lief die Weltgeschichte nicht genau in die entgegengesetzte Richtung? Gegen den Kapitalismus, gegen Amerika? War nicht der Sozialismus die unbesiegbare Kraft der Zukunft? Mußte man sich nicht dringend mit ihm arrangieren?
Es wurde einsam um den Rufer in der Wüste. »Ich bin immer mit Friede allein«, schrieb er einem Freund. Mitläufer und Schmarotzer fielen von ihm ab wie vollgesogene Zecken vom Rüden. Er litt unter manchen Anfeindungen. »Jetzt können wir nur noch auf dem Friedhof Ohlsdorf spazieren gehen«, meinte er zu seiner Frau Friede, als sogar am Strand von Kampen »Enteignet Springer!« angesprüht war. Den Spaß am Geschäft hatte er weitgehend verloren.
Aber er kapitulierte nicht. Er tat, was er für seine Pflicht hielt. Er mahnte und warnte und blieb, was er war: Patriot und Antikommunist, Kapitalist und Christ. Klaglos nahm er schwere materielle Einbußen für seine politischen Überzeugungen hin. Er versuchte nicht einmal zu verhindern, daß Bertelsmann durch den Kauf von Gruner + Jahr 1974 zum umsatzstärksten deutschen Verlag wurde. Doch er wider-

stand Schmähungen, Spott und Verfolgungen, ohne nachzugeben.
Daß er diese Kraft besaß, war das vielleicht Erstaunlichste in seinem erstaunlichen Leben. Denn er war eher ein weicher als ein harter Mann, eher ein verstehender Geist als ein Fanatiker. Er neigte eher zu Kompromissen als zu Konflikten. Er suchte eher die Einigung als den Streit. Er hatte ein ausgeprägtes Harmoniebedürfnis. Er liebte es nicht zu raufen, wie Franz Josef Strauß oder Henri Nannen.
Geliebt zu werden, das war für ihn von existentieller Bedeutung. Er war sein Leben lang geliebt worden, in der Kindheit, von den Frauen und von jenen ungezählten Menschen, denen er Wohltaten erwiesen hatte, war geliebt worden im Konzern, im eingeschlossenen Berlin und im Wirtschaftswunderland. Nun wurde er plötzlich verhöhnt und verteufelt.
Die Kräfte, welche die Bindungen zum Westen lockern, sich den Kommunisten zuwenden und zwei deutsche Staaten haben wollten, wurden immer stärker. Wo Antikommunismus gewachsen war, machte sich Antiamerikanismus breit. Ostpolitik genoß Vorrang vor Westpolitik.
»Sie müssen doch einsehen, Herr Springer, daß die USA als Nummer eins von der Weltbühne abgetreten sind«, sagte Kanzler Willy Brandt schon 1971 auf Sylt zu dem Verleger. Der SPD-Landtagsabgeordnete Jürgen Busack stellte fest: »Die Kriegsverursacher und Brandstifter regieren nicht im Kreml. Sie regieren in Washington.« Der spätere SPD-Kanzlerkandidat Oskar Lafontaine appellierte »an die beiden sogenannten Supermächte, ihre Vor- und Hinterhof-Mentalität aufzugeben, die sie von Verbrechen zu Verbrechen stolpern läßt«. Deutsche Friedensfreunde sprühten »Ami go home« an die Wand und bespritzten einen US-Offizier symbolträchtig mit Blut.
Immer näher rückten Sozialdemokraten an die SED heran, brachen nach Osten auf und machten sogar gemeinsame Sache mit

den Kommunisten. Sozialdemokraten und SED präsentierten »eine gemeinsame Abrüstungsinitiative« (Egon Bahr) und »ein gemeinsames Grundsatzpapier« (Erhard Eppler), in dem es hieß: »Wir, deutsche Kommunisten und Sozialdemokraten ...« Sechs von der SPD regierte Bundesländer stellten die finanzielle Unterstützung jener Erfassungsstelle in Salzgitter ein, die 40 000 politische Gewaltakte und Menschenrechtsverletzungen in der DDR registriert hatte. Die Republik glitt in Richtung Sozialismus.

Kader westdeutscher Kommunisten wurden heimlich in der DDR zum Partisanenkrieg ausgebildet. DDR-Agenten unterwanderten westdeutsche Parteien und Behörden. Der Vorsitzende der Bonner SPD lieferte als Spion der Stasi über 1700 Berichte an Ostberlin. DDR-Agent Günter Guillaume war Referent von Kanzler Willy Brandt, DDR-Agent Karl Wienand Geschäftsführer der SPD-Fraktion und Vertrauter Wehners.

1981 hatte DDR-Chef Honecker Kanzler Schmidt nach dessen Besuch beim Abschied auf dem Bahnhof Güstrow einen Hustenbonbon zugesteckt. 1987 wurde er von Kanzler Kohl in Bonn mit militärischen Ehren empfangen. CSU-Chef Strauß besorgte der DDR einen Milliardenkredit. Die Kommunisten waren in die Zielgerade eingebogen und dem Sieg nahe. Die Gegner der Wiedervereinigung in Freiheit standen unmittelbar vor ihrem Triumph.

Wer möchte Erich Honecker »die Friedensfähigkeit absprechen«, fragte nach Springers Tod der SPD-Ideologe Erhard Eppler 1989. *Zeit*-Chefredakteur Theo Sommer meinte über Honecker: »Die Bürger des anderen deutschen Staates bringen ihm so etwas wie stille Verehrung entgegen.« Und Brandt-Adlatus Günter Gaus zählte Honecker neben Adenauer »zu der kleinen Schar« jener, die mehr erfüllten »als die tagtäglichen Ansprüche an einen Regierenden«. Gaus: »Die DDR wird genauso lange existieren wie die Bundesrepublik.«

Willy Brandt bezeichnete die Wiedervereinigung als »Lebenslüge der Zweiten Deutschen Republik«. »Die Wiedervereinigung ist ein Schlagwort von vorgestern«, stand im *Stern*: »Wir aber brauchen sie nicht.« *Spiegel*-Chefredakteur Böhme teilte mit: »Ich will nicht wiedervereinigt werden.«
Günter Grass warnte: »Bei einer Wiedervereinigung wären die Deutschen bald wieder zum Fürchten.« Und: »Die Wiedervereinigung Deutschlands ist in den achtziger Jahren zu einem sinnentleerten Begriff geworden, den wir, wollen wir glaubwürdig werden, streichen müssen!«
Einige seiner Äußerungen trieben sogar Willy Brandt, so erinnerte sich dessen Witwe, »mehrfach die Schamröte ins Gesicht«. »Keine Bundesregierung«, behauptete Brandt-Intimus Klaus Bölling, »kann darauf hoffen, daß es ihr gelingt, die Einheit des Landes ›in Frieden und Freiheit‹ zu ihren Bedingungen durchzusetzen.« Niedersachsens Ministerpräsident Gerhard Schröder verkündete: »Nach 40 Jahren Bundesrepublik sollte man eine neue Generation in Deutschland nicht über die Chancen einer Wiedervereinigung belügen. Es gibt sie nicht.«
Zwei Monate vor Öffnung der Mauer wußte Erhard Eppler: »Wenn wir die deutsche Einheit fordern, machen wir alle Hunde scheu.« Nur acht Tage vor dem Fall der Mauer tönte Egon Bahr: »Laßt uns um alles in der Welt aufhören, von der Einheit zu träumen oder zu schwätzen.« Die TV-Moderatorin Lea Rosh war begeistert: »Wiedervereinigung ist verantwortungsloser Quatsch.«
Das alles erwies sich als falsch. Die Wiedervereinigung brach über die überraschten Deutschen herein, das sowjetische »Reich des Bösen« versank im Abgrund der Geschichte, eher trotz als wegen der neuen Ostpolitik.
Axel Springer hat nicht mehr erlebt, wie Wirklichkeit wurde, was er stets und unbeirrbar vorausgesagt hatte, und wie sich seine auch mich oft irrational anmutenden Visionen erfüllten. Die

Freiheit zeigte sich stärker als die Tyrannei, der Kapitalismus stärker als der Kommunismus. Die »Politik der Stärke« siegte. Der Spuk jenseits der Mauer, der von Bonn für »Realität« gehalten worden war, verflog über Nacht. Selten hat die Geschichte einem einzelnen so leuchtend recht gegeben.

»Das Dumme an der Sache ist ja«, meinte Rudolf Augstein, »der in meinen Augen naive Axel hat recht behalten. Und wir, die Superklugen, haben unrecht behalten.« Indes: Das ist vermutlich nur ein Teil der Wahrheit. Wenn nicht vieles täuscht, hat Axel Springer nicht nur vorausgesehen, was eintrat, sondern auch Voraussetzungen dafür geschaffen, daß es eintreten konnte.

Selbst *Zeit*-Verleger Gerd Bucerius, neben Rudolf Augstein einer der großen Widersacher Springers, gestand: »Wären Springer und seine Zeitungen neutralistisch geworden, wie der *Spiegel* und später der *Stern*, Adenauer hätte sich wohl nicht durchsetzen können.« Sie wurden jedoch nicht neutralistisch, weder unter Adenauer, noch unter Erhard, Kiesinger, Brandt, Schmidt oder Kohl.

Hat Axel Springer dadurch den Ablauf der Geschichte beeinflußt? Jahrzehnte, in denen zwei deutsche Staaten existierten, hatte er – und nach seinem Willen seine Blätter – den Gedanken an die Einheit wachgehalten, als die Mehrheit sich wohl längst von ihm verabschiedet hatte.

Wäre ohne ihn dieser Gedanke endgültig begraben worden? Blieb dieser Gedanke durch sein Mitwirken so lebendig, daß er sich erfüllen konnte?

Dann war Axel Springer ein großer Deutscher.

I
Der Frühling

Da kommt der Lenz, der schöne Junge,
den alles lieben muß ...

Nikolaus Lenau

In dem Jahr, als die »Titanic« unterging, wurde Axel Springer geboren. Er erblickte das Licht der wilhelminischen Welt am Donnerstag, den 2. Mai 1912, um zehn Uhr in Altona bei Hamburg. Seine Eltern wohnten damals in der Holstenstraße. »Bei meiner Geburt wurden keine Glocken geläutet«, schrieb er später, »und ich erhielt auch keinen Wappenspruch.« Aber das Horoskop verhieß dem Stier dieses Tages Ruhm und Reichtum. Seine Kinderstube war das gut gelüftete Spielzimmer eines liberalen Bürgerhauses. Sein Vater, der redliche und tüchtige Geschäftsmann Hinrich Andreas Theodor Springer (1880–1949), hatte den Meistertitel des Buchdrucker-Handwerks erworben und es zu Ansehen und bescheidenem Wohlstand gebracht. Er wurde »Heino« genannt. Zusammen mit Julius Wagner erwarb er 1909 den kleinen Verlag »Hammerich & Lesser« in Altonas Königstraße.
Johann Friedrich Hammerich war 1789 vom dänischen König Christian VII. das Privileg erteilt worden, sich als Verleger und Buchhändler in Altona niederzulassen, das damals noch zu Dänemark gehörte. Bald wurde der junge Verleger in Anlehnung an den Namen des Stuttgarter Verlegers von Goethe und Schiller als »Cotta des Nordens« apostrophiert. In seinem Haus erschienen Klopstocks Oden, Homer-Übersetzungen und der legendäre Essay des Engländers Thomas Robert Malthus über die Bevölkerungsexplosion (*Essay on the Principle of Population*, 1798).
Altona vor den Toren Hamburgs war mehr als 200 Jahre dänisch, ehe Bismarck es Preußen einverleibte. Dänenkönig Christian IV.

ließ sich 1630 scheiden, um die hübsche (und 30 Jahre jüngere) Wäscherin Wiebeke Kruse aus einem Dorf bei Hamburg zu heiraten. Der zeitweilig in Altona ansässige Arzt Johann Friedrich Struensee wurde 1772 in Kopenhagen hingerichtet, weil er ein Verhältnis mit der dänischen Königin Mathilde unterhalten hatte. Und der fast siebzigjährige Dänenkönig Frederik VIII. erlitt in Hamburg auf der Straße einen tödlichen Herzanfall – bei einem Besuch im Kalkhof am Gänsemarkt, dem damals feinsten Etablissement der Stadt. Da schrieb man allerdings schon das Jahr 1912, das Geburtsjahr Axel Springers.

In jenem Jahr eröffnete Rudolph Karstadt an der Mönckebergstraße seinen ersten Tempel für das weibliche Geschlecht in einer deutschen Großstadt und Hermann Tietz ein Warenhaus am Jungfernstieg (das spätere »Alsterhaus«). In Fuhlsbüttel wurde eine Luftschiffhalle in Betrieb genommen, in Bergedorf eine Sternwarte und am Pferdemarkt das Thalia-Theater. Eine fast 15 Kilometer lange Ringstrecke der Hamburger Hochbahn durch die Stadt wurde fertiggestellt und ein gehörnter Ehemann traktierte den Dirigenten Otto Klemperer während Wagners »Lohengrin« auf der Bühne mit der Reitpeitsche. Klemperer ging nach Barmen, Hamburg war auf dem Weg zur Großstadt.

Im selben Jahr brachte der väterliche Verlag »Hammerich & Lesser« die *Altonaer Bürgerzeitung* mit einer Auflage von 15 000 Exemplaren heraus, und die Druckerei zog vorübergehend um an Altonas Catharinenstraße. Seit drei Jahren waren nun Heino Springer und sein Partner die Herren im Haus. Von dem ehemaligen Glanz des Verlages war nicht mehr viel übrig. Aber unverdrossen rackerten die beiden neuen Eigner sich ab.

1918, im letzten Jahr des Ersten Weltkrieges, schied Julius Wagner aus dem Verlag aus. Heino Springer war fortan Alleininhaber der Firma an der Königstraße, zu der auch das Gebäude der ehemaligen Schokoladenfabrik Gartmann gehörte. Aus seiner *Alto-*

naer Bürgerzeitung wurden zunächst die *Altonaer Neuesten Nachrichten* und dann die *Altonaer Nachrichten*.
Handwerker und Kleinbürger prägten damals das Gesicht Altonas. Es war zu einem Vorort Hamburgs geworden. Der Vater des *Zeit*-Verlegers Gerd Bucerius, der ebenfalls aus Altona stammte, sagte über Heino Springers Zeitung: »Die Kerle können schreiben. Aber worüber schreibt man in Altona?« Einen politischen Leitartikel jedenfalls hielt Heino Springer lange Zeit für überflüssig. Den Bericht über die Altonaer Ratsherrensitzung jedoch rückte er stets auf die erste Seite.
Zu den Buchautoren, die in seinem Hause verkehrten, gehörten Joachim Ringelnatz, Rudolf Kinau und Hans Leip, der Dichter von »Lili Marleen«, dessen erstes Buch 1920 bei »Hammerich & Lesser« erschien: *Laternen spiegeln nicht*.
Wichtiges Standbein des Verlages war die Akzidenz-Druckerei, die von Briefpapier und Visitenkarten bis zu Geburts-, Hochzeits- und Todesanzeigen alle Aufträge annahm.
Verleger Heino Springer wurde in Altona überdies Schatzmeister der Deutschen Demokratischen Partei, eine von dem Liberalen Friedrich Naumann mitbegründete Vorläuferin der FDP. Sie half jahrelang als kleiner Partner dem Sozialdemokraten Max Brauer (Altonaer SPD-Oberbürgermeister von 1924 bis 1933), die Stadt zu regieren. Brauer kam gelegentlich zum Essen zu Heino Springer, was sich für dessen Sohn Axel nach dem Zweiten Weltkrieg als überaus hilfreich erweisen sollte.
Heino Springer war ein humorvoller und gutmütiger Mann, ein solider und sozialer Unternehmer mit einem halben Hundert Angestellten. Außer einer gelegentlichen Zigarre im Weinhaus »Rieper« oder in »Wiezels Hotel« über dem Hafen leistete er sich wenig. Praktisch, wie er war, hatte er eine Weile ein Verhältnis zu einer entfernten Nichte, die genau wie seine Frau Ottilie hieß. Materielle Sorgen kannte seine Familie nicht. Dennoch hielt Heino seinen Sohn kurz.

Seine um ein Jahr jüngere Frau Martha Auguste Henriette Ottilie Springer (1881–1960), geborene Müller, verwöhnte dagegen sich und ihren Sproß nach Kräften. Sie bewunderte ihn und verzog ihn, wo sie konnte. So wurde sie zur prägenden Kraft eines Muttersöhnchens. Drei Jahre vor Axels Geburt, als in Hamburg das Hotel »Atlantic« und die Mönckebergstraße eröffneten, hatte sie bereits einer Tochter Inge das Leben geschenkt, doch ihre ungleich stärkere Zuneigung galt ihrem Sohn.

Axel Springer hat seine Mutter wiederholt als »Lehrerin meines Lebens« bezeichnet: »Ich hatte das Glück, eine Mutter zu haben, die alles Laute und Grobschlächtige haßte«, sagte er: »Meine Mutter flößte uns Kindern den Drang nach dem Guten, Wahren, Schönen ein.« Bis zu ihrem Tode schrieb er ihr unaufhörlich Briefe, sobald er unterwegs war, besuchte sie, wenn er sich in Hamburg aufhielt, und pflegte noch als Konzernherr bei allen möglichen Gelegenheiten automatisch zu fragen: »Was sagt meine Mutter dazu?« Sie war die dominierende Figur in der Familie. In ihren letzten Lebensjahren, als sie schon ein wenig sonderlich wurde, gab Axel Springer auf dem Weg zu ihr einmal seinem Fahrer die Weisung, wieder umzudrehen: »Sie schimpft doch nur mit mir«, seufzte er. Sie hatte »Haare auf den Zähnen«, urteilte seine letzte Ehefrau Friede Springer über sie.

Ottilie Springer stammte aus einfachen Verhältnissen. Ihre Vorfahren waren Bauern aus dem Stader Land auf dem anderen Ufer der Elbe. Ihre Mutter war Putzmacherin gewesen. Als Verlegersgattin wurde die Tochter eine resolute Ehefrau, schön und gepflegt, die weiße, wallende Gewänder trug und Biedermeiermöbel schätzte. Sie hatte ein chinesisches Zimmer, Meißener Porzellan in Vitrinen und verehrte Goethe. Sie war engagiertes Mitglied im »Goethe-Verein« in Altona. Wenn sie verreiste, nahm sie seine Gesammelten Werke mit und auch seine Bilder von ihren Wänden. Im Wochenbett nach der Geburt ihres Sohnes soll sie die *Wahlverwandtschaften* wiedergelesen haben.

Ihr »Goethe-Kult«, so erzählte Axel Springer, »führte manchmal zu komischen Episoden. Eines Tages hatte meine Mutter in ihrem kleinen Salon im *West-östlichen Diwan* gelesen und war dann weggegangen. Während ihrer Abwesenheit brach in dem Raum aus irgendeinem Grunde ein Brand aus. Die Feuerwehr kam und löschte, und als meine Mutter heimkam, war die Gefahr längst beseitigt. Sie aber stürzte erregt in das lädierte Zimmer und rief immer wieder: ›Mein *West-östlicher Diwan*, mein *West-östlicher Diwan* ...!‹ Unser Dienstmädchen aus Dezbüll bei Niebüll versuchte sie aufzuhalten mit den Worten: ›Aber gnädige Frau, in dem Zimmer steht doch gar kein Sofa.‹«
Auch die Neigung Goethes zur Astrologie wurde von seiner Bewunderin geteilt. »Am 28. August 1749, mittags mit dem Glockenschlage zwölf, kam ich in Frankfurt am Main auf die Welt«, hatte der Geheimrat als Sechzigjähriger seine Ankunft auf Erden beschrieben. »Die Konstellation war glücklich: Die Sonne stand im Zeichen der Jungfrau und kulminierte für den Tag; Jupiter und Venus blickten sich freundlich an, Merkur nicht widerwärtig; Saturn und Mars verhielten sich gleichgültig; nur der Mond, der soeben voll war, übte die Kraft seines Gegenscheins um so mehr aus, als zugleich seine Planetenstunde eingetreten war. Er widersetzte sich daher meiner Geburt, die nicht eher erfolgen konnte, als bis diese Stunde vorübergegangen.«
Kein Wunder, daß Goethes Verehrerin ebenfalls die Sterne befragte. Kaum geboren, wurde Axel Springer das erste Horoskop gestellt. Hunderte sollten folgen. »Über viele Generationen hinweg wird man sich an ihn erinnern«, hieß es in einem von ihnen. Wie so manches andere verankerte Ottilie Springer auch den Glauben an die Astrologie fest in ihrem Sohn.
Ottilie Springer liebte zu reisen, in Hotels und Sanatorien zu weilen und Wohnungen oder Häuser zu wechseln, umzudekorieren oder einzurichten, zunächst in Altona, später an der eleganten Elbchaussee. Sie kaufte bei Unger ein, ließ sich am Neuen Wall

frisieren, am Ballindamm maniküren. Sie fragte nie, was etwas kostete. Von ihr erbte ihr Sohn Axel den Hang zum Künstlerischen und zu ständig neuen Wohnsitzen, den Hang zur Verschwendung und zum Luxus.

Und auch in seiner Diktion hinterließ der mütterliche Einfluß unverkennbare Spuren. Er liebte wie sie gefühlsbetonte Vokabeln des 19. Jahrhunderts, vom »stillen Haus« über »Schaffenstage« bis zur »Trägheit des Herzens«.

Zur Zeit, in der sein Erinnerungsvermögen einsetzte, wohnte die Familie in der Königstraße, schräg gegenüber vom Juwelier Sönnichsen. Die Fenster der Zimmer der beiden Kinder öffneten sich auf einen Park neben dem Haus. Ottilie Springer war es, die für ihren Sohn die Vornamen »Axel« und »Cäsar« ausgewählt hatte. »Axel«, so meinte er später, habe sie irrtümlich für eine Kurzform von Alexander (dem Großen?) gehalten und nicht gewußt, daß es sich um einen dänischen Namen handelte. »Cäsar« nannte sie ihn nach dem von ihr bewunderten schwäbischen Lyriker Cäsar Flaischlen (1864–1920).

Axel Springer war ein hübsches, aber zartes Kind. Er kränkelte häufig. Seine labile Gesundheit machte ihn verletzlich wie ein weichgekochtes Ei ohne Schale. Seine Beine hingen kraftlos herab. Er litt an Rachitis. In den Ferien in Timmendorf an der Ostsee mußten die Hausmädchen Meerwasser erwärmen, um seine Gelenke zu baden und zu stärken. Ließ er den Rockschoß seiner Mutter einmal los, steckte er zu Hause gern in der Küche bei Frau Lund. Weil sie Brotsuppe ohne Klümpchen kochte, versprach er sie zu heiraten, wenn er groß sei.

Er war ein empfindsamer Junge mit überbordender Phantasie. Als er eine glühende Ofenplatte sah, stellte er sich vor, seine Mutter könne dagegen fallen, und begann zu weinen. Beim ersten Aufenthalt im Schullandheim Nieblum auf Föhr wurde er krank vor Heimweh. Das Geräusch, das der Wind in den Telephondrähten verursachte, hatte ihn an das Rascheln des

Taftrocks seiner Mutter erinnert. Sehnsucht überwältigte ihn. Ottilie Springer holte ihn ab.

Mit sechs Jahren war er in Frau Ewalds' Privatschule an der Palmaille in Altona eingeschult worden. Er trug an jenem Tag eine rote Bluse, wirkte blaß und still. In den Pausen stand er später häufig abseits und hatte Ferne im Blick seiner hellblauen Augen. Der Lehrer schickte ihn zuweilen nach Hause zu seiner Frau, um ein vergessenes Taschentuch oder Buch zu holen. Die Frau des Lehrers verwöhnte den niedlichen Jungen mit Süßigkeiten und heißer Schokolade. Er sollte sich sein Leben lang gern von Frauen verwöhnen lassen und wurde sein Leben lang von ihnen verwöhnt.

Einer seiner ersten Klassenkameraden war Friedrich Kleinlein, der am gleichen Tag wie er – nur fünf Stunden früher – in Lüneburg geboren worden war und in der Bundesrepublik für ein Vierteljahrhundert als PR-Chef des Bundesverbandes der Deutschen Industrie agierte. In einer Zeichenstunde, in der die ABC-Schützen mit ihren Buntstiften Fachwerkhäuser in Altonas historischem Viertel abmalen mußten, verirrten sich die beiden in die Synagoge in der Papagoyenstraße. Fasziniert beobachteten sie Menschen mit Kappen auf dem Kopf beim Gottesdienst. Ein bärtiger Mann mit großen dunklen Augen trat hinter sie, legte seine Hände auf ihre Schultern und erzählte ihnen, wo sie waren und was sie sahen. Es war Axel Springers erste bewußte Begegnung mit dem Judentum.

Mit neun wechselte er auf das Schlee-Realgymnasium über, blieb ein schüchterner Einzelgänger, war aber bis zur Quarta – seinen Worten zufolge – »nach Bekundungen der Lehrer ein sehr guter Schüler«. In Religion, Turnen, Singen und Deutsch hatte er eine Eins. Sein Mitschüler Johannes Frey erinnert sich: »Er war eigentlich verschlossen, konnte aber auch sehr liebenswürdig sein.« Von ihm zu jener Zeit verfaßte »Romane«, die er aus Fremdwörtern zusammengestellt hatte, durfte nur seine Mutter lesen.

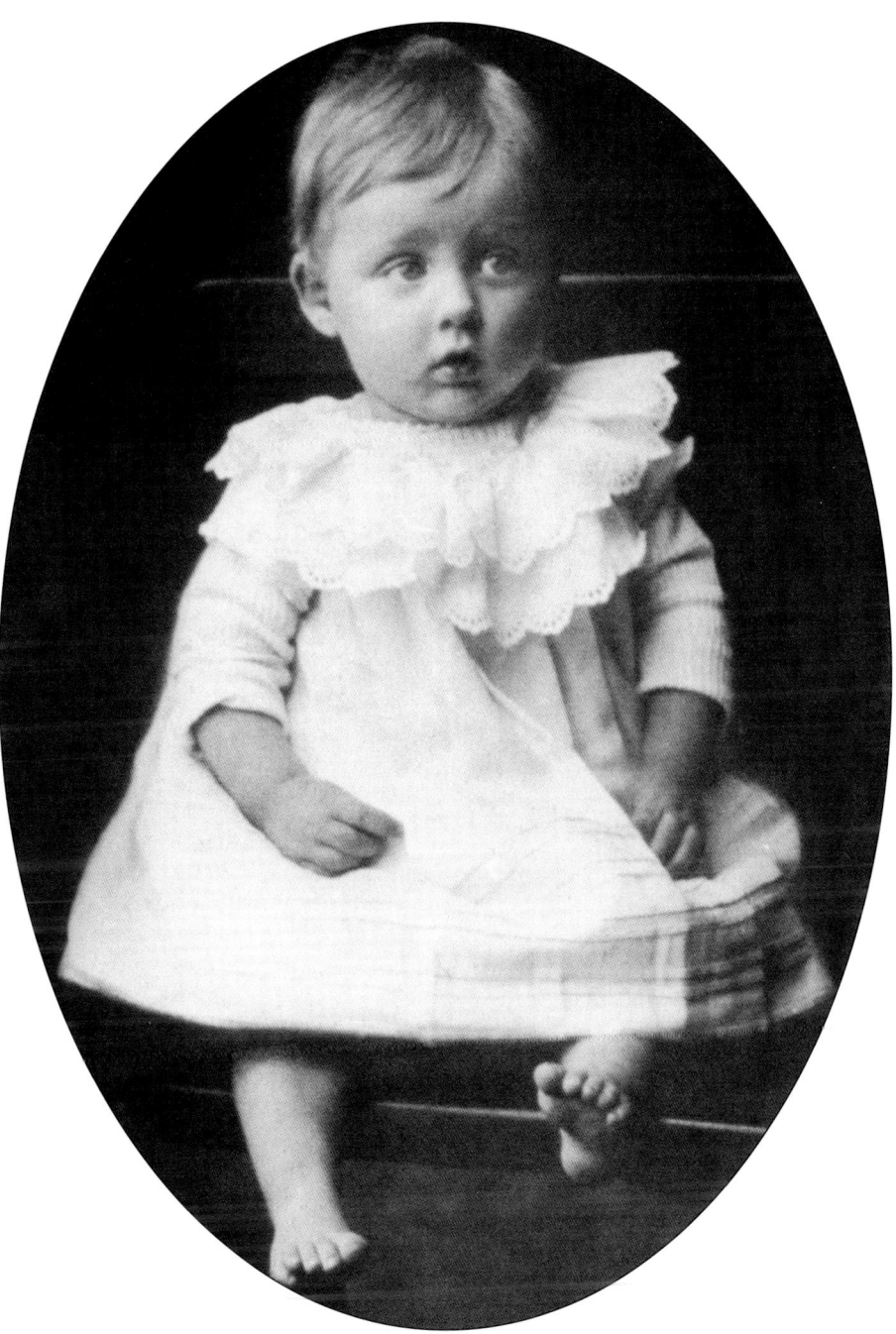

1 Axel Springer als Zweijähriger. Sein Horoskop verhieß ihm Ruhm und Reichtum.
Er war ein hübsches, aber zartes Kind und kränkelte häufig. Er litt an Rachitis.
In den Ferien in Timmendorf an der Ostsee mussten die Hausmädchen
Meerwasser erwärmen, um seine Gelenke zu baden und zu stärken.

2 Das Haus der väterlichen *Altonaer Nachricht[en]* und des Verlages Hammerich & Lesser in den 20er Jahren in Altonas Königstraße

3 Mutter Ottilie Springer verwöhnte ihren So[hn] nach Kräften und wählte für ihn die Vornam[en] Axel und Cäsar. »Ich hatte das Glück, eine Mut[ter] zu haben, die alles Laute und Grobschlächtige ha[s-] te«, sagte er. Von ihr erbte er einen Hang zur Ku[nst] und zu Luxus.

4 Vater Heino Springer war während der Weimarer Republik Schatzmeister der Deutschen Demokratischen Partei in Altona. Gelegentlich kam Bürgermeister Max Brauer (SPD) zum Essen, eine Verbindung, die sich nach dem Zweiten Weltkrieg für Sohn Axel als hilfreich erweisen sollte. Auch seine Autoren Joachim Ringelnatz, Rudolf Kinau und Hans Leip verkehrten im Haus Heino Springers.

Das »Säulenhaus« der Eltern Springer an Hamburgs Elbchaussee. In eine große Standuhr in der Halle wollte der verliebte AS seine erste Frau morgens sperren, um sie abends wieder herauszuholen.

Der Salon von Ottilie Springer. Sie verehrte Goethe. Wenn sie verreiste, nahm sie seine Werke aus dem Bücherbord und seine Bilder von den Wänden mit. Im Wochenbett las sie die *Wahlverwandtschaften*.

7 Familie Springer Anfang der 20er Jahre. Sohn Axel sitzt zwischen Vater und Mutter. Dahinter Toc[hter] Inge mit einer Schulfreundin. Inge verlor im Krieg bei einem Luftangriff auf Hamburg zwei Kind[er]

8 Familie Springer beim Ski-Urlaub in den Alpen. Materielle Sorgen waren der Familie fremd. De[n]noch hielt der Vater den Sohn kurz. Der versteckte seinen ersten Abendanzug deshalb unter dem Be[tt]

Lehrling AS (oben rechts) mit Arbeitsllegen von Hammerich & Lesser. Zu seinen
ichten gehörte es auch, den Druckern
lch zu holen. Danach wurde er Volontär
 Wolff'schen Telegraphen-Büro. Walther
nsemann nahm ihn dort unter seine Fithe und öffnete ihm die Türen zu Hamrgs Künstlerkreisen, die sich von Altona
terschieden wie Lackschuhe von Galoen.

AS als Jüngling. »Ich wollte nie Journaoder Verleger werden«, schrieb er: »Sänwollte ich werden, Sänger auf großer
ne. Mein Idol war Richard Tauber.« Der
um zerplatzte, doch die Liebe zur Musik
b. Wenn er darum gebeten wurde, sang
vor dem Zweiten Weltkrieg in der Hamger Bar »Tarantella« mit Vorliebe: »Gern
' ich die Frauen geküßt«.

11 AS kühlt sich mit einer Freund die Füße in einem Wassereimer – hinter dem Sommerhaus der Familie im Heideort Bendestorf. Im Krieg flüchtete die Familie vor den Bombenangriffen ganz dorthin »Onkel Fritz«, der ein Schwein schwarz geschlachtet hatte, erhängte sich im nahen Wald.

12 AS mit seiner ersten Frau »Baby« in Frankreich. 1933, dem Jahr, in dem Hitler an die Macht kam, hatte AS zum ersten Mal geheiratet, durfte zum ersten Mal wählen und wurde mit 21 zum ersten Mal Vater. Die Ehe mit »Baby« hielt bis 1938. Ihr entstammte Bärbel, die älteste Tochter von AS.

3 Der Schweizer Bandleader Teddy Stauffer spielte in Hamburg im Café Heinze und freundete sich mit AS an. Gemeinsam reisten sie 1934 nach Sylt und mieten Seite an Seite im Sand. Als sie mit einer Blondine einen Drink nahmen, stellten sie fest, daß sie alle drei am gleichen Tag Geburtstag hatten.

Stauffer (1) und AS (2) organisierten 1937 auf Sylt ein Fußball-Match: Die »Teddies« mit den beiden gegen Westerlands »Trocadero«. Schiedsrichter war Barnabas von Géczy (3), der im Nachtclub »Trocadero« geigte. Die »Teddies« gewannen 7:1.

15, 16, 17 Eine von 35 Aufna[h]-
men, die Walter Schultz-Diec[k]-
mann 1938 mit einer Leica v[on]
AS machte.
Schultz-Dieckmann, der für ju[n]-
ge Männer eine größere Schw[ä]-
che hatte als für junge Mädche[n,]
verehrte AS sein Leben lang. D[as]
letzte Bild des Films schoß [AS]
von Schultz-Dieckmann (li[nks]
unten) und schenkte ihm [das]
Buch »Leica in aller Welt« [mit]
einer Widmung für seinen »[er]-
sten Kameramann«.

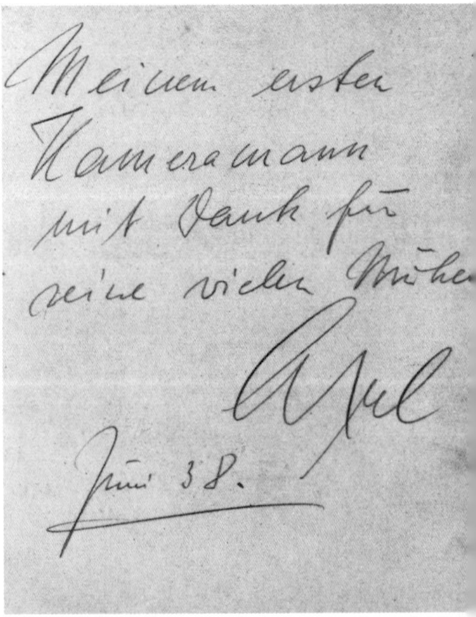

Dann kam der Umschwung, ein früher Einbruch der Pubertät. »Jener Bruch«, so schrieb Axel Springer es für seine »Kinder und Kindeskinder« auf, »wie er sich bei vielen jungen Menschen beim Übergang zum Erwachsenenleben findet. Ich wurde rebellisch und wohl auch recht exzentrisch; mit jenem Schuß bürgerlicher Jeunesse-dorée-Neigung, die in den zwanziger Jahren nach dem verlorenen Ersten Weltkrieg die junge Generation erfaßte.«

Eines Tages kam Albert Broschek, der Besitzer des mächtigen *Hamburger Fremdenblattes,* zu Besuch ins Haus Springer. Den unverhohlenen Respekt, fast Ehrfurcht, mit dem Vater Heino Springer zu ihm aufsah, empfand der Sohn als demütigend. Was der habe, werde er eines Tages auch haben und das werde ihm nicht genug sein, beschied Axel Springer seinem Vater zornig.

Das Idol hieß Richard Tauber

Die »Roaring Twenties« der Weimarer Republik mit Jazz, Straßenkämpfen und Opiumhöhlen auf St. Pauli strebten ihrem Höhepunkt entgegen. Rund 10 000 Autos waren in Hamburg zugelassen. Der Ufa-Palast wurde mit 2667 Sitzen als größtes Kino Europas eröffnet. Die Inflation war gebannt, die Reichsmark stabil. Des Vaters *Altonaer Nachrichten* erschienen seit 1924 als Tageszeitung. Die Familie Springer war an die Elbchaussee gezogen, Hamburgs feinste Adresse. Der schüchterne Axel Springer hatte sich verändert, sein Wesen gewandelt. Er war ein wenig hochnäsig und legte Wert auf modische Kleidung. Seine fahrige Sprunghaftigkeit nahm zu, seine schulischen Leistungen verfielen. Seine Schultasche ließ er schon einmal einfach nach dem Unterricht für den nächsten Tag gleich im Klassen-

zimmer. Er wurde in das Bertha-Lyceum in Groß Flottbeks Waitzstraße umgeschult. Hamburgs späterer CDU-Chef Erik Blumenfeld, Sohn eines Kohlen-Importeurs, gehörte dort zu seinen Schulkameraden.
Mitschüler Hermann Firchow wurde neben Axel Springer auf die letzte Bank gesetzt. »Wir sahen uns an und verstanden uns. Das war 1926«, entsann er sich Dekaden danach. Axel Springer erzählte noch als alter Herr nicht ohne Stolz eine Geschichte, die Hermann Firchow »als Schlüsselerlebnis für seine Freundschaft zu mir reklamiert: Unser Deutsch- und Geschichtslehrer hielt uns ›Schlappschwänzen‹ einen Vortrag über das Opfer der Soldaten im Ersten Weltkrieg in Schützengräben und bei Sturmangriffen. Er ließ die Handgranaten krachen und die bösen Feinde im Maschinengewehrfeuer zusammenbrechen. Als er eine Erzählpause einlegte, stand ich auf und machte meinem Herzen Luft, wie schrecklich ich den Tod der jungen Männer fände – ob Deutsche oder Franzosen oder Russen. Der Lehrer war betroffen, ein Teil der Klasse unwirsch, Hermann Firchow aber hat diese Demonstration gegen Gewalt und Tod, die er so zum erstenmal erfuhr, sein Lebtag nicht vergessen und, wie er sagt, ›als Soldat im Zweiten Weltkrieg in Frankreich und in Rußland oft daran zurückgedacht‹.«
Firchow und Springer wurden Freunde. Jahre waren sie unzertrennlich. In den Sommerferien durfte der Sohn eines Polizeibeamten die Familie Springer an die Ostsee begleiten. Vorher wurde er von Ottilie Springer mit Herzenstakt stets standesgemäß eingekleidet, um keine Minderwertigkeitsgefühle zu spüren. Während der Schulzeit besserten die Freunde ihr Taschengeld auf, indem sie der Springerschen Bibliothek die hintere Buchreihe entnahmen und antiquarisch verkauften.
Was die beiden ihr Leben lang verbinden sollte, war der Gesang. Gemeinsam schmetterten sie in einer Kiesgrube bei Rissen Arien, Lieder und Schlager. Seit dem zwölften Lebensjahr nahm

Axel Springer Gesangsunterricht. Er, der von seiner Mutter mehrmals zu Operettenbesuchen nach Berlin mitgenommen wurde, hatte einen Traum. »Ich wollte nie Journalist oder Verleger werden! Der Kunst galt mein Sinnen. Sänger wollte ich werden; Sänger auf großer Bühne«, gestand er. »Mein Idol war Richard Tauber – der Magier des Operettenliedes und der Interpret des europäischen Liedergesanges (Schumann, Schubert, Grieg, Strauss und Tschaikowsky).«
Um von vornherein möglichst keine symbolträchtigen Deutungen der Liebe des Verlegers zur Welt der Operette aufkommen zu lassen, hob er mit der ihm eigenen vorausschauenden Geschicklichkeit Richard Tauber (1891–1948) auf ein höheres Niveau: »Es ist ganz töricht, Richard Tauber vorzuwerfen, er habe nur das vordergründige Geschäft in Lehárs Operetten gesucht. Hinter dieser Vorliebe standen sehr gewichtige künstlerische Gründe: Wie jeder Sänger hatte auch Tauber Stimmkrisen, und sie quälten ihn sehr und machten ihm Angst. Da lag es nahe, sich die ihm angenehmen Höhenlagen von Lehár praktikabel zurechtlegen zu lassen. Auf jeden Fall wurde seine Musikalität nur von wenigen Sängern erreicht.«
Axel Springers Freund Hermann Firchow wurde tatsächlich Opernsänger. Axel Springers Bariton hätte vermutlich kaum ausgereicht. Vor allem aber: Der Vater war dagegen. Obgleich Heino Springer Sohn eines Kapellmeisters war und selbst als begabter Sänger galt, hielt er nichts von der »brotlosen Kunst« der Oper oder Operette. Sein Sohn sollte fit gemacht werden, eines Tages in die Verlegerschuhe seines Vaters schlüpfen zu können. Mutter Ottilie Springer, die eigentlich von einer wissenschaftlichen Karriere ihres Lieblings geträumt hatte, beugte sich diesmal dem Willen des Familienoberhauptes. Die Noten des Sprößlings trugen sicher dazu bei.
Die Eltern kamen überein, daß der Sohn die Schule nach Versetzung in die Obersekunda – der sogenannten Mittleren Reife

– ohne Abitur verlassen und ins Berufsleben wechseln sollte. Um seinem Erben, der diesen Laufbahnplänen unwillig gegenüberstand, die Perspektive ein wenig zu versüßen, stellte ihm Heino Springer in Aussicht, eines Tages die letzten Sporen für seinen Beruf in jenem Haus erwerben zu dürfen, vor dem Axel Springer bei einem Berlinbesuch mit der Mutter bewundernd gestanden hatte: dem mächtigen Ullstein-Verlag, umspült von dem mondänen Leben der Hauptstadt.

Am 1. April 1928 wurde der noch nicht ganz sechzehnjährige Obersekundaner Axel Springer konfirmiert. Seine Mutter hatte seinen Konfirmationsspruch ausgesucht: »Was hülfe es dem Menschen, so er die ganze Welt gewönne, und nehme doch Schaden an seiner Seele.« Einen Tag danach trat er als Lehrling in den Verlag »Hammerich & Lesser« ein. Heimlich nahm er wieder Gesangsstunden, bei Otto Eichbaum in Altonas Goethestraße. Nach der Tätigkeit als angehender Setzer und Drucker im väterlichen Betrieb (Milchholen eingeschlossen) volontierte er in der Hamburger Papierfabrik von Sieler & Vogel, lernte im Woff'schen Telegraphen-Bureau und schloß seine fünfjährige Ausbildung in der Redaktion der *Bergedorfer Zeitung* ab.

Die wichtigste Station auf diesem Weg war für ihn die Wolff'sche Nachrichtenagentur. Verantwortlich für die *Nordwestdeutschen Nachrichten* zeichnete dort Walther Hansemann, ein begabter und gütiger Bohemien voller Fleiß und Akribie und mit einem Faible fürs Varieté. Er nahm den zwölf Jahre jüngeren Volontär unter seine Fittiche und öffnete ihm die Türen zu Hamburger Künstlerkreisen, die sich vom braven Altona unterschieden wie Lackschuhe von Galoschen. Begeistert stürzte sich Axel Springer in die neue Welt zwischen Leichtsinn und Tiefsinn, und wenn die Nacht dort wieder einmal zum Tag gemacht worden war, hängte er am nächsten Morgen die schalldichte Polstertür im Wolff'schen Telegraphen-Bureau aus, um auf ihr etwas Schlaf nachzuholen. Hansemann wachte über ihn. Für Axel Springer wurde er

»mein journalistischer Mentor«. Bald duzten sie einander. Auch dies wurde eine Freundschaft fürs Leben.

Daß 1930 bei den Reichstagswahlen in Hamburg die NSDAP hinter der SPD zweitstärkste Partei geworden war und jeder fünfte Wähler sie angekreuzt hatte, störte den jungen Axel Springer damals herzlich wenig. Das Leben war zu schön, um sich über so etwas den Kopf zu zerbrechen.

Beim Wolff'schen Telegraphen-Bureau und in der *Bergedorfer Zeitung* unternahm Axel Springer seine ersten journalistischen Gehversuche als Lokalreporter. So berichtete der Neunzehnjährige am 7. März 1932, im letzten Jahr der Weimarer Republik, über eine Kundgebung des »Friedenskartells Groß-Hamburg«. Die chinesische Rednerin Chiyin Chen habe dabei »das Elend des chinesischen Volkes durch Ausbeutung der Besitzenden und durch den auf die Spitze getriebenen Imperialismus Japans gegeißelt«.

Weitere Springer-Meldungen 1932:

11. Juni: »Der Fremdenverkehrsverein Hamburg, Veranstalter der Werbeveranstaltung ›Sport- und Ferienfreude‹, hatte heute zur Eröffnungsfeier geladen ... Ein Besuch der Ausstellung kann sehr empfohlen werden.«

12. Juni: »Von den 2500 vom Landesarbeitsamt Nordmark im Arbeitsdienst Beschäftigten entfallen auf Altona allein 1500. Altona ist damit im Freiwilligen Arbeitsdienst an die Spitze im ganzen Reich gerückt. Die freiwilligen Arbeiter erhalten neben ihrer unverändert weitergezahlten Unterstützung eine Tageszulage von RM 1. Mit der Zulage sind alle eventuell an die Stadt zu stellenden Ansprüche gelöscht; Kleidung, Verpflegung, Fahrgeld usw. gehen zu Lasten der Arbeitsfreiwilligen. Die Beschäftigung dauert zwanzig Wochen.«

27. Juni: »Der Hamburger Gesellschaftsclub ›Weiß-Rot‹ feierte das Derby am Sonntagabend in den Räumen von ›Heinze am Millerntor‹. Der Tradition entsprechend spielte Bernhard Etté

mit seinen 15 Solisten zum Tanz. Auch jetzt wieder verstand es Etté, sich dem modernen Tanzstil anzupassen ... Man blieb zusammen bis zum Morgen und freute sich dann auf die nächste Gelegenheit, einen ebenso netten Abend bei den Rot-Weiß-Leuten verleben zu können.«

31. August: »Die diesjährigen Herbstrennen [von Motorrädern] auf der Fichtenhain-Bahn in Heide sind durch die Austragung der deutschen Bahnmeisterschaften zu höchster Bedeutung herangewachsen ... Der Sport verspricht überaus gut zu werden.«

Am Freitag, den 15. September 1933 bestritt Axel Springer in der *Bergedorfer Zeitung* dann erstmals eine ganze Seite allein: »Von Redaktionsbesuchen, Eingesandtem und Briefkastenanfragen«. Alle drei, so schrieb er, »können den Redakteuren viel Spaß machen. Die Betonung liegt allerdings auf ›können‹. Denn Nörgler, Kleinigkeitskrämer und Besserwisser haben ... ein weites Betätigungsfeld gefunden.«

Im selben Jahr beendete Axel Springer seine Lehrzeit und trat mit seinem Freund Walther Hansemann in die *Altonaer Nachrichten* von Vater Heino Springer ein. Am 8. Dezember erschien dort von ihm ein Feuilleton: »Über den Dächern Altonas«. »Nach dem zweiten Kognak«, so begann es, »fragte mich meine Mutter besorgt, ob ich mich nicht gut fühlte. Mittags hätte ich noch nie Schnäpse getrunken. Ganz bestimmt aber nicht zwei.« Des Schnaps-Rätsels Lösung: Axel Springers Freund Herbert hatte ihn zu einem Flug in einer zweisitzigen Sportmaschine über Hamburg eingeladen. Darüber verfasste er eine Reportage. Einer der schönsten Momente des Ausflugs in die Wolken war für Axel Springer die glückliche Landung: »Oh, wie komme ich mir in meinem kleinen Wagen geborgen vor, mit vier Rädern auf fester Erde ... bis ich infolge des Glatteises gegen einen Verkehrsleuchtturm rutschte.«

Ganz Deutschland geriet in jenem Jahr auf Glatteis. Reichspräsident Paul von Hindenburg hatte im Januar Adolf Hitler zum

Reichskanzler berufen. Die Reichstagswahl im März besiegelte die braune Machtergreifung. Auch in Hamburg wurde die NSDAP mit 38,8 Prozent der Stimmen stärkste Partei. Die Stadt mit 1,1 Millionen Einwohnern hatte über zwölf Prozent Arbeitslose. Jetzt regierten die Nazis. Im Frauengefängnis Fuhlsbüttel wurde ein Konzentrationslager eingerichtet. SA-Männer fuhren auf Lastwagen durch die Straßen, auf denen stand: »Juden und Jesuiten – die können uns nicht beschieten«. Eine Bücherverbrennung fand am Kaiser-Friedrich-Ufer statt. SPD und KPD wurden wie im ganzen Reich verboten.

Hitler, Heirat und das erste Kind

1933, das Jahr, in dem Adolf Hitler die Macht ergriff, hatte nicht nur das Ende von Axel Springers Ausbildung und seinen ersten Flug gebracht, sondern der jetzt Einundzwanzigjährige sollte in jenem Jahr auch zum ersten Mal wählen, zum ersten Mal heiraten und zum ersten Mal Vater werden.
Axel Springer war Anfang der dreißiger Jahre zu einem blendend aussehenden jungen Dandy herangewachsen, groß und blondgelockt, mit windsorblauen Augen, wohlerzogen, witzig und charmant. »Mein Name ist Axel Springer, Sohn reicher Eltern«, stellte er sich vor und hatte Lacher auf seiner Seite. Mädchen sahen ihm nach. Betont lässig mit schlaksigem Gang und schlenkernden Armen legte er Wert auf sein Äußeres, trug gern Zweireiher und ließ sich Hemden mit engen Manschetten und hohen Kragen schneidern. Mit finanzieller Hilfe seiner Mutter erstand er seinen ersten Frack, den er vor dem Vater unterm Bett versteckte.
Bei »Tante Lo«, einem Café an der Außenalster, lernte der Acht-

zehnjährige 1930 die ein Jahr jüngere Martha Else Meyer kennen, eine von vier attraktiven Töchtern des wohlsituierten Bauunternehmers Eduard Meyer und dessen jüdischer Frau Mary, geborene Seldis. Die Siebzehnjährige, genannt »Baby«, und ihre Zwillingsschwester Margot waren die beiden jüngsten des umschwärmten Kleeblatts. Im Dutzend machten ihnen Verehrer den Hof.

Im Sommer jenes Jahres durfte »Baby« erstmals allein verreisen – nach Sylt. Sie stieg in Kampen in der späteren Pension »Hinchley Wood« ab, die damals noch der Wäscherei Sönksen gehörte. Wenig später folgte ihr ein junger Mann aus Hamburg. »Eigentlich hatte ich jemand anderen erwartet«, erzählte sie mir als alte Dame. Aber es erschien Axel Springer. Und er blieb. Es war die erste von vier Begegnungen auf der Insel, die entscheidenden Einfluß auf sein Leben haben sollten.

Einem Herbst, der zum Frühling der Verliebten wurde, folgte ein Winter der Verzweiflung: »Babys« Eltern waren gegen die Verbindung und suchten die beiden auseinanderzubringen. Brief auf Brief schrieb Axel Springer in immer kürzeren Abständen an seine wieder einmal in der Nähe von Goethes Weimar kurende Mutter Ottilie. Er klagte an, verliebt und verzagt.

1.12.1930.

Mein liebes Muttchen,
je länger ich mir die Sache überlege, desto furchtbarer wird es. Die Eltern haben sie weggeschickt, um sie von mir zu trennen. Da aber nach einem Vierteljahr die Sache genau aussehen wird, wie jetzt, werden sie abermals einen Versuch machen. Das wird sich so lange hinzögern, bis wir die Vernunft verloren haben.
Es gibt eben keinen Menschen, der uns versteht. Babys Briefe sind jämmerlich. Davon ganz abgesehen werde ich nicht arbeiten können und sie kann sich nicht sammeln. Aber eins kann ich

nicht verstehen. Es muß doch noch einen anderen Weg als den letzten Wahnsinn geben. Ich glaube *bestimmt*, daß wir nicht soviel Härte aufbringen können, um das alles zu überstehen. Je ruhiger, sachlicher und nüchterner ich die ganze Sache überdenke, desto fürchterlicher wird es. Man wird uns auch in einem Vierteljahr nicht zusammen lassen. Und ehe Baby sich was antut, stelle ich die ganze Welt auf den Kopf. Ich hoffe immer noch, daß Du helfen kannst. Sonst weiß ich niemand. Papa ist widerlich. Herzlichst Dein Axel.

8.12.30.

Mein liebes Muttl,
vielen Dank für Deinen Brief. Meyers fangen an brutal und gemein zu werden. Von Baby bekomme ich immer kläglichere Briefe. Sie hat keine Post von mir bekommen. Alle Briefe abgefangen und von Meyers durchgelesen. Jeder Mensch sagt, daß dies die größte Schweinerei ist, die sie sich bis jetzt erlaubt haben. Baby haben sie bei nicht absolut ruhigem Verhalten eine Erziehungsanstalt angedroht ... Es hat ja keinen Sinn, daß ich den alten Meyer zusammenkloppen lasse, aber richtig wäre es schon. Ich habe 10x bei Meyers angerufen. Man ist für mich nicht zu Hause. Die sollen mich erst wütend machen. In meinen Briefen standen die größten Gemeinheiten über Meyers Art und Weise. Das beruhigt mich ja schon. Telefonieren kann ich auch nicht. Verboten! Herzlichen Gruß Dein Axel.

10.12.30.

Liebes Muttl,
die Sache steht sehr schlecht. Wir dürfen nicht schreiben, telefonieren usw. Man will uns jetzt auseinander haben. Meine Briefe, die abgefangen worden sind, haben den Rest bewirkt ... Man will Schritte gegen mich unternehmen. Man läßt mich beobachten ... Die beiden letzten Briefe von Baby waren erschütternd.

Ich hab' sie gestern Papa gegeben. So, mein Muttl, das ist so ziemlich alles. Schlechter wie es jetzt steht, geht es wirklich nicht ... Herzlichst Dein Axel.

11.12.30.

Mein liebes Muttl,
heute morgen bekam ich Deinen Brief ... Papa versucht es jetzt mit Strenge. Es gibt eben keinen Menschen, der uns versteht. Und man darf das nicht einmal übelnehmen ... Man müßte eigentlich sich über alles wundern. Ich habe eingesehen, daß es Schweine in Menschengestalt gibt. Wiedersehn, mein Muttl, Axel.
NB. Wenn ich über den Neuen Wall gehe und sehe all die Weihnachtsgesichter, Weihnachtsstimmung, dann wundere ich mich immer, was so ein Herz aushalten kann. Man wird so überempfindlich. Noch empfindlicher, als man von Natur aus schon ist. Ach, mein Muttl ... Nur einen Menschen hab' ich, und der ist so weit weg.

Da war sie, schon im ersten Liebeskummer auf wenige Zeilen verdichtet, die Gefühlsintensität, die Axel Springers Lebenswerk auszeichnen sollte, gemischt mit einer imponierenden Portion Selbstmitleid – und Tatendrang. Er entführte sein »Baby« im NAG seines Vaters zur kurenden Mutter nach Meiningen. Doch schon am nächsten Tag folgte ihm Vater Meyer dorthin und holte seine Tochter wieder ab. Meyers steckten ihre Zwillinge Martha und Margot 1931 in das Internat Lacombe am Genfer See. Axel Springer kaufte sich einen Revolver und drohte mit Selbstmord, verlor 20 Pfund und reiste den Mädchen nach. Er nahm Quartier im »Hôtel de la Tête-Noire« in Rolle und berichtete an Mutter Ottilie, die sich sorgte, er könne sich etwas antun:

29.4.31.

Liebes Muttchen,
jetzt bin ich wieder allein. Heute waren wir drei in Lausanne. Von morgens bis abends ... Bis jetzt bin ich vor lauter Glück unglücklich. Das ist wohl immer so ... Das will ich Dir sagen, es gibt bestimmt keinen Menschen, der mich so selbstlos lieb hat wie Baby ... Was muß das arme Kindchen alles durchgemacht haben. Man braucht bloß die weißen fernen Bergzüge anzusehen und einem laufen die Tränen nur so runter ... Also, mein Muttl, sei ganz beruhigt, ich komme ohne Sensation, ohne Aufhebens wieder, vielleicht evt. bisserl krank am Herzen, vielleicht aber auch mit frischer Hoffnung. – Ich soll Dich von Baby sehr herzlich grüßen, von Margot auch einen Gruß. Einen Kuß von Deinem Söhnchen Axel.
NB. Das Geld ist knapp, doch solltest Du nichts dabei machen können, so muß es auch gehen.

Als »Baby« Monate später erkrankte, holten ihre Eltern sie schnell nach Hause nach Hamburg. Sie fürchteten, sie sei schwanger. Doch es war nur die Niere. Im nächsten Jahr indes gelang der Liebe, was Todesdrohungen nicht vermocht hatten. 1933 gaben Meyers den Widerstand auf: »Baby« erwartete nun wirklich ein Kind. Im November 1933 wurde geheiratet, einen Monat darauf, am 16. Dezember, schenkte »Baby« ihrer Tochter Barbara Margot Inge (genannt »Bärbel«) das Leben, Axel Springers erstem Kind. Da war er 21 Jahre alt.
Erst lebte das junge Paar in einer Wohnung, später im sogenannten Säulen-Haus der Eltern an der Elbchaussee. »Mein lütten Sheeter: Wir bleiben immer, immer zusammen, was auch kommt«, schrieb der junge Ehemann seiner »Baby« auf eine Visitenkarte. Und im Haus der Eltern sagte er ihr eines Morgens, bevor er ins Büro ging, vor der großen Standuhr in der Halle: »Darein möchte ich Dich sperren und abends wie-

der herausholen.« Sie gab für ihn sogar ihr geliebtes Hockey auf.

»Er war großartig«, erzählte sie mir noch als Einundneunzigjährige in Hamburg. »Ließ ich etwas fallen, sagte er immer höflich: ›Laß es nur liegen. Ich laß es auch liegen.‹ Und er konnte wütend werden, wie ein Bär mit Kopfweh. Einmal prügelte er sich mit einem Taxifahrer, und wenn ihn jemand geärgert hatte, feuerte er seinen Schlüsselbund nach ihm.«

Die Zärtlichkeit war groß, das Haushaltsgeld knapp. »Baby« bekam 90 Mark für zwei Wochen. Das Essen fiel entsprechend aus. Bratkartoffel mit Gewürzgurken waren keine Seltenheit. Unverändert aber hatte Axel Springer seinen Blick auf die Sterne gerichtet.

Bei einem Aufenthalt auf Sylt zeigte er »Baby« in Kampen den gewaltigen Klenderhof unterm Reetdach, das größte Haus am Watt. »Das wird einmal mein Haus«, sagte Axel Springer. Dreißig Jahre später war es das.

1977 – inzwischen waren Axel Springer und »Baby« seit Jahrzehnten geschieden – erinnerte sie ihn in einem Brief noch an eine zweite, anscheinend ähnlich absurde Prophezeiung, die er damals gemacht hatte. Als er eines Abends aus dem Geschäft nach Hause gekommen sei, habe er ihr versprochen: »Baby, eines Tages habe ich so eine Zeitung in Hamburg wie das *Fremdenblatt*.«

Axel Springer, von der Reminiszenz berührt, antwortete ihr: »Mein liebes Baby, Du hast mir so einen lieben Brief geschrieben und sogar erinnert, daß der Jüngling schon damals ein *Fremdenblatt* machen wollte. Nun hat er so viele davon und weiß dafür um so genauer, wie schwer das Leben ist.« Axel Springer war mittlerweile der größte Zeitungsverleger Europas, viermal geschieden und wurde von Terroristen verfolgt.

Mit der Heirat »Babys« 1933 hatte Axel Springer nach drei Jahren Kampf erreicht, was er wollte. Von da an begann sein Inter-

esse an dem eroberten Ziel seiner Wünsche abzunehmen. Das sollte sich in seinem Leben noch öfter wiederholen, nicht nur bei Frauen. Axel Springer begann »Babys« liebevolle Anhänglichkeit als süße Last zu empfinden. Er wollte frei sein. Sie fand in seinem Anzug das Foto eines fremden Mädchens.
Die beiden trennten sich nach drei Ehejahren und wurden am 6. September 1938 geschieden. Er zog in eine Dachwohnung in Hamburgs Abteistraße. Wann immer er Ex-Frau und Kind am Rothenbaum besuchte, schrie nach seinem Fortgang seine kleine Tochter Bärbel, bis sie zu ersticken drohte.
Auch »Babys« Mutter Mary Meyer wurde geschieden. Als Jüdin kam sie im Krieg drei Jahre ins Konzentrationslager Theresienstadt. Ihr Ex-Schwiegersohn unterstützte sie mit Lebensmittelpaketen, kaufte ihr nach dem Krieg ein Eigenheim und vergaß bis zu ihrem Tode nie, an ihrem Geburtstag ein Pfund Kaviar vorbeizubringen oder zu schicken. »Baby« selbst heiratete in zweiter Ehe den Kaufmann Fred Funke. Sie überlebte Axel Springer, der sie sein Leben lang finanziert hatte, und erhielt nach seinem Tod eine halbe Million Mark.
Bis 1933, als Adolf Hitler Kanzler und Axel Springer Ehemann wurde, war Axel Springer nach eigenen Angaben politisch »recht naiv«: »Setzte ich meinen Fuß einmal ins Palace Hotel in St. Moritz, was mir gar nicht zustand, und erblickte die reichen Leute, so schien mir der Kommunismus das einzig Wahre zu sein. Kam ich zurück nach Hamburg und hörte Ernst Thälmann bei Sagebiel sprechen, so fühlte ich mich als Konservativer.«
Axel Springers Eltern standen dem Nationalsozialismus skeptisch gegenüber. Ihrem Freund, Altonas Oberbürgermeister Max Brauer, war im letzten Moment die Flucht ins Ausland geglückt. Ottilie Springer befand über Hitler: »Dieser Mann bedeutet Krieg« und zitierte aus Goethes *Wahlverwandtschaften*: »Diesem düsteren Geschlecht ist nicht zu helfen.«
Sie schnitt aus der *Berliner Illustrirten* ein Foto der neuen

Regierung aus, fragte »Sehen so die Herren der Welt aus?« und warf das Bild erst fort, als 1945 englische Panzer auf ihr Grundstück rasselten. Von zwei Menschen, so erzählte Axel Springer, wisse er, daß sie bis zur deutschen Kapitulation nicht ein einziges Mal die rechte Hand zum Hitlergruß erhoben hätten: »meine Mutter und meine Schwester Inge«.
Heino Springer, der liberale Schatzmeister, Brauer-Freund und überzeugte Protestant, hatte in seinem Verlag »Hammerich & Lesser« 20 Tage vor der Machtübernahme Hitlers ein *Altonaer Bekenntnis* von 21 Pastoren veröffentlicht, das gottlose Kommunisten und Nationalsozialisten verurteilte. Drei Tage nach der Machtübernahme stand in einem Leitartikel seiner *Altonaer Nachrichten* über die bevorstehende Reichstagswahl: »Der kommende Wahlkampf wird die Entscheidung bringen, für Hitler oder für die deutsche Republik.«
Zwei Männer im Trenchcoat holten Heino Springer und seinen Chefredakteur Edgar Walsemann ab, vernahmen beide und entließen sie erst, nachdem die Nacht hereingebrochen war. Walsemann reiste daraufhin nach Bern, um zu erkunden, ob es für Springers und ihn eine Möglichkeit gäbe, einzuwandern und eine Emigranten-Zeitung zu starten. Der Plan stieß auf wenig Gegenliebe und versandete.
Statt mit seinen Eltern zu emigrieren, wurde der junge Axel Springer, der damals gerade seine letzte Ausbildungsphase bei der *Bergedorfer Zeitung* absolvierte, Anwärter beim NSKK (Nationalsozialistisches Kraftfahr-Korps). Doch nach fünf Monaten war er schon wieder draußen. Es war seine engste Berührung mit dem Bösen unter dem Schnurrbart. Axel Springer wurde nie Nationalsozialist. »Es ist nicht mein Verdienst, denn es war mein Elternhaus, das mich auf den rechten Weg führte«, schrieb er später seinem Sohn Nicolaus.
Obgleich er ungleich unpolitischer war als seine Eltern, stellte der Nationalsozialismus für Axel Springer nie eine Versuchung

dar. Er war ihm schon ästhetisch zuwider. Er verkörperte alles, wovor er sich ekelte: Zwang, Gleichmacherei und Massen, Uniformen und Marschmusik. Und alles, was er liebte, war dem neuen Regime suspekt: vom englischen Tuch über Swing-Musik bis zum individuellen Luxus. »Mein erster Anzugstraum war nicht eine Uniform, sondern ein Frack«, erinnerte er sich, als der Spuk vorüber war.

Die Abneigung saß tief und fest. Mit 21 Jahren wählte Axel Springer zum ersten Mal. Es war die Volksabstimmung über den Austritt aus dem Völkerbund, verbunden mit einer Reichstagswahl im November 1933. Das Wahllokal befand sich nur ein paar hundert Meter vom Elternhaus an der Elbchaussee entfernt. Beklommen betrat Axel Springer die Wahlkabine: »Den zur Seite geschobenen Vorhang schloß ich sorgfältig. Rasch machte ich mein Kreuz im Nein-Feld. Mit freundlich beherrschtem Gesicht verließ ich sodann die Kabine und machte mich auf den Heimweg. Furien der Angst begleiteten mich. Hatte jemand zugesehen? War der Wahlumschlag wieder geöffnet worden? Die Furcht verließ mich auch nicht, als ich in unser schönes Haus am Jenischpark zurückgekehrt war. Klingeln an der Haustür schreckte mich noch am nächsten Morgen auf ...«

Einem älteren Freund aus jenen dreißiger Jahren, Walter Salomon, der noch rechtzeitig vor dem NS-Regime nach London fliehen konnte, wo er Sir und erfolgreicher Bankier wurde, vertraute er nach dem Zweiten Weltkrieg an, was er in solchen Situationen immer wieder empfunden hatte: »Die Angst davor, was hätte passieren können, brachte mich manchmal fast um.« Dann, so erzählte Salomon, habe Axel Springer leise hinzugefügt: »Walter, zum Helden bin ich nicht geboren.«

Er war kein Held. Er hatte Angst. Er wurde nie Widerstandskämpfer. Aber er war dagegen. Und das war etwas, was man von der Mehrheit seiner Landsleute nicht behaupten konnte. Bei der Wahl im November 1933 hatten 92,1 Prozent für die Liste der

NSDAP gestimmt und vermutlich hätten die Deutschen Hitler bis in den Krieg hinein wiedergewählt.

Axel Springer erlebte die ersten Fälle von jüdischen Bekannten, die ausgeraubt auswanderten oder im KZ verschwanden. Er verteilte Emigranten-Zeitungen aus Paris unter Gleichgesinnten. Und er erzählte Freunden im Hinterzimmer der Bücherstube von Felix Jud in den Colonnaden die neuesten Anti-Witze. Der freche Hausherr hatte dort die *Stürmer*-Schlagzeile »Jud bleibt Jud« ausgeschnitten und an die Wand geklebt (obgleich er keiner war).

Bei Felix Jud, zu dessen Stammkundinnen Mutter Ottilie seit der Geschäftseröffnung 1923 gehörte, war Axel Springer auch schon in den zwanziger Jahren dem Ullstein-Erben Frederick Ullstein begegnet, der damals als Lehrling bei Reemtsma arbeitete. Axel Springers Hoffnung aber, die eigene Lehrzeit bei Ullstein in Berlin abzuschließen, hatte die NS-Machtergreifung zunichte gemacht; das jüdische Haus stand vor dem Aus. Statt dessen erschien der Name Axel Springer erstmals 1934 im Impressum der väterlichen *Altonaer Nachrichten* als Redakteur für Handel, Schiffahrt, Sport.

Er war jetzt 22 Jahre alt. Mädchen, Mode und Musik waren ihm wichtig. Er gab sich anglophil, schwärmte für Duke Ellington und gehörte der verpönten Swing-Jugend an, deren verwegenste Mitglieder mit Chamberlain-Schirm und Bowler-Hut auf Kreppsohlen über den Jungfernstieg flanierten (im Krieg kamen Hunderte von ihnen ins KZ). Ein Beleg für Axel Springers England-Faible findet sich in den *Altonaer Nachrichten* vom 5. Mai 1937. Überschrift: »Sprung durch die Luft – nach London«. Unterzeile: »Reise mit dem Schnelldienst der Lufthansa – 24 Stunden auf englischem Boden«. In diesem »Sonderbericht der *Altonaer Nachrichten* von Axel Springer« machte der Autor aus seiner Neigung zum Inselreich wenig Hehl. Er schrieb:

- Über die Royals: »Als König und Königin schließlich im Kraftwagen die Riesenportale des Buckingham Palace passieren, jubeln ihnen die scheinbar begeistungsunfähigen Londoner zu.«
- Über den Bobby: »Die ihm entgegengebrachte Sympathie rührt daher, daß der Engländer in ihm einen Allerweltskerl sieht, und tatsächlich, nur selten bleibt er eine Antwort schuldig, er weiß alles und ist nie unfreundlich.«
- Über den Rasen: »Einzig auf der Welt, der englische ›lawn‹, so dicht gewachsen, so kurz zu scheren, daß man sogar Tennis darauf spielt.«
- Über die Weiblichkeit: »Am besten, glaube ich, einigt man sich auf die Formel: Spröde gibt's überall, nicht nur in England.«
- Über die Soldaten: »Im Lande des Sports findet der militärische Drill wenig Anhänger. Daß die Engländer, wenn's drauf ankommt, trotzdem ausgezeichnete Soldaten zu stellen wissen, ist aus der englischen Geschichte auf Tausenden von Seiten nachzulesen.«
- Über den Hafen: »An der Themse stehend sah ich die Docks, wo unzählige Arbeiter in unermüdlichem Fleiß den Grundstock für das legen, was sich im Westen als Schönstes der britischen Hauptstadt präsentiert.«

Solche Sätze waren im fünften Jahr der NS-Herrschaft gewiß nicht als feige zu bezeichnen. Der einzige Schemen einer erkennbaren Konzession ist auf dem Umlauf der Sonderseite zu entdecken: »Man könnte ... die interessante Frage aufwerfen, wieso es in dem reichen England immer noch Arbeitslose, Elendsviertel und ungeahnte städtebauliche Mißstände gibt? Man könnte von Whitechapel schreiben, wo in trostlos grauen Straßen unzählige Juden sich mit Dockarbeitern die proletarischen Wohnstätten teilen.« Aber ein Sündenfall waren diese Formulierungen sicher nicht.

Zunächst war es – besonders in Hamburg – noch möglich, im totalitären Staat ein weitgehend unabhängiges Privatleben zu führen. Axel Springer tanzte in der »Halali« und der »Caricata«, im barocken »Trocadero« am Neuen Wall oder in der »Tarantella« an der Esplanade. Wurde er in einem der Nachtclubs um ein Lied gebeten, sang er mit Vorliebe: »Gern hab' die Frauen geküßt ...« Er schloß Freundschaft mit dem Schweizer Bandleader Teddy Stauffer, der im »Café Heinze« spielte. Schon 1934 badeten sie gemeinsam auf Sylt und 1937 organisierten die beiden auf der Insel ein Fußballmatch: Stauffers »Teddies« mit Axel Springer gegen Westerlands »Trocadero«. Schiedsrichter war der »Paganini des Fünf-Uhr-Tees«, Barnabas von Géczy, der seine Geige in jenem »Trocadero« schluchzen ließ. Die »Teddies« siegten 7:1.

Nach dem Krieg eröffnete Teddy Stauffer im mexikanischen Acapulco das Hotel »El Mirador«. Dorthin schickte ihm Axel Springer 1951 einen Brief. Zwischen »Lieber Teddy Stauffer« und »Mit schönen Grüßen« hieß es darin: »Während des Krieges, der mich im übrigen nicht unter der Fahne des ›Führers‹ als Soldat sah, habe ich manchmal an Sie gedacht und mich dabei jener kleinen Episode aus Westerland erinnert, als Sie, ein blondes Mädchen und ich an einem Tisch saßen und zu unserer gemeinsamen großen Überraschung feststellten, daß wir alle drei am zweiten Mai Geburtstag hatten.«

Kriegsausbruch

Zu Axel Springers engsten Freunden zählten in den dreißiger Jahren vier Männer, die wie er nicht daran dachten, sich das Leben von der Diktatur vermiesen zu lassen, und die Möglichkeiten dazu hatten: Ernst Karstens, Fritz Simon, Robert Depen-

dorf und Walter Schultz-Dieckmann*. Oft fuhr man nach Westerland, zuweilen nach Travemünde oder im »Fliegenden Hamburger« nach Berlin, gelegentlich spannte auch der eine dem anderen die schöne Gefährtin aus. Ernst Karstens aus Elmshorn war der Älteste und wohl auch Betuchteste der Gruppe. »Pott-Karstens« wurde er genannt. Er hatte eine Fabrik für Keramikgeschirr.
Fritz Simon war Herr über eine chemische Fabrik am Mühlenkamp und einen Stammtisch in der »Tarantella«. Genau wie Walter Salomon gelang es ihm, noch vor Kriegsausbruch nach London auszuwandern. Nach dem Krieg schrieb er von dort Axel Springer einen Brief in Hamburgs Ruinen und fragte, ob er ihm mit irgend etwas aus England helfen könne. »Ja, bitte«, kam die Antwort: »Wenn möglich, schicke mir bitte einen Bowler-Hat.«
Der dritte Freund Robert (»Bobby«) Dependorf, Erbe von Hamburgs größter Wäscherei und Reinigung, ließ für einen Sylt-Ausflug mit Axel Springer schon mal einen Salonwagen an den fahrplanmäßigen Zug hängen. Beide liebten die Frauen – mit einem Unterschied: Bobby Dependorf stellte meistens ihnen nach, sie stellten häufig Axel Springer nach. Im Endergebnis kam es rein rechnerisch etwa auf das gleiche heraus. Auch diese Freundschaft und das gemeinsame Interesse überdauerten den Krieg.
1937 stieß Walter Schultz-Dieckmann zu den Freunden. Der Sohn eines Justizrates aus Duisburg, blond, 1,95 Meter lang und gutaussehend, arbeitete als Lehrling in der Im- und Exportfirma von Rudolf Petersen (der nach dem Krieg Hamburgs Bürgermeister werden sollte). Er war ein Herr, der den Damen gefiel, obgleich ihm männliche Freunde mehr lagen. Zu Axel Springer sah er auf.

---
* Walter Schultz-Dieckmann hieß eigentlich nur Schultz, nahm aber nach dem Krieg als Privatsekretär Axel Springers auf dessen Wunsch auch noch den Nachnamen seiner Mutter Dieckmann an.

Die ersten Begegnungen von Schultz-Dieckmann und Axel Springer fanden zwischen den schmiedeeisernen Gittern der »Tarantella« und auf Sylt statt. Von da an waren sie viel zusammen. Schultz-Dieckmann erinnert sich an diese Zeit: »Wir hingen wie Kletten aneinander. Nach dem Büro trafen wir uns, wohl drei-, viermal die Woche, und nahmen erstmal einen kleinen Schnaps zusammen, meist ein Pfefferminzlikör. Am Wochenende lud uns Herr Karstens oft auf sein Gut nach Rachut ein, an der Seenplatte bei Segeberg. Häufig fuhren wir auch nach Travemünde. Dabei waren wir auf die Autos unserer betuchteren Freunde angewiesen. Herr Karstens hatte außer seinem Maybach noch einen fabelhaften Alfa Romeo. Wir tanzten im Kurhaus. Für ein weiteres Etablissement hätte unser Geld wohl auch gar nicht gelangt. Ich hatte damals etwa 350 Mark im Monat und glaube nicht, daß Axel Springer sehr viel besser bei Kasse war. Aber es war in der väterlichen Firma in Altona eine Buchhalterin, die ihm gegen den Willen von Heino Springer immer Vorschuß gab. Es war ein älteres Fräulein, die viel für ihn übrig hatte, und er mit seinem Charme brauchte sich nur auf ihren Schreibtisch zu setzen. Jedenfalls war er immer bei ihr in der Kreide.«

Eines Abends hockten die beiden Freunde wieder einmal in der »Tarantella« und hielten sich solange wie möglich an einem Glas an der Bar fest. Doch schließlich kam der Moment, da sie zahlen mußten. Springer fragte: »Wieviel Geld hast du noch?« Schultz-Dieckmann zählte möglichst unauffällig nach und teilte Axel Springer das Resultat mit. »Das reicht für die beiden Drinks«, entschied Springer: »Und dann bleiben dir sogar noch 20 Pfennig für die Garderobe. Also, gute Nacht, Walter, wir sehen uns ja morgen.«

Schultz-Dieckmann: »Ich gab's ihm mit strahlendem Lächeln. Ich war eigentlich dankbar, daß ich es ihm geben konnte. Einen solchen Einfluß hatte er eben immer.« Erst auf der Straße habe er bemerkt, wie er sich hatte düpieren lassen, und ärgerte sich. Denn jetzt mußte er den Heimweg nach Lokstedt, wo er wohnte, zu Fuß antreten – etwa vier Kilometer. Doch nun war es zu spät, etwas zu ändern.

Ein anderes Mal waren die Freunde auf dem Weg zu den »Vier Jahreszeiten«. Vor den beiden lief Axel Springers Tochter Bärbel, inzwischen fünf Jahre alt. »Sie geht genau wie du«, meinte Schultz-Dieckmann: »Genau so eingebildet.«

Darauf Springer: »Sie ist auch fast so schön wie ich.«

Dieckmann: »Nein, sie ist noch schöner.«

Springer: »Vielen Dank, dann lad' ich dich zum Mittagessen ein.«

»Damals wurdest Du zu einem Teil, dem entscheidenden, meines Lebens«, schrieb Walter Schultz-Dieckmann mehr als 30 Jahre später in einem Brief an Axel Springer über jene Zeit. »Ich bin dem Schicksal dankbar dafür. Möge es Dich weiterhin beschützen.«

Es war der Begleitbrief zu einem kleinen Foto-Album mit Aufnahmen der beiden Freunde. »Meine Mutter hatte mir Anfang 1938 eine Leica geschenkt und Du ermuntertest mich, von Dir Porträtaufnahmen zu machen«, erzählte Schultz-Dieckmann in dem Brief an Axel Springer die Entstehungsgeschichte des Albums. »In der Abteistraße, die Du wohl gerade bezogen hattest, rückten wir die Möbel, sichteten Deinen Garderobenschrank und gingen keck ans Werk ... Von den 36 Aufnahmen auf dem Film schoß ich 35. Bei der 36. Aufnahme setzte sich meine Eitelkeit durch. Diesmal mußtest Du auf den Auslöser drücken. Zum Dank schenktest Du mir das Buch *Leica in aller Welt* mit der anerkennenden Widmung für Deinen ›ersten Kameramann‹!«

Danach gerieten die Fotos in Vergessenheit, bis Schultz-Dieckmann sie Axel Springer schenkte. Daß der auf einigen von ihnen eine Faschingsuniform trägt, galt später ganz klugen Beobachtern als Indiz dafür, daß es mit seiner Abneigung gegen Unifor-

men wohl doch nicht soweit her gewesen sein konnte. Kritischer Journalismus.
Sylt, damals noch eher ein Geheimtip, gewann zunehmend Bedeutung für Axel Springer. Westerland mit dem seit 1920 bestehenden Nachtclub »Trocadero« und die noch unberührte Künstlerkolonie Kampen hatten es ihm besonders angetan. Die Insel war ein Fleck auf der Landkarte nach seinem Geschmack. Auf seltsame Weise beeinflusste ihr Reizklima Körper und Seele, wirkte wie eine Droge, verstärkte Anlagen sowohl zum Positiven wie zum Negativen. Melancholiker konnten dort in tiefe Depression verfallen, Optimisten die Seeluft wie Champagner genießen. Wie der Geist, so der Leib: Ein schlummernder Infekt brach auf dem Eiland mit doppelter Gewalt aus, aber wer schon auf dem Wege zur Genesung war, der erhielt auf Sylt einen Turboschub an Heilkraft.
In Kampen hatte Axel Springer das erste Wochenende mit seiner ersten Frau »Baby« verbracht. Dorthin setzte er sich 1936 als Sportredakteur ab, als das NS-Regime in Berlin Olympia-Triumphe feierte. Dort lernte er in der zweiten Hälfte der dreißiger Jahre eine neue Liebe kennen. Und dort schloß er im Krieg Freundschaft mit zwei Männern, die in seinem Leben Weichen stellen sollten.
Das Mädchen, dessen Foto »Baby« Springer in einer Jackentasche ihres Mannes fand, hieß Erna Frieda Bertha Küster und war langbeiniges Starmannequin des Berliner Modesalons Schulze-Bibernell in der Budapester Straße. Die Männer hießen Hans Zehrer und John Jahr, Journalist der eine, Geschäftsmann der andere, Merker und Macher.
Erna Frieda Bertha Küster (1908–1969) und Axel Springer verliebten sich ineinander. Er taufte sie Katrin. Sie war verführerisch hübsch und besaß eine imponierende Berliner Schnauze. Bei der Bootspartie eines Hamburger Golfclubs auf der Elbe sprach ein feiner Hanseat sie an. »Habe gesehen, daß Sie mit

dem jungen Herrn Springer gekommen sind«, näselte er. »Stimmt das eigentlich, daß er auch andersrum ist.« – »Det weeß ick nich«, berlinerte Katrin. »Frajen Se doch mal Ihre Frau.«
Sie selbst war zu jener Zeit mit Camillo Holm befreundet, einem vermögenden Norweger in Berlin. Ihm gestand sie ihre Empfindungen für Axel Springer. Da bot Camillo Holm ihr an, wozu er sich bis dahin nicht hatte entschließen können: die Ehe – und sie nahm an. Axel Springer war tief verletzt.
Am Hochzeitstag – die Trauung war für drei Uhr nachmittags angesetzt – raste er mit seinem Freund Schultz-Dieckmann im Wagen seines Vaters nach Berlin. Wenige Stunden vor der Zeremonie versuchte er die Braut in einer Unterredung umzustimmen. Umsonst. Deprimiert trat Axel Springer die Rückreise an. Schultz-Dieckmann mußte fahren und zerdepperte an einer Hausecke in Küritz an der Knatter auch noch den Kotflügel von Springers väterlichem Gefährt.
Aber nur ein Jahr später, 1939, trennte sich Katrin wieder von Camillo Holm und heiratete im Dezember den ebenfalls geschiedenen Axel Springer. Die beiden zogen zunächst in Hamburgs Alsterterrasse, dann an die Elbchaussee. Am 7. Februar 1941 schenkte sie ihm einen Sohn, Axel Springer jun., sein zweites Kind. Der Vater war jetzt 28 Jahre alt.
Kurz vor Ausbruch des Zweiten Weltkrieges hatte Axel Springer noch einmal versucht, aus seiner Tätigkeit in der immer strenger regulierten Presse auszubrechen. Er bezog in Stettin in einer Pension ein Hinterzimmer mit Klavier und sang wieder mit seinem Schulfreund Hermann Firchow, der an der Oper der Stadt beschäftigt war. Aber ehe Axel Springer doch noch eine Karriere als Sänger beginnen konnte, marschierten deutsche Truppen in Polen ein. Aus war der Traum. Axel Springer kehrte ins heimatliche Hamburg zurück.
Der Griff der Diktatur auf ihre Untertanen wurde zusehends brutaler. Dem schlacksigen jungen Snob, dem es bis dahin gelun-

gen war, sein privates Dasein weitgehend unbelästigt vom Regime zu gestalten, drohte jetzt der Wehrdienst. Axel Springer hatte aber nicht die Absicht, für Hitler zu kämpfen oder zu töten und schon gar nicht zu sterben. Seine seit Kindesbeinen schwächliche Konstitution war ihm nun nützlich.
Erst bescheinigte ihm Dr. Eskuchen »einen schweren Herzanfall« und »eine ausgesprochene Herzmuskelschwäche«. Dann entdeckte ein Heilpraktiker in Hamburg-Wandsbek einen extrem niedrigen Blutzuckerspiegel. Im Universitätskrankenhaus Hamburg-Eppendorf (UKE) wurde das Ergebnis 1942 überprüft. Axel Springer ließ sich dazu bewußt in der Poliklinik untersuchen, weil er wußte, daß deren Urteil bei den Militärbehörden ungleich größeren Eindruck machte als Atteste von privat bezahlten Professoren für wohlhabende Erben.
Dr. Kaden vom UKE bestätigte »abnorm tiefe Werte« des Blutzuckers von »35 mg%«. Seine Diagnose: »pancreas adenom« (Geschwulst an der Bauchspeicheldrüse). Sein Rat: »Operation«. Axel Springer: »Eine halbe Minute weinte ich.« Aber seine Mutter war gegen die Operation. Da begab sich ihr Sohn zu dem bedeutendsten Zuckerstoffwechsel-Spezialisten in Berlin.
Nach dreitägiger Untersuchung setzte sich der Professor mit Henri-quatre-Bart auf sein Bett. Sie waren allein, die Tür war fest verschlossen. Es kam zu einem Gespräch zwischen dem Mediziner und seinem Patienten, wie es nur in einer Diktatur möglich ist. Axel Springer hat es überliefert.
»Was bedrückt Sie«, fragte der Arzt. Keine Antwort. »Sind es wirtschaftliche Schwierigkeiten?« Nein. »Sind es häusliche Sorgen?« Nein. »Ist es die Umwelt?« Wieder Schweigen. »Gucken Sie in meine Augen und fassen Sie Mut«, drängte der Professor und wiederholte seine Frage: »Ist es die Umwelt, in der wir leben?«
Diesmal antwortete Axel Springer mit Ja. Da fällte der Arzt sein Urteil: »Herr Springer, wir haben ja eine harte Diagnose aus

Eppendorf. Wenn ich auch eine Operation nicht für nötig halte – ich bestätige trotzdem die Diagnose ohne Einschränkung. Ziehen Sie aufs Land, frühstücken Sie morgens im Bett, und warten Sie bessere Zeiten ab.«

Das Verdikt bewahrte Axel Springer zugleich vor Operation und Wehrdienst. Er erhielt den roten Schein dauernder Wehrdienstunfähigkeit. »Eine Rechnung schickte er nie« schrieb Springer in seinen Erinnerungen über den Arzt. Er selbst pflegte fortan seine Leiden.

Er suchte häufiger Hospitäler auf und machte Kuren, schon um die Glaubwürdigkeit der Diagnose zu erhöhen. In einem der vielen Briefe des inzwischen Dreißigjährigen an »Mein liebes Muttchen« heißt es im April 1943: »Über meinen Gesundheitszustand mag ich gar nicht schreiben. Das Quälendste sind die Kreislaufstörungen, wenn das Blut wohl in den Kopf hineingeht, aber nicht wieder zurück will.«

Wochenlang hatte er sich in Königswusterhausen im Haus der Modeschöpferin Irmgard (Bibi) Bibernell versteckt, der ehemaligen Chefin seiner Frau Katrin, der er sich sein Leben lang dankbar erwies. Monate hatte er im Sanatorium Dr. Weidner verbracht, das auf den Loschwitzer Höhen bei Dresden direkt neben dem »Weißen Hirsch« lag. In jenem Sanatorium begegnete ihm Professor J. H. Schultz. Der Begründer des Autogenen Trainings schildert in seinem 1964 erschienenen Buch *Lebensbilder eines Nervenarztes* sein damaliges Zusammentreffen mit Axel Springer: »Er machte einen so starken Eindruck auf mich, daß ich die Äußerung wagte, es werde entweder etwas ganz Großes oder gar nichts aus ihm werden.«

Hans Zehrer und John Jahr auf Sylt

Sylt mit seinem stärkenden Reizklima suchte Axel Springer mit seiner Frau Katrin so oft wie möglich auf. Bei einem der Besuche schloß er Bekanntschaft mit einem Mann, mit dem ihn bald eine ungewöhnliche Beziehung verbinden sollte: Hans Zehrer (1899–1966). Erst sah der eine zum anderen auf, später der andere zum einen. Hans Zehrer, 13 Jahre älter als Springer, war, was es selten gibt: ein rechter Intellektueller. Er hielt sich – vielleicht nicht zu Unrecht – für den größten Philosophen unter den Journalisten und für den größten Journalisten unter den Philosophen.
Hans Zehrer war als Sohn eines Postbeamten und einer Gastwirtstochter in Berlin geboren worden. Im Ersten Weltkrieg wurde er verwundet und erhielt als Gefreiter das EK II. In den Nachkriegswirren war er dabei, als 1919 regierungstreue Soldaten den linken Spartakus-Aufstand niederschlugen; die Spartakus-Anführer Karl Liebknecht und Rosa Luxemburg wurden von Gardeschützen erschossen.
Ein Jahr später nahm Hans Zehrer als »Zeitfreiwilliger« am rechten Umsturzversuch des Oberlandschaftsrates Dr. Wolfgang Kapp teil. Auch dieser Putsch mißlang; Zehrer wurde noch einmal verwundet. Danach studierte er an der Friedrich-Wilhelm-Universität in Bonn erst Medizin und Psychologie, danach Theologie und Geschichte, Philosophie und Nationalökonomie – alles ohne Abschluß.
1923 trat er in die Redaktion der bürgerlich-liberalen *Vossischen Zeitung* des Ullstein-Verlages ein. Sein erster Artikel trug die Überschrift: »Die Krise des Parlamentarismus«. Eine formidable journalistische Karriere hatte begonnen.

Hans Zehrer unterstützte nicht Hitler, aber stritt auf Parallelkurs gegen die Weimarer Republik. Parteien und Parlamentarismus, Marxismus und Liberalismus führten seiner Ansicht nach dazu, daß Demagogen das Volk verführten, das seinen Vorstellungen nach eigentlich von einer Elite geführt werden sollte. 1929 übernahm Hans Zehrer die Zeitschrift *Die Tat*. Unter ihm stieg die Auflage von 1000 auf 20 000 Exemplare. Die *Tat* wurde Zentrum rechter Intelligenz. Im ganzen Land bildeten sich *Tat*-Kreise, die nach einer »neuen totalen Volksgemeinschaft« unter einer starken Regierung strebten.

1932 übernahm der Herausgeber der *Tat*, Hans Zehrer, außerdem die Chefredaktion der Tageszeitung *Tägliche Rundschau*, die dem Reichswehrminister General Kurt von Schleicher nahestand. Noch im Dezember wurde der General Reichskanzler, für seinen Mitstreiter Hans Zehrer die ersehnte »Schicksalswende«. Er hoffte, nun durch ein Bündnis von Reichswehr und Gewerkschaften unter Ausschaltung des Parlaments Hitlers Machtergreifung zu verhindern. Indes: die »Schicksalswende« dauerte nur 56 Tage. Dann ernannte Reichspräsident von Hindenburg den Parteichef der stärksten Reichstagsfraktion, Adolf Hitler, zum Reichskanzler.

Hans Zehrer begrüßte zwar noch unter dem Pseudonym Hans Thomas den »neuen Staat«, wurde aber schon bald in der SS-Zeitschrift *Das Schwarze Korps* selbst als »Literat« angegriffen. Im Mai wurde sein Blatt erstmals für ein paar Tage verboten. Zehrer, der mit der Jüdin Margot Susmann-Mosse verheiratet war, schied aus der Redaktion aus und trat auch als Herausgeber der *Tat* zurück. 34 Jahre alt und arbeitslos, verließ er mit seiner Frau die Hauptstadt und bereute 1933: »Im übrigen schäme ich mich immer peinlicher der Arbeit der letzten Jahre, nie wieder.« Im Juni 1934, beim sogenannten Röhm-Putsch der SA, töteten Mörder des NS-Regimes zur Mittagsstunde in Potsdams Griebnitzstraße 4 General Kurt von Schleicher an seinem Schreibtisch

mit fünf Schüssen. Hans Zehrer war noch einmal davongekommen.
Der Nationalkonservative Hans Zehrer zog sich nach Kampen auf Sylt zurück. Direkt am Watt baute er für sich und seine Frau Margot ein kleines reetgedecktes Haus, das er mit Büchern vollstopfte. Er litt an Depressionen und gab Reitunterricht. Seine Mittel neigten sich dem Ende zu. Er übersetzte Howard Springs *Geliebte Söhne* und schrieb unter dem Pseudonym Hans Thomas den leicht lesbaren Bestseller *Percy auf Abwegen*. Das Buch wurde mit Hans Albers in der Hauptrolle von der Ufa verfilmt. Zehrer erhielt den Auftrag für ein zweites Drehbuch: *Das Glas Wasser*. Schließlich begann er mit der Arbeit an dem Wälzer *Der Mensch in dieser Zeit*, 656 Seiten schwer verdaulicher Kulturpessimismus, der erst nach dem Krieg erschien.
1938 konnte seine jüdische Frau Margot noch rechtzeitig nach London fliehen. »Emigrieren kann ich zunächst nicht«, schrieb Zehrer ihr dorthin, »denn das hieße mich ins jüdische Lager hinüberziehen zu wollen, und da sage ich nein.« Nach Kriegsausbruch wurden die beiden geschieden. Hans Zehrer kehrte nach Berlin zurück, wurde in die Reichsschrifttumskammer aufgenommen und konnte so 1942 zum Vorstandsvorsitzenden des Stalling-Verlages Oldenburg avancieren. Wann immer es ihm aber möglich war, suchte er Erholung auf Sylt. 1943 wurde er mit 44 Jahren zur Luftwaffe eingezogen. In den letzten Kriegstagen flüchtete er aus Berlin – wieder unters Reet am Watt von Kampen, in die »Kierkegaard-Landschaft«, wie er Sylt nannte.
Eine gewisse lokale Popularität errang er, als er nach der Währungsreform 1948 in Kampen mehrere Plakate aushängte: »300 – dreihundert – neue Deutsche Mark zahle ich demjenigen, der mir nachweisen kann, wer in der Nacht vom ... mein Schaf vom Tüder geschnitten hat.« Der Vorfall wurde nie aufgeklärt. Erst Jahrzehnte später, als das Schaf und alle anderen Betroffenen mit Sicherheit im Jenseits weilten, äußerte der Autor Kurt

Lothar Tank den Verdacht, der Täter sei Zehrers Freund und Schriftstellerkollege Ernst von Salomon gewesen, der damals den »Klenderhof« verwaltete und immer auf der Suche nach Leckerbissen für seine Gäste in Kampen war.
Das ehemalige Künstlerdorf übte eine seltsame Anziehungskraft auf eine noch seltsamere Gesellschaft aus: Industrielle wie Underberg und Opel, Verleger wie Rowohlt, Suhrkamp und Goverts, Künstler wie Nolde und Renée Sintenis, Schriftsteller wie Zuckmayer, Ernst von Salomon und Hans Zehrer. Sie kamen, um sich zu vergnügen oder zu vergessen. »Sylt dünkte uns die Insel der Verrückten«, gestand Ernst von Salomon. »Der Schmerz um den Untergang dieses schönen Landes« habe unterschiedliche Menschen in Kampen zusammengeführt, meinte Axel Springer.
Er hatte im Kriegsjahr 1941 durch Vermittlung von Ernst Rowohlt und Henry Goverts in Kampen Hans Zehrer kennengelernt. Er war von dem wortgewaltigen und zugleich eleganten Denker fasziniert – und von dessen metaphysischem Weltbild, in dem sich Gott, Volk und Elite zu einem geheimnisumwobenen, aber harmonischen Ganzen zusammenfügten.
Stundenlang wanderten die beiden gemeinsam am einsamen Strand, stundenlang diskutierten sie nach Einbruch der Dunkelheit über Religion und Massen, über Sinn, Sein und Dasein. Zehrer fand Gefallen an dem aufgeweckten Bewunderer zu seinen Füßen.
Auch ihre Frauen verstanden sich sofort. Zehrers neue Lebensgefährtin Lieselotte war wie Katrin Springer Mannequin in Berlin gewesen und umriß das Insel-Idyll, wo der nächste Krämerladen einen Kilometer entfernt war, mit den Worten: »Ick peese und Zehrer denkt.«
»Ihr lieben guten Springerlis«, schrieb sie im September 1944 an die Elbe: »Zu schade, daß ihr beiden Hübschen soweit weg seid.« Das sollte sich bald ändern. Fast zwei Jahrzehnte war Hans Zeh-

rer nach dem Krieg einer der engsten und einflußreichsten Berater Axel Springers. »Reisen nach Kampen sind Dienstreisen«, hieß es in einem seiner Vertragsentwürfe. Hans Zehrer blieb bis zu seinem Tod für Axel Springer ein Mann, »der gleichsam immer auf der Suche war, nach Gott und nach dem Vaterland«. In seinem Nachruf auf Hans Zehrer hieß es: »Er war mein Freund und mein Mentor. Ohne ihn wäre mein Leben anders verlaufen.«

Noch mit einem zweiten Mann, ohne den sein Leben wohl nicht ganz so verlaufen wäre, sollte Axel Springer sich auf der Insel verbünden – mit dem Verleger John Jahr (1900–1991). »Unsere Freundschaft begann 1933 auf Sylt«, überlieferte John Jahr. »Axel Springer sprach eine junge Frau an, die aber leider verheiratet war – mit mir.«

Zehrer und Jahr, das war der Unterschied zwischen der Macht des Geistes und des Geldes. John Jahr war ein außergewöhnlich tüchtiger Geschäftsmann. Kein Regime konnte ihn hindern, Vermögen zu verdienen. In der Weimarer Republik war er Anzeigen-Generalvertreter von zwei Blättern des kommunistischen Münzenberg-Konzerns gewesen. Deswegen mußte er – obgleich er schon 1933 in die NSDAP eintrat – im NS-Staat die Geschäftsführung seines Arnim-Verlages abgeben.

Nach Kriegsausbruch brachte er seine Frau und vier Kinder vor den zu erwartenden Bombenangriffen nach Sylt in Sicherheit. Er selbst blieb in Berlin als Verleger der erfolgreichen Zeitschrift *Die junge Dame,* und es gelang ihm, die florierende »Reise- und Versand-Buchhandlung John Jahr« und den Verlag »Die Heimbücherei« durch den Krieg zu führen.

Er brachte Millionen von Broschüren heraus, Feldausgaben, Biographien von Kriegshelden und *Goldene Worte* als Kalender für den »Kraft durch Freude«-Minister Robert Ley. Der Reichsjugendführer Baldur von Schirach, das Oberkommando der Wehrmacht und die »Organisation Todt« (OT) gehörten zu seinen machtvollen und zufriedenen Kunden.

Die Beziehungen zwischen John Jahr und Axel Springer entwickelten sich nicht so stürmisch wie zwischen Springer und Zehrer, wurden aber langsam immer enger. Noch 1942 hatten Springers Briefe mit: »Sehr geehrter Herr Jahr« begonnen. 1943 wurde daraus erst »Lieber John Jahr«, dann »Lieber John«. In einer Antwort des zwölf Jahre älteren Freundes hieß es: »So, mein Kleiner, jetzt habe ich wieder ... wie von Vater zu Sohn gesprochen. So kommt mir unser Verhältnis sowieso bald vor. Aber vielleicht können wir auch einmal brüderlich irgendwelche Dinge durchpauken.« Die Zeit sollte nicht lange auf sich warten lassen.

In immer kürzeren Abständen suchte Axel Springer den Rat des so erfahrenen Freundes mit so nützlichen Beziehungen in der Reichshauptstadt. Er brauchte die kaufmännische Klugheit und Weitsicht John Jahrs immer dringender. Denn in den Kriegsjahren hatten sich dramatische Veränderungen in Familie und Firma ergeben. Jüdische Freunde und Mitarbeiter waren verhaftet oder ermordet worden.

Axel Springer erlebte eines Tages mit, wie auf der Moorweide vor dem Dammtor-Bahnhof Juden zum Abtransport zusammengetrieben wurden, unter ihnen der Kabarettist Willi Hagen. Der jüdische Anwalt Julius Jonas, der seine Praxis im Verlagshaus von Heino Springer unterhielt, vergiftete sich mit seiner Frau. Dem jüdischen Redakteur Hans E. Meyer gab Axel Springer seine goldene Uhr, um ihm bei der Flucht ins Ausland zu helfen. Die Flucht mißlang. Meyer kam ins KZ Oranienburg und wurde dort 1939 erschlagen.

Axel Springers Widerwille gegen das NS-Regime verdichtete sich zu Abscheu. Die väterlichen *Altonaer Nachrichten* hießen nach der Eingemeindung Altonas in Groß-Hamburg seit April 1938 *Hamburger Neueste Nachrichten*. Sie wurden 1941 im Krieg mit Hunderten anderer Zeitungen auf Befehl des »Reichsleiters für die deutsche Presse«, Max Amman, zusammengelegt.

Der Verlag »Hammerich & Lesser« erhielt eine Entschädigung, die sich an der Abonnentenzahl orientierte, von über 200 000 Reichsmark.
Axel Springer hatte die Idee, mit der Abfindung Lichtspieltheater im Heidelberger Raum zu erwerben. Um das Geschäft zu erlernen, verdingte er sich am Hamburger »Waterloo«-Kino als Fimvorführer, »manchmal fungierte ich auch als Platzanweiser oder Geschäftsführer«. Aber die Reichsfilmkammer verweigerte allen seinen Kinoplänen ihre Zustimmung.
In einer Schulkladde, die sich heute im Unternehmensarchiv der Springer AG befindet, hatte Axel Springer damals Aufzeichnungen über die betriebswirtschaftlichen Grundlagen eines Kinos gemacht. Günstig erschien ihm dafür als Basis eine Illustrierte, die 8000 Reichsmark Gewinn einbringen würde – bei einer Auflage von 250 000 Exemplaren zu je 30 Pfennig. 1946 sollte seine erste eigene Illustrierte mit einer Auflage von 252 000 Exemplaren zu je 30 Pfennig erscheinen: *HörZu!*
Am Abend des 3. Februar 1943 waren Axel Springer und seine Frau Katrin zum Abendessen bei seiner Schwester Inge und deren damaligem Mann Dan Millies in der Parkstraße. Plötzlich heulten die Sirenen. Alle vier suchten mit Millies' jungen Töchtern Daniela und Renate den Luftschutzkeller auf. Eine Bombe traf das Haus und zerstörte es.
Die vier Erwachsenen wurden aus den Trümmern geborgen und gerettet. Die beiden Kinder aber waren tot. Ihre kleinen Lungen waren gerissen. Der verzweifelte Vater schrie in Axel Springers Wohnung an der Elbchaussee aus dem Fenster ins Dunkel: »Hitler, Mörder unserer Kinder.« Axel Springer: »Der Hauswart hörte es und meldete es. Die Ortsgruppe Othmarschen überhörte die Denunziation. Auch das gab's.«
Vater Heino, von Schicksalsschlägen gezeichnet und an Schüttellähmung erkrankt, machte noch im gleichen Monat seinen Sohn Axel Springer zum gleichberechtigten Partner im Verlag

»Hammerich & Lesser«. Nichts zwang ihn dazu, er tat es nur aus väterlicher Fürsorge. Der Sohn, der ihm einst fern gewesen war, dankte es ihm mit zunehmender Zuneigung. »Dem Bewahrer des Überkommenen und Wegbereiter des Gegenwärtigen« – mit dieser Inschrift in seinem Hamburger Verlagshochhaus hat er ihm später ein Denkmal gesetzt.

»Grüß Papa herzlich von mir«, heißt es in einem der ungezählten Springer-Briefe an »Mein liebes Muttchen« im April des Kriegsjahres 1943: »Ich wünsch ihm immer gute Besserung und vor allem Ruhe ... Über Inge und Dan kann man gar nicht nachdenken. Ist es sehr schlimm, daß ich es einfach gar nicht oft kann? Wenn ich es tun würde, könnte ich nicht durchkommen ... Die Luftangriffe werden immer schlimmer. Untergang des Abendlandes.«

Flucht in die Heide

Die gesamte Familie Springer flüchtete vor den stärker werdenden Bombenangriffen nach Bendestorf in der Lüneburger Heide. Dort, 30 Kilometer südlich von Hamburg, lag ihr Sommerhaus, das die Goethe-Freundin Ottilie Springer »Haus Weimar« getauft hatte.

Für Axel Springer barg das Haus düstere Erinnerungen: »Onkel Fritz, der das Haus in Bendestorf betreute, hatte bei der Ernährung der Familie behilflich sein wollen und schlachtete 1941 ein Schwein schwarz, ein Tatbestand, der unter schwerer Strafe stand. Sogar die Todesstrafe konnte dafür verhängt werden. Als die Sache ruchbar wurde und er uns nicht belasten wollte, beging er Selbstmord, indem er sich im Lohofer Forst erhängte.«

Mit ungewöhnlicher Energie machte sich Axel Springer als neuer Teilhaber von »Hammerich & Lesser« in Bendestorf daran, die um ihre Existenz kämpfende Firma zu retten. Sein Hauptquartier war dabei ein ausgebauter Schweinestall neben dem Sommerhaus der Sippe.

Das Anwesen war vollgestopft mit Verwandten, Freunden und deren Kindern. Da waren die Eltern, die Geschwister Inge (mit Mann) und Axel Springer, mit seiner ersten Ehefrau »Baby« samt Tochter Barbara, und seine zweite Ehefrau Katrin samt Sohn Axel. Dazu Freunde auf der Flucht wie Bibi Bibernell mit ihrem Ehemann, wie der Schauspieler Gustav Knuth und ein Bekannter mit Frau und vier Kindern. Auch Schultz-Dieckmann und Camillo Holm wohnten zeitweise dort.

Wer immer kam, wurde von Axel Springer aufgenommen (selbst wenn Mutter Ottilie schon mal die Augen zum Himmel schlug und es zu Streit um eingeschlossene Marmeladen im Keller kam).

Prokurist Helmuth Covents (genannt »Moische«) und die Sekretärin Johanna Schirrmacher wohnten im Dorf, erschienen aber jeden Morgen zur Arbeit in dem 50 Meter neben dem Haupthaus liegenden Schweinestall. Axel Springer verpachtete die stillgelegte Zeitungsdruckerei von »Hammerich & Lesser« und führte den Verlag zu seinen Wurzeln zurück.

Als sich das Kinoprojekt zerschlagen hatte, war es Axel Springers alter Freund Felix Jud gewesen, der ihm geraten hatte: »Mach doch Bücher« (ehe auch Jud noch für 18 Monate ins KZ gesperrt wurde). Bücher machen – das packte Axel Springer nun in der Heide an. »Hier spricht der Mammutverleger«, meldete er sich am Telephon im Schweinestall.

Auf Geschäftsreise in Sachsen, suchten Axel Springer und »Moische« Covents eines Nachts vergeblich das Hotel »Bellevue« im verdunkelten Dresden. Endlich trafen sie eine ältere Dame und

fragten höflich nach dem Weg. Sie hob den Finger und rügte: »Erscht amal ›Heil Hitler‹, junger Mann.«
Der Verlag besaß Rechte der Weltliteratur, so für *Der grüne Heinrich* von Gottfried Keller oder für *Bel ami* von Maupassant. Ihm gehörten aber auch Rechte für Werke zeitgenössischer Unterhaltungsliteratur und Liebesromane »zur Entspannung von Heimat und Front«. Schwierig war die Beschaffung des notwendigen Papiers.
Da konnte nur einer helfen: John Jahr mit seinen Verbindungen in der Reichshauptstadt. Und er half: bei der Zuteilung von Papier, bei kriegswichtigen Druckaufträgen und bei Verkäufen an die Zentrale der Frontbuchhandlungen. Wie gut sich die beiden Freunde verstanden, wurde selten deutlicher als in einem Briefwechsel, in dem sie sich ein wenig kabbelten.
»Verehrter, kleiner Axel«, schrieb John Jahr am 10. Juni 1944. »Ich habe das Gefühl, daß ich Dir mit meinen Äußerungen über Eure Buchproduktion doch ein wenig auf den Schlips getreten habe. Die von Hugo Sieker ausgesprochene Kritik des Buches von Heino Landrock kann meine Ansicht auch nicht ändern, denn auch auf ›Kunstbetrachtungen‹ gebe ich nichts. Ich will Dir aber gern schriftlich bestätigen, daß ich einen Teil Eurer Buchausgaben als eine ausgezeichnete Buchproduktion im vierten und fünften Kriegsjahr ansehe, wobei ich es gar nicht kränkend finde, wenn nicht alle diese Bücher hervorragend sind. Von mir persönlich nehme ich in Anspruch, daß der größte Teil unserer Buchproduktion ausgesprochener Mist ist, um einmal einen klaren Ausdruck zu wählen. Immerhin kann ich Dich ja bitten, damit nun keine Propaganda zu machen! Wir sind uns also restlos klar. Ich würde mich freuen, wenn ich im Jahre des Heils und des Endsieges von Dir möglichst bald wieder eine große Buchproduktion kaufen kann, und verbleibe inzwischen mit herzlichen Grüßen! Dein John.«
Eine Woche später antwortete Axel Springer: »Verehrter Mei-

ster! Du kennst mich noch lange nicht. Mit einem Disput über den Wert oder Unwert unserer Bücher kann man weder mir noch mich auf den Selbstbinder treten. (Beide Formen sind übrigens möglich und gestattet; dies nebenbei, um den Streit im Hause der Heimbücherei um Dativ und Akkusativ zu schlichten.) Mit dieser Unterschiebung einer nicht vorhandenen Empfindlichkeit stellst Du mir ein falsches Zeugnis aus, denn auch ich bin ein großer Geist, der sich selbst belächeln kann und der vor allem den geringen Mut besitzt, 50 Prozent seiner Produkte als Mist zu bezeichnen. Dabei bemerke ich gleichzeitig, daß gute Unterhaltungslektüre bei mir nicht unter der Rubrik Mist rangiert. Du magst vielleicht infolge Deiner möglicherweise etwas zu literarischen Umgebung anspruchsvoll geworden sein, soll heißen, daß Du nur noch literarisch einwandfreie Ware anerkennen willst. Das ist, in aller Freundlichkeit gesagt: Hochkunstsnobismus. Weil wir gerade von den besonders wertvollen (und deshalb schwer verkäuflichen) Büchern sprechen, möchte ich noch einmal meinen Standpunkt erhärten, daß die kleine Erzählung ›Ewig ist der Wald‹ eine ganz ausgezeichnete Arbeit ist, die wegen ihrer Güte gar nicht in unsere Produktion passt. Bis hierhin war das meiste des vorher Gesagten Flachs. Nun kommt ein todernstes Wort: Ich bin erschüttert über Deine Verkäufe unserer Bücher an die OT [Organisation Todt]. Versteh' mich bitte richtig, es stört mich nicht, nur halte ich es für Blödsinn. In Kenntnis der Situation auf dem Büchermarkt nach dem vorigen Kriege (Deinen Einwand, daß die Parallele in diesem Fall nicht gestattet sei, erkenne ich nicht an), wage ich zu behaupten, daß Du die Bücher immer noch für 50 Pfg. und aufwärts losschlagen könntest. Du hängst eben zu sehr an der deutschen Reichsmark. Ich würde das Verkaufen hinter der Bücherkarre, mit einem roten Pullover bekleidet, für Dich besorgen. Mit der Dir gebührenden Hochachtung bin ich in alter Frische Dein Axel.«

Der Briefwechsel berührte einen der gefährlichsten Aspekte der Tätigkeit von Axel Springer: Er versuchte, soviel wie möglich seiner Produktion für die Zeit nach dem Krieg aufzuheben. »Daß ich ... die fertigen Bücher nur bedingt auf den Markt brachte und 90 Prozent in Ballsälen der Lüneburger Heide versteckte, fandest Du großartig und nanntest es das Startkapital in Sachwerten, wenn der Krieg beendet ... sein würde«, bedankte sich Axel Springer nach der deutschen Kapitulation bei seinem Freund John Jahr für dessen Verständnis.

So geschickt die Operation angelegt war – im Sommer 1944 drohte unversehens neue alte Gefahr: die Einberufung zum Wehrdienst. Rechtzeitig gewarnt, konterte Springer mit einer Attest-Salve. Dr. Marianne Ebert bestätigte ihm im Juni »Neigung zu Collapszuständen« und im August »ohnmachtsähnliche Schwächeanfälle«. Dr. Ernst Eskuchen aus Hamburg-Altona bescheinigte ihm im Juli wegen Erkrankung der Bauchspeicheldrüse »Zustände von Körperversagen«. Und im gleichen Monat erklärte Dr. Beckermann vom Universitätskrankenhaus Hamburg-Eppendorf, der Patient leide an einer »ungewöhnlich seltenen Erkrankung, ein sogenanntes Inselzelladenom, mit spontanen Hypoglykämien« (ein nur durch Operation zu beseitigender Tumor in der Bauchspeicheldrüse). Springer sei »zu körperlichen Leistungen nicht in der Lage«.

Wieder wurde Axel Springer vom Soldatsein verschont, und es ist nicht auszuschließen, daß die Beziehungen von John Jahr dabei mitgeholfen haben könnten. Ein PS von Axel Springer an seinen Freund in jenem Krisenjahr stützt die Vermutung: »Ich bitte, mich dem Generalobersten Busch zu empfehlen!« John Jahrs Arm in der Reichshauptstadt reichte weit. Wie weit und wie er ihn für Axel Springer einzusetzen wußte, das wird in einem Brief deutlich, den der Jüngere dem Älteren nach dem deutschen Zusammenbruch sandte.

Er erinnert darin an einen nächtlichen Anruf John Jahrs in der

Lüneburger Heide. »Du sagtest so entschieden, ich müsse sofort nach Berlin kommen, daß ich mich noch nachts auf den Weg machte. Im Dünkelbergsteig erzähltest Du mir dann von mehreren Besuchen der Gestapo bei dem Freund vom Werbefach bei Dralle im Altonaer Stadtteil Steenkamp. Ihn befragten sie mehrere Male nach mir, dem sie Dubiosität und politische Unzuverlässigkeit unterstellten. Der Dralle-Mann war sofort nach Berlin gekommen, hatte Dich unterrichtet und auch über die Tatsache gesprochen, daß mein Telefon bereits überwacht wurde, worauf ich mein vorlautes Gerede einstellte. Du aber benutztest Deine ›Untergrundkämpfer‹, um ein großes Verwirrspiel aufzubauen, das darauf hinauslief, meine ›Zuverlässigkeit‹ sehr tricky zu beweisen. Johnnie, ich wäre dran gewesen ...«

John Jahrs raffiniertester Zug im untergehenden Reich war das *Deutsche Sportlexikon*. 1933 hatten ihm seine kommunistischen Geschäftsbeziehungen aus der Weimarer Republik beim fliegenden Wechsel zu den neuen NS-Machthabern Mühsal bereitet. Diesmal traf er Vorsorge. Im gleichen Januar 1945, in dem die Rote Armee in Ostpreußen und Schlesien einbrach, gründete er mit Freunden und Vertrauten ein *Deutsches Sportlexikon*.

Nach der deutschen Kapitulation erklärte er schriftlich, das Ganze sei ein »getarnter Widerstandskreis« gewesen, mit dem Ziel, »den Zusammenbruch des Hitlerregimes zu beschleunigen und den Weg zu einem neuen Aufbau freizumachen«. Überschrift dieser Darstellung: »Kurzer Tätigkeitsbericht der Widerstandsgruppe ›Deutsches Sportlexikon – Ber‹.« Diese Widerstandsgruppe habe aus 16 »Mitgliedern« bestanden, darunter John Jahr, Max Schmeling sowie Axel Springer und aus 13 »Sympathisierenden«, darunter Erich Kästner.

Axel Springer hat sich dieses Widerstandes nie gerühmt. Statt dessen hat er, der stets die Gabe besaß, Ereignisse zu Anekdoten

zu verdichten, beschrieben, was sich vor dem Kriegsende in Bendestorf in der Lüneburger Heide abspielte, nachdem im letzten Kriegsmonat auch noch die Druckerei in Altona in Schutt und Asche gebombt worden war.
Wieder einmal flogen »amerikanische und englische Flugzeuge dröhnend mit ihrer Bombenlast ... über das stille Haus in Richtung Hamburg«. Bald, so habe er seinen Eltern erklärt, werde das freie Wort in Deutschland wieder gelten. Und dann werde er das größte Zeitungshaus Europas bauen. »Da sagte mein Vater: ›Ottilie, ich glaube, der Junge ist verrückt geworden.‹ Doch meine Mutter antwortete: ›Heino, bei ihm weiß man das nie so genau. Seiner Bauchspeicheldrüse geht es auch schon besser.‹«

II
Der Sommer

*Wie aller Welt bringt uns die Zeit den Sommer.
Dann trägt die Rose Blüten und auch Dornen.*

William Shakespeare

Am 3. Mai 1945, einen Tag nach Axel Springers 33. Geburtstag, rückten englische Truppen in Hamburg ein. Generalmajor Alwin Wolz übergab vor dem Rathaus die Stadt kampflos an den britischen Brigadegeneral Douglas Spurling.
Vier Tage später kapitulierte Deutschland – und Max Schmeling holte den von Sylt aufs Festland herübergekommenen John Jahr in Niebüll ab. Gemeinsam fuhren sie in des Boxmeisters Wagen nach Hamburg. Die Fahrt, die heute keine zwei Stunden dauert, währte im Chaos des Zusammenbruchs mit Flüchtlingstrecks, Sperren und Kontrollen zwei Tage.
Schmeling notierte, was im nächsten Monat geschah: »Zusammen fuhren Jahr und ich an einem Juni-Tag, von den Engländern mit einem Permit zum Überqueren der Elbbrücken ausgestattet, in den Heideort Bendestorf hinüber, wo die Familie Springer in ihrem Wochenendhaus untergekommen war. Axel Springer war für die Idee einer gemeinsamen Verlagsgründung sofort gewonnen. Als Einlage steuerte er einen uralten Opel P4 bei, den er seit Friedenstagen in einer Scheune unter dem Heu versteckt gehalten hatte.« Dr. Grippain aus Bendestorf, ein Freund Heino Springers, hatte den Wagen Axel Springer zur Verfügung gestellt.
Hamburg war ein Trümmerhaufen. 213 Luftangriffe hatten es zerstört. Über 40 Millionen Kubikmeter Schutt bedeckten das Stadtgebiet. Die Stadt hatte die ausgedehntesten Flächenbrände erlebt, die es je in Europa gegeben hatte. Jeder 15. Hamburger hatte den gewaltsamen Tod gefunden. Sechzig Prozent aller

Wohnungen, 277 Schulen, 24 Krankenhäuser und 60 Kirchen waren vernichtet. Die Bevölkerung war von 1,7 Millionen auf 1,2 Millionen Menschen geschrumpft. Rund ein Viertel von ihnen hauste in Bunkern, Baracken oder Kellerhöhlen. Wildfremde Menschen, Ausgebombte oder Flüchtlinge wurden in die stehengebliebenen Wohnungen oder Häuser als Untermieter eingewiesen. Nie gezählte NS-Parteiabzeichen, Eiserne Kreuze und *Mein Kampf* waren in Alster und Hafen versenkt worden. Einbrecher hatten im Zoologischen Museum die Behälter mit präparierten Schlangen und anderem Getier zerschlagen, um den Konservierungsalkohol zu erbeuten.

Die Menschen hungerten. Der schwarze Markt hielt sie am Leben. Geld war fast wertlos. Eine Lucky Strike kostete sechs Mark. Kriegerwitwen gaben ihre Eheringe, um Brot für ihre Kinder zu erhalten. Juwelen verwandelten sich in Kartoffeln. Die Wirtschaft war auf die Stufe des Tauschhandels zurückgefallen. In allen Stadtteilen machten Tauschzentralen auf: »Biete Toaströster, suche Babyschuhe.« Oder: »Biete Sofakissen, suche Seife.« Jede selten verkehrende Straßenbahn war überfüllt, jedes Schaufenster leer.

Doch Armut schmerzt nicht, wenn alle arm sind, und lähmt nicht, wenn am Horizont Hoffnung glimmt. Neues Leben keimte in den Ruinen, eine neue Zeit war angebrochen, voll kaum vorstellbarer Freiheit und ungeahnter Möglichkeiten. Die Menschen sehnten sich nach dem freien Wort wie nach Essen.

Die drei Verlagsgründer in spe, die es ihnen geben wollten, Axel Springer, John Jahr und Max Schmeling, fanden zunächst Unterschlupf im Parterre von Hamburgs Harvestehuder Weg 9 an der Außenalster. Bibi Bibernell und ihr Mann hatten dort sechs Zimmer aufgetrieben. Axel Springer besorgte den beiden eine Zuzugsgenehmigung städtischer Behörden und bezog dafür mit seinen Getreuen die drei kleineren Räume. Sein Zimmer hatte einen Kamin. Wie einst in der Heide meldete er sich am ersten wieder funktionierenden Telephon: »Hier spricht der Mammutverleger.«

An Plänen mangelte es nicht. In einem zwischen Hamburg-Altona und Hamburg-Sternschanze abgestellten Wehrmachtszug hatte das Kleeblatt Druckmaschinen entdeckt. Auf ihnen wollten die drei Lesehefte für Schulen, Louis Stevensons *Schatzinsel* und eine *Norddeutsche Allgemeine Zeitung* für gefangene Wehrmachtsangehörige in nordwestdeutschen Sammellagern drucken (Auflage 150 000 Exemplare; Preis: 20 Reichspfennige). Dafür brauchten sie aber eine Lizenz der englischen Militärregierung. Die Engländer allein entschieden in ihrer Besatzungszone im deutschen Nordwesten, wer eine solche Erlaubnis für ein Druckerzeugnis erhielt und wieviel Papier ihm dafür zugeteilt wurde.

Aus den Projekten wurde nichts. Statt dessen klopfte es eines Tages an der Tür. Axel Springer öffnete. Eine Streife der britischen Militärpolizei stand draußen. Sie nahm Max Schmeling fest. Er habe einer englischen Reporterin wahrheitswidrig gesagt, die beantragte Lizenz sei schon erteilt worden, und damit gegen Gesetze der britischen Militärregierung verstoßen. Zwar wurde er von dieser Anklage freigesprochen. Doch um seinen Freunden nicht hinderlich zu sein, zog er sich aus der Operation zurück.

Auch die Wege von Axel Springer und John Jahr trennten sich vorübergehend. John Jahr reiste nach Westerland zurück, von wo aus er Springer im November 1945 schrieb: »Ich habe nach wie vor das feste Zuvertrauen, daß wir unseren Weg machen, wobei Du noch mit etlichen Meilen vorne liegst.« Außerdem bat er dringend eine »Unterredung mit Dr. Budzerius« zu arrangieren – gemeint war Gerd Bucerius, der später Verleger der *Zeit* und Partner von John Jahr im Verlag Gruner + Jahr wurde.

Einsam war Axel Springer nicht. Ilse Werner, pfeifender und singender Filmstar (»Wir machen Musik«) aus Krieg und Nachkriegszeit notierte in ihren Memoiren über ihn: »Er war ein lustiger und netter junger Mann; ich hatte mit ihm einen heftigen Flirt. Ich erinnere mich noch mit Vergnügen an seinen alten Opel P4, so ein kleiner Kasten auf vier Rädern, mit dem er kühn durch die Gegend brauste. Nur hatte das originelle Vehikel eine Macke: Die rechte Tür ging nicht zu. Der Beifahrer – und das war oft ich, wenn Axel mich vom Theater abholte – mußte während der Fahrt immer die Tür zuhalten.«

Als der P4 endgültig zusammenbrach, half Schulfreund Erik Blumenfeld. Er war inzwischen Leiter des Hamburger Verkehrsamtes geworden und gab kostbare Bezugsscheine für Kraftfahrzeuge und Benzin aus. Axel Springer suchte ihn auf. Blumenfeld: »Wenn ich mich recht erinnere, fuhr Axel in einem requirierten Horch vom Hof.«

Noch im Kapitulationsjahr 1945 beantragte Axel Springer bei den Briten eine Lizenz für die Herausgabe einer unabhängigen und überparteilichen Tageszeitung *Hamburger Telegraph*, zog den Antrag aber wieder zurück, weil die Engländer nur Parteizeitungen erlauben wollten. Dafür erhielt sein Vater Hinrich am 11. Dezember 1945 – die Deutschen hungerten und froren – die Lizenz Nr. C 8.39.B. der Militärregierung für seinen Buchverlag »Hammerich & Lesser«, unterschrieben von Major Nikolaus Huijsman.

»Lieber Axel«, erinnerte ihn Rudolf Augstein Jahre danach in einem Brief an jene Zeit, »als Sie den britischen Major Huijsman vonwegen der britischen Lizenzen becircten, da passten Sie ins Bild ...« Gerade noch zu Weihnachten konnte im Verlag »Hammerich & Lesser« erscheinen, was längst vorbereitet war: *Besinnung. Ewige Worte der Menschlichkeit. Ein Kalender für das Jahr 1946.*

Das erste Verlagsprojekt war angelaufen. Auch John Jahr mischte wieder mit und versuchte in der sowjetischen Besatzungszone

Papierrollen loszueisen, die er und »Hammerich & Lesser« im Krieg im thüringischen Saalfeld heimlich eingelagert hatten. Nun bombardierte Axel Springer die Briten mit Lizenzanträgen für Zeitungen und Zeitschriften.« *Das Kind* (monatlich), *Quick* (Zeitung für junge Menschen), *Omnibus* (wöchentlich), *Das hört die Welt* (Funkzeitschrift) und die Tageszeitung *Excelsior* wollte er herausgeben. »Ich fühle mich«, so schrieb er in seinem *Excelsior*-Antrag, »den humanitären Forderungen der fortschrittlich gesinnten Linken verbunden.«

Auch sonst verstand er es gut, mit den Besatzern umzuspringen, bei denen zu Hause in London die fortschrittlich gesinnte Labour Party regierte. Oft saßen britische Presseoffiziere vor seinem Kamin im Harvestehuder Weg. Sie sorgten für Gin, er für junge Damen. »You are so voluptuous«, schwärmte eines abends ein Besatzer für eine anwesende Hamburger Schönheit. »Oh, you are so voluptuous«, ein Wort, das die Deutschen noch nicht kannten. Als es zum drittenmal fiel, ging der Freund der Umschwärmten hinaus und sah im Wörterbuch nach, kam wieder herein und versetzte dem Briten eine schallende Ohrfeige. Er verließ mit seiner Freundin die Gesellschaft. »Voluptuous« hieße »wollüstig«, hatte er im Diktionär entdeckt.

Den Engländern gefiel Axel Springer. Er war interessant und interessiert, lebenslustig und liebenswert. Laut Fragebogen 186 Zentimeter groß und 80 Kilo schwer, hatte er sich nach englischer Art ein Bärtchen auf der Oberlippe zugelegt. Er wußte die Gentlemen und ihre Vorlieben zu nehmen wie kaum ein anderer. Als ihn eines Tages der von den Widerstandsbeteuerungen vorangegangener Lizenzbewerber schon etwas genervte Major Barnetson – später Lord Barnetson – süffisant fragte: »Und von wem wurden Sie verfolgt, Herr Springer?«, da antwortete er: »Ooch, eigentlich nur von den Mädchen.« Das gefiel den Engländern, das war understatement at its best.

Die Saat gedieh. Axel Springer erhielt 1946 und 1947 von den Engländern, was sonst niemand erhielt: außer der Lizenz des Vaters für »Hammerich & Lesser« noch drei weitere Lizenzen:
- für die *Nordwestdeutschen Hefte* (später *Kristall*),
- für die *Radio Post* (später *HörZu!*),
- für *Constanze* (zusammen mit John Jahr).

Eine Lizenz, Papier zu bedrucken, war damals so gut wie eine Lizenz, Geld zu drucken (auch wenn das nicht viel wert war). In einer Zeit, in der es fast nichts zu kaufen gab, zahlten die Menschen freudig für jedes Druckerzeugnis, sei es um zu lesen, sei es um etwas darin einzuwickeln, oder sei es für noch hintergründigere Absichten.

Axel Springers Basedow-Augen entdeckten immer neue Möglichkeiten, und er wußte schon bald nicht mehr, wo ihm der blonde Kopf stand. Zu seinem alten, aus dem KZ zurückgekehrten Freund, dem Buchhändler Felix Jud sagte er: »Mensch, ich brauch' einen, der auf mich aufpaßt. Ich hab' so viele Ideen. Ich mach' im Handumdrehen Pleite, wenn nicht einer auf mich aufpaßt.«

Da schickte Felix Jud ihm Karl Andreas Voß ins Büro. Axel Springer: »Als er mein Büro verließ, sah ich ihm sinnend nach. Ich wünschte mir, er könne mein Partner werden. Ja, ich wußte eigentlich zu diesem Zeitpunkt schon, daß er mir beistehen würde, den Weg zu gehen, von dem ich in den Kriegsjahren in der Lüneburger Heide so lebhaft geträumt hatte ...«

Karl Andreas Voß (1892–1977) hatte als Journalist begonnen, wurde später Verlagsdirektor der *Magdeburgischen Zeitung* und war bei Kriegsende NSDAP-Mitglied und Geschäftsführer des Broschek-Verlages mit dem *Hamburger Fremdenblatt* gewesen, ein angesehener, ehrbarer Kaufmann. 1946 stellte Axel Springer ihn als seinen Verlagsleiter ein. Und Karl Andreas Voß paßte fortan auf ihn auf. Springer und Voß, der alte »Hammerich

& Lesser«-Redakteur Walther Hansemann und der alte »Hammerich & Lesser«-Prokurist Helmuth (»Moische«) Covents – sie bildeten die Kerntruppe, aus der ein Konzern erwachsen sollte.

»AS war ein Fluchttier«

Das erste Quartier nach den drei Räumen im Harvestehuder Weg wurde ein ehemaliger Flakbunker auf Hamburgs Heiligengeistfeld an der frisch umgetauften Ernst-Thälmann-Straße. In die zwei Meter dicken Betonwände waren einige wenige Fensteröffnungen gesprengt worden. Es waren, so beschrieb es später Karl Andreas Voß, »burgähnliche Zimmer entstanden, mit tiefen Fensternischen, ganz romantisch. Dann kam ein grausamer Frost. Ich bildete mir ein: Bei den riesendicken Wänden kann hier nichts passieren. Aber die Etage unter uns war auch im Bau. Da hatte man auch die Fenster herausgesprengt. Und als der Frost kam, war man nach Hause gegangen und hatte alles so gelassen. So arbeiteten wir mit einem zwei Meter dicken Eisblock unter den Füßen. Es war unbeschreiblich.«
Im dunklen Inneren des Bunkers roch es nach Heu und Kräutertee. Im Erdgeschoß waren Nahrungsmittel eingelagert. Eine hölzerne Treppe und ein Munitions- und Mannschaftsaufzug führten von dort in die Höhe zum Verlag im fünften Stock. Stromausfall legte den Aufzug meist lahm. Besucher mußten sich dann im Schein einer Kerze nach oben tasten.
Bald stießen Springers Freund Walter Schultz-Dieckmann und Springers erste Sekretärin Lisa Buhre zur Crew. Von Voß empfohlen, kamen die beiden ehemaligen Redakteure des *Hamburger Fremdenblattes* Otto Siemer (1898–1972) und Rudolf Michael (1890–1980) an Bord, der eine wurde später Chefredak-

teur des *Hamburger Abendblattes,* der andere von *Bild.* Ein Team, das in Deutschland nicht seinesgleichen hatte.
In dem Bunker wurde es erstmals Sitte, von Axel Springer als AS zu reden. Wie spät es auch in der vorangegangenen Nacht geworden sein mochte – stets saß er vor acht Uhr selbst im eiskalten Raum an seinem englischen Schreibtisch, den er aus Bendestorf mitgebracht hatte.
Seine Sekretärin Lisa Buhre erinnert sich: »Er war von unglaublicher Ungeduld und Intensität. Alles mußte sofort geschehen und ging ihm noch immer nicht schnell genug. Seine Brieftexte redigierte er vier- oder fünfmal. Feiertage kannte er nicht. Wenn er einmal um vier oder fünf Uhr sagte ›Jetzt machen wir Schluß‹ und man war gerade beim Einpacken, dann ging es erst richtig los. Schlaf brauchte er so gut wie gar nicht. Mindestens einmal hat er seinen Federhalter nach mir geworfen. Ich fand ihn toll.«
Auch von dem klugen ehemaligen *Fremdenblatt*-Redakteur Otto Siemer existiert eine Beschreibung des jungen Axel Springer aus dem Flakbunker auf dem Heiligengeistfeld: »Er hat die Nacht an den Tag gereiht. Es kam ihm überhaupt nicht darauf an. Er hat auch mit einer lächelnden, spöttischen Bewunderung das gleiche von seinem Vater erzählt. Wenn den ein Problem mit seiner Zeitung gequält hatte, und er fand in einer schlaflosen Nacht die Lösung, dann wendete er sich zur Seite, wo seine Frau schlief, und rüttelte sie: ›Otti! Otti! Mach' dich wach! Otti, mach' dich wach!‹ So hat Axel Springer mir das erzählt. Genauso ist er selbst verfahren. Wenn er in der Nacht nicht zur Ruhe kam, dann hat er Notizen für den nächsten Tag geschrieben, schnell, flüchtig, einfach hingeschrieben, was ihm einfiel. Und am Morgen hat er sie unkorrigiert verschickt. Einfach so. Wozu Mut gehörte. Man hätte ja darüber lachen können. Er hätte sich lächerlich machen können. Das war ihm egal.«
Otto Siemer weiter: »Die Entschlossenheit, das Außergewöhnliche zu erreichen, das war bei Springer als Vorsatz da. Er verei-

nigte in sich Impulsivität und Bedachtsamkeit. Er hatte in starkem Maße die Fähigkeit sich zu begeistern und andere mitzureißen, aber in vielleicht noch stärkerem Maße die Tugend, vor dem Entschluß zu zögern und fünf Minuten vor zwölf zu sagen: Das war alles Quatsch. Fangen wir noch einmal an. Es gibt das angreifende Tier und das Fluchttier. Bei Gefahr attackiert das eine, das andere flieht. AS war ein Fluchttier. Damit will ich nur sagen: Vorsicht wird bei ihm ganz groß geschrieben.«

In dem Flakbunker auf dem Heiligengeistfeld sproß auch die Legende von der Sparsamkeit des Karl Andreas Voß. Jeden Morgen fuhr er in einem Wagen vor, den ein Holzgasgenerator antrieb. Später, als der Verlag größer wurde, lehnte er es ab, Schreibmaschinen zu kaufen, sondern mietete sie für täglich drei Mark. Am Wochenende mußten sie zum Vermieter zurückgetragen werden, damit die Miete für zwei Tage gespart wurde. Redakteure, die einen Schreibtisch beantragten, erhielten einen Küchentisch ohne Schubladen (in die sie ihre Arbeit unerledigt hätten stopfen können). Redakteuren, die um neue Bleistifte baten, wurden – angeblich – Bleistiftverlängerer bewilligt.

Im April 1946 erschien das erste Presseprodukt Axel Springers: die Nr. 1 der monatlichen *Nordwestdeutschen Hefte* mit einer Auflage von 100 000 Exemplaren. In ihnen, so war es in einem Vertrag zwischen »Hammerich & Lesser« und dem damaligen Nordwestdeutschen Rundfunk (NWDR) vereinbart worden, sollten vom Radio gesendete Texte nachgedruckt werden.

Als Herausgeber fungierten die beiden prominenten NWDR-Kommentatoren Peter von Zahn und Axel Eggebrecht, rechts der eine, links der andere. Für die Redaktion zeichnete Axel Springers alter Lehrmeister und Freund Walther Hansemann verantwortlich. Neben Beiträgen der Herausgeber standen in der ersten Ausgabe Aufsätze von Walther von Hollander und Frank Thiess.

Ideologische Unterschiede spielten damals eine untergeordnete

Rolle. Ergebene Briefe des Linksaußen Axel Eggebrecht an seinen jungen Verleger Axel Springer begannen mit »Teurer Caesar« und endeten mit »Dein alter Constantin« (zur Zeit der Anti-Springer-Kampagne nannte Kommunisten-Freund Eggebrecht seinen »teuren Caesar« dann dem Zeitgeist entsprechend »Krebsgeschwür am Körper unseres Volkes«). Auch der spätere DDR-Chefpropagandist Karl Eduard von Schnitzler und der spätere Lord Dahrendorf gehörten zu den Autoren der *Nordwestdeutschen Hefte*.

Wie alles Gedruckte in jener Zeit der Papierrationierung waren die *Nordwestdeutschen Hefte* zunächst mühelos zu verkaufen. Aber Axel Springer mißtraute dem Frieden und den langen Beiträgen der Kommentatoren. »Das Beste ist das Papier für 100 000 Hefte«, lautete sein Urteil über das Blatt. Nach der Währungsreform von 1948, als die Menschen auch unter dem gedruckten Wort wieder auswählen konnten, zeigte sich, wie berechtigt seine Skepsis war. Die Auflage verfiel.

Ehe es soweit kam, war allerdings schon längst eine zweite mit dem Rundfunk verbundene Zeitschrift Axel Springers auf die Rampe geschoben worden, hatte abgehoben und zu einem einmaligen Höhenflug angesetzt: *HörZu!*, die Nährmutter des künftigen Konzerns. Als Chefredakteur für diese Zeitschrift hatte Axel Springer den ehemaligen Buchautor von »Hammerich & Lesser«, Ludwig Kapeller, vorgesehen, einen Österreicher, der einst für Ullstein die Funkzeitschrift *Sieben Tage* zum Erfolg geführt hatte. Aber Kapeller galt als politisch belastet und schlug deshalb seinerseits seinen ehemaligen Mitarbeiter Eduard Rhein vor.

Eduard Rhein war so alt wie das Jahrhundert, klein von Gestalt (159 cm), groß im Geist, halb Poet, halb Ingenieur. Er hatte das Libretto zur Operette »Traumland« und den in acht Sprachen übersetzten Bestseller *Du und die Elektrizität* geschrieben. Er brachte im Lauf seines Lebens unter verschiedenen Pseudonymen 22 Romane heraus und erfand das Füllschrift-Verfahren, durch das Schallplatten zu Langspielplatten wurden. In der NS-Zeit war er technischer Mitarbeiter von Funkzeitschriften und des Berliner Rundfunks gewesen, mit einem ihm zur Verfügung stehenden elektrophysikalischen Laboratorium in der Reichshauptstadt.

Im Frühling 1946 erreichte Eduard Rhein im heimatlichen Königswinter am Rhein eine Anfrage des Verlages »Hammerich & Lesser«, unterschrieben von einem ihm unbekannten Axel Springer. Es ging um »die mögliche Herausgabe einer Radio-Programmzeitschrift in unserem Verlag«. Ob er zur Mitarbeit bereit sei?

Rhein antwortete vier Tage später: »Jawohl, wenn es gilt, eine neue, moderne, quicklebendige Funkzeitschrift herauszugeben, bin ich voll Begeisterung dabei.«

Am 1. Juni 1946 erhielt Axel Springer eine Lizenz für die Funkzeitschrift *Radio-Post* und bat nun Rhein zu einem ersten Gespräch an die Elbe – verbunden mit den zu jener Zeit unvermeidlichen Reiseschwierigkeiten (»Beiliegend überreiche ich Ihnen die Befürwortung für die Benutzung des D-Zuges nach Hamburg«).

Das erste, was Rhein mißbilligte, war das einzige, was es überhaupt gab: den Titel *Radio-Post*. Sein Argument: Viele Funkzeitschriften würden mit »Radio« beginnen (*Radio-Spiegel, Radio-Welt, Radio-Woche*) und eine »Post-Pest« habe es in Deutschland immer schon gegeben *(Grüne Post, Braune Post, Landpost, Morgenpost)*. Statt dessen schlug er Axel Springer gleich ein halbes Dutzend Titel-Alternativen vor – samt möglicher Einwände:

›*Der Hörer*‹ (etwas steif),
›*Hört, hört*‹ (leicht vulgär, aber originell),
›*Der Ferne Klang*‹ (etwas zu lyrisch),
›*Hörzeit*‹ (befremdend),

›*Du hörst heut'* ...‹ (schon zu lang),
›*Du und Dein Radio*‹ (verrät nicht das Programm).
Der Titel, der Rhein am weitaus besten gefiel, lautete: *Hört mit!* Doch Springer ließ ihn Mitte Juli 1946 schriftlich wissen, die Briten hätten den Titel abgelehnt »wegen der Ähnlichkeit mit dem von uns allerdings längst vergessenen Schlagwort ›Feind hört mit‹« aus dem Dritten Reich. Rhein war enttäuscht, wollte aber noch nicht aufgeben. »Ein wundervoller Titel. Bitte: Wir müssen um ihn kämpfen.« Als Notlösung schlug er einen Titel vor, »den wir notfalls sogar wirklich nehmen könnten, besser aber ein paar Tage vor dem Start noch schnell in *Hört mit!*‹ umbauen: *Hör Zu!*.«
Axel Springer sah es anders. Vielleicht, so schrieb er Rhein zurück, sei »*HörZu!* tatsächlich besser als *Hört mit!*, weil der erste Titel nicht so spitz ist, wofür das ›u‹ eben sorgt«. Für solche Dinge hatte er ein feines Ohr. Die Schreibweise von *HörZu!* sollte sich im Lauf der Jahre allerdings mehrmals ändern, in einem Wort, mal in zwei Worten, mal mit, mal ohne Ausrufungszeichen. Die Engländer stimmten zu. *HörZu!*, die Programmzeitschrift für das Sendegebiet des Nordwestdeutschen Rundfunks in der britischen Besatzungszone, konnte das Licht der Welt erblicken. Fast erblicken. Die Lizenz war da. Der Chefredakteur war da. Der Titel war da. Was fehlte, war das Papier. Eine nervenzermürbende Wartezeit begann.
Im Herbst 1946, als Axel Springer sein Hauptquartier im Flakbunker auf dem Heiligengeistfeld aufschlug, war Rhein mit seinem Lebensgefährten Will Thederan in Hamburgs Harvestehuder Weg übergesiedelt, hatte Axel Springers Freundin, die Modeschöpferin Bibi Bibernell, aus dem Haus geekelt und begonnen die erste Ausgabe vorzubereiten, die erste Ausgabe einer Zeitschrift, die als Familienillustrierte Europas größtes Programmblatt werden sollte.
Im letzten Monat des Jahres war es soweit. Das Papier traf ein.

Und am 11. Dezember 1946 wurde in der Druckerei Broschek die erste *HörZu!*-Ausgabe gedruckt: zwölf Seiten mit einem farbigen Titelblatt in einer Auflage von 252 000 Exemplaren für je 30 Reichspfennige.

Es war die ungünstigste Zeit für den Start einer neuen Zeitschrift, die man sich aussuchen konnte. Klirrende Kälte hatte das Land der Hungernden in Ketten gelegt. Die Kohle- und Stromversorgung war zusammengebrochen. Zwei Ausgaben von *HörZu!* mußten als ein Heft erscheinen, bei anderen fehlte jede Farbe. Der Frost, der Karl Andreas Voß im Flakbunker zusetzte, kannte auch in der Druckerei, in der *HörZu!* hergestellt wurde, kein Erbarmen. Eine Heizung in der Setzerei gab es nicht.

Eduard Rhein: »Die Setzer hatten sich aus einer Benzintonne eine Art Ofen gebaut, um sich an ihm ab und zu die steif gewordenen Hände wärmen zu können, denn ihr Arbeitsgerät, die Setzschiffe, die Winkelhaken und der Bleisatz, waren eiskalt und froren ihnen mitunter an den Fingern fest.«

Für sich selbst hatte Rhein gegen amerikanische Zigaretten und einen höheren Geldbetrag eine schöne weiße Wolldecke besorgt. Er legte sie im Harvestehuder Weg auf seine Couch und hängte eine elektrische 40-Watt-Birne als Wärmestrahler darüber. Wenig später entdeckte er unter dem Lichtkegel einen etwa 20 Zentimeter großen grauen Fleck.

Rhein: »Ich schnipste mit den Fingern dagegen, der Fleck gab einen Augenblick nach und floß aber wieder zusammen. Ich holte mein Vergrößerungsglas und sah, was wohl bis dahin keines Menschen Auge je gesehen: Unter dem wärmenden Lichtkegel hatten sich an die tausend ... frierende Läuse versammelt.«

Begegnung im Walsertal

Die Menschen froren wie die Läuse. Es war Deutschlands bitterster Nachkriegswinter. Ein Kanonenofen war mehr wert als zehn Jahre später ein Fernseher. Als auf einem Empfang im Rathaus über die Kälte gestöhnt wurde, sagte Axel Springer, ihm sei gerade ein Kanonenofen angeboten worden, und zeigte einer sogleich interessierten Senatorengattin eine Postkarte, die er damals bei sich trug: ein Kanonenofen, an dem sich eine nackte Schönheit der Jahrhundertwende wärmte.
In der *Zeit* empfahl Lizenzträger Gerd Bucerius in einem Leitartikel den »Plan Murmeltier«: Möglichst viele Deutsche sollten möglichst lange im Bett bleiben und eine Art Winterschlaf halten, um Brennstoff und Kalorien zu sparen.
Gerd Bucerius selbst reiste in diesem lausekalten Winter mit seiner Frau Ebelin und Springer-Freund Erik Blumenfeld samt dessen Frau Sybille zu einem ersten Schnee-Urlaub ins Ausland, was damals nur wenigen auserwählten Deutschen möglich war. Gerd Bucerius nannte seine Frau stets liebevoll »Ebelin« – Ebel war der Familienname ihres geschiedenen Mannes.
In Riezlern im schweizerischen Walsertal lernten Bucerius und die Ebelin auch Axel Springer kennen, der laut Blumenfeld inzwischen »ein fabelhaftes amerikanisches Auto aus zweiter Hand erworben« hatte, »mit dem er uns stolz herumfuhr«.
Gerd Bucerius erinnerte sich später: »Zuerst getroffen habe ich Axel Springer 1946/47 im Walsertal. Da kam ich zusammen mit einer frechen, selbstbewußten Bande später ganz bekannt gewordener Leute. Axel war wohl einer der Frechsten. Seine Erfolge bei allen hübschen Mädchen, auch bei den Freundinnen

seiner Freunde, störten doch sehr. Dabei nahm er in Rede und Geste eine damals seltene Freiheit in Anspruch ...«
Nachdem Axel Springer 1946 die *Nordwestdeutschen Hefte* und *HörZu!* gestartet hatte, gründete er 1947 mit seinem Vater Heino Springer den »Axel Springer Verlag«, in dem die *Springer Bücher* erschienen, eine Reihe, zu der auch der Nachkriegsroman *Es wächst schon Gras darüber* von Walther von Hollander und mehrere Biographien von Richard Blunck gehörten.
Im November jenes Jahres erhielt er zusammen mit seinem Sylt-Freund John Jahr die Lizenz für die Frauenzeitschrift *Constanze*. Mit einem Stammkapital von 50 000 RM gründeten die beiden den Constanze-Verlag, an dem sie zu je 50 Prozent beteiligt waren.
Im selben Monat wurde Axel Springer zum Vorsitzenden vom »Zeitschriftenverleger-Verband Nordwestdeutschland e.V.« gewählt und im Dezember, in dem die britische Militärregierung das Presse-Zulassungsrecht an deutsche Behörden übergab, ließ er bei der Hanseatischen Verlagsanstalt in Wandsbek unter dem Titel *Excelsior* die Probenummer einer »unabhängigen Tageszeitung aus Hamburg« drucken.
Um eine solche Tageszeitung kreiste seit Monaten Axel Springers Denken und Tun, kreiste um deren Schrift, Titel und Spaltenbreite, um Layout und Inhalt. Karl Andreas Voß hat die Zeitungsbesessenheit seines jungen Verlegers beschrieben: »Axel Springer läuft im Zimmer auf und ab und sagt: ›Ich mache eine Zeitung, ich mache eine Zeitung.‹ Ein Mann kommt herein und meldet: ›Herr Springer, Ihr Haus brennt.‹ Axel Springer läuft im Zimmer auf und ab und sagt: ›Ich mache eine Zeitung, ich mache eine Zeitung.‹«
Walther Hansemann, der schon den Titel *Excelsior* erfunden hatte, erfand in der Vorbereitungsphase für Axel Springer nun als neuen Titel: *Hamburger Abendblatt*. Der Graphiker Friedrich Schreck zeichnete Dutzende von Entwürfen für den Zeitungs-

kopf. Er sollte nach Springers Vorstellungen möglichst dicht beim optischen Erscheinungsbild vom ehemaligen *Hamburger Fremdenblatt* liegen.
Aus dem Staatsarchiv wurde dafür ein Muster des ältesten Stadtsiegels besorgt. Dessen lateinische Inschrift ersetzte Walther Hansemann durch einen Spruch des Küsten-Poeten Gorch Fock: »Mit der Heimat im Herzen die Welt umfassen«. Ein halbes Jahrhundert vor Erfindung des Wortes von der »Globalisierung«. Der Spruch steht noch heute im Kopf vom *Hamburger Abendblatt*.
Axel Springer entschied, Grün sollte die Farbe der geplanten Zeitung sein, Grün wie die Hoffnung, Grün, so fröhlich wie ein frisch gestrichener Gartenzaun.
Anfang 1948 zog der Verlag um, heraus aus dem Flakbunker am Heiligengeistfeld in das renovierte Hinterhaus der »Volksfürsorge« an der Außenalster. Im Hamburger Rathaus hatte Axel Springer bei dem jetzt zuständigen deutschen Senat seinen Antrag für die Lizenz seines *Hamburger Abendblattes* hinterlegt.
Darin wies er nachdrücklich auf seine »wirtschaftliche Unabhängigkeit« hin, die er als »unerläßliche Voraussetzung für einen Verleger« betrachtete: »Die Tatsache, daß ein Zeitungsverleger in wirtschaftlichen Krisenzeiten aus eigenen Quellen schöpfen kann, bewahrt ihn mit Sicherheit vor einer eventuellen Anlehnung an oft allzu finanzierungsbereite Gruppen oder Organisationen.«
Wörtlich schrieb er außerdem: »Die Erfahrung lehrt, daß man zur Demokratie nicht nur unmittelbar auf rein politischem Wege gelangt, sondern mittelbar auch dadurch, daß man die Menschen menschlich anspricht und in ihrer privaten Sphäre zu verstehen sucht... Diesen Weg will das ›Hamburger Abendblatt‹ gehen. Es fühlt sich dabei den humanitären und sozialen Forderungen aller fortschrittlichen deutschen Kräfte verbunden... Wirkliches und

dauerndes Vertrauen, das ist meine Überzeugung, hat nur die Zeitung, die Eingang in die Familie findet ... So soll auch der Unterhaltungsteil meines Blattes ein Mittel sein, die noch verbliebene seelische Substanz des deutschen Menschen zu bewahren und im Wachstum zu fördern.«

Von einem Springer-Epigonen redigiert, steht die Passage heute auf einer bronzenen Gedenktafel in der »Volksfürsorge«.

Außer Axel Springer hatten insgesamt zwölf Bewerber eine Lizenz erbeten, in die engere Wahl waren außer dem *Hamburger Abendblatt* vier gekommen: eine *HZ am Mittag*, ein *Hamburger Kurier*, ein *Hamburger Mittag* und eine *Hansische Rundschau*. Ein »Beratender Ausschuß für das Pressewesen« prüfte die Anträge und gab am 19. Juni 1948, zwei Tage vor der Währungsreform, seine Empfehlung an Hamburgs Bürgermeister.

Das war der aus der Emigration zurückgekehrte Max Brauer, einst Stadtvater Altonas und Freund Heino Springers. Und ausgerechnet das *Hamburger Abendblatt* von Heino Springers Sohn Axel Springer hatte das Rennen gemacht. Einen Tag nach der Währungsreform trafen Max Brauer und Axel Springer einander. »Er sagte Du zu mir und ich sagte ›Herr Bürgermeister‹«, hat Axel Springer ihr Verhältnis umrissen.

»Axel, jetzt kannst du deine Zeitung machen«, meinte Brauer. »Wieviel Geld hast du eigentlich?« Springer antwortete, er habe soviel Geld wie alle Deutschen: die Umtauschquote von 40 neuen D-Mark. Darauf Brauer: »Für dich ist das genug.«

Einen Monat später, am 12. Juli, wurde die »Zulassung Nr. 1« des Hamburger Senats für das *Hamburger Abendblatt* offiziell ausgefertigt. Walther Hansemann zerschoß zur Feier des Tages mit einem Sektkorken eine Scheibe im Verlag.

Vierzig neue D-Mark reichten zwar doch nicht ganz zur Herausgabe einer neuen Tageszeitung. Aber im Keller der »Volksfürsorge« lagen 150 000 gehortete Bände des Buchverlags »Ham-

merich & Lesser«: *Der grüne Heinrich* von Gottfried Keller, *Die Pickwickier* von Charles Dickens und *Bel ami* von Guy de Maupassant. Durch Vermittlung des Verlegers Joschi Toth wurden sie gegen drei Wechsel über insgesamt 100 000 Mark an die Firma Koch, Neff und Oetinger verkauft. Der Morgen der Geburt des *Hamburger Abendblattes* dämmerte herauf.
Bei Druckereien in Schleswig-Holstein und Niedersachsen wurden beschäftigungslos herumstehende Setzmaschinen gemietet. Im Hinterhaus der »Volksfürsorge« entstand aus ihnen eine Setzerei, in zwei Kellerräumen eine Stereotypie. Unterm Dach im fünften Stock wurde die Redaktion einquartiert, auf dem Dachboden die Funkstelle und das Photolabor, deren Laborantin im Sommer Filme oft im Badeanzug entwickelte, wenn es unter dem First fast unerträglich heiß wurde.
Die meisten Redakteure stammten aus dem *Hamburger Fremdenblatt*, aber auch Außenseiter wie der junge Ex-Diplomat Günter Diehl stießen dazu. Er hatte damals noch sieben Mark in der Tasche; später wurde er Sprecher der Bundesregierung und Botschafter in Tokio. Reporter Guschi Döring begrüßte alle Neulinge mit der Frage: »Hast du schon Vorschuß genommen? Das ist das Wichtigste. Sonst denken die Leute, du hast es nicht nötig.«
Als Chefredakteur engagierte Axel Springer einen Mann, den er soeben geschlagen hatte: den ehemaligen Ullstein-Journalisten Wilhelm Schulze (1896–1961), der neben Springer der aussichtsreichste Kandidat für eine Lizenz des Hamburger Senats gewesen war. Er hatte früher einige Jahre als Korrespondent in Japan gearbeitet und wurde deshalb meist »Schulze-Tokio« genannt. Das Rennen um die Zeitungszulassung hatte er verloren. Jetzt erhielt er vom Sieger den zweiten Preis als Chefredakteur, eine Geste à la Springer.
Mit der Währungsreform war in jenem Jahr 1948 das Fundament für das Wirtschaftswunder gelegt worden. Die D-Mark

hatte die Reichsmark ersetzt. Über Nacht war das Geld wieder etwas wert. Die Schaufenster waren plötzlich voll. Die Menschen arbeiteten mit freudiger Besessenheit und wurden mit fast vergessenem Wohlstand belohnt. Obgleich – oder gerade weil – die überwältigende Mehrheit der Deutschen einen neuen Krieg für »möglich oder wahrscheinlich« ansah, rackerte sie wie im Rausch. Jeden Tag schienen mehr mehr zu haben, jeden Tag schien es allen besser zu gehen.

Die Nährmutter des jungen Hauses Springer wurde *HörZu!*. Unter ihrem Chef Eduard Rhein wuchs die Auflage schnell und stetig zugleich, nicht zuletzt durch Mithilfe von Redaktions-Igel »Mecki« und Fortsetzungsromanen wie *Suchkind 312* oder *Ein Herz spielt falsch*. Regnete es in Hamburg tagelang, machte der mißgelaunte Rhein aus dem »Seewetterbericht« der Zeitschrift auch schon mal einen »Sauwetterbericht«. Axel Springer ließ ihm weitgehend freie Hand, nur auf einem wöchentlichen Horoskop bestand er, sehr zum Ärger eines zähneknirschenden Eduard Rhein, der Astrologie für Hokuspokus hielt.

Axel Springer tanzte 1948 auf vielen geschäftlichen Hochzeiten: Die erste Ausgabe von der *Constanze* kam heraus, die *Nordwestdeutschen Hefte* wurden in eine 14täglich erscheinende Illustrierte *Kristall* umgewandelt und im September erschien *Merlin*, eine Zeitschrift »für forschenden und praktischen Okkultismus, Grenzwissenschaften, Schicksalskunde und esoterische Tradition«. Aber damit war der von allem Übersinnlichen faszinierte Verleger dem späteren Esoterik-Boom zu weit vorausgeeilt. Nach nur drei Ausgaben wurde *Merlin* wieder eingestellt. Axel Springer weinte *Merlin* keine Träne nach, kümmerte sich um *Kristall*, *Constanze* und *HörZu!* wenig. Ihn interessierte jetzt nur das *Hamburger Abendblatt*. Es sah sich einer übermächtigen Konkurrenz gegenüber. Die britische Militärregierung hatte in Hamburg seit der deutschen Kapitulation neben ihrer eigenen *Welt* vier deutsche Parteizeitungen zugelassen und ihnen Papier-

kontingente zugeteilt, die den Wahlergebnissen entsprachen. Das ergab folgende Situation:
- *Hamburger Echo* (SPD) 224 600 Exemplare,
- *Hamburger Freie Presse* (FDP) 192 000 Exemplare (einschließlich Niedersachsen und Schleswig-Holstein),
- *Hamburger Allgemeine Zeitung* (CDU) 119 800 Exemplare,
- *Hamburger Volkszeitung* (KPD) 34 500 Exemplare.

Die vier hatten zusammen eine Auflage von über 500 000. Dagegen trat das *Hamburger Abendblatt* mit einer Auflage von 60 000 an. Es durfte dabei wie alle anderen Zeitungen aus Papiermangel nur dreimal die Woche erscheinen: Montag, Mittwoch und Samstag.

Die Nr. 1 hatte acht Seiten und kostete 20 Pfennige. Mittwoch, der 13. Oktober 1948, war als erster Erscheinungstag vorgesehen. Aber der abergläubische Axel Springer hatte die Sterne befragen lassen und den Start auf Donnerstag, den 14. Oktober, verschoben (auf der letzten Seite begann die Serie: »Hitler, Himmler und die Sterne«).

Der ehemalige *Fremdenblatt*-Redakteur Rudolf Michael, der die letzte, die vermischte Seite übernommen hatte und später Chefredakteur von *Bild* werden sollte, hat 1969 Axel Springers Konzeption für das *Hamburger Abendblatt* umrissen: »Axel Springers Vorstellungen waren zum Teil ungewöhnlich. So wollte er am liebsten den lokalen Teil auf die erste Seite nehmen. Und natürlich den Wetterbericht. Er hatte eine ausgesprochene Abneigung gegen alles Politische.«

Rudolf Michael weiter: »Eine ganz neue Anschauung vom deutschen Zeitungsleser ... Axel Springer hat gesagt, dieser Zeitungsleser ..., das ist ein geplagtes armes Wesen, geschunden von den Stürmen der Zeit, dem ist alles Materielle, alles Ideelle kaputtgegangen. Behandelt mir diesen Leser schonend. Fangt nicht gleich an, auf ihn loszutrommeln und ihn wieder erziehen zu wollen zu irgendwelchen Idealen, die ihr selbst ja gar nicht habt. Sondern fragt euch, was diesem Leser wohltut, was er braucht, um seinen Alltag zu verstehen.«

Eine so bunte, so freundliche, so liebevoll durchredigierte Zeitung wie das *Hamburger Abendblatt* hatte es im Nachkriegs-Hamburg mit seinen Parteizeitungen noch nicht gegeben. Es war in wenigen Stunden ausverkauft. Abends wurde im Hinterhaus der »Volksfürsorge« gefeiert, mit Bürgermeister Brauer und Hans Albers, mit Buchverleger Ernst Rowohlt, John Jahr und Katrin Springer.

Aus dem festlichen Anlaß bestellte Walter Schultz-Dieckmann, der inzwischen Privatsekretär von Axel Springer geworden war, Sekt im Restaurant »Gustav Adolf«. Die Rechnung für den Empfang schnellte dadurch auf etwa 10 000 Mark. Das war mehr, als Karl Andreas Voß genehmigt hatte. Er kündigte dem verschwenderischen Privatsekretär. Erst nach Intervention Springers wurde Schultz-Dieckmann wieder eingestellt.

Der Siegeszug des *Hamburger Abendblattes* hatte begonnen. Axel Springer mietete die Suite direkt unter der großen Weltkugel auf dem Dach des nahegelegenen Hotels »Atlantic« an der Alster und konnte so in wenigen Minuten in der Redaktion sein. Jeden Morgen um sieben Uhr nahm er dann an der Redaktionskonferenz teil.

Jede Seite des damals noch mittags erscheinenden Blattes wurde durchgesprochen. »Springer«, so steht es im Protokoll der ersten Konferenz, »wiederholte immer wieder: Es kommt darauf an, dem Leser wohlzutun.«

»Seid nett zueinander!« wurde Slogan und Motto des Blattes. Das war nichts anderes, als die in die Alltagssprache übersetzte Forderung der Bibel: »Liebe Deinen Nächsten«. Nach Jahren des Hasses, des Kampfes und der Denunziationen sprach es die Sehnsucht der Menschen nach einem friedlichen Miteinander an.

Einige Wochen nach dem Start des *Hamburger Abendblattes* klopfte ein hanseatischer Kaufmann dem Jungverleger Axel

Springer in der Halle des Hotels »Vier Jahreszeiten« gönnerhaft auf die Schulter und fragte: »Wie geht es eigentlich Ihrem Blatt? Ich lese es zwar nicht, aber meine Frau und Töchter, die schwören drauf.« Höflich antwortete Springer: »Das freut mich; genau darauf kommt es mir an.«

Briefe aus Badenweiler

Vater Heino Springer durfte noch miterleben, wie sich der Traum seines Sohnes zu erfüllen begann. »Als ich ihm die ersten Erfolgsziffern von *HörZu!* und *Abendblatt* brachte«, so erzählte Axel Springer, schrieb der Vater in Bendestorf »mit zitternder Hand diese Zahlen auf, um, wenn sein Junge wieder in die Stadt gefahren war, diese Zahlen noch einmal lesen zu können, mit der Mutter zu besprechen und sich des großen Erfolges zu erfreuen«.
Im Januar 1949, ein Vierteljahr nach der ersten Ausgabe, als sich die Auflage vom *Hamburger Abendblatt* bereits auf fast 120 000 Exemplare verdoppelt hatte, starb Heino Springer im Alter von 68 Jahren an Schüttellähmung. »Ich weiß, daß Axel Springer von seinem Vater sehr viel gehalten hat«, sagte Otto Siemer, »und daß er es darauf abgestellt hatte, seinen Vater zu ehren. Er hatte ihn ja auch in die Firma hineingenommen, wozu er gar nicht verpflichtet gewesen wäre.«
Drei Wochen nach Heino Springers Tod nahm Axel Springer anstelle seines Vaters seinen Verlagsleiter Karl Andreas Voß mit zehn Prozent als Kommanditist in die Firmen »Axel Springer & Sohn« und »Hammerich & Lesser« auf. Dann reiste er in das Hotel »Römerbad« in Badenweiler. Von dort schrieb er am 16. März 1949 seiner Mutter Ottilie:

»Mein liebes Muttchen ... An Papa denke ich oft. Ich habe schon vor seinem Tod gemerkt, wie nahe ich ihm von jener Zeit an gekommen war, von der ab er mich schalten und walten ließ. Ich hätte ihm so gerne noch einige Schönheiten des Lebens gegönnt. So, mein Muttl, besinn' Dich bitte auf Deinen weltweisen Freund Goethe und komme zur Ruhe und sei ein wenig froh ...«
Am nächsten Tag diktierte Axel Springer einen Brief ganz anderer Art an seinen Sylt-Freund Hans Zehrer, der inzwischen die Redaktion vom *Sonntagsblatt* des evangelischen Bischofs Lilje führte. Springers Schreiben war die Antwort auf eine acht Seiten lange, von ihm erbetene Kritik Zehrers an mehreren Ausgaben des *Hamburger Abendblattes*. Der Jungverleger hatte Zehrers Kritik mit nach Badenweiler genommen.
Zwischen »Lieber Axel Springer« und einem »Herzlichen Gruß« hatte Zehrer in seiner Untersuchung geschrieben: »Grundsätzlich vorausgeschickt: Ich halte die Zeitung für das beste Hamburger Blatt, aber ... und nun kommt das, was Sie hören wollen.« Dabei bat Zehrer um Vertraulichkeit. Denn: »Es ist mißlich, einer Redaktion so scharfe Saucen überzugießen.« Und scharf war die Sauce.
Kommentare vom *Hamburger Abendblatt* nannte Zehrer »farblos, sachlich und ohne Salz« oder »zu lang und zu plump« und abgefaßt »im unpersönlichen Kanzleistil«. Wichtig aber sei: »Ganz kurze Sätze. Mitten in die Sache rein.«
Das *Hamburger Abendblatt* versuche »ein bürgerliches Feuilleton von 1910«. Indes: »Es gibt keine Kritik mehr. Sie ist nur verlogen und dient nur der Selbstbespiegelung. Es sind alles arrogante Ästheten mit ideologischen Scheuklappen, die unbescheiden und deshalb ohne jede Lebendigkeit sind.«
Die letzten Zehrer-Sätze wurden von Axel Springer unterstrichen. Und an der Briefstelle, in der Zehrer einen Artikel »Schleim« genannt hatte, notierte der Verleger: »Bravo!«.
»Lieber Hans Zehrer«, antwortete Axel Springer sodann, »ge-

18 1945 ließ AS sich nach englischer Art einen Schnurrbart auf der Oberlippe wachsen.

19 AS mit seiner zweiten Frau Katrin (1939–1951). Sie schenkte ihm seinen Sohn Axel jun.

AS mit seiner Mutter Ottilie
 seinem Sohn Axel jun. in
nburg. Mit neun Jahren
de der Junge ins Schweizer
rnat Zuoz gesteckt.

Die Astrologin Ina Hetzel
nte AS günstige Termine für
 Start neuer Ehen und neu-
eitungen. Eine Zeitlang ließ
ch für jeden Tag ein Horo-
 stellen.

22 Der Chefredakteur Eduard Rhein übrgibt AS das *Hör Zu!* mit der Zählwerknummer 1 000 000 im August 1950.

23 AS mit Iduna-Chef Berthold Beitz, der es ihm 1953 ermöglichte, sein erstes Verlagshaus zu finanzieren. Sie blieben Freunde bis zum Tod.

24 AS mit Otto Siemer, dem ersten Chefredakteur des *Hamburger Abendblattes*. Siemer sagte über AS: »Er ist ein guter Mensch.«

25 AS mit *Bild*-Chefredakteur Peter Boenisch auf einer Redaktionskonferenz. Boenisch schrieb an AS: »Gott schütze Sie.«

26 AS mit seiner Vertrauten Hulda Seidewinkel und Hans Zehrer, dem *Welt*-Chefredakteur. Zehrer nannte AS in Moskau: »Cäsarewitsch«.

27 AS mit Günter Prinz, dem Boenisch-Nachfolger. Prinz erkundigte sich einmal bei AS: »Ist das nicht vielleicht doch Ihre Zeitung?«

28 AS mit seinem Partner Karl Andreas Voss dessen Gattin 1967. Voss meinte zu AS: »Ich Sie. Ich bewundere Sie. Aber ich fürchte Maßlosigkeit.«

29 AS mit seinem Partner John Jahr. Jahr erinnerte sich an AS: »Er sprach auf Sylt eine junge Frau an, die aber leider verheiratet war – mit mir.«

30 AS mit Rudolph Ullstein. Aus den Verlagen Springer und Ullstein wurde »Springstein«.

AS mit seinem ersten Generalbevollmächtigten Christian Kracht unterwegs nach USA. Kracht über AS: »Springer, das ist Religion.«

32 AS mit seinem zweiten Generalbevollmächtigten Peter Tamm. Tamm über AS: »Der Bequeme hatte bei ihm keine Chance.«

33 US-Präsident Jimmy Carter mit AS, dessen Frau Friede und Ernst Cramer

34 Vor Einweihung seines Verlagshauses an der Mauer legte AS einen Kranz am Fechter-Mahn nieder.

stern abend gab es hier ein Unglück. Ich saß im großen Speisesaal, der mit dicken Teppichen ausgelegt und mit roten Seiden tapeziert ist. Seine Größe hat wohl noch Emil I., Großherzog von Baden, und nicht Präsident Schulz-Bischof von dem vollsozialisierten Hamburger Wohnungsamt bestimmt. Es gehört zum Bilde, daß ich erzähle, wie ich da saß: elegant im dunklen Zweireiher mit Nadelstreifen und roter Nelke. Aus fast zu engen Hosen guckten die unheimlich blanken Breitsprecher hervor. Das geradezu blendende Weiß des tadellos geschnittenen englischen Kragens unterstrich auf angenehme Art die Hübschheit des jungmännlichen Verlegerkopfes. (Sie müssen trotzdem weiterlesen!) Beim Betreten des Saales schon war mir aufgefallen, daß die Damen die Löffel in die Suppe fallen ließen, während allerdings die Männer eine Idee zu laut: Gigolo! sagten. Das war die Situation.«

»Die Kellner umschwirrten mich lautlos zu dritt. Da geschah das Unglück. Ich hatte mir Ihren Brief aus Kampen mit der Kritik am Hamburger Abendblatt mit nach hier gebracht. Ich hatte ihn mir für die Ruhe reserviert. Ich hatte schon geahnt, daß er mich sehr anrühren würde. Er hat das denn auch getan. Nach der Lektüre der ersten Zeilen schon hatte ich einen hochroten Kopf. Die ersten in der vornehmen Stille gut hörbaren Jawohl- und Bravo-Rufe gab ich bald von mir. Bei der zweiten Seite Ihres Briefes angelangt, schrie ich einmal laut und herrisch: Sehr richtig! Zwei Kellner entfernten sich. Und dann, ja dann las ich Ihre Sätze über die Kulturpolitiker im deutschen Feuilleton. Das hätte ich in dieser Umgebung lieber nicht tun sollen. ›Arrogante Ästheten mit ideologischen Scheuklappen!‹ ›Es gibt keine Kunstkritik mehr. Sie ist verlogen und dient nur der Selbstbespiegelung unbescheidener Burschen!‹«

»Doch das Unglück schreitet schnell. Inzwischen war das furchtbare Wort schon einige Male gefallen. ›Arschlöcher!‹ hatte ich wohl nur deshalb so laut gerufen, weil einige Herren in Hamburg dies hören sollten. Ich wollte mich rächen, für ein halbes Jahr Quälerei. Es bekam mir allerdings nicht gut. Die letzten Kellner hatten sich entfernt. Die brillantengeschmückten Hände der Ehemänner umspannten die Barockbestecke. Ich aber las einstweilen noch weiter. Das tat mir gut zu lesen: ›Ganz kurze Sätze. Mitten in die Sache rein. Und keinen Schmus. ... verhinderte Universitätsprofessoren.‹ Aus dem Glücksgefühl des kleinen Verlegers heraus, mit einem veritablen Denker unserer Tage einer Meinung zu sein, wurde wieder wilde Angriffslust. Wie muß ich in diesem letzten halben Jahr gelitten haben! Kerzengerade stand ich hinter meinem üppig gedeckten Tisch, von dem ich bereits Sektschale, Burgunderglas, Fingerschale heruntergeschmissen hatte, gurgelte unartikulierte Laute, die wie ›schweineschißrige Schweinescheiße‹ geklungen haben sollen. Natürlich war die Umgebung schon zum tätlichen Angriff übergegangen. Aber ich möchte festhalten, daß es keine Einheitsfront gegen mich war. Unvergeßlich wird mir jene üppige Blondine bleiben, die mich schon bei meinem Einzug in den Saal fixiert hatte und, jetzt mit dem blitzschnell gelüpften Schlüpfer in der Luft fuchtelnd, sich eindeutig für mich entschieden hatte. Ihr höchstes Lob klang aus in: Ach, und so herrlich ordinär kann er auch sein!«

»Es ist an der Zeit zu beteuern, daß sich dies wirklich alles wortwörtlich so im Traum abgespielt hat. Allerdings nur im Traum. Aber siedendheiß war es mir auch schon beim Essen geworden. Das ist es, Hans Zehrer! Genau so und nicht anders. Es spielt dabei keine Rolle, ob ich in kleinen Einzelheiten einmal anderer Meinung bin. Die Wahrheit hat nie einer allein. Aber die Linie ist goldrichtig. Sie werden es mir nicht verübeln, wenn ich sage, daß ich vieles davon wußte. Aber ich stand den Berufsakrobaten immer allein gegenüber. Unter denen sich auch noch soundso viele Leute befinden, die sich auf ihre Berufsjahre zurückziehen. Bloß weil sie das schon 25 Jahre lang verkehrt gemacht haben, soll das nun auch noch so weitergehen. Die deutsche Presse ist wegen ihrer Überspanntheit im großen und ganzen immer gegen den Leser gemacht worden. Die Arschlöcher haben bloß nie eine richtige Konkurrenz bekommen ...«

»Nun ist dieser Brief doch noch ernst geworden. Ich hatte den lustig sein sollenden Anfang gewählt, weil ich meine Ruhe hier nicht aufgeben wollte. Denn am liebsten hätte ich mich nach der Lektüre Ihres Briefes in den Wagen gesetzt und wäre nach Norden gebraust, um mit Ihnen zu sprechen und wieder Abendblatt zu machen. Aber ich muß wohl doch einmal ausspannen. So nehmen Sie einstweilen meinen Dank entgegen ... In diesem Sommer möchte ich oft nach Kampen kommen. So oft, daß ich mir gern für vier Monate ein kleines Häuschen mieten möchte. Mein Pferd nehme ich mit rauf. Wissen Sie ein Haus? Bedienung muß wohl aus dem Flüchtlingslager kommen. Präzisierte Zeit: Mitte Mai bis Mitte September. Auf Wiederhören, Hans Zehrer, grüßen Sie die Lieselotte schön und lassen Sie sich verehren von Ihrem A.S.«

In diesem Briefwechsel kündigte sich die Rolle an, die Hans Zehrer bald im Springer-Verlag spielen sollte. Noch adorierte der Jüngere den Älteren und suchte ihm zu gefallen, aber erste selbstbewußte Töne des Schülers klangen schon an.

Nach einem Abstecher nach Italien und der Schweiz kehrte Axel Springer Anfang nächsten Monats noch einmal ins Hotel »Römerbad« in Badenweiler zurück. Gleich schrieb er wieder an Mutter Ottilie einen seiner Briefe, die so manches über ihn verraten:

»Mein liebes Muttchen, heute nachmittag kam ich aus der Schweiz und Italien (gestern) zurück. Es macht mir das Herz etwas schwer, daß Du vergeblich von Ueberlingen aus mich angerufen hattest. Nahmst Du an, daß ich schon zurück sei? Ich hatte mir gestern überlegt, ob nicht doch eine Möglichkeit bestand, gemeinsam zurückzufahren! – Am Telephon hörte ich

heute, daß Tante Fernande gestorben sei. Ich weiß genau, wie Dir ums Herz sein muß, und es wäre schön, wenn ich jetzt mehr um Dich sein könnte. Du tust mir sehr leid und ich möchte Dir gern etwas Freude machen. Vielleicht habe ich in den letzten Tagen gefühlt, daß es Dir nicht gut geht, denn ich habe so oft an Dich gedacht. Ich wollte Dir sowieso einen längeren Brief schreiben und Dich herzlich bitten, mir öfter näher zu sein und nie zu glauben, daß Du allein bist. Ich weiß ja genau, daß Du meine zeitweilige Nervosität oder auch manchmal Stumpfheit (die nichts anderes als Erschöpfung ist) ungern hast.«
»Gestern abend habe ich etwas getan, was Dir gefallen muß. Und nicht zuletzt hatte ich mich hierzu in Gedanken an Dich entschlossen. Es war folgendes: Ich kam vom Gardasee in Italien und hatte die Schweizer Grenze überschritten. Irgendwo am Vierwaldstätter See war das von mir ausgesuchte Hotel besetzt, aber mir wurde ein anderes empfohlen. Das war in Altdorf, wo Wilhelm Tell seinen Apfelschuß abgab. Man hatte mir schon auf dem Weg nach Altdorf verraten, daß im dortigen ›Schwarzen Löwen‹ Goethe einmal gewohnt habe. Das war für mich Grund genug, dort einzukehren und um Überlassung des Zimmers zu bitten, in dem Goethe bei seiner dritten Gotthard-Wanderung gewohnt hatte. Ich bekam das Zimmer und verbrachte im Gedanken an den großen Gast vom Jahre 1797 eine angenehme und anregende Nacht. In seinem Tagebuch (28. Sept.–13. Okt. 1797) hat Goethe dies alles verzeichnet. Darüber später mehr. – Ich bin in einigen Tagen zurück und hoffe Dich trotz allem wohlauf zu finden. Ich schreibe gleich einen Brief an Onkel Hans. – In Herzlichkeit Dein Axel.«

Die weiße Hochzeitskutsche rollt

Wie so oft nach einer Phase der Erschöpfung kehrte Axel Springer aus Badenweiler voller Tatendrang nach Hamburg zurück, zurück zum *Hamburger Abendblatt*.
Er ließ die Artikel in der Zeitung durchnumerieren und setzte 20 oder 30 Studenten mit Stoppuhren ein, die feststellen mußten, wie lange die Leute in der U-Bahn oder anderswo die einzelnen Artikel lasen. Den absoluten Rekord hielt der Wetterbericht.
Das *Hamburger Abendblatt* veranstaltete Seifenkisten-Rennen für Kinder, verteilte im Frühling Maiglöckchen-Sträuße in der Stadt, errichtete zu Weihnachten einen Tannenbaum auf einer schwimmenden Insel inmitten der Binnenalster, ließ Leser in einer weißen Hochzeitskutsche zur Trauung fahren und suchte »Paten« für 19 deutsche Kaiser, deren Bronzefiguren am Rathaus restauriert werden mußten. Jahrelang ging ein »Herr Lombard« vom *Hamburger Abendblatt* mit Brille und Bart durch die Stadt, und wer ihn zuerst erkannte, erhielt 100 D-Mark.
Auf dem Weg ins »Vier Jahreszeiten« erlebte Axel Springer, wie eine ältere Dame beim Überqueren des Jungfernstieges von einem Auto gestreift wurde und stürzte. Er half ihr auf, kehrte in den Verlag zurück und rief eine Konferenz zusammen. Ergebnis des Zwischenfalls: Einführung von »Zebrastreifen« für Fußgänger, die es bis dahin nicht gab; besonders rücksichtsvolle Fahrer am Zebrastreifen wurden fortan vom *Hamburger Abendblatt* prämiert.
Otto Siemer, der nach »Schulze-Tokio« Chefredakteur des Blattes wurde, beschrieb Axel Springers Rolle für die Zeitung: »Es ist

völlig ausgeschlossen, daß das *Hamburger Abendblatt* mit derselben Mannschaft ohne Axel Springer hätte gemacht werden können. Er hatte Eigenschaften, die sonst keiner in der Redaktion in diesem Ausmaß besaß. Er war ein ungeheurer Motor, er hat die Leute entzündet. Die haben in allerbester Laune Zeitung gemacht – bis zum Äußersten ihrer Kraft. Er hat erreicht, daß es sich von selbst verstand, 10, 12, 14 und 16 Stunden zu arbeiten.«

Der Redakteur und spätere Botschafter Günter Diehl formulierte es etwas weniger enthusiastisch: »Er verstand uns auszunehmen wie die Weihnachtsgänse.«

Nur einmal hatte es eine Panne gegeben: Ein Bote übergab in der Setzerei in der »Volksfürsorge« einem Kollegen, den er nicht ausstehen konnte, die Vorlage für eine Seite zwei des nächsten *Abendblattes*, um sie in die nahegelegene Druckerei Broschek zu bringen, wo die Zeitung gedruckt wurde. Es war eine echte Seite zwei – doch die vom selben Tag des Vorjahres. Hunderte von Exemplaren wurden mit der falschen Seite, mit Uralt-Politik und Uralt-Leitartikel gedruckt, ausgeliefert und verkauft, ehe der Irrtum bemerkt und korrigiert werden konnte. Aber nur zehn Leser beschwerten sich – über das falsche Datum am Kopf der Seite. Daß der Inhalt ein Jahr überholt war, hatten auch sie nicht bemängelt.

Axel Springer fühlte sich durch das Malheur nur in seiner Überzeugung bestärkt, Politik, Leitartikel und ähnliches nicht zu ernst zu nehmen. Alles Menschliche, so beschwor er seine Redakteure, sei für die Leser wichtiger als die Politik.

Über ein halbes Jahrhundert half die *Abendblatt*-Aktion »Von Mensch zu Mensch«, und über ein halbes Jahrhundert behielt die vom ersten Tag an erscheinende Rubrik »Menschlich gesehen« ihren Platz auf Seite eins. Nils Graf Stenbock, der die ersten Köpfe für diese Rubrik zeichnete, erlitt nach wenigen Monaten einen Schlaganfall und wurde arbeitsunfähig. Bis zu seinem Tod Jahre später kam jede Weihnachten ein Geschenk des Verlegers mit einem handschriftlichen Gruß – und an jedem Monatsende sein Gehalt, das alle Tariferhöhungen mitmachte.

Besonderen Gefallen fand Axel Springer an einem aufgeweckten jungen Lokalredakteur vom *Hamburger Abendblatt*, Christian Kracht (Jahrgang 1921), zierlich, blond und intelligent. Fast täglich gingen sie mittags durch die Stadt. Da konnte es passieren, daß Axel Springer auf einen Rentner zeigte, der auf dem Balkon seine Blumen goß, und sagte: »Der hat sicher auch eine Mark in der Tasche. Unsere Frage ist: Wie kommen wir an diese Mark heran.« Oder er schickte Christian Kracht mit zehn Mark über die Straße zu einem Bettler auf dem anderen Bürgersteig: »Aber vergiß nicht zu sagen, von wem sie kommen.«

Bald darauf wurde Kracht vom amerikanischen Generalkonsulat als Austauschstudent zu einem anderthalbjährigen USA-Aufenthalt eingeladen. Vor seiner Abreise bestellte Axel Springer ihn zu sich nach Hause. Er wolle ihm, so sagte Springer, sein Gehalt weiter zahlen, wenn Kracht ihm Nützliches und Interessantes aus Amerika berichten könne. Springer deutete aus dem Fenster auf die Insel Schweinesand in der Elbe: »Und die schenke ich Ihnen, wenn Sie mir Papier besorgen.«

An Papier bestand in Deutschland noch immer ein Engpaß. Kracht konnte in der neuen Welt tatsächlich eine Papierverbindung nach Seattle knüpfen, und nachdem er eine Zeitlang beim *San Francisco Chronicle* gearbeitet hatte, teilte er Springer etwas mit, worauf in Deutschland noch niemand gekommen war: Wollte ein Mann telephonisch eine Anzeige aufgeben, nahm eine Frau den Auftrag entgegen, rief eine Frau an, wurde ihr Anruf zu einem Mann durchgestellt. Das war ein Tip nach Axel Springers Geschmack. Nach Krachts Rückkehr aus Amerika machte Axel Springer ihn zu seinem Assistenten.

Innerhalb weniger Jahre fegte das *Hamburger Abendblatt* alle

Parteiblätter aus der Hansestadt. Es wurde zur größten Lokalzeitung Deutschlands. Im Herbst 1954 sollte es dann noch einmal herausgefordert werden. Im Broschek-Verlag erschien das legendäre *Hamburger Fremdenblatt* wieder. Axel Springer hatte eine traumatische Angst vor dem Titel, den sein Vater einst nur voller Ehrfurcht ausgesprochen hatte. Er war in heller Sorge. Doch sie erwies sich als unbegründet. Der Nimbus war verbraucht. Nach nicht einmal zwei Monaten gab das *Hamburger Fremdenblatt* auf und streckte die Waffen.

Abendblatt-Chef Otto Siemer erinnert sich: »Voß hatte gesagt: Das Ding lebt sechs Wochen. Und nach sechs Wochen, genau nach sechs Wochen, kam die letzte Ausgabe.« Es war allerdings nicht ganz ohne Nachhilfe die letzte Ausgabe geworden: Christian Kracht hatte dafür gesorgt, daß die *Fremdenblatt*-Leute fest auf einen großzügigen Kredit bauten, der dann plötzlich nicht mehr zur Verfügung stand.

Als Dank überbrachte ein Bote des Juweliers Schrader in Springers Auftrag Kracht eine Audemar Piguet, die flachste Uhr jener Zeit, auf deren Rückseite der letzte Erscheinungstag des *Hamburger Fremdenblattes* (31.10.1954) und Springers Name eingraviert waren. Das *Hamburger Abendblatt* aber trug fortan den großen Namen *Hamburger Fremdenblatt* als kleinen Untertitel. Axel Springers Liebe zu seiner ersten Zeitung rostete nie. Noch 1957, als das *Hamburger Abendblatt* schon neun Jahre alt war, schickte er aus seinem Haus in Klosters dem Chefredakteur Otto Siemer einen Band mit Comic strips vom Hamster »Max«. Seit langem suchte er Siemer zu bewegen, die Comics des »Punch«-Zeichners Giovanetti aufzunehmen. Aber Siemer sträubte sich. Nun versuchte es Axel Springer noch einmal mit einer langen Widmung, die er in das Buch schrieb:

»Lieber Herr Siemer, ich will mich nicht wiederholen, wie ich Sie schätze und wie wertvoll Ihr Urteil (nicht nur mir) ist, wissen Sie am besten. Es tröstet mich, daß auch Ihnen massive Fehler unterlaufen. Wie sollte ich mein notwendiges Selbstbewußtsein sonst behalten? Einer Ihrer massivsten Fehler war, ›Max‹ nicht gekannt zu haben ... Natürlich kann man aus ›Max‹ auswählen und die deutschesten (ich habe jetzt leichtes Erbrechen) Stücke in den lokalen Teil stellen. Denn wo sonst? Das *Hamburger Abendblatt* ist die beste Zeitung der Welt. Leider ist sie humorlos bis zum tz ... Aber vielleicht denken Sie anhand dieses Buches noch einmal über ›Max‹ nach. Sie haben es in der Hand, jetzt endlich aus dem *Hamburger Abendblatt* eine richtige Zeitung zu machen. Herzlichst Ihr Axel Springer.«

Otto Siemer blieb trotz der langen Widmung Axel Springers stur. Er druckte jedoch statt »Max« den skandinavischen Comic »Mummi«, der ihm »sehr viel menschlicher« erschien. Da fand er einen Zettel in seinem Büro: »Widmung durch Mummi überholt. Der Verleger.«

So sei er gewesen, erinnerte sich Jahre später Otto Siemer: »Er ist natürlich auch aus dem Zimmer gelaufen, hat die Tür geknallt: ›Sie sind schwieriger als Rhein.‹ Aber er hat nie gesagt: Machen Sie's! Er hat nie mehr versucht, als einen zu überreden. Das liegt an der Art, wie er konstruiert ist. Er überzeugt durch Überredung. Weniger durch logische Argumente. Und er hat eine große Fähigkeit zu überreden. Leute umzudrehen. Und dabei spielt natürlich der Charme eine ganz große Rolle.«

Viele Pläne für das *Abendblatt* wurden damals in Axel Springers Wohnung an der Elbchaussee, Höhe Halbmondsweg, geschmiedet. Die zweite Ehefrau Katrin sorgte für Brötchen, die Männer redeten sich am rechteckigen Messingtisch die Köpfe heiß. Den »goldenen Tisch« nannten sie ihn.

Dreizehn Jahre stand Otto Siemer als Chefredakteur an der Spitze des *Hamburger Abendblattes*. Der Konzern und Axel Springer hatten ihm viel zu verdanken. Doch dann, 1965, entschied der Verleger, es sei Zeit für eine Wachablösung. Otto Siemer hat sehr darunter gelitten. Aber sein Urteil über Axel Springer änderte er nicht. »Er ist ein guter Mensch«, sagte er, vier Jahre nach seiner Pensionierung, über seinen Verleger Axel Springer: »Davon bin ich überzeugt.«

Die neue Frau

Nach *HörZu!* hatte Axel Springer sich durch den Start des *Hamburger Abendblattes* zum zweitenmal als Mann mit dem »golden touch« erwiesen. Das Leben meinte es offensichtlich gut mit ihm. Sein Lebensstil an der Elbe war entsprechend. Durch Traute Sington, Frau eines englischen Presseoffiziers, hatte er Spaß am Reitsport gefunden. Parties feierte er am liebsten am Swimmingpool seines Freundes Bobby Dependorf, mit dem ihn die Neigung zur alten Astrologie und zu jungen Damen verband. Seine zweite Frau Katrin bezauberte, wen sie empfing und wohin sie ging. Aber ihr vier Jahre jüngerer Ehemann war ihr fremd geworden. Eine neue Frau war in sein Leben getreten.
Im Sommer 1949, ein Vierteljahr nach seinem Aufenthalt im Hotel »Römerbad«, machte Axel Springer, inzwischen 37 Jahre alt, Urlaub in Kampen auf Sylt, wie er es in seinem Brief aus Badenweiler an Hans Zehrer angekündigt hatte. Und wie immer schrieb er von dort an Mutter Ottilie, diesmal mit der Hand unter dem Datum vom 26. Juli: »Liebes Muttchen, seit einer Woche bin ich nun in Kampen, wo ich mich anscheinend sehr gut erhole. Ich habe – dies nur ganz privatim – ein ganz kleines Häuschen außerhalb Kampens gemietet, wo mich eine Flüchtlingsfrau ausgezeichnet verpflegt und betreut. Den seelischen Part hat jemand anders übernommen. Hein Hass, der mich begleitet hatte, ist heute früh mit Erik Blumenfeld (Sybille ist hiergeblieben) nach Hamburg zurückgefahren. Im Augenblick fühle ich mich so

wohl & glücklich, wie nie in den verflossenen 36 Jahren. Es wäre ja sehr hübsch, wenn dieser Zustand einmal anhalten würde. Das Reiten ist hier eine ganz besondere Freude. Ich habe meine Schimmelstute mit heraufgenommen. Am sogenannten gesellschaftlichen Treiben Kampens partizipiere ich in gar keiner Form. Ich genieße in ganz programmloser Form die Ferienfreiheiten. Manchmal besuche ich mit meiner Begleitung Sybille in dem zauberhaften Klenderhof, den einst eine geborene Karstadt in verschwenderischer Schönheit für ihren Mann, den berühmten Cellisten Baldner, bauen ließ. Zum Wochenende besucht mich jeweils Herr Voß, der mir dadurch alle geschäftliche Unruhe in so lieber Weise abnimmt. Schreib' mir bitte, mein Muttchen, wenn Du etwas auf dem Herzen hast oder es Dich sonst zur Zwiesprache mit dem Sohn treibt. Ich würde mich über einen Brief von Dir sehr freuen. Es ist mir schmerzlich klar geworden, daß während meines letzten Kampen-Besuches Papa noch lebte. Es küßt Dich Dein Axel.«
Zurück kam ein Brief von Mutter Ottlie, ein ebenfalls handgeschriebener Brief. »In großer Sorge gedenke ich Deiner und Du wirst wissen warum. Nach meiner innersten Überzeugung bist Du wieder einmal an einem bitterernsten Kreuzweg angelangt, und Du wirst Deine ganze Kraft bis zum letzten brauchen müssen, um Dich aus diesem Wirrsal von Sinnenglück und Seelenfrieden wieder aufzurichten. Einmal für Dich selbst und Deine Gesundheit, zum anderen aber für Deine Kinder. Und das alles um eine Frau, die mit ihrem Ehemann zusammenlebt und in aller Öffentlichkeit Deine Geliebte ist ... Und dann frage Dich selber in aller Ehrlichkeit, wie lange bei Dir die Treue reichen würde ... Als Deine Mutter darf ich doch in diesem Falle meine ganz großen Sorgen nicht verschweigen.«
»Nein, Muttchen«, antwortete der Sohn ihr postwendend, »ich bin Dir so gar nicht böse über Deinen Brief, weil ich weiß, aus welcher Gesinnung er kommt. Die Tatsachen sind immerhin

erheblich anders. Gefahren, die eine einseitige Unterrichtung immer in sich birgt. Über eins waren wir uns ja immer klar: daß es auf die Dauer mit Katrin nicht geht. Vielleicht vereinfachst Du das Problem jetzt etwas. Weshalb? Weil jedes Neue neue Gefahren bringt. So, mein Muttchen, wir unterhalten uns in Travemünde in Ruhe über die Dinge. Nur um eins bitte ich Dich: Mach Dir keine unnötigen Sorgen.«

Mutter und Sohn vermieden es in ihrer Korrespondenz, einen Namen zu nennen. Aber vier Monate später, im November 1949, hieß es in einem Schreiben Axel Springers über einen geplanten Vorabdruck der Erzählung »Tatjana« von Curt Goetz in der *Constanze* an seinen Freund und Partner John Jahr: »Lieber John, Rosemarie hat inzwischen ›Tatjana‹ von Goetz ganz gelesen. Sie ist so sehr begeistert, daß sie die Suppe hat anbrennen lassen und im Vorzimmer beim Zahnarzt keine Angst hatte. Sie bejaht in vollem Umfang die Aufnahme der ›Tatjana‹ in die *Constanze*. R. ist sicherlich ein Durchschnittslesertyp. Ihre Urteilsfähigkeit für die *Constanze* ist aufrichtig. Ich selbst habe die ›Tatjana‹ dreiviertel gelesen und finde sie großartig. Um mein Urteil zu erhärten: Ich hätte diese Novelle auch sofort für das *Hamburger Abendblatt* genommen. Zu überlegen gebe ich, ob man nicht aus der Dreizehnjährigen eine Siebzehnjährige machen sollte. Du weißt, daß ich ein besonders frühreifes Kind war. Aber dreizehnjährige Mädchen habe ich mir immer verkniffen.«

Die in Axel Springers Brief an John Jahr erwähnte »Rosemarie« war die Frau, die seiner Mutter so große Sorgen bereitete. Sie mochte ein »Durchschnittslesertyp« sein, eine Durchschnittsfrau war sie nicht. Sie war die Tochter des ehemaligen SS-Obergruppenführers und Generals der Waffen-SS Werner Lorenz, Gattin des Zement-Industriellen Horst-Herbert Alsen und eine der besten Dressur-Reiterinnen. 1960 sollte sie bei den Olympischen Spielen von Rom für Deutschland reiten. Anschließend war sie vier Jahre deutsche Meisterin. Sie war eine Pferdenärrin. 1920 geboren, hatte sie auf dem Gut ihrer Eltern bei Danzig im Sattel gesessen, bevor sie zur Schule ging. Sportlich, blond und blauäugig, reifte sie zur Schönheit heran. Schon mit 16 wurde sie von der *Berliner Illustrirte* auf dem Titel abgebildet. Im Krieg heiratete sie den jungen Offizier Horst-Herbert Alsen, Erbe eines der fünf größten Hamburger Vermögen. Gutaussehend und gutmütig, grundanständig und großzügig war er, Ehrenmann, Sportsmann, Seemann, Reitersmann (nur kein Geschäftsmann), ein Polospieler, mit dem man Pferde stehlen konnte, ein treuer Kerl voller Herzensgüte.

Einer seiner besten Freunde war der Hamburger Bankier Enno von Marcard (der seinen Butler Heinz Hoffmann später an Axel Springer abtrat). Gerade am Blinddarm operiert, traf die Rekonvaleszentin Rosemarie Alsen 1948 beim Tee bei Enno von Marcard in Hamburgs Blumenstraße Axel Springer. Es war Liebe auf den ersten Blick zwischen zwei Menschen, die beide noch mit anderen Ehepartnern versehen waren. Rosemarie Alsen zog aus dem Haus ihres Mannes am Falkenstein aus und quartierte sich in einer Pension in der Isestraße ein, wo auch Max Schmeling und Anny Ondra wohnten. Ihr erstes gemeinsames Heim mit Axel Springer wurde das ausgebaute Kesselhaus des Gewächshauses eines herrschaftlichen Besitzes in Hamburg-Hochkamp. Wichtigstes Möbel – außer dem Doppelbett – war ein Klavier, auf dem Axel Springers ehemaliger Klassenkamerad Hermann Firchow spielte, wenn er kam, um mit dem Jugendfreund zu singen.

Axel Springers Familienleben geriet einigermaßen in Unordnung. Von seiner ersten Frau Baby und Tochter Bärbel lebte er nun schon seit über einem Jahrzehnt getrennt und geschieden. »Mein Vater, das war für mich ein blonder Mann mit karierten Jacketts«, entsann die Tochter sich später. Nach dem Krieg war sie in Deutschlands feinstes Internat Salem geschickt worden.

Ihre Mutter und Oma Ottilie, aber auch Axel Springers Freunde Walter Schultz-Dieckmann und Bobby Dependorf kümmerten sich um sie und versuchten ihr zu geben, was der Vater ihr nicht gab – Zuwendung. Als sie nach dem Internat als junge Dame einmal mit anderen Schönheiten im Swimmingpool von Bobby Dependorf planschte, kam die Haushälterin herein, die nicht wußte, wer sie war, und sagte beim Anblick der Bikini-Nixen, was eine Tochter nicht unbedingt gern hört: »Jetzt wird es ja richtig gemütlich. Nun fehlt nur noch Herr Springer.«

Seiner zweiten Frau Katrin überließ Axel Springer nach seiner Verbindung mit Rosemarie Alsen die gemeinsame Wohnung an der Elbchaussee, und noch bevor er 1951 auch von ihr geschieden war, wurde das Kind aus dieser Ehe, der Sohn Axel jun., ebenfalls in einem Internat untergebracht. Er kam nach Zuoz in der Schweiz. Auch um ihn kümmerte sich der vielbeschäftigte Vater wenig.

Für sich und Rosemarie Alsen baute sich Axel Springer eine Residenz am Falkenstein hoch über der Elbe. Auf dem mehrere Hektar umfassenden Areal stand bereits eine repräsentative Villa. Aber auf einem Hügel hinter ihr mit einem noch weiter reichenden Blick über die Elbe wurde ein zweites Haus errichtet, genannt das Turmhaus. Architekt war der Berliner Otto Firle, der 1933 den von Axel Springer so bewunderten »Klenderhof« in Kampen entworfen hatte. Die Aufsicht führte Walter Schultz-Dieckmann.

Um in den Genuß der steuerlichen 7c-Vergünstigungen zu gelangen, durfte beim Bau eine bestimmte Summe nicht überschritten werden. Axel Springer aber bestand auf Marmor im Wohnzimmer. Walter Schultz-Dieckmann bestellte ihn. Die 7c-Grenze war überschritten. Und Schultz-Dieckmann wurde zum zweitenmal vom sparsamen Karl Andreas Voß gefeuert. Diesmal dauerte es – trotz Axel Springers Intervention – vier Wochen, ehe er wieder eingestellt war.

Das Leben im Turmhaus am Falkenstein war zunächst unbeschwert und heiter. Die Gäste waren meist Pferdenarren. Übermütig taufte Axel Springer seine Lebensgefährtin »Elsbeth Dattelgeräusch«. In ihren Reiterskreisen wurde sie bald »Jawohl, Axel« genannt, so offensichtlich war ihre Entschlossenheit, ihm jeden Wunsch von den Augen abzulesen.

So wie Axel Springers Vater einst seine Frau Ottilie nachts geweckt hatte, wenn ihm etwas Wichtiges eingefallen war, so sagte jetzt der Sohn ins Dunkel: »Mach' dich wach, Rosemarie, mach' dich wach«, damit sie aufschreiben konnte, was er für den nächsten Tag notiert haben wollte. »Du bist so schön stinknormal«, lobte er sie.

Er war stolz auf ihre Erfolge als Dressur-Reiterin, die das Haus mit Silberpokalen füllte. »Alles erritten«, sagte er und: »Unser Schmuck steht im Stall.« Aber verheiratet waren die beiden noch immer nicht. Eines Abends kam Bürgermeister Max Brauer zum Gespräch mit Axel Springer unter vier Augen. Nach dem Essen ging er in die Küche, um der Köchin zu danken – und fand Rosemarie Alsen. »So eine schöne Frau versteckt man nicht«, tadelte er den Hausherrn.

Assistent Christian Kracht nahm sich ebenfalls eine Wohnung am Falkenstein. Wenn der ruhelose Axel Springer eine neue Idee hatte, rief er noch nachts um zwei Uhr Kracht zu sich und spazierte mit ihm pläneschmiedend in Pyjama und Morgenmantel durch den Park. »Ich bin ein Reh, das auf der Lichtung steht«, sagte er ihm, »frei zum Abschuß, aber meine Witterung bewahrt mich davor.«

Daß Axel Springer am Falkenstein direkter Nachbar jenes Grundstücks geworden war, auf dem Rosemarie Alsen mit ihrem Mann gelebt hatte und auf dem Horst-Herbert Alsen immer noch wohnte, störte ihn nicht. Er war inzwischen ein wohlhabender Mann geworden, und als die Hamburger Kaufmannschaft trotz seines phänomenalen Aufstiegs Distanz zu dem Paradiesvogel

hielt, sprang er einfach über sie hinweg, dorthin, wo für Hanseaten der Gral der feinen Lebensart stand, dekoriert mit Tweed, Messing und Mahagoni – nach London. »Hamburg«, meinte er, »ist eine schöne Frau, die ich bewundere, aber nicht liebe.«
Seit seiner Swing-Jugend war Axel Springers Geschmack anglophil eingefärbt. Obwohl er miserabel englisch sprach, erwarb er ein Haus in Upper Brook Street am Hyde Park in Erbpacht. Sein Butler war ein Ex-Offizier der britischen Garde. Seine Anzüge stammten aus Savile Row. Und eines Tages sollte er auch noch die alte Holztäfelung der Londoner *Times* erwerben und damit seine Bibliothek im Berliner Verlagshaus auskleiden. Da hatte er zwar längst bemerkt, daß die Liebe eines Ausländers zu England meist eine Einbahnstraße ist. »Sie wollen sich ja nicht lieben lassen«, hatte schon Otto von Bismarck einst notiert. Aber dafür hatte Axel Springer durch Albions Massenpresse entscheidende Anregungen zu seinem größten Triumph als Verleger bezogen – für *Bild*.

Bild wird erfunden

Anfang der fünfziger Jahre war der Springer-Verlag ein kerngesundes Unternehmen. 1950 war an Hamburgs Kaiser-Wilhelm-Straße der Grundstein für ein eigenes Verlagsgebäude gelegt worden. Wie ein mächtiger Schiffsbug sollte das dreizehnstöckige Hochhaus mit Redaktionen und Verwaltung, Setzerei und Druckerei bald über die City der Hansestadt ragen. Die »Voßische Baugrube« nannte Axel Springer den Bauplatz. Finanziert wurde der Bau mit Hilfe der in Hamburg ansässigen »Iduna«. »Iduna«-Chef war damals der spätere Krupp-Generalbevollmächtigte Berthold Beitz. Er und Axel Springer waren aus dem

gleichen Holz geschnitzt und im gleichen Alter. Beide waren gutaussehende Siegertypen, beide liebten Sylt, beide gefielen sich und dem anderen. In den kommenden Jahrzehnten, als Axel Springer seinen antikommunistischen Kreuzzug begonnen hatte, während Berthold Beitz als Krupp-Chef im Ostblock wie ein Staatsmann empfangen, hofiert und geehrt wurde, entfernten sie sich politisch voneinander. Aber erst, als Axel Springer sich bei einem Reitunfall in Kampen einen Daumen gebrochen und Berthold Beitz ihn nicht besucht hatte, klemmte der Verleger in die Tür des winzigen Sylter Strohdachhauses von Essens BB seine Visitenkarte mit der Notiz: »Ich kündige Dir meine Freundschaft.« Tatsächlich hielt sie bis zu Springers Tod.
Zeichen dieser Freundschaft war eine Armbanduhr, die Berthold Beitz von Axel Springer erhielt und über dessen Tod hinaus trug, eine Audemar Piguet, wie sie auch Christian Kracht nach der Beerdigung des *Hamburger Fremdenblattes* empfing. Berthold Beitz hatte die Uhr von Axel Springer bekommen, weil die »Iduna« den Bau seines Verlagshochhauses in Hamburg mit einer zehnjährigen Hypothek von über zehn Millionen Mark ermöglicht hatte. Der »Iduna« wurden dafür alle Versicherungen des Hauses zugesagt.
Die Investitionen für die erste Druckerei mit sechs MAN-Maschinen im neuen Verlagshaus betrugen vier Millionen Mark (der Bau einer Springer-Druckerei in Spandau 40 Jahre später 400 Millionen). 1951 bescherte der Ausbruch des Korea-Krieges der Bundesrepublik einen Boom, der Hamburgs ehrbarer Kaufmannschaft das Wort von »Santa Korea« eingab. Und 1952 beschäftigte Axel Springer schon über 900 Mitarbeiter. *HörZu!* verkaufte 1,4 Millionen Exemplare, das *Hamburger Abendblatt* 260 000 und *Kristall* 240 000 unter Chefredakteur Ivar Lissner (mit dem Axel Springer zuweilen an spiritistischen Sitzungen teilnahm).

Trotz der drei florierenden Objekte gab es für Axel Springer drei Gründe, sich in ein neues Abenteuer zu stürzen:
- Untersuchungen über das *Hamburger Abendblatt* und andere Tageszeitungen hatten ergeben, daß sie alle von den Lesern extrem selektiv genutzt wurden. Den einen Käufer interessierte die Wirtschaft, den anderen das Feuilleton, den einen der Leitartikel, den anderen die Medizin. »Herr Voß«, sagte deshalb Axel Springer zu seinem Partner, »wir sollten mal eine Zeitung machen, die nur Stoffe veröffentlicht, die 90 Prozent ihrer Leser interessieren. Lassen wir dabei den Sport einmal beiseite, er spielt eine Sonderrolle.«
- In Hamburg war im Schatten des *Hamburger Echos* (SPD) die *Hamburger Morgenpost* im Halbformat erschienen und erfreute sich mit einfachen Boulevardmitteln besonders unter Hafenarbeitern zunehmender Beliebtheit. Ihre Auflage betrug schon über 100 000 Exemplare, zuviel für Axel Springers Geschmack.
- Auf der letzten Industrieausstellung in Berlin hatte der Radiosender NWDR einen TV-Testbetrieb installiert, weithin unbeachtet, aber von Axel Springer aufmerksam beäugt. Er hatte die Bedeutung des Fernsehens früher und klarer erkannt als alle anderen deutschen Verleger und wollte eine neue Zeitung als vorweggenommene »gedruckte Antwort auf das Fernsehen«, ein Blatt, das »ein Kind des optischen Zeitalters« sein sollte.

»Wir müssen die Sache vorantreiben«, entschied Axel Springer. Die ersten Weichen stellte er selbst. Nach einem Besuch in London bei Cecil King, dem König der britischen Boulevardpresse, war er entschlossen, eine neue Zeitung zu erfinden, die selbst die englischen Massenblätter alt aussehen lassen sollte.

Auf dem Fußboden des Turmhauses am Falkenstein klebte Rosemarie Alsen eine Woche lang nach seinen Vorstellungen an einem Dummy mit. Seine damals schon recht zahlreichen Direktoren, so erinnerte er sich später, »bogen sich vor Lachen«, als er ihnen von seinen Plänen erzählte: »Zum Höhepunkt kam es, als jemand fragte: Haben Sie denn auch schon einen Titel? Ich sagte: Ja, einen Titel habe ich – *Bild*. Da wieherten die Direktoren.« Das Gute an Direktoren: Sie lachen und machen. Generalstabsmäßig wurde das Erscheinen von *Bild* vorbereitet. Rot wurde zur Markenfarbe bestimmt. Axel Springer ließ sich vom Farbforscher Lüscher, der schon das Grün des *Hamburger Abendblattes* gemischt hatte, für *Bild* 25 verschiedene Rottöne vorlegen. Der Zeichner Günther T. Schulz, der sich der verlassenen zweiten Ehefrau Katrin Springer angenommen hatte, entwarf den Titel. Das Blatt sollte im Großformat erscheinen. Denn, so sagte Axel Springer: »Alles fehlt, wenn Größe fehlt.« Das Wichtigste von allem aber war der Preis: 10 Pfennige, ein Groschen.

»Niemals«, so beschwor Axel Springer die Startmannschaft von neun Redakteuren und zwei Sekretärinnen im Hinterhaus der Hamburger »Volksfürsorge«, »niemals darf der Leser spüren, daß diese Zeitung nur einen Groschen kostet. Auch als Groschenblatt muß diese Zeitung nicht nur mit Anstand und mit Würde, sondern mit vollem Anspruch auf Qualität gemacht werden.«

Der rothaarige Arthur Friedrich Szimmetat (1895–1956), der schon für Axel Springers Vater gearbeitet hatte und nach dem Krieg zehn Jahre lang Vertriebschef des Verlages war, gab schließlich wie bisher bei jedem neuen Objekt das Startzeichen: »Der Vertrieb steht!«

Am 24. Juni 1952 erschien die erste Ausgabe von *Bild*. Vier Seiten in einer Auflage von 455 000 Exemplaren. Weißgekleidete Verkäufer verteilten sie kostenlos in Hamburg. »Deutschlands modernste Zeitung«, hieß es auf Seite eins, »ab morgen überall für 10 Pfennig!« Auf Titel- und Rückseite standen ausschließlich aktuelle Fotos im Großformat mit verlängerten Bildunterschriften und drei Comic strips.

Für die beiden Innenseiten hatte Axel Springer die Devise »Füllfaktor 100« ausgegeben: Meldungen (»Untertassen über Norwegen«) neben Preisausschreiben, Horoskop und »Börsensplittern«. Unter dem Rat Goethes »Jeden Tag ein gutes Bild betrachten« war ein Gemälde aus der Hamburger Kunsthalle abgebildet. Dazu die Rubriken »Ins Ohr gesagt« und »Unter uns Frauen« sowie eine Kurzgeschichte. »Allen Geburtagskindern des 24. Juni« wurde »Glück, Erfolg und Freude« gewünscht. Für »Sie« gab es ein Rezept: »Hammelfleisch schmeckt wunderbar.« »Notieren Sie in Ihrem Herzen« stand über einer Weisheit von Demokrit: »Ein Leben ohne Freude ist wie eine weite Reise ohne Gasthaus.« Platz gefunden hatte auch noch ein »Tatsachenbericht« vom »Fall Dr. med. Ulmer« und eine Zeichnung von Reinhard Beuthien: die *Bild*-Lilli, die zehn Jahre lang täglich erscheinen sollte und Vorbild der »Barbie«-Puppe wurde.

Sylt-Freund Hans Zehrer – immer noch beim *Sonntagsblatt* – leitartikelte als »Hans im Bild«: »Was wollen Sie wissen? Alles! Wieviel Zeit haben Sie? Wenig! Wir zeigen Ihnen den neuen Tag mit einem Blick. Ein Blick und Sie sind im Bild.«

Ein Astrologe hatte versprochen, daß die Sterne zum Starttermin günstig stünden. Doch die Auflage stagnierte im Herbst 1952 bei etwas über 200 000. »Dabei wirst du arm«, warnte John Jahr seinen Freund Axel Springer. Auch Karl Andreas Voß äußerte Bedenken. Der Vermischten-Chef des *Hamburger Abendblattes*, Rudolf Michael, der von Anbeginn mitgearbeitet hatte, präzisierte als erster, woran es lag: Es gab für die Außenseiten täglich nicht genug gute Fotos und auf den Innenseiten nicht genug zu lesen.

Rudolf Michael erinnerte sich Jahrzehnte später: »Axel Springer war der erste, der zugab, daß seine Konzeption auf Dauer nicht durchzuhalten war. Er hatte ja die großartige Gabe damals, sich selbst zu ironisieren. Er lachte und sagte: ›Michael, das war eben meine falsche Einstellung.‹ Wobei er genau wußte, daß wir zu ihm standen. Er war immer mitten unter uns. Er kam ins Zimmer, setzte sich auf den Schreibtisch und ließ die Beine lang herunterbaumeln. Und dann war er einer von uns.«

Axel Springer hörte nicht nur auf Rudolf Michael – er machte ihn noch im Oktober 1952 zum Chefredakteur. *Bild* wurde renoviert: mehr Text, mehr Schlagzeilen, mehr Gemüt. Der neue *Bild*-Chef mit grauem Haar und Schnurrbart war ein Mann der leisen Töne. Der Mensch, das war Grundlage von Michaels redaktionellem Konzept, sei »nie ganz gut, nie ganz böse, nie ganz glücklich, nie ganz unglücklich. Traum und Wirklichkeit hart nebeneinander. Von allem redet *Bild*. Süß und bitter, hart und versöhnlich.«

Form und Inhalt wurden unter ihm zu einer leicht faßbaren und zugleich fesselnden Mischung von Information und Unterhaltung. Menschen neben Märchen, Tränen und Sensationen, aber immer auch ein Tropfen Bildung oder Nächstenliebe, ein Tropfen Patriotismus oder Toleranz.

Es käme darauf an, »die Herzen der Menschen« zu erreichen, hatte Axel Springer seinem Chefredakteur mit auf den Weg gegeben. Michael wußte den Auftrag zu erfüllen. *Bild*-Schlagzeilen aus seiner Ära (1952–1958):

»Not und Glück dreier Kinder«,
»Schwarzer Krauskopf findet endlich ein Zuhause«,
»Ehefrau kämpft um die Ehre des toten Mannes«,
»Das Baby von Monaco ist jetzt da – ein Mädchen«,
»Blindenhund opfert sich für seinen Herrn«.

Tiergeschichten waren für den tierliebenden Rudolf Michael der direkte Zugang zur Leserseele. Nicht belegt ist zwar seine angebliche Äußerung auf einer Redaktionskonferenz: »Auch ein Pferd hat eine Mutter.« Belegt aber ist die *Bild*-Überschrift: »Lily war eine gute Kuh«.

Ein Grubenpferd, das jahrelang Hunderte von Metern unter der Erde gearbeitet hatte, erhielt von *Bild* ein Gnadenbrot auf fetter Weide. Michaels Redaktions-Dackel »Rübezahl« wurde für *Bild*, was der Redaktions-Igel »Mecki« für *HörZu!* war, und berichtete »Aus meinem Hundeleben«.

»Ich hatte gleich zwei Essentials«, meinte ein zufriedener Axel Springer nach Jahren: »Wir waren für die Wiedervereinigung und gegen das Hundeschlachten.«

Eine typische Verleger-Anregung an *Bild*-Chef Michael aus jenen so harmlosen Tagen lautete: »Zauberer Kalanag ist mit seinem Tiger ›Simba‹ in Hamburg. Will die *Bild*-Zeitung Kalanag nicht im 13. Stock empfangen und anschließend den Tiger eine Setzmaschine bedienen und mit Paris telefonieren lassen? Dieses Tier, das zu der aussterbenden Rasse von 200 noch lebenden Tieren gehört, soll eine glatte Sensation sein. Ein oder zwei hervorragende Blume-Fotos auf Seite eins werden sicherlich einen *Bild*-Knüller ergeben.«

Bild war ein Kind des Wirtschaftswunders, als die Menschen voller Hoffnung, dankbar und bescheiden lebten. Mehr Erbauliches als Sex und Crime. Das sollte sich in Blatt und Land bald ändern. Trotzdem wurde *Bild* nie nur Boulevardblatt, sondern blieb stets Volkszeitung. Sie war Anwalt des kleinen Mannes. Sie erzählte ihm Witze und Weisheiten, half ihm die Politik zu verstehen, riet ihm seine Probleme zu meistern, stritt für ihn gegen Bürokratie und Behörden. Sie war das Reichsgericht der einfachen Leute und fällte die Urteile in simpler Sprache.

Er lese *Bild*, meinte Bundeskanzler Konrad Adenauer, »weil ich als einfaches Gemüt immer sofort verstehe, was gemeint ist«. So wie einst Justus Liebig die Kraft des Bullen in kleine Würfel eingekocht und als Fleischextrakt appetitlich in Silberpapier verpackt hatte, so dickte *Bild* Tag für Tag das Weltgeschehen ein und servierte es jeden Morgen in bekömmlichen Happen. »Viel geliebt, viel gescholten und noch mehr gelesen«, freute sich Axel Springer. Die Auflage explodierte.

Ein neues Flaggschiff

Ein Jahr nach Michaels Einsetzung überschritt *Bild* 1953 erstmals die Millionen-Grenze. Axel Springer heiratete Rosemarie Springer und wurde mit 41 erstmals Großvater. Seine neunzehnjährige Tochter Bärbel schenkte in Genf ihrem Mann Roland Niklaus eine Tochter, Carina. »Liebes Urgroßmuttchen«, fragte Axel Springer seine Mutter in einem Brief, »weiß Bärbel eigentlich, daß sie – wenn auch nachträglich – sehr viel Disziplin gezeigt hat? Ich meine die Übereinstimmung von Geburtsdatum des Töchterchens mit der Zeitung.« Axel Springer dachte dabei an den ersten Erscheinungstag seines *Hamburger Abendblattes* fünf Jahre zuvor.

Jetzt, im Jahr 1953, hatte er wieder einen großen Fisch am Haken: Die *Welt*-Gruppe der Engländer. Nach der deutschen Kapitulation hatte jede der drei Besatzungsmächte – Amerikaner, Sowjets und Engländer – in ihren Besatzungszonen Zeitungen für die besiegten Deutschen herausgebracht: *Die Tägliche Rundschau* in Ostberlin (bis zu 800 000 Exemplare), *Die Neue Zeitung* in München (bis zu zwei Millionen Exemplare) und *Die Welt* in Hamburg (bis zu einer Million Exemplare).

Nach Gründung der Bundesrepublik und dem Erscheinen von immer mehr deutschen Zeitungen kam es zur Krise bei der *Welt*. In 22 Monaten leiteten sechs Chefredakteure das Blatt, die Auflage stürzte ab und das Reinvermögen betrug noch 4192 Mark. Großbritanniens Hoher Kommissar in Deutschland, Sir Ivone Kirkpatrick, erhielt von seiner Regierung in London die Anweisung, *Die Welt* auf offenem Markt zum Verkauf anzubieten.

Bis zum Frühling 1953 lagen insgesamt 16 Angebote vor. Unter den Interessenten waren der *Zeit*-Verleger Bucerius, der Deutsche Gewerkschaftsbund, die *Westdeutsche Allgemeine Zeitung*, das Hamburger Verlagshaus Broschek, der Berliner Ullstein-Verlag, die Hugenberg-Nachfolger und der Springer-Verlag.
Den Zuschlag erhielt – wie einst beim Rennen um die *Abendblatt*-Lizenz – Axel Springer. Für rund 2,7 Millionen Mark erwarb Axel Springer 75 Prozent der *Welt* (25 Prozent erhielt eine *Welt*-Stiftung). Dazu gehörten die *Welt am Sonntag* (345 000 Exemplare) und *Das Neue Blatt* (186 000 Exemplare) sowie ein Reisebüro, Druckerei und Immobilien in Hamburg und Essen.
Obgleich *Die Welt* selbst nur noch eine Auflage von 172 000 Exemplaren hatte, war es ein gewinnbringender Coup. Daß er gelang, war der Geschicklichkeit Axel Springers im Umgang mit Menschen und Mammon zu verdanken. Der angesehene Karl Andreas Voß, der den Verlagsleiter der *Welt*, Heinrich Schulte, seit über 30 Jahren kannte, und der geschickte Christian Kracht hatten für ihn die Drähte gezogen.
Auf der *Welt*-Seite hatte ein Beirat die Verhandlungen geführt und schließlich der englischen Regierung das Springer-Angebot empfohlen. Die wichtigsten Mitglieder des Beirats waren der Brite Steel McRitchie sowie der schlechtbezahlte Chefredakteur der *Welt am Sonntag*, Bernhard Menne, dem Springer einen noblen Vertrag auf Lebenszeit in Aussicht stellte, und der um die Unabhängigkeit seines Blattes bangende Verlagsleiter Heinrich Schulte, dem Springer Autonomie durch eine *Welt*-Stiftung versprach (Stiftung und Unabhängigkeit sollten allerdings schon bald im Konzern aufgehen).
Auf britischer Seite baute Springer auf die jahrelange enge Freundschaft mit englischen Presseoffizieren und Diplomaten, wie Derrick Sington (dessen Frau ihn das Reiten gelehrt hatte) und Lance Pope (»Ich habe ihm sehr dankbar zu sein«). Sie setz-

ten sich für ihn in London ein. Darüber hinaus erfuhr Axel Springer von seiner damaligen Astrologin Ina Hetzel, die auch einen Herrn aus dem mitbietenden Broschek-Lager zum Kunden hatte, frühzeitig manches Geheimnis seiner Rivalen. Und schließlich half ihm auch noch die Bundesregierung.

Im April 1953 hatte Springers Schulfreund Erik Blumenfeld während des CDU-Parteitages in Hamburg einen Besuch Konrad Adenauers im Verlag arrangiert. Im nächsten Monat fuhr erst Christian Kracht zum Kanzler nach Rhöndorf, dann der Kanzler an die Themse, wo er sich für Springer als *Welt*-Käufer aussprach.

Eine Schlüsselrolle hatte dabei der Bundespressechef Felix von Eckardt gespielt, auf dessen Urteil in Medienangelegenheiten Adenauer vertraute. Springer fühlte sich dafür von Eckardt jahrelang zu tätigem Dank verpflichtet.

Am 17. September konnte Springers Partner Karl Andreas Voß den 25seitigen Übernahmevertrag unterschreiben und in der Norddeutschen Bank die notwendigen Schecks überreichen. Dreizehn Tage danach berief Axel Springer seinen Sylt-Freund Hans Zehrer zum Chefredakteur der *Welt*.

Es war nicht das erste Mal, daß Hans Zehrer diese Position besetzte. Er war schon einmal, sieben Jahre zuvor, von der britischen Besatzungsmacht zum Chefredakteur des Blattes ernannt worden.

Am 10. November des Kapitulationsjahres 1945 fuhr Brigadekommandeur W. E. Gibson vom Hauptquartier der britischen Rheinarmee in Bünde in seinem zugigen Stabswagen von Hamburg nach Flensburg. Sein Begleiter war der Artillerie-Colonel Henry B. Garland, damals 38, im Zivilberuf Professor für Germanistik an der Universität von Exeter und beim Militär »Press-Chief for Hamburg and Schleswig-Holstein«. Es war schon bitterkalt. Beide Offiziere hatten in dem Wagen ohne Heizung ihre Füße mit Stroh umwickelt, um sie warm zu halten.

Gibson erteilte Garland auf dieser Fahrt den Auftrag der Regierung in London, eine Zeitung »von hohem Standard« für die besiegten Deutschen in der britischen Zone zu schaffen.
Als Sitz für Verlag und Redaktion wurde Hamburg bestimmt, die größte Stadt in der britischen Besatzungszone. Oberst Garland beschlagnahmte für das Blatt »von hohem Standard« zunächst einmal den Broschek-Verlag, der das angesehene *Hamburger Fremdenblatt* herausgegeben hatte. Dann setzte er Oberstleutnant Steel McRitchie, 37, von den Gordon Highlanders und Major Alastair Hetherington, 36, vom Royal Armoured Corps als »Controller« für Verlag und Redaktion ein; Hetherington wurde später Chefredakteur des *Manchester Guardian*.
Bei seinen Planungen konnte sich Garland auf Vorarbeiten stützen, die Englands großer Reporter und ehemaliger Chef der *Schwarzen Propaganda* Sefton Delmer geleistet hatte. Unter ihm war damals bereits die erste Nachrichtenagentur der britischen Zone aufgebaut worden, der *German News Service*. Es lagen auch schon Probedrucke von Zeitungen mit den Titeln *Der Tag* und *Nordwestdeutsche Zeitung* vor. Der ehemalige Vertriebschef der *Frankfurter Zeitung*, Ewald Schmidt di Simoni, nannte Garland den Namen eines Mannes, der ihm als Chefredakteur besonders geeignet schien: den konservativen Hans Zehrer, damals 46, der in Kampen lebte.
In einem Brief dorthin forderte ihn Garland auf, die Redaktionsleitung des erst noch zu gründenden Blattes zu übernehmen. Zehrer sagte zu und traf zwischen Weihnachten und Silvester 1945 in Hamburg ein. Im Treppenhaus seiner Redaktion fehlte eine Wand. Auf seinem Schreibtisch wurde ein Grad minus gemessen. Um die eisige Jahreswende begannen an einem Kanonenofen in seinem Arbeitszimmer die Beratungen über Titel und Umbruch, Form und Inhalt der anvisierten Zeitung.
Neue Journalisten stießen dazu, allen voran Hans Zehrers Freund, der ehemalige Frontberichterstatter Kurt W. Marek,

der im Krieg für Zehrers Stalling-Verlag das Buch *Wir hielten Narvik* geschrieben hatte.
Marek schlug im lädierten Broschek-Haus sein Bett in zwei Telephonzellen auf, deren Trennwand herausgebrochen war, und schloß Bekanntschaft mit einem anderen Zehrer-Freund, der über ihm im vierten Stock hauste: dem Verleger Ernst Rowohlt, der in besseren Zeiten nach einer guten Flasche Rotwein auch schon mal das Glas aß, aus dem er getrunken hatte.
Er sollte nach der Währungsreform, als es wieder Papier gab, das Buch herausbringen, über dem Marek damals schon brütete: *Götter, Gräber und Gelehrte*. Es wurde Deutschlands erster Weltbestseller nach dem Krieg mit einer Auflage von vier Millionen in 22 Sprachen. Das Pseudonym des Verfassers lautete »C.W. Ceram« – »K.W. Marek« von hinten.
Auch die ehemaligen *Fremdenblatt*-Redakteure Otto Siemer und Rudolf Michael gehörten zunächst zu Zehrers Beratern. Doch der Inhalt ihrer »Entnazifizierungs«-Fragebögen mißfiel den Engländern. Sie gingen. Siemer wurde später Chefredakteur von Axel Springers *Hamburger Abendblatt* und Michael Chefredakteur von Axel Springers *Bild*.
Schließlich gab es noch eine Gruppe um Ewald Schmidt di Simoni und den Anwalt Gerd Bucerius. Aber die beiden sollten zusammen mit Richard Tüngel und Lovis H. Lorenz im Februar 1946 eine Lizenz für die Wochenzeitung *Die Zeit* erhalten und kümmerten sich ab sofort nur noch um sie. Mit ihnen schieden der erste *Zeit*-Chefredakteur, Ernst Samhaber, und der spätere *Zeit*-Chefredakteur, Frontberichterstatter Josef Müller-Marein, aus.
In einer »Policy Directive« der britischen Besatzungsmacht wurde im selben Monat festgelegt, was die Engländer von Zehrers Zeitung erwarteten: »Ein zuverlässiges und kraftvolles Instrument, das die deutsche Öffentlichkeit in der britischen Zone in jenem Sinne beeinflusst, der von Ihrer Majestät Regierung angestrebt wird.«

Die Briten und Zehrer einigten sich darauf, die neue Zeitung *Die Welt* zu nennen. Aber noch bevor die erste Nummer herauskam, kam es zur ersten Krise: Angefeuert von deutschen Sozialdemokraten, entließ die englische Labour-Regierung Hans Zehrer im März 1946. Sein nationalkonservatives Wirken habe zum Untergang der Weimarer Republik beigetragen.
»Ich weiß, ich werde wiederkommen«, sagte der seltsame Mann beim Abschied. Und er kam wieder – nach sieben Jahren und sieben Monaten, von Axel Springer gerufen.
Axel Springer war nun Herr der *Welt*. Sein Haus hatte ein neues Flaggschiff. Es war das Jahr, in dem John F. Kennedy Jacqueline Bouvier heiratete, das Jahr, in dem Stalin starb und das SED-Regime einen Arbeiteraufstand in der DDR blutig niederschlug, ohne daß Axel Springer, der spätere Anwalt der Menschen im Osten, davon erkennbar stärker berührt gewesen wäre als der Rest der Westdeutschen.
»Mit dem Erwerb der *Welt*«, gestand Axel Springer, »ging einer meiner verlegerischen Träume in Erfüllung.« Begeistert stürzte sich Chefredakteur Hans Zehrer in die neue Aufgabe. Nach dem Zweiten Weltkrieg hatte er Bischof Liljes frommes *Sonntagsblatt* gemacht, Axel Springer beraten und als »Hans im Bild« geschrieben. Jetzt stand er an der Spitze einer der führenden Zeitungen Westdeutschlands. »Die Redaktion ist jetzt bis auf wenige Leute fit«, schrieb er im November an seinen neuen Verleger: »Mir macht die Sache einen Mordsspaß, aber irgendwann müßte ich mal ausschlafen.«
Axel Springer reiste im selben Monat wieder einmal an die Themse. »Mein liebes Muttchen«, schrieb er an Mutter Ottilie aus dem »Savoy«, »sehr herzliche Grüße aus London, wo ich mit allergrößter Leidenschaft die volkstümliche englische Presse studiere. Ich werde nicht müde, dies von morgens bis abends zu tun ... Denn hier lerne ich unaufhörlich ...«
Die intensive Beschäftigung des Verlegers mit der volkstümli-

chen Presse Englands führte dazu, daß auf Hans Zehrer und die *Welt* alsbald jede Menge von Anregungen niederprasseln sollte, von denen jede einzelne Axel Springers Talent zum Zeitungsmachen verriet:
- »Wir verstoßen dauernd in der *Welt* gegen die Erkenntnis moderner Zeitungsleute, wonach das Wetter einen festen Platz haben muß.«
- »Als Grundsatz: Keine ganzen Seiten.«
- »*Welt* ist ein Blatt für die Oberschicht. Und die Oberschicht interessiert sich für das Wohl und Wehe ihrer Mitglieder.«
- »Ergänzung zu Walter Görlitz: ›Griff in die Geschichte‹: ›Griff in die Natur‹, mit ausdrucksstarkem, großformatigem Bild.«
- »Unsere Zeitung ist keine Fachzeitschrift für Außenpolitik.«
- »*Welt* darf nicht ein Blatt nur von Kommentatoren sein.«
- »Wir sprachen schon oft in Übereinstimmung darüber, daß *Welt* nicht Politik machen, sondern über sie berichten und sie deuten soll.«
- »Ich möchte überhaupt allgemein den Wunsch aussprechen, daß die erste Seite der *Welt* nicht so sehr von dem Primat der Politik beherrscht wird.«
- »Warum fehlt am Sonnabend die Inhaltsangabe auf Seite 1?«
- »Die *Welt*-Leser, die am Morgen bei einer Tasse Kaffee eine Tageszeitung lesen wollen, sind doch keine Zeitschriftenleser.«
- »Die *Welt* hat ausgezeichnete Schreiber und zu wenig gute Zeitungsmacher.«

Hans Zehrer war nicht ganz wohl bei alledem. »Lieber Axel«, schrieb er schon nach neun Monaten Chefredaktion im Juni 1954, »geht die wirkliche Entwicklung der *Welt* ... nicht in Richtung auf den *Daily Express*? So, daß wir langsam und unmerklich erst einmal auf den Sieben-Spalten-Umbruch übergehen und

uns dann ebenso langsam und seriös (!) dem *Bild*-Umbruch etwas angleichen und so weiter?«
Es war schwer zu übersehen: Der Zauberlehrling war dabei, Lehrmeister zu werden.

Auf den Spuren Heiliger

Nicht nur Hans Zehrer machte sich Mitte der fünfziger Jahre Gedanken über Axel Springer, auch dessen Ehefrau Rosemarie, wenn auch ganz anderer Art. Das geht aus einem Brief an ihre Schwiegermutter Ottilie Springer hervor, zu der sie inzwischen ein besonders herzliches Verhältnis unterhielt. Sie nannte ihre Schwiegermutter stets liebevoll »O.O.-chen«. Den Namen hatte Axel Springers Tochter Bärbel als Kleinstkind erfunden. Ottilie Springer wollte als Goethe- und Italien-Liebhaberin gern, daß ihre Enkeltochter sie »Nonna« nennen sollte. Aber Bärbel brachte nur Oo heraus. Es wurde von der ganzen Familie übernommen.
Jetzt war es Rosemarie Springer, die im März an »O.O.-chen« schrieb: »Im Leben mit Axel, was ich so schön und erfüllend finde, gibt es ja viele Punkte, die ich ihm nicht sagen kann, um ihn nicht zu beunruhigen, Punkte, die mir Sorge machen, und daher ist es so gut, mit Dir sprechen zu können, mein liebes O.O.-chen, und dafür danke ich Dir so.«
Die im Krieg ausgebildete Krankenschwester Rosemarie Springer hatte sich zunächst nur Gedanken um die leibliche Gesundheit ihres Mannes gemacht. Er war ein wenig füllig geworden und wog über 100 Kilo. Sie wachte über seine Ernährung, bis er fast 20 Kilo abgenommen hatte. Aber die Abstände zwischen Perioden angespannter Rastlosigkeit und totaler Erschöpfung

waren bei ihm kürzer geworden. In seinen Briefen und Karten an sein »liebes Muttchen« spiegelte sich etwas davon wider: »Schöne Grüße aus Hintersee, wo ich im Alpenhof wohne und mich gut erhole.« (Hintersee, 5.1.49.)
»Ich will nun erst einmal einige Tage zur Ruhe kommen.« (16.3.49.)
»Ich bin nun noch für einige Tage in Wörishofen gelandet, wo ich die Kneippsche Kur kennenlernen will.« (Bad Wörishofen, 14.1.50.)
»Ich werde am Sonnabend mit Rosemarie für zehn Tage nach England fliegen. Ich glaube, ich erhole mich dort sinnvoller.« (Hamburg, 12.9.50.)
»Ich empfange hier eine Menge neuer Eindrücke. Und das ist ja manchmal auch Erholung.« (Brighton, 21.9.50.)
»So gern möchte ich mich noch mindestens 14 Tage richtig erholen. Es soll ja St. Moritz sein.« (Hamburg, 10.2.51.)
»Nach einer im Ganzen doch recht anstrengenden Fahrt brauche ich wohl doch noch eine ganze Zeit, um mich an die Ruhe zu gewöhnen.« (Taormina, 8.11.52.)
»Ich zwinge mich hier zur Ruhe, und ich glaube, daß ich mich schon gut erholt habe.« (Kampen, 24.7.53.)
»Rosemarie hat mich mit 39 Grad Fieber und mehr gepflegt. So sind wir Männer. Nun liegt sie auf der Nase.« (Hamburg, 12.2.54.)
1955 schifften sich Axel und Rosemarie Springer mit der »Queen Mary« nach Amerika ein. Indes: »Man kann sich selbst durch noch so große Reisen nicht entfliehen«, schrieb er von Bord düster an seine Mutter. In Kanada traf er den Ministerpräsidenten St. Laurent, der ihm in Montreal einen offiziellen Empfang gab. Die Gäste defilierten der Reihe nach an Rosemarie und Axel Springer vorbei, einer der letzten war sein Mitarbeiter Christian Kracht. »Als ich vor ihnen stand«, erinnert Kracht sich, »da sagte er, ›Christian, Sie müssen Ihren Krawattenknoten besser ord-

nen‹, und richtete meinen Kragen zurecht. So konnte er auch sein.«

Ministerpräsident St. Laurent bot Axel Springer einen Wald von der Größe Belgiens an, wenn er dafür in Kanada eine Papierfabrik baue. Axel Springer, der von seinem Hamburger Papierfabrikanten Schürfeld begleitet wurde, lehnte das verführerische Angebot ab. Dafür nahm er Grüße des Ministerpräsidenten an Konrad Adenauer mit. »Er sprach mit Wärme und Bewunderung von Ihnen«, schmeichelte Axel Springer dem Kanzler brieflich. In New Yorks Wallstreet gab der ehemalige Hohe Kommissar der USA für Deutschland, John J. McCloy, dem Ehepaar Springer ein Essen. »Auf seinem Schreibtisch steht Adenauers Bild in Goldrahmen«, berichtete Axel Springer seiner Mutter. Dann Abstecher nach Washington und Baltimore.

Für die Rückreise hatte das Paar die südliche Route über die Azoren ins Mittelmeer gewählt. Axel Springer griff während der Reise auf der »Constitution« zu den Aufzeichnungen und Briefen des protestantischen Geistlichen Dietrich Bonhoeffer aus dessen Haftzeit, bevor er 1945 im KZ Flossenbürg hingerichtet wurde, Gedanken über Gott und Gerechtigkeit, Leiden und Mitleiden, Demut und Erfolg.

Von Gibraltar aus schrieb Axel Springer seiner Mutter: »Ich fange an, sein Buch *Widerstand und Ergebung* zu lesen. Richtig ergriffen haben mich die Seiten 9–31 ... Alles, was er schreibt, haben wir alle damals so intensiv gedacht. Und manches wohl nahezu wörtlich ausgesprochen. Und es gilt heute natürlich ebenso. – Auf Seite 38 schreibt er an seine Eltern über Waldschilderungen von Stifter. Würdest Du dies mir einmal lesefertig heraussuchen? Ich möchte so gern etwas über den Wald lesen. Und vielleicht gerade von Stifter.« (Der Hamburger Petri-Kirche stiftete Axel Springer später eine Bonhoeffer-Statue.)

Die Geschäfte des Verlages liefen unter Aufsicht von Karl Andreas Voß wie von allein. Voß hielt die kaufmännische Führung und Verwaltung des Hauses fest in der Hand. Sein Ruf als Geschäftsmann war für Springer Geld und Gold zugleich. Der Papierfabrikant Schürfeld ließ den Verlag – »nur wegen des Herrn Voß« – alle Papierrechnungen erst nach einem Jahr bezahlen (was ihm später üppig vergolten wurde). Auch die Bankiers schworen auf Voß. Axel Springer dagegen war ihnen fremd, und er seinerseits hielt sie für »Geldhändler«. Als einige von ihnen einmal nach Sicherheiten für eine gewünschte Ausfallbürgschaft fragten, bot er ihnen irritiert an, »daß Herr Voß und ich verschiedene Flugzeuge benutzen«.

Auflagen, Umsätze und Gewinne wuchsen. Axel Springer war äußerlich gepflegt wie früher, aber seine unermüdliche Arbeitswut und Lebenslust der ersten Nachkriegsjahre war einer gewissen Nachdenklichkeit gewichen. Zuweilen litt er an Depressionen. Häufig blieb er einen Tag im Bett. Kein Wunder, daß Rosemarie Springer begann, sich Gedanken über ihren Mann zu machen. Im November 1955 gelang es ihr, ihn zum Besuch bei ihrem Onkel, Professor Boden, einem renommierten Mediziner in Düsseldorf, zu bewegen. Der habe, so berichtete Axel Springer seiner Mutter dunkel darüber, »außerordentlich gründlich mich untersucht und sehr viel Zeit für mich gefunden. Es ist nicht Gefährliches, aber sehr Quälendes. Erkennen ist schon der halbe Sieg.«

Dem Rat des Professors folgend kaufte sich Axel Springer ein Haus in den Bergen, in Klosters in der Schweiz. Bergluft sollte ihm guttun. Sein Gesundheitszustand besserte sich. Er wurde etwas ausgeglichener. Doch sein Wesen hatte viel von seiner ursprünglichen Leichtigkeit verloren. Er hatte sich verändert.

Er tastete sich an Religion und Politik heran. Auf den Seiten 9–31 des Bonhoeffer-Buches, die Axel Springer in dem Brief an seine Mutter erwähnt hatte, stand unter anderem: »Ich glaube, daß Gott aus allem, auch aus dem Bösesten, Gutes entstehen lassen kann und will. Dafür braucht er Menschen, die sich alle Dinge zum Besten dienen lassen.« Für so einen Menschen hielt Axel Springer sich inzwischen sicher, und wohl für noch ein wenig mehr. Eine Art religiösen Sendungsbewußtseins war in ihm erwacht.

»Die Inspiration spielt in meinem Leben eine große Rolle«, bekannte er, die Erleuchtung, die Eingebung. Der Mann, dessen Aufstieg nach dem Krieg vielleicht des Wirtschaftswunders größtes Wunder gewesen war, fing an, sich zunehmend selbst als Wunder zu betrachten. Glückte ihm nicht alles, was er anpackte? Waren seine außergewöhnlichen Erfolge nicht Zeichen einer Auserwähltheit?

Fast täglich debattierte er Stunden mit seinem von ihm bewunderten Guru Hans Zehrer: »Die Deutung der Zukunft war für mich das Faszinierendste an den Gesprächen mit Zehrer.« Er nahm immer mehr Anteil an dessen Thesen über Massen und Eliten, Deutsche und Russen, über den christlichen Gott und das geteilte Vaterland. Axel Springer: »Hans Zehrer sagte am Beginn des Jahres 1957 zu mir: Axel, Sie ... landen in der Religion.«

Noch im selben Jahr sollte Axel Springer dort ankommen. Fast wäre es eine Bruchlandung geworden.

In einem christlichen Elternhaus war Axel Springer aufgewachsen, aber Religion hatte ihn in seiner Jugend nie besonders interessiert. Sie war für ihn Teil der bürgerlichen Konvention. Was ihn jedoch frühzeitig faszinierte, war das Unerklärliche. Dazu gehörte zunächst die Sterndeuterei, an die seine Mutter – genau wie der von ihr verehrte Geheimrat Goethe – schon glaubte, noch ehe Computer den Nachweis erbracht hatten, daß astrologische Einflüsse meßbar sind.

Nach dem Krieg ließ Axel Springer den Astrologen Hans Genuit und die Astrologin Ina Hetzel für sich die Sterne befragen. Auch anderes Übersinnliches schlug ihn damals in den Bann, Erdstrahlen, Esoterik und PSI. Doch unter dem Einfluß von Hans

Zehrer beschäftigte er sich mehr und mehr mit der christlichen Lehre. Und immer stärker steigerte er sich in religiöse Vorstellungen hinein.

In der Villa unterhalb seines Turmhauses am Falkenstein wurde im ersten Stock ein Schlafzimmer für ihn eingerichtet und im Erdgeschoß ein Gebetsraum, eine Art karger Mönchszelle. Darin stand eine alte Bank vor einem Eichentisch mit der Bibel. Daneben ein Kreuz aus dem 16. Jahrhundert aus Bayern, das ein halbes Jahr in Öl liegen mußte, um es vor dem Zerfall zu bewahren.

Manche Nacht verbrachte er in diesem Raum. Drei Bilder hingen an den Wänden: der restaurierte »Schmerzensmann« von Lukas Cranach und zwei Heilige, die Axel Springer tief beeindruckt hatten und später in allen seinen Häuser zu finden waren: Franz von Assisi und Nikolaus von der Flüe. Ihnen fühlte er sich wesensverwandt. In ihnen entdeckte er sich wieder. Sie sollten sein politisches und religiöses Denken und Wirken nachhaltig beeinflussen.

Franz von Assisi war 1181 oder 1182 als Sohn des wohlhabenden Tuchhändlers Pietro Bernadone in Assisi geboren worden. Er genoß als gutaussehender Jüngling das Wohlleben, das ihm sein Vater ermöglichte, sang Lieder der Troubadoure, die seine aus der Provence stammende Mutter ihm übersetzt hatte, und liebte die Liebe, Feste und Wein. Nach schwerer Krankheit und Krise, in der er Gott um Beistand gebeten hatte, wandelte er sich. Er, der Schönheit und Luxus schätzte, entsagte allem Reichtum und pflegte nun Aussätzige und diente den Armen. Er gründete den Orden der Franziskaner, der auf alle irdischen Güter verzichtete und das Evangelium der Liebe und Armut verbreitete. 1226 starb er und wurde nur zwei Jahre später heiliggesprochen. Er »wurde ein Anwalt der Armen und des Friedens«, schrieb Axel Springer in der *Constanze* über ihn: »Genaugenommen war er Rebell gegen Sattheit und Trägheit des Herzens. Alle Menschen seiner Zeit merkten dies und er hinterließ so deutliche Spuren, daß man ihn später einen Heiligen nannte ...« Genau so sah Axel Springer im Zweifelsfall Axel Springer: erst die unbekümmerte Jugend im Wohlstand, die Freude an Mädchen und Gesang, verwöhnt von Schönheit und Luxus. Dann der Wandel: Kontakt zu Gott, und aus dem hübschen Kavalier wird ein Heilsbringer, ein Streiter gegen die »Trägheit des Herzens« und für den Frieden.

Dazu die Liebe zur Natur. Franz von Assisi predigte vor Vögeln. Axel Springer umarmte zuweilen Bäume. War es da nicht eher wahrscheinlich, daß die Menschen ihn ebenfalls »später einen Heiligen« nennen würden? Versprach der Titel eines Buches des bedeutenden Zürcher Kirchenhistorikers und Hagiographen Walter Nigg nicht: »Die Heiligen kommen wieder ...«

Der zweite Heilige, der Axel Springer fesselte, der Schweizer Nikolaus von der Flüe, hatte bis zu seinem fünfzigsten Lebensjahr im Kanton Unterwalden ein braves bürgerliches Leben als wohlhabender Bauer geführt, war Vater von zehn Kindern geworden, kämpfte in zwei Kriegen so tapfer, daß er dekoriert und zum Offizier befördert wurde, und stieg zum Ratsherrn und Richter auf. Im Oktober 1447 hörte er einen Ruf Gottes, nahm Abschied von seiner gut versorgten Familie und zog als Einsiedler Klaus in die Einsamkeit der wilden Ranftschlucht.

Zwanzig Jahre lebte er in einer kleinen Klause ohne Tisch, Bett oder Herd, in der er nicht einmal aufrecht stehen konnte. Axel und Rosemarie Springer suchten gemeinsam die noch erhaltene Hütte auf. Das urkundlich belegte extrem lange Fasten des Heiligen galt als Zeichen gegen »die der Freßsucht verfallende Welt«. Er war überzeugt, daß der Zerfall der Zivilisation nicht durch politische Mittel, sondern nur durch religiöse Erneuerung aufzuhalten sei. Als Vorbild der Tugend wurde er im ganzen Land geachtet, und als 1481 in der Schweiz um zwei Städte ein Bürgerkrieg drohte, da war es ein von Bruder Klaus der Schwei-

zerischen Ratsversammlung übermittelter Schiedsspruch, der die entzweiten Eidgenossen versöhnte, den Zerfall des Landes verhinderte und dessen Erblühen in Einheit ermöglichte. Sechs Jahre später starb er und wurde 1947 heiliggesprochen.
Auch in diesem Fall war unschwer auszumachen, wo Axel Springer Parallelen spürte. Auch er lehnte sich auf gegen »die der Freßsucht verfallende Welt«. Auch er hielt religiöse Erneuerung für notwendig. Auch er lebte in einem Land, das von Bürgerkrieg und Teilung bedroht war. Konnte es nicht möglich sein, daß auch ihm gelang, die Einheit durch Vorschläge herbeizuführen und daß auch er als Retter des Vaterlandes bis an sein Lebensende geehrt wurde?
Was Professor Walter Nigg, der zu einem der wichtigsten theologischen Gesprächspartner Axel Springers werden sollte, über Nikolaus von der Flüe schrieb, entsprach durchaus den Vorstellungen, die Axel Springer langsam von sich selbst gewann: »Er war der größte Freund des Friedens, doch wo es fürs Vaterland zu streiten galt, wollte er nicht, daß die Feinde wegen seiner Untätigkeit unverschämt großtun konnten ... In seinen politischen Aussagen erweist sich Nikolaus als ein Mann, der wie kaum ein zweiter die Krankheit der Zeit durchschaut hat ... In einem überaus kritischen Zeitpunkt ... war es dem Einsiedler beschieden, seinem Volk den Weg zur Heilung zu weisen.«
Franz von Assisi und Nikolaus von der Flüe waren zwei Heilige nach Axel Springers Geschmack. Immer häufiger suchte er seine Privatkapelle mit ihren Bildern auf, um zu beten und zu lauschen.
1957, an dessen Anfang Hans Zehrer ihm die Religion als Bestimmungsort prophezeit hatte, kam es zur Krise. Von seinem weltlichen Erfolg beflügelt, hob Axel Springer ab. Er habe über dem Erdboden geschwebt, schrieb er einem befreundeten Industriellen. Er hatte messianische Visionen. Er meinte an sich – wie schon so manche religiös erregte Person vor und nach ihm – die

Wundmerkmale des ans Kreuz geschlagenen Jesu zu entdecken. Hatte Gott nicht auch Franz von Assisi mit diesen Malen ausgezeichnet? Nun glaubte Axel Springer Blut auf den Einlagen seiner Schuhe zu sehen, und er war sicher, Engel in Menschengestalt zu erkennen.

Ein blonder Engel fand sein besonderes Interesse und erwies sich als überaus irdisch. Die beiden hatten eine intensive Affäre. Axel Springer schrieb liebevolle Briefe, mal mehr an den Engel, mal mehr an die Blondine gerichtet, mal berichtete er ihr aus seinem Andachtsraum vom »Schmerzensmann«, mal erinnerte er sich: »Wie himmlisch war es auf der Wiese ...«

Trotz seines etwas desolaten Zustands lud er den Engel und Christian Kracht zu einer Fahrt auf der »Queen Mary« nach Amerika ein. Nichtsahnend hatte seine Frau Rosemarie ihn an Bord gebracht. Auf dem Heimweg ruinierten ihre salzigen Tränen ihren Kamelhaarmantel.

In New York angekommen, meinte Axel Springer in der St. Patrick Church an der Fifth Avenue ein Bild von sich zu entdecken, ging näher, dachte kurz, es sei ein Gemälde von Edvard Munch, und sah schließlich, daß es eine Jesus-Darstellung war.

Später, als der Engel der Vergangenheit angehörte, wurde Christian Kracht entsandt, etwa 30 teils erotische, teils religiöse, in jedem Fall ein wenig kompromittierende Springer-Briefe wieder zu besorgen. Er schaffte wie üblich das kaum Mögliche, nahm die Briefe in Gewahrsam und wachte lange Zeit darüber, daß ihr Inhalt nicht an die Öffentlichkeit drang.

Axel Springer kehrte von der USA-Reise zu seiner Frau Rosemarie auf den Falkenstein zurück. »Du bist mir Mutter, Maria und Magdalena«, sagte er ihr. Seine unterschiedlich heftigen religiösen Halluzinationen hielten an. Niemand litt mehr als sie. »Gott führt Dich. Das weiß ich genau«, hatte sie ihm einst geschrieben, weil sie wußte, daß er diese Töne mochte. Nun war sie in tiefer Sorge um seinen Gemütszustand. Aber instinktiv tat sie das Richtige. Sie holte keinen Psychiater ins Haus, ließ ihrem Mann keine Medikamente verschreiben. Sie hörte ihm zu und riegelte ihn nach Möglichkeit von der Außenwelt ab, wenn er seine mythischen Vorstellungen hatte.

Selbst Partner Karl Andreas Voß und ein paar Vertraute aus dem Verlag blieben selten länger als eine Stunde, wenn es etwas zu besprechen gab. Auch sein Erscheinen auf einem Betriebsfest in »Planten und Bloomen« wurde kurzfristig abgesagt. Die inoffizielle Lesart hieß, der Verleger habe etwas mit dem Herzen. So konnte das Geheimnis vom Falkenstein weitgehend gewahrt bleiben. Dabei, erinnert sich Rosemarie Springer, lebte er monatelang praktisch im Morgenmantel.

Ob es sich bei den seelischen Erschütterungen des 45jährigen Axel Springer 1957 nun um »einen schizophrenen Schub«, um eine »Midlife-crisis« oder um eine Art männlichen Klimakteriums gehandelt haben mag – für ihn selbst war es »eine Sinn- und Lebenskrise«. Der Zürcher Theologe Walter Nigg urteilte rückblickend: »Das Erlebnis war von solcher Dichte und Tiefe, daß es in ihm bis zur Todesstunde nachzitterte.«

Mit dem Höhepunkt des Phänomens begann zugleich seine Überwindung: Axel Springer legte sich nieder, bereit zu sterben, um als Messias wieder aufzustehen und das Evangelium zu verbreiten. »Atme nicht so laut. Ich will jetzt sterben«, sagte er zu seiner Frau Rosemarie im Bett.

Da entsann sie sich des Rats ihres Düsseldorfer Onkels Professor Boden, der den Fall kannte. Vielleicht könne ein Schreck oder Schock im richtigen Moment hilfreich sein, hatte er gemeint. Deshalb erhob Rosemarie Springer sich nun – und brach vor dem Bett nach Luft ringend zusammen. Ihr Zustand war scheinbar kritisch. Axel Springer vergaß seinen eigenen und sprang auf, um ihr zu helfen. Die Sorge um sie beschleunigte seine Wendung zur Normalität. Am nächsten Tag ging er wieder ins Büro.

Ein Besuch des Zigaretten-Industriellen Philipp Reemtsma, der von Rosemarie Springer ohne Wissen ihres Mannes eingeweiht worden war und selbst eine ähnliche Krise durchlebt hatte, setzte den Schlußpunkt. Axel Springer berichtete darüber 1967 dem ehemaligen Welt-Redakteur Ben Witter: »Vor zehn Jahren hatte ich eine Krise. Unter anderem fragte ich mich, warum der Zigaretten-Fabrikant Philipp Reemtsma auf einen Brief von mir nichts von sich hören ließ. Abends klingelte es. Reemtsma stand vor der Tür. Wir kamen gar nicht auf den Brief zu sprechen. Ich traute meinen Ohren nicht. Er sprach von meinen Problemen. Zwischendurch sagte er fast gleichgültig: ›Erfolg ist eine Eigenschaft.‹ Er ging und nahm meine Probleme mit, ich wartete, aber sie kamen nicht wieder. Ich war sie los.«

Die Midlife-crisis war überwunden. Aber ein Sendungsbewußtsein blieb. *Bild* und *HörZu!* strebten im Jahr der »Sinn- und Lebenskrise« beide der Drei-Millionen-Grenze entgegen.

Von Christus zu Chruschtschow

Hatte Axel Springer sich als Stigmatisierter auf den Spuren seines Vorbildes Franz von Assisi gefühlt, so machte er sich am Ende des Krisenjahres auf, dem Beispiel seines zweiten Heiligen Nikolaus von der Flüe zu folgen und die Einheit des Vaterlandes zu retten. Seine religiösen Vorstellungen vermischten sich nun mit politischen Zielen. »Hans Zehrer hat die Liebe zu diesem Land entfacht«, sagte der so lange Unpolitische.

Den Beginn seines neuen Lebensabschnitts hat er auf die Stunde genau festgehalten. Es war Silvester 1957 in Berlin. Konferenzen hatten den Tag gefressen. »Jetzt wollen wir noch etwas frische Luft schnappen«, sagte der Verleger zu seiner Frau Rosemarie. Sie fuhren zum Brandenburger Tor. Es war gegen 19 Uhr. Frostige Sterne hingen am Himmel, ein kalter Mond erleuchtete die Szene in der noch nicht durch eine Mauer geteilten Stadt. Vom Westen her kam ein Amputierter im Rollstuhl über den verwaist daliegenden Platz, offenbar einer jener Landser, die im Krieg beide Beine verloren hatten. Er rollte durch das Monument längst verblichener Größe und entschwand im Dunkel des Ostsektors.

»Für mich war in diesem Bild das ganze deutsche Schicksal eingefangen«, berichtete Axel Springer über diesen Abend: »Ich geniere mich nicht, zu sagen, daß ich geheult habe wie ein Schloßhund und nach Hause gefahren bin. Ich habe nicht Silvester gefeiert.« Am nächsten Montag suchte er in Bonn den damaligen sowjetischen Botschafter Smirnow auf, »dem ich die Bitte vortrug, mit Herrn Chruschtschow über die Wiedervereinigung zu sprechen«. Der Deutsche wurde noch für Mitte desselben Monats nach Moskau gebeten.

Seit Kriegsende 1945 war Deutschland geteilt, seit 1949 existierten zwei deutsche Staaten auf deutschem Boden. Sie waren als Kinder des kalten Krieges gezeugt und zu feindlichen Brüdern erzogen worden: militärische Speerspitzen der Supermächte im Streit um die Vorherrschaft. Im Westen wuchsen Demokratie, Freiheit und Wohlstand, im Osten Diktatur, Unfreiheit und Mißwirtschaft. Hier Kapitalismus, dort Sozialismus.

1957, als Axel Springer beschloß, Politik zu machen, schlief General Dwight D. Eisenhower im Weißen Haus, die Russen schossen den ersten »Sputnik« in den Himmel und Konrad Adenauers Union errang bei den Wahlen zum dritten Bundestag die absolute Mehrheit. Die Welt war auf dem besten Weg, sich mit der deutschen Teilung anzufreunden und abzufinden. Da nahm Axel Springer sich ihrer an. Er stand nach seinen Worten damals der Sozialdemokratie »näher als jeder anderen Partei«:

»Die SPD schien mir lange Zeit die Partei des geläuterten Patriotismus zu sein.«

Sozialdemokraten wie Willy Brandt und der Ex-Kommunist Herbert Wehner waren es denn auch, mit denen Axel Springer seine bevorstehende Reise nach Moskau beriet. Er war überzeugt, die Wiedervereinigung und die Freundschaft mit Rußland einleiten zu können, von der sein politischer Guru, der nationalkonservative Hans Zehrer, träumte.

Die herrschende CDU – im Gegensatz zur SPD stramm auf Westkurs – betrachtete das Unternehmen voller Argwohn. Bei einem Gespräch im Haus des Hamburger CDU-Chefs und Springer-Freundes Erik Blumenfeld versuchte der Kanzler dem Verleger den Ausflug auszureden. Als das mißlang, taufte der Geschäftsführer der Unions-Fraktion Will Rasner den Reisenden einen »Moskauer Wallfahrer«. CSU-Chef Franz Josef Strauß spottete: »Wenn der Mann zurückkommt und bringt die Möglichkeit von freien Wahlen mit, dann schlage ich ihn zum Bundeskanzler vor.« Die konservative *Neue Zürcher Zeitung* nannte Axel Springer »den ausgeprägtesten publizistischen Vorkämpfer einer Ostorientierung der deutschen Politik«.

Mitte Januar 1958 brach Axel Springer auf. Mit ihm reisten seine Frau Rosemarie, Hans Zehrer und Christian Kracht. In Kopenhagen, wo sie in eine SAS-Maschine nach Moskau steigen mußten, erreichte sie die Nachricht, Kreml-Herr Nikita Chruschtschow habe eine nicht vorhergesehene Reise antreten müssen. Deswegen würde vorgeschlagen, die Begegnung zu verschieben. Aber Axel Springer entschied, die Reise fortzusetzen, hatte doch seine Astrologin Ina Hetzel ausgerechnet, daß die Sterne günstig stünden.

Auf dem Moskauer Flughafen Wnukowo war am 14. Januar 1958 allerdings kein roter Teppich ausgerollt. Ein Mitglied der Botschaft war zu ihrer Begrüßung erschienen. Die Deutschen mußten sich in die Schlange aller Ankömmlinge einreihen und ihre Pässe abgeben. Die Juwelen von Rosemarie Springer wurden registriert. »Ich glaube, es ist besser, wenn wir gleich wieder umkehren«, knurrte Springer zu Zehrer. Statt dessen stiegen sie im Hotel »National« ab, im Schatten des Kreml. Eine Zeit nervenzermürbenden Wartens begann.

Mal hieß es, Chruschtschow sei nach Polen gereist, mal nach Minsk, mal nach Kasachstan. Springer nutzte die Frist, um Stadt und Leute kennenzulernen. Er fand »friedfertige Menschen« in einem »an sich unsinnigen System«. Er durchstreifte Tolstois Wohnhaus, sah sich im Kaufhaus »GUM« um und stieg im Mausoleum am Roten Platz zum einbalsamierten Stalin hinab, »dem man ansah, daß an seiner linken Wange einige Millionen Tote klebten«.

Zehrer taufte den Freund »Cäsarewitsch«, besuchte das Grab von Clara Zetkin und schrieb im Mönchskloster Sagorsk ins Gästebuch: »Selig sind die Friedfertigen, denn ihrer ist das Himmelreich.« Ein Abstecher nach Petersburg wurde nicht gestattet. Die Angst vor versteckten Mikrophonen lähmte jede Unterhaltung der Moskau-Fahrer. Nachts überfiel die vier, die ohne Pässe einer übermächtigen Diktatur ohnmächtig ausgeliefert waren, eine Unruhe, die vermutlich nur nachvollziehen kann, wer sich schon einmal in ähnlicher Situation befunden hat. Christian Kracht brach das Unternehmen ab. Er entschuldigte sich und flog heim, weil seine Mutter krank geworden sei. Dafür stieg Elizabeth Taylor im »National« ab.

Der Leiter der 3. Europäischen Abteilung im Außenministerium, Iljitschow, unterrichtete die Deutschen, ein Privatgespräch mit Chruschtschow sei nicht möglich, nur ein Interview, dessen Fragen vorher eingereicht werden müßten. Axel Springer schäumte: »Ich bin doch nicht verrückt.« Aber seine Frau und Zehrer überredeten ihn, auf das Spiel einzugehen. »Das ist das Entree«, sagte Rosemarie Springer.

Von dem NWDR-Korrespondenten Gerd Ruge, der ebenfalls im »National« wohnte (seine Frau kochte auf einem Brett über der Badewanne auf einer Kochplatte), liehen sie sich eine Schreibmaschine. Auf dem Rand ihres Bettes tippte Rosemarie Springer 15 Fragen für Nikita Chruschtschow, die ihr Mann und Zehrer ihr diktierten. Wieder verstrichen Tage.

Schließlich schlug Rosemarie Springer ihrem Mann vor, seine Visitenkarte ins Außenministerium zu schicken, mit dem handschriftlichen Vermerk »p.p.c.« (Kürzel der französischen Nachricht, daß jemand seine Aufwartung machen möchte, um sich zu verabschieden). »Was heißt denn das?« erkundigte sich Axel Springer. Hans Zehrer gab die Karte ab. Am nächsten Vormittag erhielten Springer und Zehrer einen Termin bei Chruschtschow.

Am 29. Januar, nach 15 Tagen demütigen Antichambrierens, holten dunkle Limousinen die beiden ab. Rosemarie Springer sah ihnen vom Balkon nach und war entsetzt. Die Wagen rollten nicht in Richtung Kreml, sondern in die entgegengesetzte Richtung. Waren sie verhaftet worden? Doch Chruschtschow hatte nur entschieden, seine Besucher nicht im Kreml, sondern im Präsidium des ZK der KPdSU zu empfangen.

Die Wache vor dem Präsidium fiel für die Deutschen ins Gewehr. Dann standen sie in Chruschtschows Vorzimmer im ersten Stock. Die Tür öffnete sich und Iljitschow vom Außenministerium erschien. Er drückte Axel Springer ein Manuskript in die Hand, ein Interview, in dem Chruschtschow sechs der 15 eingereichten Fragen beantwortet hatte, »ein Interview«, so Springer, »um das wir überhaupt nicht gebeten hatten ... Wir wollten unsere Pläne wegen der Wiedervereinigung Deutschlands mit ihm besprechen ... Ich sagte zu Iljitschow: ›Nein.‹ Und ich sagte ganz kühl: ›Dann fahren wir nach Hause.‹ Da bat Iljitschow noch um etwas Geduld, ging wieder hinein, und dann war es soweit. Er kam wieder heraus und zerriß das Interview, theatralisch zerriß er es, zerknüllte es, warf es in den Papierkorb und sagte: ›Kein Interview, Herr Chruschtschow läßt bitten.‹«

Eine ins Deutsche übersetzte »Niederschrift der vertraulichen Unterredung N. S. Chruschtschow mit den westdeutschen Pressevertretern A. Springer und H. Zehrer«, die nun folgte, wurde an SED-Chef Walter Ulbricht in Ostberlin geschickt. Nach diesem Protokoll eröffnete Axel Springer die etwa zweistündige Unterhaltung: »Wir danken Ihnen von ganzem Herzen, daß Sie uns empfangen haben. Wir wünschen Ihnen Gesundheit und Erfolge zum Wohle Ihres Volkes und der Erhaltung des Friedens.«

Chruschtschow: »Bitte nehmen Sie Platz. Die Früchte hier können Sie leider nur betrachten und nicht essen, sie sind nämlich aus Stein.«

Springer: »So geht es mit vielen Dingen im Leben, man kann sie betrachten und sich an ihnen begeistern, aber man kann keinen Gebrauch von ihnen machen.«

Chruschtschow: »Ich habe mich mit Ihren Fragen vertraut gemacht und war bemüht, sie zu beantworten. Ich hielt es für notwendig, Ihnen die Antworten vor unserer Zusammenkunft zu übermitteln. Wenn Sie aber noch zusätzliche Fragen stellen wollen, so bin ich gern bereit, sie anzuhören.«

Springer: »Gestatten Sie vor allen Dingen die Frage, ob diese weiteren Fragen in das Interview aufgenommen werden sollen oder ob wir sie als persönliche Unterredung betrachten werden. Ich meinerseits würde vorschlagen, daß wir sie als eine nicht für die Presse bestimmte Unterredung betrachten.«

Chruschtschow: »Gut, ganz, wie Sie wünschen.« Und dann legte er los. Für eine deutsche Wiedervereinigung sähe er »keine Möglichkeit«, bestenfalls für eine von der SED vorgeschlagene »Konföderation« von »zwei Staaten mit unterschiedlicher sozialer Ordnung«. Konrad Adenauer, »der von Haß gegen den Sozialismus« erfüllt sei, fache den kalten Krieg an. »Die ›Politik der

Stärke‹ hat Bankrott gemacht ... Wenn die Entwicklung in Westdeutschland weiter in dieser Richtung läuft, so kann das zu einem Krieg führen.«
Schließlich sagte Axel Springer nach etwa einer halben Stunde: »Ich möchte eine weitere Frage aufwerfen, möchte aber bitten, daß meine Worte nicht stenographiert werden.« Chruschtschow stimmte zu: »Mir scheint, daß man im Interesse einer freimütigen Aussprache überhaupt auf die weitere stenographische Protokollierung verzichten sollte.« Und so geschah es.
Axel Springer meinte, es könne doch dem Frieden nicht dienen, die Deutschen geteilt zu lassen, und trug seine Wiedervereinigungsideen vor, die eine schrittweise Annäherung der beiden Systeme und am Ende freie Wahlen in beiden Staaten in einer atomwaffenfreien Zone vorsahen. Westdeutschlands Wirtschaftskraft könnte dabei dem Osten dienlich sein.
Chruschtschow machte deutlich, daß er von freien Wahlen nichts halte, von zwei deutschen Staaten sehr viel mehr und daß eine Wiedervereinigung bestenfalls zu kommunistischen Bedingungen zu haben sei.
Axel Springer wurde erregt. »Hans Zehrer stieß mich unter dem Tisch an«, erzählte er später. Trotzdem habe er hervorgestoßen: »Es kann in der Ostzone nicht immer gutgehen ... 20 000 Menschen wechseln im Monat über die Grenze.« Und trotzig habe er hinzugefügt: »Herr Chruschtschow! Mit Ulbricht nie. Konföderation ist für mich der Beginn eines Bürgerkrieges.«
An einem anderen Punkt der Unterhaltung sei Chruschtschow aufgesprungen und habe gefragt: »Hat der deutsche Arbeiter so wenig Ehrgefühl, von den Kapitalisten Geld zu nehmen?« Axel Springer meinte rückblickend: »Gott sei Dank, ja, sagte ich.«
Nikita Chruschtschow fand die Wiedervereinigungsideen der beiden Deutschen »wirklich sehr interessant«. In ihrer Ablehnung aber blieb er beinhart.

Beim Hinausgehen sagte Zehrer zu Springer. »Armer kleiner Pinja. Was er sich auf die Hörner genommen hat, ist nicht zu schaffen.« »Es war das aufschlußreichste, niederschmetterndste und lauteste Gespräch, das ich je geführt habe«, resümierte Axel Springer. »I learned my lesson.«
Zutiefst niedergeschlagen kehrte er ins Hotel »National« zu seiner Frau zurück: »Bitte stelle keine Fragen.« Iljitschow, der sich während ihres Aufenthaltes rührend um sie gekümmert hatte, gab ihnen ein Abschiedsessen. Dankbar fragte Rosemarie Springer, ob sie seiner Tochter etwas schenken könnten. Er dürfe keine Geschenke annehmen, bedauerte Iljitschow und sah unverwandt auf Rosemarie Springers Armbanduhr. Als sie gemeinsam die Treppe herabstiegen, steckte sie sie ihm in die Tasche.
Chruschtschows Angebot, ihn mit einer russischen Militärmaschine nach Deutschland zurückfliegen zu lassen, lehnte Axel Springer ab. Statt dessen charterte er eine viermotorige Constellation der SAS. Nebel behinderte den Flug. Sie konnten nicht landen. Springer: »Ich habe dem Kapitän gesagt, also hören Sie zu, fliegen Sie von mir aus nach Afrika, aber nicht nach Moskau zurück.«
Nach der Heimkehr beschrieb Rosemarie Springer die Reise in einem Brief an ihren Stiefsohn Axel jun. im Internat: »Wir sind unbeschreiblich glücklich, daß wir wieder hier sind. Es war alles sehr eindrucksvoll, und wir haben einen tiefen Einblick in das Land und die Menschen bekommen. Wir haben Dir ja auch von dort geschrieben. Sag mal, war der Brief geöffnet oder ganz fest zugeklebt? Der Rückflug war einmalig. Von Moskau sollten wir nach Kopenhagen–Hamburg fliegen, aber nachdem Kopenhagen zu war, mußten wir nach Schweden, Stockholm. Dort haben wir in einer Baracke übernachtet, schön laut und kalt. Am nächsten Morgen um 7 Uhr waren wir auf dem Flugplatz, um 10 stiegen wir in die Maschine und um 10 Uhr 10 wieder aus, um 11 Uhr wieder ein, dann kamen wir über Kopenhagen an, kreisten

eine Stunde, flogen wieder zurück nach Stockholm, dort organisierte ich ein Hotel für drei Stunden und drei Schlafwagenplätze, und abends um 9 Uhr fuhren wir los, und erst um 7 Uhr abends am nächsten Tag waren wir endlich da. Das war lang.«
Beim dreistündigen Zwischenstop im Grandhotel in Stockholm hatte Axel Springer einen Blick auf die abgerissenen Nachrichten aus dem News-Ticker geworfen. »Und was hing da? Mein nicht geführtes Interview, das Interview mit Chruschtschow und Springer«, das Interview, das in den Papierkorb geworfen worden war.
Selbstzufriedenes Lächeln der CDU/CSU und Kübel von Spott der Konkurrenz erwarteten die Moskau-Fahrer in Deutschland. Etwas für Axel Springer schwer Faßbares war geschehen: Zum ersten Mal in seinem Leben war ihm etwas Großes, das er sich vorgenommen hatte, mißglückt. Obendrein fühlte er sich verletzt. Dieses Scheitern hinterließ Spuren in Herz und Hirn.
Hans Zehrer schlug seinem Verleger in einem Brief vom 3. Februar 1958 vor, »die deutsche Übersetzung des Moskauer Manuskriptes« nicht zu drucken. Für den Fall einer Veröffentlichung bot er seinen Rücktritt an, weil der Text »von der Öffentlichkeit als Fehlschlag und Fiasko« einer Politik aufgefaßt werden würde, »die ich in der *Welt* von Anfang an vertreten habe«.
Axel Springer lehnte beides ab. Chruschtschows Propagandathesen erschienen unter der Überschrift »Einheit nur über Ostberlin« in der *Welt* und Hans Zehrer blieb deren Chefredakteur. Der Verleger aber ging zum Angriff über. War er nach Moskau gereist als ein »sich verantwortlich fühlender Bürger unseres Landes« (Springer), um die Wiedervereinigung zu erreichen, so griff er jetzt nach seiner Heimkehr zu den Waffen des Zeitungszaren. Der neue Kurs des Gläubigen, der aus der Kälte kam: kämpfen, statt nett zueinander sein. Denen wollte er es zeigen. Die sollten sehen, wessen Freundschaft sie ausgeschlagen hatten.

Schon wenige Monate nach seiner Rußland-Reise überrollte Axel Springer die Bundesrepublik mit einer Kampagne des »Kuratorium Unteilbares Deutschland«: »Macht das Tor auf!« Vierzehn Millionen Anstecknadeln des Brandenburger Tores wurden dabei verkauft. Springers Blätter forderten seine Öffnung. Dröhnend hallte das Echo durch die Republik. Axel Springers Stimme war in Deutschland unüberhörbar geworden. Sie schmerzte in den Ohren der Kommunisten. Das waren neue Töne.

Zeit-Verleger Gerd Bucerius behauptete, Rosemarie Springer habe auf die Frage einer Freundin, wie es denn ihrem Mann gehe, geantwortet. »Ach, der hat's ja so schwer.« – »Aber womit denn?« – »Mit der Wiedervereinigung.«

Axel Springer war durch Religion und Politik ein anderer geworden. »Darf ich noch einmal an unsere Abmachungen erinnern«, schrieb Axel Springer am 30. März 1958 seinen vier Chefredakteuren Zehrer (*Die Welt*), Michael (Bild«), Siemer (*Hamburger Abendblatt*) und Menne (*Welt am Sonntag*), »die wir gemeinsam bei unserer letzten Unterhaltung über das Problem der Sowjetzone in meinem Büro trafen. Bis zur Wiedervereinigung sollte jeden Tag (ohne Ausnahme) auf der ersten Seite unserer Blätter zumindest eine Meldung über Vorgänge in der Ostzone stehen ... Mit besten journalistischen Mitteln, so stellten wir damals fest, sollte am Einzelfall die ungeheuerliche Tatsache den Lesern vor Augen geführt werden, daß einfache Menschen aus ihrer Heimat in die westlichen Gebiete flüchten. Dabei sollten im einzelnen die Gründe genannt werden, warum die Menschen fliehen. Da wir zur Zeit in einem politischen Kampf um eine gute Ausgangsposition für gesamtdeutsche Gespräche in dieser oder jener Form stehen, können ›schöne Objektivitäten‹ nur unter den Tisch fallen. So hat es keinen Zweck, der Riesenzahl von Ostwestflüchtlingen die Zahl der Rückwanderer entgegenzuhalten. Wir helfen damit nur den Meistern der bedenkenlosen Propaganda im Osten ... Ich erlaube mir die Kritik, daß die bisher erschienenen Meldungen und Artikel aus der Ostzone Routinearbeiten waren, die niemanden aufrütteln könnten oder geeignet waren, eine propagandistische Wirkung auf die Schutzherrn der Zone auszuüben. Sie waren papieren, schienen lieblos geschrieben und waren zudem falsch placiert, weil auf den rückwärtigen Seiten. Eine Ausnahme stellte der Versuch in *Bild* dar, das Schicksal eines von 3800 Flüchtlingen menschlich sichtbar zu machen. Es war hoffentlich nur der Anfang einer Serie... Nichts ist zu sehen von dem, was eine deutsche Politik erst in Gang setzt: die an Verstand und Gefühl appellierenden Nachrichten in Wort und Bild, die die ungeheuerliche Tatsache der Teilung eines Landes mitten in Europa in das Bewußtsein der Russen, der Deutschen und der übrigen westlichen Menschen heben.«

Das waren deutliche Worte. Sie zeigten, wohin die Reise des Verlegers führen sollte.

Der letzte Ullstein kam zu Fuß

Christian Kracht, der mit dem Kauf der *Welt* und dem Abwürgen des *Hamburger Fremdenblattes* seine Reifeprüfung abgelegt hatte, erhielt von Axel Springer 1958 den Auftrag, die Mehrheit des ruhmreichen Berliner Ullstein-Verlages zu erwerben. Der Verleger wollte dem kommunistischen Feind an der Spree näher auf den Pelz rücken, um für die geteilte Hauptstadt und das geteilte Vaterland wirkungsvoller streiten zu können.

Axel Springer hielt seit zwei Jahren eine Sperrminorität von 26 Prozent des Ullstein-Verlages. Das Haus mit 4500 Beschäftigten war hochverschuldet. »100 Millionen Umsatz und 21 Millionen Schulden«, notierte Christian Kracht. Dennoch war die Festung nicht leicht zu knacken. Die Majorität gehörte über einem Dutzend Familienangehörigen aus fünf Ullstein-Stämmen. Oft durfte der eine nicht wissen, was dem anderen geboten wurde. Die Verhandlungen gerieten zum Krimi. Die Akteure erhielten Decknamen. Telephongespräche nach Hamburg wurden aus Telephonzellen geführt. »Hier ist das Fernamt, bitte nachstecken.« Kling, kling, kling. Dabei ging es um Millionen. »Wir blieben sauber, aber es war an der Grenze«, erinnerte sich Christian Kracht. »Das ist Konzernmachen.«

Im Dezember 1959 war der Kaufvertrag unterschriftsreif. Christian Kracht: »Wir hatten uns, weil alles geheim laufen sollte, wie immer abends um neun oder zehn Uhr im Notariat verabredet. Ich kam wie immer zu früh und stand in einem Torbogen einer Ruine und guckte rauf. Das Büro war erleuchtet. Ich denke, es geht gleich los. Es fuhr der erste Wagen vor. Der alte Herr (Rudolf Ullstein) saß darin. Der Chauffeur lief um den Wagen und nahm ihm eine Wolldecke von den Beinen, half beim Aussteigen, und er ging aufrechten Hauptes die Treppe hinan, ein Gentleman bis zum letzten Atemzug. Es kam der zweite Ullstein. Der kam mit dem Taxi. Er griff in die Tasche, holte einen 20-Mark-Schein hervor und sagte: ›Der Rest ist für Sie.‹ Es kam der dritte, etwas scheu, zu Fuß, hatte einen Schal umgeworfen, schaute um sich und wußte wohl: ›Das ist die letzte Stunde unseres Hauses.‹ Und so kamen sie. Einer kam mit dem Fahrrad, stellte es hin und schloß es ab. Ich dachte, hier geht eine große Familie zu Ende. Die Unterschrift war eigentlich nur noch eine Farce.«

Axel Springers Freundin Bibi Bibernell erinnerte sich: »Axel hat immer geträumt und gesagt: Die Ullsteins stecke ich weg. Die überhole ich. Die übernehme ich.« Jetzt hatte er sie. »Den Namen Ullstein geben wir nie wieder her«, sagte Axel Springer. Zu seinem Imperium gehörten nun auch noch die *Berliner Morgenpost* und die *BZ*, die *Radio-Revue*, der Ullstein-Buchverlag und ein Mode- und Schnittmusterverlag. Seinem Freund und

Partner John Jahr, den er an dem Ullstein-Abenteuer eigentlich hätte beteiligen müssen, übertrug er dafür seine *Constanze*-Anteile.
Wer Berlin habe, habe Deutschland, und wer Deutschland habe, habe Europa. Axel Springer liebte es, dieses angebliche Lenin-Wort zu zitieren. Jetzt hatte er selbst erst einmal das halbe Berlin. Er machte den alten Rudolf Ullstein zunächst zum Ehrenvorsitzenden des Aufsichtsrates und ließ den Gründer-Enkel Heinz Ullstein im Vorstand. Er selbst kaufte sich in Berlins Bernadottestraße ein Haus, in dem einst der Vater seiner Frau Rosemarie gewohnt hatte, der SS-Obergruppenführer Lorenz. Unter Christian Kracht und Peter Tamm als Berlin-Statthalter Axel Springers wurde Ullstein als GmbH modernisiert, war nach einem Jahr schuldenfrei und beherrschte 1964 schon 67 Prozent des Westberliner Pressemarktes. Peter Tamm verschmolz den Axel-Springer-Verlag Berlin nun mit dem Ullstein-Verlag zu einem gemeinsamen Unternehmen, »Springstein«, wie er es nannte. Axel Springer sah es mit Wohlgefallen.
Nach *HörZu!* und dem *Hamburger Abendblatt*, *Bild* und *Welt* war ihm der fünfte große Coup gelungen. In 13 Jahren hatte er aus dem Nichts Europas größtes Zeitungshaus geschaffen. Doch während die Umwelt noch gebannt, bewundernd oder neidisch auf seinen Erfolg starrte, hatte er bereits wieder ein neues Ziel im Visier. Er hatte etwas vor, was seinen mißtrauischen Feinden erst später aufgehen sollten: den Griff nach dem noch in den Kinderschuhen steckenden Fernsehen. Wieder einmal war er seiner Zeit weit voraus, wieder einmal verbanden sich dabei seine ideellen und kommerziellen Interessen auf wundersame Weise zu seinem Besten.
In einem Gespräch mit Konrad Adenauer im Bonner Palais Schaumburg Anfang 1959 legte er dafür den ersten Sprengsatz mit Zeitzünder, ohne daß sein Gastgeber etwas merkte, wie aus einem Brief hervorgeht, den der Kanzler ihm sechs Tage später

schrieb: »Sehr geehrter Herr Springer«, hieß es darin, »über unser Gespräch vom 13. Februar habe ich noch sehr nachgedacht. Ich darf wohl Ihre Ansicht über die Weiterentwicklung in dem einen Satz zusammenfassen, daß der Kommunismus auf der ganzen Linie im Rückzug sei und daß Sie daher der Ansicht sind, man brauche – auch was die Abrüstung angeht – nicht so besorgt zu sein. Wenn das Ihre Ansicht sein sollte, so muß ich Ihnen leider sagen, daß sie m.E. nicht richtig ist. Genau das Gegenteil ist der Fall. Der Kommunismus dringt auf der ganzen Erde ständig weiter vor, abgesehen von Nord- und Südamerika sowie Australien. Ich glaube, daß das auch die Ansicht der Sachverständigen ist, ich meine jetzt nicht die beamteten, die mir zur Verfügung stehen.« Der Brief wurde Axel Springer nachgesandt, der sich inzwischen wieder einmal auf der »Queen Elizabeth« nach Amerika eingeschifft hatte. Er bedankte sich artig, rückte dann aber zurecht: »Ich war allerdings sehr erschrocken, dem Brief Ihre arg vereinfachende Feststellung entnehmen zu müssen, ich hielte den Kommunismus für ungefährlich. Gerade weil ich es nicht tue, erscheint mir die rein defensive Geisteshaltung so vieler mit ihrem Los offenbar außerordentlich zufriedener Bundesbürger unzureichend. Es war in unserer Unterhaltung die Rede davon, daß nach meiner Meinung speziell im Herzen Europas mit ausschließlich militärischem Denken keine Fortschritte in Richtung einer Ausweitung unserer freiheitlichen Ordnung zu erzielen sind.«
Die freiheitliche Ordnung müßte, um sich ausweiten zu können, erst einmal propagandistisch offensiv werden – mit Hilfe des Fernsehens, mit Hilfe Axel Springers. Das schrieb Axel Springer zwar nicht, das aber war der Gedanke, der dahinter stand. Die politische Entwicklung half ihm zunächst.
Das Berlin-Drama hatte Fahrt aufgenommen. Die DDR blutete aus. Wer konnte, floh in den Westen, vor allem die Jungen. Insgesamt verließen 2,7 Millionen das Arbeiter- und Bauernpara-

dies, ein Fünftel der Bevölkerung. Fast alle kamen durch das Schlupfloch Berlin, die einzige Stelle, wo Deutsche noch ungehindert von Ost nach West überwechseln durften.

Axel Springer streute Salz in die offene Wunde der Unterdrücker. Seine Blätter riefen täglich zur Abstimmung mit den Füßen auf, veröffentlichten täglich Flüchtlingszahlen und rieben den Kommunisten ihre schmachvolle Niederlage ein. Axel Springer legte 1959 an der Kochstraße, direkt an der Grenze zum Sowjetsektor, den Grundstein zu einer neuen Druckerei mit Büros. »Für uns war er ein rotes Tuch«, meinte Politbüro-Mitglied Günter Schabowski.

Im Juni 1960 gründeten alle sieben Presseverleger Westberlins einschließlich Axel Springers eine »Fernsehgesellschaft der Berliner Tageszeitungen mbH« (Stammkapital 35 000 DM) und beantragten beim Senat »eine Sendeerlaubnis für das zweite Programm im Fernsehen«. »O heilig Herz der Völker, o Vaterland«, stöhnte Rudolf Augstein, der einen neuen Springer-Sieg witterte. Daß Axel Springer mit dieser Gründung in der Tat ungleich weitreichendere Pläne hatte, als der harmlosen Ankündigung und dem geringen Stammkapital zu entnehmen waren, geht aus einem neuen Brief von ihm an den Bundeskanzler hervor, den er im Sommer 1960 in Kampen diktierte und in dem er nun schon etwas deutlicher wurde.

»Sehr verehrter Herr Bundeskanzler, mit diesen Zeilen aus meinem Urlaubsort an der Nordsee möchte ich mich noch einmal bedanken für die ausführliche Unterredung, die Sie kürzlich in Bonn mit mir führten. Inzwischen traten Krisenerscheinungen in der Zone immer mehr zutage. Nach meiner festen Überzeugung der rechte Augenblick, um gezielt, hart und geschickt von uns aus in die Diskussion dort drüben auf dem zwischen uns besprochenen Wege einzugreifen. Ich glaube, wir sollten die nächsten ein bis zwei Jahre energisch propagandistisch nutzen und dadurch den Machthabern in der Zone das Konzept verder-

ben, hoffähig zu werden oder – man muß das leider im Hinblick auf manche Länder, zu denen nicht nur die unterentwickelten gehören, sagen – hoffähig zu bleiben. Ich kann mir denken, Herr Bundeskanzler, daß die Aufbringung der Mittel nicht ohne Schwierigkeiten vor sich geht. Aber diese Schwierigkeiten sollten nach meinem Dafürhalten angesichts der Situation schnellstens überwunden werden. Die Geheimhaltung der ganzen Angelegenheit verbietet m.E. leider auch ein Ansprechen wirtschaftlich starker Kreise; genauso wie ich Bedenken habe, die Mittel sich in einem Ausschuß bewilligen zu lassen. Ich fürchte um die Geheimhaltung. Aus diesem Grunde habe ich auch das ganze Projekt ausschließlich mit Herren Ihrer nächsten Umgebung besprochen. Ich bin ganz sicher, daß Herr v. Eckardt, der von der Notwendigkeit unseres Anliegens durchdrungen ist, alles in seiner Macht Stehende tun wird, um die Mittel zu beschaffen. Sollte er auf unüberwindlich scheinende Hindernisse stoßen, so bleibt nur die Hoffnung, daß Sie einen Weg finden. Ich bitte um Verzeihung, daß ich die Angelegenheit so dringend vortrage. Es geschieht, weil ich bei meiner ziemlich guten Kenntnis der Verhältnisse in der Zone von dem durchschlagenden Erfolg für unsere gute Sache überzeugt bin. Ich bin, sehr verehrter Herr Bundeskanzler, mit besten Grüßen und guten Wünschen Ihr Ihnen sehr ergebener Axel Springer.«
Kanzler und Verleger wechselten in dem Jahr in der so geheimen Angelegenheit insgesamt neun Briefe. Konrad Adenauer machte Axel Springer Mut: »In der Zwischenzeit habe ich mich wegen des Senders für die Zone weiter bemüht und hoffe, daß wir möglichst bald zu einem guten Ergebnis kommen« (26. August 1960). Und Axel Springer setzte nach. Er erbat »höflichst Ihre persönliche Mithilfe« bei der »Förderung der Pläne der Fernsehgesellschaft Berliner Zeitungsverleger, um schnellstens in Berlin den beiden Ostzonenprogrammen entgegentreten zu können« (1. November 1960).

Auf Schwanenwerder ein weißer Springer

Justiz und Weltpolitik bereiteten dem heimlich weit gediehenen Projekt im nächsten Jahr ein jähes Ende. Das Bundesverfassungsgericht entschied, daß nicht der Bund, sondern ausschließlich die Länder für die Organisation von Radio und Fernsehen zuständig seien – das Zweite Deutsche Fernsehen wurde geboren. Und in Berlin setzte die Geschichte ihren Hobel an.
Im Februar 1961 hatte Axel Springer den Chef des amerikanischen Geheimdienstes CIA, Allen Dulles, in Washington besucht. Er wies auf die Gefahr hin, daß der SED-Chef Walter Ulbricht die Zonen- und Berliner Sektorengrenze zur Staatsgrenze erklären könnte. Dann wären die DDR-Bewohner endgültig in ein riesiges Zuchthaus gesperrt. Dulles war von der Prognose beeindruckt, aber der junge Präsident John F. Kennedy hatte keine Zeit für den Deutschen. »Who is Springer«, fragte er. Als er sich dann doch noch entschloß, den Verleger in sein Haus auf Cape Cod einzuladen, zahlte ihm Springer mit gleich kleiner Münze heim. Der Präsident wurde informiert, der Deutsche habe erklärt, er müsse in London zwei afrikanische Studenten zum Interview treffen und sei aus dem Washingtoner Hotel »Mayflower« abgereist.
Im Juli 1961 warnte Axel Springer dann in einem Brief aus St. Moritz den Bundestagspräsidenten Eugen Gerstenmaier, daß Berlin »durch eine Staatsgrenze perfekt geteilt« werden könnte: »An 52 geschlossenen, stacheldrahtbewehrten Übergängen werden Flüchtlinge aus der Zone sich blutig festlaufen.« Am Freitag, den 11. August wiederholte er bei einem Abendessen in Bonn diese Warnung gegenüber dem Chef des US-Informationsdien-

stes und Kennedy-Vertrauten Ed Murrow: »Sie sehen alle in die falsche Richtung. Ich befürchte, daß die Hauptgefahr heute nicht auf den Zufahrtswegen (*nach Berlin*) liegt, sondern daß Westberlin vom Osten abgetrennt werden wird – mit Stacheldraht und durch Militär.«
Ed Murrow wurde aufmerksam. Wann könne man sich weiter darüber unterhalten? Die beiden verabredeten sich für den nächsten Dienstag in Berlin. Achtundvierzig Stunden zu spät: Am Sonntag, den 13. August hatte Walter Ulbricht die Grenzen zum Osten abriegeln lassen und den Mauerbau befohlen.
Washington, London und Paris taktierten katzenfüßig vorsichtig. Der junge Präsident Kennedy war froh, daß nur Berlin geteilt worden war und nicht die Zufahrtswege nach Berlin geschlossen wurden, denn das hätte ihn vor ungleich größere Probleme gestellt. In Bonn machten sich Apathie und Defätismus breit.
Axel Springers Zeitungen hielten dagegen. Zusammen mit seinem *Bild*-Chefredakteur Karl-Heinz Hagen formulierte Axel Springer die Schlagzeile vom 16. August:
»*Der Westen tut NICHTS!*
Präsident Kennedy schweigt ...
MacMillan geht auf Jagd ...
... und Adenauer schimpft auf Willy Brandt«
Und wenig später:
»*Wird Deutschland jetzt verkauft?*«
Die Republik horchte auf. Das hatte es noch nicht gegeben. Axel Springer – nicht mehr ganz so nett und tolerant wie früher – ging auf Kollisionskurs: »Nun erst recht«, sagte er zu seinen Mitarbeitern und dachte gleich wieder an das Tor unter der Quadriga, durch das er Silvester 1957 den Rollstuhlfahrer hatte entschwinden sehen: »Wir werden eines Tages wieder durch das Brandenburger Tor gehen.« Lachend setzte er hinzu: »Noch besser: Wir werden winkend durch das Brandenburger Tor reiten.«
Jetzt, da noch einmal viele Westberlin verließen, die es sich lei-

sten konnten, kaufte er, der schon die Villa in der Bernadottestraße besaß, auf der Havel-Halbinsel Schwanenwerder ein Trümmergrundstück, um ein zweites Haus in der alten Hauptstadt zu errichten, zunächst nur einen gläsernen Tee-Pavillon.
Auf dem Grundstück hatte einst die Residenz von Hitlers Leibarzt Theo Morell gestanden. Als Axel Springer es mit seinem Hamburger Freund Hans Leichsenring besichtigte, fand Leichsenring auf dem Boden eine Schachfigur – einen weißen Springer. Er stand bis zu seinem Tode auf dem Nachttisch von Axel Springer.
Vier Tage nach dem Mauerbau, am 17. August 1961, saß Axel Springer im Palais Schaumburg wieder Konrad Adenauer gegenüber. Der rheinische Kanzler bemühte sich in Gegenwart von Staatssekretär Globke und Bundesminister Krone, die Geschehnisse zu verharmlosen.
Adam Vollhardt, ein Sekretär Axel Springers, fertigte ein Protokoll über die Unterhaltung an. Darin heißt es: »Man kam sofort, ohne die sonst üblichen Höflichkeitsfloskeln zur Sache. Der Bundeskanzler gab mit einer Handbewegung und den Worten: ›Bitte, Herr Springer‹ dem Verleger das Wort. Axel Springer schilderte die Lage ausführlich und bezeichnete sie als ›katastrophal‹.«
Das Protokoll: »›Der Alte‹ hatte bis dahin mit steinernem Gesicht schweigend zugehört. Jetzt fiel er Herrn Springer ins Wort und meinte, der Flüchtlingsstrom und die jüngste Entwicklung seien schließlich eine Folge der vorausgegangenen Pressekampagnen. Herr Springer wies diesen Vorwurf zurück, doch Adenauer … kam erneut auf die ›systematischen Pressekampagnen‹ zu sprechen, die, wie er meinte, zu dieser ganzen Entwicklung geführt hätten. Und an diesen Kampagnen seien die Blätter von Herrn Springer maßgeblich beteiligt. Bei diesen Worten des Bundeskanzlers sprang Herr Springer erregt auf, wandte sich an Herrn Vollhardt und sagte: ›Kommen Sie, wir gehen.‹ Und so geschah

es. Ohne förmliche Verabschiedung. Verblüfft blieben Adenauer, Dr. Globke und Dr. Krone sitzen.«
Axel Springer schloß die Doppeltür, daß der Kalk rieselte. Eine halbe Stunde später rief Minister Krone im Hotel »Königshof« an, in dem Axel Springer abgestiegen war, und schlug vor, sich trotz des »Mißverständnisses« noch einmal zusammenzusetzen. Doch Axel Springer reiste noch am gleichen Nachmittag ab.
»Daß die deutsche Einheit in den Kanzlerhänden nicht gut aufgehoben sei, war sein fester Glaube«, schreibt Willy Brandt in seinen Memoiren über Axel Springer und behauptet: »Hätte es nach den Wahlen 1961 eine Chance gegeben, er wäre nicht abgeneigt gewesen, sich in einem Kabinett Brandt der gesamtdeutschen Belange anzunehmen.«
Es gab die Chance nicht. Statt Willy Brandt wurde im Herbst 1961 Konrad Adenauer zum vierten Mal Bonner Kanzler. Bei Springers TV-Plänen konnte er nun nicht mehr helfen – und Berlins Regierender Bürgermeister Willy Brandt als Chef des Landes Berlin wollte es nicht: »Unser freundlicher Kontakt«, so notierte er über Axel Springer, »litt Schaden, als er mich im Rathaus Schöneberg bedrängte, einem regionalen Verleger-Fernsehen zuzustimmen; er sah Westberlin als Büchsenöffner für den Bund. Mir erschien es unzumutbar, den Berliner Sonderstatus auf diese Weise in Anspruch nehmen zu wollen; außerdem hatte meine Partei überhaupt Bedenken gegen ein privates Fernsehen.«
Der freundliche Kontakt hatte allerdings auch noch aus einem anderen Grund Schaden genommen. Willy Brandt war ein glühender kalter Krieger und Antikommunist gewesen, wurde aber nach dem Mauerbau von der amerikanischen Duldung der Teilung Berlins so enttäuscht, daß er sich um 180 Grad drehte.
»Es war in den sechziger Jahren«, entsann sich Axel Springer in einem Brief an mich. »Zu den Gästen des amerikanischen Stadtkommandanten und vielen Generälen gehörten A.S. und der

betrunkene Willy Brandt. Ganz plötzlich umfaßte er mich mit seinen Armen und sagte: ›So fest müssen wir sie halten und so los müssen wir sie lassen‹, womit ich von der unerbetenen Umarmung befreit war. Das war der Anfang – oder auch nur die Fortsetzung einer sozialistischen Jugend!«
Die Wege Axel Springers und der deutschen Sozialdemokratie drifteten 16 Jahre nach Kriegsende auseinander. Von da an wurde die Haltung der SPD gegenüber dem Kommunismus immer weicher, die Axel Springers immer starrer. Mit fast religiösem Eifer stritt er gegen Moskau und das SED-Regime. In der Kochstraße begann er mit dem Bau seines Verlagshaus an der Mauer, Symbol der Freiheit an der Grenze zur Tyrannei. Er war nun »Mr. Berlin« geworden.
Im Juni 1963, zwei Jahre nach dem Mauerbau, besuchte Amerikas Präsident John F. Kennedy die geteilte Stadt. Drei Fünftel der Bevölkerung waren auf den Beinen. Sie »klatschten, winkten, weinten und jubelten, als handele es sich um die Wiederkunft Christi«, notierte Kennedys Vertrauter Schlesinger. Ironisch erkundigte sich der ebenfalls angereiste Kanzler Adenauer bei Kennedys Außenminister Rusk: »Heißt das, Deutschland könnte eines Tages wieder einen Hitler haben?« Kennedy rief »Ich bin ein Berliner« und sagte zu seinem militärischen Berater General McHugh: »Wenn ich ihnen gesagt hätte, sie sollten die Berliner Mauer einreißen, dann hätten sie es getan.«
Mit seiner Kavalkade fuhr Amerikas Staatschef an einem erwartungsvoll wartenden Axel Springer vor dessen wolkenwärts wachsendem Hochhaus an der Mauer vorbei, ohne anzuhalten. Aber nach seiner Rückkehr in die USA schrieb er noch im selben Monat einen Brief an »Dear Mr. Springer«, in dem stand: »Ich war zutiefst beeindruckt, als ich an Ihrem großen Vorhaben an der Mauer vorbeifuhr. Man kann gar nicht anders, als die Entschiedenheit und den Mut zu bewundern, an dieser Stelle Ihr Gebäude zu errichten.« Das handgeschriebene P.S. auf dem

Brief aus »The White House« lautete: »Ich hoffe, daß Sie uns hier besuchen, wenn Sie wieder in die USA kommen.«
Im selben Jahr 1963 rief Axel Springer zu nächtlicher Stunde Konrad Adenauers Gesamtdeutschen Minister Rainer Barzel (CDU) in Bonn an. Es gäbe die Möglichkeit, politische Gefangene aus der DDR freizukaufen. Am nächsten Morgen war Barzel in der Villa des Verlegers in Berlins Bernadottestraße.
Axel Springer hatte in seinem Tee-Haus auf Schwanenwerder mit dem DDR-Rechtsanwalt Wolfgang Vogel (Jahrgang 1925) gesprochen, der den wohl legendärsten Agenten-Austausch organisiert hatte: Amerikas abgeschossener U-2-Pilot Gary Powers gegen den in den USA zu 30 Jahren verurteilten Sowjet-Spion Oberst Abel.
Nun fädelte Axel Springer für ihn über Barzel in Bonn den Freikauf von DDR-Bürgern ein – für 40 000 bis 95 000 Mark pro Kopf. Über den Katholiken Vogel wurden von 1964 bis 1989 insgesamt 33 000 politische Häftlinge in der DDR freigekauft und 250 000 Ausreisen ermöglicht. Axel Springer hatte Millionen Mark dafür gespendet – ohne ein Wort darüber zu verlieren. Aber noch kurz vor seinem Tod versäumte er in einem Brief an Wolfgang Vogel nicht, »Ihnen für so manches zu danken, was vor zwei Jahrzehnten seinen Anfang nahm. Ich habe Ihnen dies alles nie vergessen.«
Vier Monate nach Kennedys Besuch in Berlin und schon bald nach Barzels Besuch in der Bernadottestraße trat Kanzler Konrad Adenauer im Oktober 1963 nach vierzehnjähriger Kanzlerschaft zurück. Elf Tage später interviewte ihn Peter Boenisch, der inzwischen Chefredakteur von *Bild* geworden war.
»Von welchem Politiker glauben Sie, Herr Bundeskanzler, daß er Ihre Politik am besten und am durchschlagendsten fortsetzen kann«, fragte er. »Wer hat auch Ihre größten Sympathien?«
Adenauer: »Herr Springer. Darauf waren Sie nicht gefaßt, und dagegen können Sie auch nichts sagen.«

Boenisch: »Vor allem kann ich das schlecht drucken.«
Adenauer: »Aber ich spreche in vollem Ernst. Springer hat doch ein sehr großes Verständnis und hat den genügenden Weitblick. Und Springer hat – das gehört zum Politiker, ist aber eine seltene Eigenschaft – Mut. Die Politiker leiden fast alle unter Mangel an Mut.«
Konrad Adenauer und Axel Springer, die einander nach dem Mauerbau so mißtraut hatten, kamen einander schnell wieder näher. Immer häufiger stieg der Jüngere die 58 Stufen zur Rhöndorfer Villa des alten Herren empor. Die beiden stimmten überein, daß nur eine »Politik der Stärke« die Sprache sei, die der Kreml verstände. »In Wirklichkeit«, meinte der große Simplifikateur zu Axel Springer über den kalten Krieg, »ist es ganz einfach. Hier treffen Gut und Böse aufeinander.« Und: »Sie sind ungeduldig wegen der Wiedervereinigung Deutschlands. Aber nur Geduld wird sie herbeiführen.«
In Adenauers Rücktrittsjahr hatten alle Blätter Axel Springers begonnen, die DDR stets in Anführungszeichen zu setzen und nur als »DDR« zu bezeichnen, so wie einst alle Blätter von Lord Beaverbrook den Ersten und Zweiten Weltkrieg nur als Ersten und Zweiten Deutschen Krieg bezeichnen durften.
1979 nannte *Welt*-Leser Dr. Lüder Meyer-Arndt in einem Brief an die Redaktion die Schreibweise »kleinkariert« und schlug dem Blatt vor, darauf zu verzichten. Er bekam Post von Axel Springer. In dessen Schreiben hieß es: »Der ostdeutsche Satellitenstaat ›DDR‹ ist, wie schon vor Jahren der heutige SPD-Vorsitzende Willy Brandt feststellte, ›weder deutsch, noch demokratisch, noch eine Republik‹. An diese Tatsache sollen uns die Anführungszeichen ständig gemahnen ... Ich weiß, diese Anführungszeichen sind eines der unbequemen Ärgernisse, die es oft in der Geschichte gegeben hat und gibt. Nicht zuletzt deshalb, weil eine geschichtsmüde Gesellschaft kein Gespür mehr für Zeichen nationaler Beharrlichkeit besitzt ... Es gehört zur Wir-

kung elementarer Wahrheiten, daß sie auch als Ärgernis empfunden werden. Man muß das in Kauf nehmen. Mit freundlichen Grüßen Ihr sehr ergebener Axel Springer.«
»Dank für Ihre Zeilen«, schrieb Dr. Meyer-Arndt zurück, »die mich dazu gebracht haben, die Sache mit anderen Augen zu betrachten.«

»Noch so eine Scheidung und wir sind pleite«

Deutschland hatte sich in der ersten Hälfte der sechziger Jahre gewandelt. Die Mauer war gebaut, Adenauer zurückgetreten. Auch im Dasein Axel Springers ergaben sich in dieser Zeit Verwerfungen, sowohl im privaten Bereich wie im Konzern. Zwei seiner ältesten Mitarbeiter und seine Mutter starben, Helmuth Covents, Walther Hansemann und Ottilie Springer.
Helmuth (»Moische«) Covents hatte schon Vater Heino Springer als Prokurist gedient. »Moische, mach' das mal« war zur stehenden Redensart Axel Springers geworden, besonders wenn es darum ging, Bitten zu erfüllen, zu helfen oder Gerechtigkeit herzustellen. Und Moische machte, alles und immer zur Zufriedenheit aller Beteiligten. Er war der gute Geist im Stab Axel Springers. Walther Hansemann, Axel Springers journalistischer Lehrmeister aus der Wolff'schen Nachrichtenagentur, wurde nur 60 Jahre alt. Er war einer der ganz wenigen Angestellten Axel Springers gewesen, der den Verleger duzte. »Ich kann die Stunden nicht zählen, in denen ich mir Rat und Anregung bei ihm holte«, rief Axel Springer ihm an dem von Rosen bedeckten Sarg nach: »Zu ungezählten Malen saß ich in seiner bescheidenen Wohnung am Hafen hoch über dem Köhlbrand. Und die Erinnerungsfahrt am letzten Sonnabend endete dann auch vor der schmucklosen Tür

dieses etwas skurrilen Hauses. Und ich habe dir dankbare Gedanken hinaufgeschickt.« Er hatte den Sterbenden, der keinen Zahn mehr besaß, häufig besucht.
Im gleichen Jahr wie Walther Hansemann, im April 1960, hörte das Herz von Ottilie Springer zu schlagen auf, im Alter von 78 Jahren, einen Monat vor dem 48. Geburtstag ihres Sohnes. Auf dem Nachttisch neben ihrem Sterbebett lag eine jener ungezählten Postkarten, die Axel Springer ihr geschrieben hatte, seit er schreiben konnte. Die Karte stammte vom 9. November 1954. Sie zeigt »Brenners Parkhotel« in Baden-Baden. »Mein liebes Muttchen«, hieß der Text, »hier haben wir beide (im Nachbar-Hotel Stefanie) vor vielen Jahren einmal gewohnt. Und beide wußten wir damals noch nicht, was alles die Zukunft noch mit uns vorhatte. Wir sind zwar etwas schlauer geworden, aber nicht so schlau, als daß wir nicht geradezu die Pflicht hätten, jedes Schöne, wenn es sich bietet, dankbar und aufmerksam entgegenzunehmen. Unten fließt und rauscht die Oos. Sie hat es jede Stunde getan, seit wir sie zuletzt zusammen hörten. Der Schwarzwald liegt im Nebel, aber er ist wohl wunderbar. Dein Axel.«
Ottilie Springer war in ihren letzten Lebensjahren ein wenig sonderlich geworden und das Geheimnis, warum ausgerechnet diese Botschaft offenbar eine besondere Bedeutung für sie hatte, wurde von ihr mit ins Grab genommen.
Der Tod hatte Ottilie Springer davor bewahrt, auch die dritte Ehe ihres Sohnes scheitern zu sehen. Axel Springer hatte eine neue Liebesaffäre begonnen, mit Helga Babette Ilse Luise (»Mausi«) Alsen – ausgerechnet mit der Ehefrau jenes Mannes, dem er schon die letzte Gattin weggenommen hatte, seines guten Nachbarn am Falkenstein Horst-Herbert Alsen.
»Mausi« war eine ungewöhnlich attraktive Frau, elegant und selbstbewußt, unbekümmert und ein wenig kapriziös. Axel Springer schwärmte mir auf Sylt vor, wie sie im Pelz von einem Grundstück zum anderen gehuscht sei. »Mausi« wurde schwan-

ger. Springers Vertrauter Christian Kracht überbrachte Rosemarie Springer am Falkenstein die Nachricht, daß ihr Mann sich von ihr trennen wolle, und Kracht bot ihr schriftlich eine Million Mark als Abfindung an. Sie zerriß den Brief und verzichtete auf alle Ansprüche. Axel Springer solle entscheiden, was sie erhalte. Er überließ ihr Gut und Gestüt »Halloh« in Schleswig-Holstein auf Lebenszeit. Der sparsame Karl Andreas Voß seufzte: »Noch so eine Scheidung und wir sind pleite.«

Aus dem Verlag erfuhr Rosemarie Springer, ein Ratgeber Axel Springers habe ihm bedeutet, er müsse sich aus politischen Gründen von seiner Frau trennen, weil sie als Tochter eines SS-Obergruppenführers für ihn zu einer Belastung geworden sei. Er selbst, so berichtet sie, habe ihr nur gesagt: »Ich will frei sein. Ihr wollt mich alle besitzen.«

Der Ablauf der Scheidung am 1. Februar 1962 in Hamburg war mit Hamburgs Kripo-Chef Karl Breuer abgesprochen worden: In einem Cadillac fuhr ein Springer-Double mit Sonnenbrille vor, um die Photoreporter zu täuschen. Das Ehepaar kam durch die Hintertür.

Siebenunddreißig Tage später, am 9. März 1962, wurden Axel Springer und Mausi Alsen getraut. Die Zeremonie fand in Zürich im Hotel »Dolder« statt. Der wieder einmal kränkelnde Bräutigam saß hüstelnd auf einem Sofa. Er trug einen blauen Pyjama mit Pelz darüber. Eine Ecke war umgeschlagen, der Nerz sichtbar. Trauzeuge war Christian Kracht.

Sechs Monate später erblickte Raimund Axel Nicolaus das Licht der Welt. Er wurde von Axel Springer »Lumpi« genannt. An seinem sechsten Geburtstag begleitete ihn sein Vater in Gstaad zur Einschulung. Und doch hatte er womöglich noch weniger Zeit für ihn als für seine ersten beiden Kinder Bärbel und Axel. Horst-Herbert Alsen aber, der nun bereits zwei Ehefrauen an Axel Springer verloren hatte, schwor: »Ehe ich wieder eine heirate, stelle ich sie Axel Springer vor, um zu sehen, ob sie ihm gefällt.«

Ungebremst von den Veränderungen in Politik und Privatleben, wuchs Axels Springers Haus. *HörZu!* überschritt die Vier-Millionen-Marke, *Bild* durchbrach zwanzigmal die Fünf-Millionen Grenze. Die *Berliner Morgenpost* und die *BZ* beherrschten Westberlin. Dem *Hamburger Abendblatt* gehörte Hamburg. Seine Sonntagsausgabe hatte sich zur *Bild am Sonntag* gemausert. Das Haus übernahm die Tageszeitung *Mittag* in Düsseldorf, Lokalblätter in Norddeutschland, Buchverlage und Funkzeitschriften, den *Kicker, Twen* und *Bravo*, mit deren Hilfe es alsbald die Hälfte der Auflagen aller Jugendzeitschriften in Deutschland kontrollierte. Es kaufte in München den Verlag Kindler & Schiermeyer, wo es die Magazine *Jasmin* und *Eltern* herausbrachte, die beide auf über eine Million kletterten; ihren Chefredakteuren Hagen und Prinz schenkte Springer dafür je ein Haus. In Berlin und Darmstadt entstanden neue Druckzentren, später auch in Kettwig bei Essen und in Ahrensburg bei Hamburg.

Sylt, die Insel seiner jugendlichen Abenteuer, nahm in diesen Jahren einen immer wichtigeren Stellenwert im privaten und geschäftlichen Leben Axel Springers ein. Schon bald nach der Währungsreform hatte er ein reetgedecktes Haus am Watt erworben. Der Bau war zwischen den Weltkriegen von dem niederländischen Musikmäzen und Haydn-Forscher Anthony van Hoboken mit einem quadratischen Mitteltrakt zum »ungestörten Klavierspiel« für seine Frau Annemarie errichtet worden. Mirl wurde sie genannt, war Schauspielerin und Schwester der Dichterin Ina Seidel. Sie ließ sich von Hoboken scheiden, heiratete 1935 den Buchverleger Peter Suhrkamp und brachte das Haus am Watt mit in die neue Ehe. Schriftsteller wie Max Frisch, Ernst von Salomon und Carl Zuckmayer waren ihre Gäste. Schon bald nach dem Zweiten Weltkrieg und der Währungsreform verkaufte Suhrkamp den Besitz am Ende des Hobokenwegs für 45 000 DM an Axel Springer, um die deutsche Gesamtausgabe von Marcel Proust finanzieren zu können.

In unmittelbarer Nähe dieses Hauses stand der von Axel Springer so bewunderte Klenderhof. Der Berliner Architekt Otto Firle hatte eine erste Skizze davon im August 1932 auf der Rückseite der Speisekarte des Kampener Kurhauses für ein befreundetes Ehepaar gezeichnet: für den international renommierten Cellisten Max (»Bimbo«) Baldner aus dem Klingler-Quartett und dessen Ehefrau Charlotte (»Bimba«), Tochter des wohlhabenden Warenhausbesitzers Lindemann. In einem Jahr wuchs der Klenderhof aus den Dünen am Watt. Sein Wahrzeichen war ein mächtiger runder Turm als Scharnier zwischen zwei Flügeln. In ihm lag der nur über eine Holzbrücke zu erreichende Haupteingang, darüber das Musikzimmer des Hausherrn. »Baldner-Burg« hieß das Haus bald auf der Insel.
»Behütet mir dieses Haus,
das ich so liebe!
Verschlossen sei ihm
Niedriges und Leid ...«
schrieb Architekt Firle als erster im Juni 1933 ins Gästebuch. Im gleichen Jahr, dem Jahr der NS-Machtergreifung, fand das Haus zwei unterschiedliche Bewunderer: den einundzwanzigjährigen Axel Springer und den vierzigjährigen Hermann Göring. Axel Springer versprach seiner ersten Frau »Baby« beim Anblick des Klenderhofes, der werde ihm eines Tages gehören. Und Hermann Göring hatte durch Vermittlung der Schauspielerin Käthe Dorsch eine Einladung der jüdischen Erbin und ihres musizierenden Mannes erhalten. Er besichtigte den Klenderhof am 31. Juli 1933 und ließ sich vom Architekten Firle auf dem Naturschutzgebiet der Ostsee-Halbinsel Darß ein ähnliches Haus als hölzerne Jagdhütte errichten (mit angebautem Löwenzwinger).
»Sie haben geholfen, neue Freunde für Kampen zu werben«, schrieb Bankier Hermann Josef Abs 1933 ins Gästebuch der Baldners. Berühmte Namen folgten, vom Ehepaar Fritz von

Opel über den Dirigenten Erich Kleiber bis Hans Zehrer (»allein mit einem Rest Bommerlunder«). Doch unerbittlich zog sich die Schlinge des Regimes zu. Bimba Baldner bekam einen Judenausweis, ihr Mann erhielt Berufsverbot, die Kinder wurden von der Schule gewiesen. Juden war der Aufenthalt auf Sylt untersagt. Der Klenderhof stand verwaist.

Im November 1938, in der »Reichskristallnacht«, gingen Synagogen in Deutschland in Flammen auf, jüdische Geschäfte wurden geplündert, Juden getötet. Wenige Tage später rollten Männer Benzinfässer über die Heide zum leerstehenden Klenderhof. Doch der von Hans Zehrer und Margot von Opel unterrichtete Ortsgruppenleiter der NSDAP, Willy Kamp, ein Kriegsversehrter aus dem Ersten Weltkrieg, verhinderte das Schlimmste. SA-Männer betranken sich im Weinkeller, schlitzten Daunenbetten auf, demolierten Türen, beschädigten eine alte Orgel und zerstörten eine Kopie des Isenheimer Altarbildes im Turmzimmer (das sie für eine Synagoge hielten). Aber angezündet wurde der Klenderhof nicht, noch nicht.

Nach dem Krieg und dem Tod ihres Mannes verpachtete Bimba Baldner das Anwesen zunächst an *Die Zeit* (Hausverwalter Ernst von Salomon). Dann nahm sie in eigener Regie zahlende Gäste auf, von Bertha Krupp und Willy Forst bis Underberg. 1962 beauftragte Axel Springer seinen Vertrauten Christian Kracht, mit Bimba Baldner über einen möglichen Verkauf zu verhandeln. Kracht erinnert sich: »Was er mir sonst nie mit auf den Weg gegeben hat, sagte er mir hier: Kaufen Sie um jeden Preis.«

Für 650 000 DM wechselte der Klenderhof seinen Besitzer. Jetzt gehörte er Axel Springer – genau wie er es drei Jahrzehnte zuvor seiner Frau »Baby« vorhergesagt hatte. Er machte ihn – nur wenige Steinwürfe von dem eigenen Haus entfernt – zum Gästehaus seines Verlages, Schauplatz von mancher Urlaubsliebelei und von Konferenzen über Investitionen in Millionenhöhe. Der Konzern-Hubschrauber landete direkt neben den Liegestühlen.

Aus der »Baldner-Burg« war für die Sylter eine »Springer-Burg« geworden.

»Hier spricht der König selbst«, meldete sich Axel Springer selbstbewußt-ironisch auf Sylt am Telephon, so wie er einst aus dem Schweinestall in der Heide als »Mammutverleger« gegrüßt hatte. Er konnte noch immer berühren, was er wollte – es wurde zu Gold. Seine Umgebung schmeichelte seiner Eitelkeit mit schwer zu ertragener Liebedienerei. Als der Verlagsleiter der *Welt*, Heinrich Schulte, 1963 starb, gaben Axel Springers Sekretäre für ihren Chef eine Todesanzeige auf, in der Axel Springers Name größer gedruckt war als der des Toten.

Die Neubesetzung von drei Schlüsselpositionen seines Hauses trug in der ersten Hälfte der sechziger Jahre entscheidend zur Kontinuität des Erfolges bei. Axel Springer berief einen Generalbevollmächtigten und zwei neue Chefredakteure für seine beiden ergiebigsten Milchkühe, für *Bild* und für *HörZu!*.

Aus Sorge, eine allzu intensive Politisierung von *Bild* könne der Auflage des Blattes schaden, tauschte er im Jahr des Mauerbaus den Chefredakteur Karl-Heinz Hagen gegen Peter Boenisch aus. An die Spitze von Europas größter Zeitung rückte damit ein Vierunddreißigjähriger, dessen bedeutendste journalistische Leistung bis dahin darin bestanden hatte, das Teenager-Blatt *Bravo* zum rauschenden Erfolg zu führen.

Kein Aufsichtsrat würde eine solche Ernennung vor den Aktionären auf einer Hauptversammlung verantworten wollen. Eine solche Entscheidung vermochte nur ein Inhaber zu treffen. Es war sein Geld, das er riskierte. Axel Springer traf die Entscheidung und bewies dabei einmal mehr seinen untrüglichen Instinkt für Begabung – obwohl sein Guru Zehrer über Boenisch seufzte: »Wenn er doch nur schon zehn Jahre älter wäre.«

Peter Boenisch, katholisch, Sohn einer russischen Mutter und modisch gekleidet, mischte *Bild* auf, verjüngte es und machte es weicher. Es wurde ruckartig entpolitisiert. Von den 26 Schlag-

zeilen im Januar 1962 entstammten nur noch zwei der Politik. Boenisch entdeckte Hollywood, Soraya und Europas Königshäuser für das Blatt. Der Sport war Weltklasse. *Bild* wurde nun unter den Zeitungen, was der *Stern* unter den Illustrierten war: der strahlendste Musikdampfer der Branche. Keine Zeitung hatte Schlagzeilen wie diese Zeitung:
- Bei der Rettung von elf verschütteten Bergleuten in Lengede: »Gott hat mitgeholfen« (»mitgebohrt« hatte es im Entwurf geheißen).
- Bei der ersten Mondlandung: »Der Mond ist jetzt ein Ami«.

Als die Post in den Parlamentsferien beschloß, die Telephongebühren um zwei Pfennige zu erhöhen, verlangte *Bild* in einer Schlagzeile: »Holt den Bundestag aus dem Urlaub!« Und so geschah es. Der Beschluß wurde gekippt.

Bild bündelte wirkungsvoll den Volkszorn und gab dem ohnmächtigen Leser dabei das Gefühl, zusammen mit anderen kleinen Leuten Macht zu besitzen und wichtig zu sein – genau jener Rausch, den später die Demos gegen *Bild* deren Teilnehmern bescherten.

Bei einem so starken Blatt mit einem so starken Chefredakteur wagte Axel Springer an etwas zu denken, was er 13 Jahre lang gescheut hatte wie der Teufel das Weihwasser – an eine Erhöhung des unantastbaren Preises von einem Groschen. Um das Risiko zu senken, erwog er, Bonn zu bewegen, eine 15-Pfennig-Münze zu prägen. Schließlich traute er sich 1965 ohne eine solche *Bild*-Münze – aber alle *Bild*-Händler wurden vom Verlag mit Fünf-Pfennig-Münzen ausgestattet, um Wechselgeld zu haben. Das Wagnis gelang. Die Auflage hustete nur einmal und kletterte weiter.

Im selben Jahr 1965 waren auch die zwei anderen wichtigen Personalentscheidungen gefallen. Axel Springer ersetzte im Januar Eduard Rhein an der Spitze von *HörZu!* durch Hans Bluhm, weil die Auflage bröckelte. »Johanna geht, doch nimmer kehrt sie

wieder«, verabschiedete sich der kleine große Rhein am Falkenstein ein wenig theatralisch. Und am 9. Februar einigte sich Axel Springer in einer erregten Unterhaltung mit seinem inzwischen 72jährigen Partner Karl Andreas Voß auf eine Neuordnung des Axel-Springer-Verlags:
Axel Springer war »Inhaber aller Aktien«, Karl Andreas Voß und Christian Kracht wurden »Mitgeschäftsführer«. Voß schied als Kommandit-Gesellschafter der Firmen »Axel Springer & Sohn« und »Hammerich & Lesser« aus. Zur Abgeltung seiner Gewinnansprüche erhielt er 15 Millionen Mark. Sein Zimmer im Hamburger Hochhaus, das direkt unter dem von Springer lag und durch eine für Dritte nicht einsehbare Treppe mit ihm verbunden war, behielt Voß bei. Seine Aufgaben als kaufmännischer Leiter des Unternehmens aber übernahm Christian Kracht als Generalbevollmächtigter. Kracht: »Die Gründerjahre waren vorbei. Der Konzern war geboren. Alle Tochtergesellschaften wurden eingegliedert. Springer konnte nun jeden Monat sehen, wie die Auflagen, seine Gewinne und sein Vermögen standen.«
Grund der Teiltrennung Axel Springers von dem sparsamen Karl Andreas Voß waren dessen Vorbehalte gegenüber dem Berlin-Engagement. Das war ihm unheimlich. Axel Springer: »Er befürchtete eine finanzielle Gefährdung des Gesamthauses.« In der Anschaffung eines Jets vom Typ Aero-Commander sah Voß überdies ein sicheres Zeichen von Hybris.
Tatsächlich war die Privatmaschine, über die damals nur ganz wenige in Deutschland verfügten, Sinnbild der Pracht und der Herrlichkeit, die Axel Springer in jener Zeit entfaltete. Niemals hatte in der Bundesrepublik ein einzelner über vergleichbare Medienmacht verfügt. Ein »Redaktioneller Beirat« half Axel Springer von 1963 bis 1969 das Haus journalistisch zu führen und auch Kurs zu halten. Geschäftsführer waren erst der ehemalige SS-Mann Horst Mahnke, dann der jüdische Emigrant Ernst Cramer.

Die Konkurrenz wurde unruhig. Mißgunst und Mißtrauen erfüllten sie seit langem, vor allem die »Hamburger Kumpanei« (so Conrad Ahlers) aus *Spiegel, Stern* und *Zeit*. Der kleine König des *Spiegel*, Herausgeber Rudolf Augstein, war der erste gewesen, der aktiv wurde.
Er hatte schon 1960 die Bildung eines vergleichbaren Konzerns vorgeschlagen. Am 21. November jenes Jahres schrieb er an seinen Mitgesellschafter Richard Gruner, den rothaarigen Wikinger und Gründer von »Gruner + Jahr«: »John Jahr, Senior und Junior, Dr. Bucerius, Du und ich, wir kennen uns alle geschäftlich, schätzen uns persönlich und arbeiten vertrauensvoll zusammen. Wir repräsentieren persönlich und quantitativ ein Verlagspotential, das sich sehen lassen kann, sogar verglichen mit dem Springers, dessen schöpferisches Ingenium uns allerdings allen abgeht. Wir sind verrückt, wenn wir nicht alles tun, den Konzern auf die Beine zu bringen... Der nächste Schritt sollte sein, daß wir uns Gedanken darüber machen, wie wir *Stern, Zeit* und *Spiegel* über einen längeren Zeitraum in einem einzigen Verlag vereinigen...«
Daraus wurde nichts. Statt dessen schloß Rudolf Augstein mit Axel Springer 1965 einen zehnjährigen Druckvertrag für den *Spiegel* ab. Augstein: »Ich besuchte ihn in seiner Sylter Behausung am Watt. Es war ihm klar, daß er mir politische Vorschriften nicht anbieten konnte, aber eine eben doch. Rudolf, so sagte er, ich möchte von Ihnen die Gewähr, daß Sie zu meinen Lebzeiten – und an diese Floskel erinnere ich mich genau – niemals mehr schreiben werden, es hätte kein anderer Deutscher an der deutschen Spaltung mehr verdient als ich.« Augstein überlegte und versprach's mit Handschlag. Sonst wäre der Druckvertrag nicht zustande gekommen. Später nannte Augstein seinen Drucker einen Mann, »dessen Existenz mit demokratischen Zuständen unvereinbar ist«.

Auch John Jahr und Gerd Bucerius suchten im Alleingang ihr Lamm ins Trockene zu bringen. Der listige John Jahr handelte einen Abgrenzungsvertrag zwischen seinen erfolgreichen Frauenzeitschriften und Springers Interessen aus und versicherte Axel Springer außerdem: »Rudolf Augstein hat mir zugesagt, Dich persönlich nicht mehr zu diskriminieren. Ob er das hält oder halten kann, steht auf einem anderen Blatt.«
Der wendige Advokat Gerd Bucerius schrieb zwar erst warnend an Springers Vertrauten Christian Kracht: »Es ist meine Überzeugung als Verleger und Politiker, daß die publizistische Macht des Hauses Springer an der äußersten Grenze dessen angekommen ist, was ein Staat hinnehmen kann« (6. Februar 1961). Später aber bot ausgerechnet er dann in seinem Haus in der Hamburger Warburgstraße dem inzwischen noch mächtiger gewordenen Springer seinen *Stern* zum Kauf an. Axel Springer hielt es in einem Brief an ihn fest: »Sie versicherten mir, daß der STERN in meinem Verlagshaus wohl bestens aufgehoben sei« (17. Mai 1966).
Schließlich einigten sich 1966 Richard Gruner und Springers Generalbevollmächtigter Christian Kracht im Züricher Hotel »Baur au Lac« auf eine Absprache von 33 Zeilen über die Einflußsphären von Springer und Gruner + Jahr. Ein Plan, der jedes Kartellamt das Gruseln gelehrt hätte, regelte von Druckereien über Objekte bis zum Vertrieb alles, was zwischen den beiden Konzernen zu regeln gewesen wäre. Gruner und Kracht flogen sogar in Gruners Maschine über Deutschland, um den idealen Ort für ein gigantisches Druckzentrum zu finden, in dem die Erzeugnisse beider Häuser produziert werden sollten. Doch es war zu spät. Der Deal konnte nicht mehr unterschrieben werden: Das Jahr 1966 war angebrochen. Es sollte zu einem Schicksalsjahr Axel Springers werden.

III
Der Herbst

Der dunkle Herbst kehrt ein
voll Frucht und Fülle,
vergilbter Glanz
von schönen Sommertagen.

Georg Trakl

Am 6. Oktober 1966 wurde in Berlin das Verlagshaus an der Mauer eingeweiht. Die DDR sollte alsbald direkt gegenüber im Ostsektor drei Plattenhochhäuser himmelwärts ziehen, um zu versuchen, ihren Bürgern den Blick auf das Gebäude zu versperren. Es half nicht viel. Der 80 Meter hohe Leuchtturm des Kapitalismus war weithin sichtbar im Land des Sozialismus, 19 Stockwerke mit einer Fassade aus Glas und bronze-eloxiertem Leichtmetall.

Die Einweihung war ein stolzer Tag im Leben Axel Springers. Die Sonne schien, seine Macht stand im Zenit und er hatte jedem der 5000 Westberliner Taxifahrer zur Feier des Tages eine schweizerische Armbanduhr geschenkt. Sie dankten es ihm mit einer Taxi-Prozession, einem Hupkonzert und rührender Anhänglichkeit bis an seines Lebens Ende. »Ick jehe bei Axel«, klang es über den Taxifunk, wenn ein Wagen zum Verlagshaus bestellt worden war.

Schon in der zweiten Hälfte der fünfziger Jahre war von Axel Springer Anweisung ergangen, das unmittelbar am sowjetischen Sektorenrand in Trümmern liegende alte Berliner Zeitungsviertel aufzukaufen. Scherl, Ullstein und Mosse hatten dort residiert, aber auch eine Fülle kleiner Verlage. Insgesamt waren 1928 in dem Viertel 147 Tages- und Wochenzeitungen produziert worden. Es gelang Springer, das Scherl-Areal an der Kochstraße und angrenzende Grundstücke zu erwerben.

Für Ende 1959 – zwei Jahre nach Springers Moskau-Reise und zwei Jahre vor dem Mauerbau – war dort die Grundsteinlegung

für eine Druckerei und ein Verlagsgebäude geplant. Berlins Bürgermeister Willy Brandt bat Axel Springer inständig, sie vorzuverlegen. Denn im Mai jenes Jahres lief ein Berlin-Ultimatum Chruschtschows ab. Bis dahin, so hatte es der Kreml-Herr gefordert, müsse Westberlin alle Verbindungen zum Westen gekappt haben und freie Stadt geworden sein.
Mutlosigkeit ergriff viele Berliner. Sie verkauften ihren Besitz und übersiedelten in die Bundesrepublik. Willy Brandt hoffte, Axel Springer könne in dieser Situation ein Signal der Zuversicht setzen. Und er setzte es. Zwei Tage vor Ablauf des Chruschtschow-Ultimatums rief er an einem strahlenden Tag zu drei Hammerschlägen auf den Grundstein seines Neubaus: »Einigkeit und Recht und Freiheit!«
»Sie fragen, warum ich in Berlin baue?« erklärte Axel Springer seinen Entschluß. »Meine Antwort darauf ist einfach. Ich glaube an Deutschland mit der Hauptstadt Berlin. Aber ich glaube nicht nur an Deutschland, sondern ich will es eben auch. Und deshalb baue ich in Berlin. Berlin ist nicht nur die politische Metropole Deutschlands, es ist immer der geistige Mittelpunkt und Sammelplatz für unsere Intelligenz gewesen.«
In den Grundstein für den Neubau an der Kochstraße ließ Axel Springer eine Urkunde einschließen, in der es heißt, der Bau sei Ausdruck »unseres festen Glaubens an die geschichtliche Einheit dieser Stadt und an die geschichtliche Einheit Deutschlands«.
Willy Brandt lobte ihn brieflich: »Sie werden sicher nichts dagegen haben, wenn wir Sie als Beispiel deutscher Investitionen in Berlin bezeichnen werden.« Chruschtschow ließ sein Ultimatum verfallen.
Das Gelände, auf dem der Springerbau damals entstand, erstreckte sich über die Jerusalemer Straße hinweg, die von der Kochstraße abging. Die Ruine der Jerusalemskirche, die an der Straße in der Nähe des Bauplatzes stand, wurde gesprengt. Stei-

ne von ihr wurden in den Fundamentsockel des Verlagshauses eingemauert.

Am 17. August 1962 – inzwischen war die Mauer errichtet – versuchte fast auf Höhe der Baustelle der Bauarbeiter Peter Fechter von Ost- nach Westberlin zu fliehen. Er hatte bereits einige Hindernisse überwunden und war dabei, die Mauer zu erklimmen, als ihn Kugeln der DDR-Grenzer trafen. Er fiel zurück in den Todesstreifen und schrie, schwer verletzt, fast eine Stunde lang. Schließlich röchelte er nur noch.

Niemand aus dem Westen hatte den Mut, ihm zu helfen. »Ein amerikanischer Offizier«, berichtete Axel Springer später, »stand damals in unmittelbarer Nähe und sah, wie der Mann verblutete. Der Offizier glaubte, daß er nicht eingreifen dürfe, weil er sonst internationale Verwicklungen heraufbeschworen hätte. Auch mein Haus machte sich schuldig: Unser Akt zu diesem Akt der Unmenschlichkeit war das Photografieren. Wir machten eine Reihe von Aufnahmen und gaben diese Bilder an die Zeitungen in der ganzen Welt weiter. Aber auch wir halfen nicht.«.

Die nahestehenden DDR-Grenzer ließen Peter Fechter sterben. Er war das 38. Mauer-Opfer. Das SED-Regime verhinderte seine kirchliche Beisetzung. Axel Springer hat diesen Vorfall und das Versagen seines Hauses nie vergessen. Er ließ für Peter Fechter an der Mauer ein Mahnmal errichten. Vor jeder offiziellen Veranstaltung seines Verlages begab er sich zu dem Kreuz, legte Blumen nieder und betete. »Und nun bauen wir kein normales Verlagshaus«, versprach Axel Springer nach dem Mord. »Wir bauen ein Hochhaus, ein Haus, das weit hinüberwirkt in den anderen, in den unfreien Teil der Stadt.« Und so geschah es. Die erste Skizze seines neuen Konzernquartiers hatte Axel Springer zu einer Zeit, als die Lufthansa noch nicht in Berlin starten und landen durfte, während eines Fluges mit der PanAm auf eine »Spucktüte« gezeichnet und daneben notiert, welche

Abschreibungen, Steuervergünstigungen und andere Subventionen er dafür vom Staat erhalten würde.
»Ein finanzielles Engagement von 100 Millionen Mark, 75 Prozent davon steuerlich abschreibbar in drei Jahren«, rechnete Rudolf Augstein aus. Soviel waren in der Tat vorgesehen, aber Axel Springers neuer Berlin-Statthalter Peter Tamm schaffte es mit vier Millionen weniger. Das imponierte seinem Chef, der schon so viele Häuser gebaut hatte, aber noch nie eines billiger als veranschlagt.
Langsam wuchs der Bau höher und höher. Während der Arbeiten sollten verrottete Mietskasernen in der nächsten Umgebung abgerissen werden, die seit Jahrzehnten auf der Abbruchliste gestanden hatten. Nur einige Bewohner waren wohl noch älter als die Bruchbuden. Aber die meisten Mieter liebten die Gegend, liebten Kreuzberg. In einem der Häuser lag die verräucherte Gaststätte »Zum Alten Fritz«.
Axel Springer gab Anweisung, für diese Menschen knapp 250 Meter von ihren bisherigen Wohnstätten entfernt neue Wohnungen zu schaffen – ein elfstöckiges Hochhaus, in dem er auch seinen Ullstein-Buchverlag unterbrachte.
Die Menschen hatten in ihren alten Behausungen mit Schwamm in den Wänden und Rissen an den Decken gelebt. Alle Wohnungen kannten keine Zentralheizung, oft kein fließendes Wasser, manchmal keinen Sonnenstrahl. Nun sollten sie neue Apartments mit Lift und Ölheizung, Bädern und Balkonen beziehen – für die alte Miete, bis zum Lebensende unkündbar. So hatte es Axel Springer entschieden.
Im Mai 1965 lud er alle zum Richtfest seines eigenen Hauses an der Mauer ein, zeigte ihnen erstmals ein Modell ihrer neuen Heimstatt und sagte, einen Namen habe er auch schon dafür: »Das Kreuzberghaus zum Alten Fritz«. »Springa bleibt Springa«, meinte einer von ihnen.
In dem noch unfertigen obersten Stock des Verlagshauses an der

Mauer war unterdessen ein Holzverschlag als provisorisches Atelier für Oskar Kokoschka (1896–1980) eingerichtet worden. Axel Springer liebte die Werke des Malers. Kokoschka hatte für ihn schon 1958 aus dem 13. Stock der Hamburger Verlagszentrale einen »Blick aus dem Axel-Springer-Haus« (84 x 131 cm) festgehalten. Nun sollte er für Axel Springer die geteilte Stadt auf Leinwand bannen.

»Als ich zum ersten Mal auf den roten Sektor Berlins hinuntersah, wurde mir bange«, notierte Oskar Kokoschka. »Eine menschenleere Wüste, wie eine Mondlandschaft ... Noch nie hatte ich eine ausgestorbene Stadt gemalt ... Ein Gendarm patrouilliert an der Mauer, mit Maschinenpistole im Anschlag. Nein, es sind deren zwei. Einer muß den anderen bewachen.«

Am Abend seines ersten Tages auf dem Springer-Haus sagte der inzwischen Siebzigjährige: »Wie werde ich den Eindruck los, den ich heute von der Klagemauer hatte, die Europa von der Barbarei trennt? Ich unternehme den schüchternen Versuch, es im Bild zu bewahren.«

Der alte Herr konnte nur noch schlecht sehen. Einmal verwechselte er einen Kanal im Ostsektor mit einer Straße. Peter Tamm schickte ihm jeden Tag eine Flasche Ballantine-Whisky in seinen Holzverschlag in 80 Meter Höhe. Nach zwölf Tagen hatte Kokoschka das Bild fertig. Er nannte es »Berlin, 13. August 1966« (105 x 140 cm), die Stadt am fünften Jahrestag des Mauerbaus.

Außer diesem Berlin-Porträt verdankte Axel Springer dem Künstler noch einen zweiten Beitrag für sein inzwischen unmittelbar vor der Vollendung stehendes Verlagshaus: ein in Marmor geschlagenes Zitat seines Sylt-Freundes Hans Zehrer.

Seit der gemeinsamen Moskau-Reise von Springer und Zehrer war die *Welt* unter Hans Zehrer deutlich nach rechts gerückt. Über zwei Dutzend linker und liberaler Redakteure unterschiedlicher Qualität hatten das Blatt verlassen. 1963 war Zehrer nach Berlin übersiedelt. Er habe ihn »nach Berlin gelotst«, freute sich Springer. Die *Welt* blieb in Hamburg. Dem Titel nach stand Zehrer noch an ihrer Spitze, aber die Tagesgeschäfte leitete eine Geschäftsführende Chefredaktion.

Hans Zehrer war gesundheitlich angeschlagen, seine Sorge jedoch galt weiter seinem Blatt, wie aus einem Brief an Axel Springer hervorgeht. »Reiten Sie Ihr bestes Pferd nicht zuschanden! Sie bekommen vorläufig keinen Ersatz und sollten es etwas schonen. Es ist mir gelungen, Sie für die *Welt* zu interessieren und Sie politisch ganz auf meine Linie zu ziehen. Deshalb diene ich Ihnen«, schrieb er seinem Verleger: »Ich sollte Ihnen aber allervertraulichst nicht verheimlichen, daß ich zur Zeit maroder im Geschirr bin, als ich es mir und anderen zugebe ... Ich darf nicht in dem Augenblick auf die Schnauze fallen, wo wir in die entscheidenden Runden um das Schicksal unseres Volkes gehen.« Doch er fiel.

Im Januar 1966 schrieb Axel Springer dem leidenden Zehrer: »Was Sie jetzt brauchen, ist – wie ich Ihnen sagte – eine gute Frau, und die haben Sie, und dann irgendwo einen guten Freund, der sich hiermit anbietet es zu bleiben.« Im August starb Hans Zehrer an Leberkrebs. »Ohne ihn«, rief Axel Springer ihm nach, »wäre mein Haus nicht das geworden, was es ist.« Das war zweifellos richtig. Zehrers religiöse und nationale Anschauungen hatten Axel Springer beeinflusst.

»Ich hatt' einen Kameraden, einen bessern findst du nicht«, sagte Axel Springer in der Dorfkirche St. Annen von Berlin-Dahlem am Sarg seines Sylt-Freundes. »Der große Journalist, Patriot und Gottsucher Hans Zehrer – er ist nicht mehr und wird immer bei uns bleiben.« Zu seinem Vertrauten Ernst Cramer meinte Springer nach der Beisetzung: »Ich wollte, man könnte eines Tages über mich das gleiche sagen: daß er ein großer Journalist, Patriot und Gottsucher war.«

Um den Toten zu ehren, hatte Axel Springer in seine Grabrede eine Passage aus einem Brief aufgenommen, den Hans Zehrer ihm am 27. Dezember 1963 in Berlin geschrieben hatte. »Im übrigen, mein Lieber, war diese Stadt in diesen Tagen unbeschreiblich, und sie ist es noch. Wir gingen am Heiligen Abend auf die Straße, weil ein eigenartiges neues Geräusch über der Stadt zu hören war. Es kam daher, weil alle Glocken läuteten und darüber pausenlos die Flugzeuge brummten. Es war plötzlich klar geworden, klirrender Frost und Rauhreif, und die Luftfahrtgesellschaften holten den Nebelstau auf. Zur gleichen Zeit strömten die Menschen mit ihren Paketen nach drüben. An allen Fenstern standen die Lichter. Und dann kam der Schuß an der Mauer, der wieder einen Achtzehnjährigen niederstreckte. Das sind hier keine Gegensätze. Das gehört hier alles zueinander und zur Wirklichkeit, in der wir leben. Und auch dieser tote Junge hat seinen Platz in der göttlichen Ordnung, selbst oder gerade in diesen Weihnachtstagen, die immer in der Gefahr stehen, der Sentimentalität und damit der Lüge zu verfallen. Jener verkrampfte Handschuh im Stacheldraht rückte manches wieder zurecht.«

Noch bevor Axel Springer die Stelle bei der Beerdigung vortrug, las er sie Oskar Kokoschka vor. Der Künstler war beeindruckt. »Sie sollten diese Worte in Stein hauen lassen«, sagte er. Axel Springer zögerte keinen Augenblick. Mit einer »spätrömischen Geste«, wie es der Autor Hans Müller formulierte, wurden die Worte des Freundes gemeißelt und in das Foyer seines kurz vor der Einweihung stehenden Hochhauses an der Mauer eingefügt. Zum Tag der Einweihung hatte Axel Springer den 6. Oktober 1966 bestimmt, den 85. Geburtstag seiner verstorbenen Mutter. Es war ein sonniger Herbsttag. Am frühen Morgen suchte Axel Springer das Grab von Hans Zehrer und das Holzkreuz für Peter Fechter auf.

Um neun Uhr war die Presse in das neue Verlagshaus gebeten. Locker und unbekümmert beantwortete Axel Springer Repor-

terfragen. »Ob ich immer mit allem einverstanden bin, was in meinen Zeitungen steht? Ach, wissen Sie, ich hole mir öfters mal blaue Flecken, wenn ich morgens bei der Lektüre meiner Blätter aus dem Bett falle ...« Und: »Ich habe nichts gegen meine tüchtigen Verwaltungsspitzen in Hamburg, die sich über Mittag im 13. Stock [im Casino] um mich scharen; aber eigentlich sollten es doch die Journalisten sein. Deshalb habe ich es hier in Berlin von Anfang an umgedreht und einen Journalistenclub im 18. Stock geschaffen ...«
Gegen zehn Uhr begann die Vorfahrt der Gäste. Vor dem Haus spielte das Musikkorps der Berliner Schutzpolizei. Kurz nach elf ertönten im Foyer die Klänge der »Stiftungsfeier« von Felix Mendelssohn-Bartholdy. Sie leiteten den Festakt ein. Der König hatte gerufen und alle waren gekommen, toute Teutonia, Freund und Feind. Das hatte es noch nie gegeben. Zu den 560 Ehrengästen gehörten Bundespräsident Heinrich Lübke, Max Schmeling und der Chef des Hauses Hohenzollern, Prinz Louis Ferdinand von Preußen, Englands Presselord Cecil King und der Senator Franz Burda, Franz Josef Strauß und Rudolf Augstein, Herbert von Karajan und VW-Boss Heinrich Nordhoff, Oskar Kokoschka, Vizekanzler Erich Mende und Willy Brandt. Günter Grass schenkte dem Gastgeber eine Ausgabe des neuen »Kursbuches«. Springers Vertraute und Inneneinrichterin Hulda Seidewinkel hatte für sie alle ein 50 Meter langes Büfett angerichtet. Der erkrankte Kanzler Konrad Adenauer schrieb aus Bonn an den Verleger: »In Gedanken bin ich am 6. Oktober bei Ihnen und den Berlinern. Von Herzen alles Gute! Ihr Adenauer«.
Axel Springer im dunklen Zweireiher mit gepunkteter Krawatte und weißem Einstecktuch war ein souveräner Hausherr. Wen er ansprach, der reagierte beflissen, wem er die Hand auf die Schulter legte, der empfand es als eine Art Ritterschlag. Es war eine Geste, die er liebte. Als »glücklichsten Entschluß meines Lebens« hat Axel Springer seine Entscheidung gewertet, in Ber-

lin zu bauen. Nun umarmte ihn unauffällig in einer Ecke selbst der skeptische Karl Andreas Voß: »Sie haben mit diesem Schritt recht gehabt. Und wie Sie recht gehabt haben.«
Außer Bürgermeister Willy Brandt ergriff auch Bundespräsident Heinrich Lübke das Wort: »Das rasche Wachstum«, stellte er fest, »das dieser Verlag erlebt hat, ist ohne Beispiel in der jüngsten Pressegeschichte unseres Landes. Über den Umfang des Einflusses, der von ihm ausgeht, sind viele Stimmen laut geworden, nicht immer nur beifällige, wie Sie alle wissen. Ich halte eine kritische Betrachtungsweise für verständlich und nützlich. Ich meine aber, daß die überzeugendsten Widerlegungen von Bedenken und Einwänden aus diesem Haus selbst kommen werden, nämlich: Durch die noble Haltung des Verlagsinhabers, der unsere nationalen Anliegen trotz aller Angriffe stets kraftvoll und mutig vertreten hat; durch den Geist der Publikationen, die hier Tag für Tag erscheinen, und durch die Überzeugungskraft, die sie ausstrahlen. Dann kann der Umfang der Verlagsarbeit allein kein Vorwurf sein.«
Axel Springer gedachte am Rednerpult seiner Mutter, erwähnte erstmals öffentlich eine Stiftung, die er der Stadt Jerusalem zugedacht hatte, um die Aussöhnung mit den Juden zu fördern, und sagte: »Der heutige 6. Oktober ist für uns, die wir dieses Haus in sieben langen Jahren errichteten, ein großer Tag. Wenn ich sage, ein großer Tag, so bedeutet das beileibe nicht: ein rundum glücklicher Tag. Wer ein Haus baut, auf einem Grundstück, dessen 410 Meter lange Begrenzungsmauer die grauenhafteste Absurdität ist, die Europa aufzuweisen hat, und die tagaus, tagein daran erinnert, daß wir in einem geteilten Land leben, dem ist nicht nach Jubel zumute. Selbst dann nicht, wenn er seinem Schöpfer dafür dankbar ist, daß er gerade hier bauen durfte und konnte.«
Der Streiter für die Freiheit Berlins und die Wiedervereinigung schloß mit den Worten des Burschenschafters Hans Ferdinand Maßmann (1797–1874):

»Ich hab' mich ergeben
Mit Herz und mit Hand
Dir Land voll Lieb' und Leben,
Mein deutsches Vaterland.«
Die Bläservereinigung der Berliner Philharmoniker spielte zum Ausklang der Einweihung Variationen der Vertonung des Gedichtes.
Zwei Schicksalslinien Axel Springers hatten sich an diesem für ihn so bedeutsamen Tag gekreuzt. Die eine wies aufwärts, die andere abwärts. In den Ansprachen von Axel Springer und Bundespräsident Heinrich Lübke waren sie schemenhaft aufgetaucht: Axel Springers wachsendes Interesse für Israel und zunehmende Vorbehalte gegen ihn in Deutschland.
Israel würde seine leidenschaftliche Liebe wecken. In Deutschland aber sollten dunkle Wogen des Hasses über ihm zusammenschlagen. Israel wurde zum zweiten Frühling, Deutschland zum stürmischen Herbst im Leben Axel Springers.

Die Reise nach Jerusalem

Axels Springers Engagement für Israel hatte auf ungewöhnliche Art begonnen. Auf dem Presseball 1965/66 war ihm die junge attraktive Österreicherin Barbara Taufar (Jahrgang 1943) vorgestellt worden. Sie arbeitete bei *Bild*, hatte Freunde in Israel und besuchte ihren Verleger schon bald in seinem Büro in Hamburg zum Tee.
Nach ihren Erinnerungen *Die Rose von Jericho*, die allerdings erst nach Axel Springers Tod erschienen und daher von ihm weder bestätigt noch dementiert werden konnten, sagte sie bei dieser Visite zu ihm: »Jetzt wollen Sie wahrscheinlich in erster

Linie mit mir schlafen, nicht wahr. Ich muß sagen, daß ich auch auf Sie neugierig bin und Sie gern in meinen Armen halten möchte. So ist das eben, wenn sich ein Mann und eine Frau treffen, aber wir werden das auch noch hinter uns kriegen, und erst dann können wir beide frei genug sein, um gemeinsam über Gott zu sprechen.« Die Mischung aus Sex und Mystik war genau der Ton, der Axel Springer faszinierte.

Spaziergänge, Küsse, Gedichte. Die erste Liebesnacht verbrachten die beiden in der Hamburger Wohnung von Axel Springers Inneneinrichterin Hulda Seidewinkel, die fast alle seine Häuser dekoriert hatte, 20 Jahre lang seine enge Vertraute war und die Nerze für seine Geliebten aussuchte. Als einmal einer übrig war, so erinnert sich Springer-Tochter Bärbel, »kam ich zu meinem ersten Pelz«. Axel Springer schätzte Hulda Seidewinkels Geschmack, ihren Witz und ihre Diskretion.

Barbara Taufar beschreibt Hulda Seidewinkels Apartment in Hamburgs Blumenstraße so: »Überall standen kostbare, mit Gold beschlagene Kommoden und Tische. Der Salon wurde nur durch Tischlampen und Kerzen erhellt.« Dort war es auch, wo sich das Paar bald wieder zum zweiten Stelldichein traf. Barbara Taufar: »Eisgekühlter Champagner, Kaviar und heißer Toast standen für uns auf einem Glastisch bereit.« Axel Springer habe sie an jenem Abend gefragt: »Wer bist du eigentlich?« Und sie habe geantwortet: »Ich bin Jüdin.« Das entsprach nicht ganz der Wahrheit: Sie war die Tochter eines SS-Mannes, trat aber später zum Judentum über und übersiedelte nach Israel.

Axel Springers Reaktion gab sie in ihren Erinnerungen so wieder: »Er saß wie tot in seinem Sessel. Sein Blick war an meinem Gesicht hängengeblieben, dann löste er sich langsam aus seiner Erstarrung und sank auf seine Knie. ›Ich habe es gewußt. Du hast soviel von Vorsehung gesprochen. Jetzt ist mir alles klar, warum wir uns getroffen haben ...‹ Diesmal unterbrach ich ihn nicht. Mein Schweigen half ihm über sein Staunen hinweg,

und mir war noch immer nicht klar, was ich mit meiner schamlosen Lüge angerichtet hatte. ›Du weißt gar nicht, was es mir bedeutet, in dir eine Jüdin zu finden. Du repräsentierst für mich die sechs Millionen Toten. Ich weiß seit langem, daß ihre Todesschreie wie eine schwarze Wolke des Verhängnisses über Deutschland hängen. Wenn es mir nicht gelingt, diese schwarze Wolke des Unheils zu durchstoßen, wird es eine Katastrophe geben. Die Juden sagen, daß die Gerechten die Pfeiler sind, auf denen die Welt steht. Ich will einer der Gerechten sein. Ich muß etwas tun, sonst wird Deutschland zugrunde gehen.‹ Noch nie hatte ich Springer so aufgeregt gesehen. Er sah seine Mission klar vor sich: Er hatte eine Vision und fühlte sich auserwählt.«
Barbara Taufar informierte einen einflußreichen Freund in Israel. Ob sie so dafür verantwortlich war oder Erik Blumenfeld (wie Axel Springers eigene, etwas seriösere Version lautete) – sicher ist, daß der deutsche Verleger nur wenige Wochen nach dem Rendezvous in Hulda Seidewinkels Wohnung eingeladen wurde, zum erstenmal in seinem Leben das Land der Juden zu besuchen.
Israels Bonner Botschafter Asher Ben Nathan, der aussah wie Curd Jürgens in der Rolle von Axel Springer, bestätigt den zeitlichen Zusammenhang: »Axel Springer traf ich zum erstenmal im Frühjahr 1966 in seinem Verlagshaus in Hamburg ... Ich war sehr neugierig, Axel Springer kennenzulernen. Erik Blumenfeld hatte mir viel Gutes über ihn erzählt, in Bonn jedoch hörte ich auch andere Meinungen ... Ich lud ihn zu einem Besuch in Israel ein und legte ihm besonders Jerusalem ans Herz. Ich ahnte, was eine Begegnung mit Jerusalem einem tiefgläubigen Menschen wie Axel Springer bedeuten würde.«
So trat Axel Springer mit seinem Mitarbeiter Ernst Cramer im Juni 1966 seine erste Reise nach Jerusalem an. Er blieb nur wenige Tage, aber die beeindruckten ihn tief, so tief, daß er für den

Bau von Auditorium und Bibliothek des Israel-Museums in Jerusalem eine Spende über 3,6 Millionen Mark zusagte.
An Barbara Taufar schrieb Axel Springer am 28. Juni 1966 aus dem »Dan-Hotel« Tel Aviv: »Barbara, es ist ein Minuten-Programm. Gestern war ich in Galiläa. Der Tiberias-See mit seinen Bergen schien fast vertraut. Und abends gab's ein grandioses Brahms-Konzert in Tel Aviv. Ich muß oft mit meiner Fassung kämpfen. Gleich geht's nach Jerusalem. Auf Wiedersehen. A.«
Im selben Monat suchte Barbara Taufar in Hamburg etwas Distanz zu ihrem Liebhaber zu gewinnen. »Ohne ihm ein Wort zu sagen«, schreibt sie, »kündigte ich im Juni 1966 im Springer-Verlag und nahm das Angebot von Chefredakteur Claus Jacobi an, bei Springers ärgstem politischen Gegenspieler zu arbeiten, in der Redaktion des Wochenmagazins *Der Spiegel*.«
Seine Beziehungen zu Israel entwickelten sich im Springer-Tempo. Im Sommer 1966, in dem er seine Millionenspende angekündigt hatte, mahnten einige Stadträte Jerusalems ihren Bürgermeister Teddy Kollek, eine so bedeutende kulturelle Einrichtung Israels dürfe nicht mit einem Deutschen in Verbindung gebracht werden. Da telegraphierte Springer an Kollek: »Mithelfen zu dürfen, jedoch nicht als Helfer genannt zu werden, war mein spontaner Wunsch ... Bitte sagen Sie das den Herren, die sich Sorgen machen, und daß die gewünschte Anonymität für mich nichts Verletzendes hat.«
Der Weg war frei. Einen Monat nach der Einweihung seines Verlagshauses an der Mauer war Axel Springer schon wieder in Israel – zur Grundsteinlegung der Museumsbibliothek in Jerusalem. »Liebe Barbara«, schrieb er am 11. November 1966 aus dem »King-David-Hotel« an Barbara Taufar, »die Grundsteinlegung, Reden, Besuche bei allen (oder doch sehr vielen) wichtigen Leute, liegt hinter uns. Ich glaube: Alles ging sehr gut. Und ich bin (bei aller Erschöpfung) sehr zufrieden. Wenn nicht alles täuscht, wird eine Aktivität ganz besonderer Art vonnöten sein, wenn

wirklich etwas anschließend und anhaltend geschehen soll. Und ich bin mehr denn je von der Notwendigkeit überzeugt ... Ich habe große Freundlichkeit empfangen dürfen, und sie ahnen wohl auch, was mich bewegt ... Dein A.«

Der Mann, der im geteilten Berlin sein Verlagshochhaus auf der alten Jerusalemer Straße errichtet hatte, hatte im geteilten Jerusalem sein Herz verloren. Im nächsten Jahr führte Israel den Sechs-Tage-Krieg gegen seine Feinde, der die Teilung beendete. Axel Springer beschrieb seine Rolle in diesem Krieg: »Während des Sechs-Tage-Krieges hat Axel Springer in Deutschland sechs Tage lang israelische Zeitungen herausgebracht. Sein Instinkt für Verkaufsmöglichkeiten hat ihn allerdings daran gehindert, die Zeitungen in hebräischer Sprache zu drucken.« Jerusalems Bürgermeister Teddy Kollek erinnerte sich: »Am ersten Tag nach dem Sechs-Tage-Krieg war Axel schon bei uns. Am folgenden Morgen um sechs Uhr holte ich ihn mit einigen seiner Freunde aus dem Hotel ab und führte sie durch die [arabische] Altstadt, wo noch Ausgangssperre herrschte. Während des Rundgangs sprach Axel Springer kaum ein Wort. Aber seine Augen zeigten, wie bewegt er war ... Als ich mich später vor seinem Hotel verabschiedet hatte, lief Axel mir nach. Er steckte mir ein Stück Papier in die Brusttasche meines Hemdes und meinte fast beiläufig: ›Sie werden das beim Wiederaufbau der Altstadt gebrauchen können.‹ Ich dankte kurz und setzte den Weg zu meinem Dienstwagen fort. Auf dem Weg zog ich das Stück Papier heraus. Es war ein Scheck über eine bedeutende Summe. Ruckartig drehte ich mich wieder um, kehrte zu Axel zurück und wir umarmten uns das erste Mal.«

Am Abend sahen die beiden vom Ölberg hinab auf die Heilige Stadt, die Hauptstadt der Juden seit den Tagen Davids. »In dieser Stadt muß ich mir mein zweites Heim bauen«, sagte Axel Springer leise. Einen herrlichen Bauplatz hoch über Jerusalem, der ihm angeboten wurde, lehnte er ab. Es stehe einem Deutschen nicht zu, von oben auf diese Stadt herabzuschauen. Später kaufte er statt dessen ein Duplex in einem Apartmenthaus direkt neben dem King-David-Hotel mit Blick auf die Altstadt und einem Decknamen an der Tür.

Schon 1967 feierte er Weihnachten in Jerusalem. Zwei Universitäten Israels machten ihn zum Ehrendoktor. Der große Staatsgründer David Ben Gurion lud ihn zu sich in die Wüste. Golda Meir umarmte ihn. Er besuchte den Kriegshelden Mosche Dayan. Premier Shimon Peres nannte ihn seinen »engen und beständigen Freund«, Präsident Chaim Herzog »eine seltene Persönlichkeit«.

Auch den Jom-Kippur-Krieg 1973 verbrachte Axel Springer an der Seite der kämpfenden Israelis. »Israel ist und bleibt meine große Liebe«, schrieb er in jenem Jahr an Barbara Taufar. Teddy Kollek sagte: »Er, dessen Namen man zunächst nicht erwähnen wollte, wurde Honorary fellow von Jerusalem. Und an der Museumsbibliothek steht deutlich sichtbar sein Name.«

Michael Jürgs fügte in seiner Springer-Biographie hinzu: »Eine kleine Straße am Jerusalem-Museum heißt ›Axel-Springer-Weg‹, und auf der Tafel wird – in englisch, in arabisch, in hebräisch, nicht in deutsch – erinnert an den ›Verleger, Verteidiger von Israels gebührender Stellung unter den Völkern, Honorary fellow von Jerusalem‹. Sein Name, sagt Teddy Kollek, wird hier immer leben. In Israel vergißt man nicht so leicht und wird nicht so leicht vergessen.«

Teddy Kollek war stolz, Axel Springers Freund zu sein. Er war nicht der einzige Jude. Der erste jüdische Bürgermeister Hamburgs, Herbert Weichmann, ließ den Verleger handschriftlich wissen: »Welches Geschenk des Schicksals, wenigstens für mich, daß es Sie gibt.« Und der Eichmann-Jäger Simon Wiesenthal schrieb ihm 1982, daß man »in der heutigen schrecklichen Zeit … am liebsten keine Zeitung mehr anrühren möchte – außer es ist eine aus Ihrem Haus«.

Axel Springer hatte seine zweite Heimat gefunden. Er besuchte fortan jährlich wenigstens zweimal das Heilige Land. Er war der erste Mann, der im israelischen Parlament deutsch sprechen durfte. »Ich bin der festen Meinung«, sagte er in einem TV-Interview, »daß eines jeden Christen zweites Vaterland Israel ist.« Und er bekannte: »Auschwitz – das waren wir.« Seine Zuneigung zu Israel war aufrichtig. Vermutlich hat sich kein anderer Deutschen nach dem Krieg mehr für die Versöhnung mit den Juden eingesetzt und mehr dafür geleistet.

Israel hatte in Axel Springer einen mächtigen Verbündeten gewonnen. Die Achtung, die ihm entgegengebracht wurde, spiegelt sich in den Worten wider, mit denen ihm die Ehrendoktorwürde eines Dr. phil. h.c. der Bar-Ilan-Universität in Ramat Gan verliehen wurde, der einzigen religiös fundierten allgemeinen Universität im Staat: »Heldenhaft sind Sie in Ihrem Mut, auch unpopuläre Ansichten zu vertreten und für sie zu kämpfen, wenn Sie von ihrer Gerechtigkeit überzeugt sind. Es ist leichter, die Mordopfer von gestern zu beklagen, als sich zu den Mordopfern von heute zu bekennen. Das haben Sie gesagt, und der Geist, der dahinter steckt, war die Antriebskraft, die Sie zwang, während des Jom-Kippur-Krieges zu ihren Freunden in Israel zu kommen. Das jüdische Volk wird das lange nicht vergessen.«

Die Freundschaft, die Axel Springer im Heiligen Land entgegenschlug, war Balsam für seine Seele. Die Israelis ehrten ihn und schenkten ihm ihre Zuneigung – wie er es begehrte, benötigte und verdient hatte. Und wie er es in seinem Vaterland nicht mehr erlebte.

»Enteignet Springer!«

In Deutschland tickten die Uhren anders. Nach Wirtschaftswunder und Wiederaufbau gewann ein neuer Geist die Oberhand. Wendemarke im Strom der Geschichte der Bundesrepublik war die sogenannte *Spiegel*-Affäre. 1962 hatte das Nachrichtenmagazin eine Titelgeschichte des späteren Bundespressechefs Conrad Ahlers über Zustand und Strategie der Bundeswehr veröffentlicht. Titel: »Bedingt abwehrbereit«. Darin waren angeblich Staatsgeheimnisse verraten worden.
Der damalige Verteidigungsminister Franz Josef Strauß, liebster Feind des *Spiegel*-Herausgebers Rudolf Augstein, sah eine Chance, das unliebsame Blatt für immer zum Schweigen zu bringen. Die Staatsmacht schlug zu: Augstein, Verlagsdirektor Becker, Autor Conrad Ahlers und auch ich als Chefredakteur wurden in Untersuchungshaft genommen, die Redaktionsräume besetzt und durchsucht.
Der Zeitpunkt der Aktion war klug gewählt. Die Kuba-Krise hatte ihren Höhepunkt erreicht: Mit Raketen bestückte Sowjetfrachter dampften mit Kurs auf Kuba, über das Präsident Kennedy eine Seeblockade verhängt hatte. Krieg lag in der Luft.
Wenn, dann würden die verängstigten Deutschen in dieser Situation einen Schlag gegen die Presse am willigsten hinnehmen, zumal der erhobene Vorwurf unter diesen Umständen besonders verabscheuungswürdig klang. Kanzler Adenauer sagte im Bundestag, er sehe in der *Spiegel*-Affäre »einen Abgrund von Landesverrat«.
Der *Spiegel*, damals noch auf einer dünnen Kapitaldecke operierend, stand vor dem Ruin. Wären nur ein paar Nummern aus-

gefallen, hätten die Redakteure ihre Federn ins Korn geworfen, die Anzeigenkunden ihre Anzeigen zurückgezogen oder die Leser sich abgewandt – es wäre das Aus gewesen. Was statt dessen geschah, damit hatte keiner gerechnet. In Deutschland erhoben sich Bürger und im Ausland flammte Mißtrauen auf. Die Pressefreiheit schien in Gefahr.

Eine Welle der Empörung schwappte durch die Bundesrepublik. Professoren verfaßten Petitionen, Wirtschaftler protestierten, Künstler demonstrierten, Studenten randalierten, Medien moralisierten und offerierten Hilfe. Axel Springers Vertrauter Christian Kracht bot dem *Spiegel* in Not an, ihn auf Springer-Rotationen zu drucken. Doch Axel Springer, dem es nur recht gewesen wäre, wenn sein Rivale Rudolf Augstein geschäftlich ins Gras gebissen hätte, wies Kracht an, sein Angebot wieder zurückzunehmen. Für ihn war Augstein »der SED-Mann«.

Das hielt den Lauf der Dinge nicht mehr auf. In Bonn tanzten die Puppen. Die FDP zog ihre Minister aus der Regierung ab. Die *Spiegel*-Affäre wurde zur Staatskrise. Erst mußte Verteidigungsminister Franz Josef Strauß, der das Parlament angelogen hatte, zurücktreten, im nächsten Jahr Kanzler Adenauer. Alle *Spiegel*-Fechter wurden außer Verfolgung gesetzt. Ruhe und Ordnung schienen wiederhergestellt. Doch es schien nur so. Mit dem Ende der Ära Adenauer brach eine neue Zeit an. Die Epoche verkrusteter Kanzler-Demokratie und obrigkeitstreuer Untertanen versank.

Zum erstenmal hatte in der *Spiegel*-Affäre die Straße ihr Haupt erhoben und gesiegt. Das ließ aufsässige Elemente nicht mehr zur Ruhe kommen. Sie hofften auf ihre nächste Chance. Sie sollte nicht lange auf sich warten lassen. Überall in der westlichen Welt begann in den sechziger Jahren die Revolte der jungen Generation. Im Laufe einer Dekade begehrte sie auf, rebellierte und randalierte, kletterte auf Barrikaden, protestierte und demonstrierte, Hippies und Hochschüler, von Paris bis Los

Angeles. Che Guevara und Ho Chi Minh wurden Helden auf ihren T-Shirts.

Wie in den USA und Frankreich begann die jugendliche Auflehnung gegen überkommene Autoritäten auch in Deutschland an den Universitäten. Ordinäre Macht lehnte sich gegen Ordinarien-Macht auf. »Unter den Talaren Muff von 1000 Jahren«, riefen die Studenten.

Gleichzeitig begann die Kritik an Axel Springer und seinem Konzern zu wuchern. In seinem Schicksalsjahr 1966, in eben jenem Jahr der glanzvollen Einweihung seines Hauses an der Mauer und seiner ersten Israel-Reise, forderte Rudolf Augstein, daß der Gesetzgeber dem Wachstum Springers Grenzen ziehe: »Kein westliches Land ist bekannt, in dem ein einzelner Mann 40 Prozent der gedruckten Nachrichten kontrolliert, und zwar nicht als gewichtiger Minderheitsaktionär, sondern als Alleininhaber seiner Zeitungen, Zeitschriften und Druckereien, der sein Commonwealth vererben kann, wem er lustig ist.« TV-Kommentator Thilo Koch meinte: »Es ist höchste Zeit, daß der Bundestag sich mit dem Pressekonzern Axel Springer befaßt.«

Für besorgte Demokraten, Neider und Konkurrenten, für Gewerkschafter und Sozialdemokraten, für Linke und Liberale, Amerika-Feinde und Anarchisten, Intellektuelle und solche, die sich dafür hielten, war Springers Macht ein Ärgernis. Seine *Welt*, sein *Bild* und sein Weltbild waren vielen unheimlich. Blätter mit geringeren Auflagen als *Bild* oder *HörZu!* schürten das Unbehagen: *Spiegel, Stern, Zeit, Süddeutsche* oder *Frankfurter Rundschau, Konkret* und ähnliche Publikationen.

Eine von Bonn eingesetzte Kommission unter Vorsitz von Kartellamts-Chef Eberhard Günther schlug vor, die Meinungsfreiheit als »beeinträchtigt« zu betrachten, wenn ein Verlag mehr als 40 Prozent der im Lande verbreiteten Zeitungsauflagen oder 15 Prozent der Zeitschriftenauflagen besäße. Nach Bonner

Berechnungen besaß der Konzern einen Marktanteil von 39 Prozent bei den Zeitungen und 18 Prozent bei den Zeitschriften.
»Alle Leute haben die Möglichkeit, eine andere Zeitung zu lesen«, spottete Axel Springer. »Will man mir wirklich zumuten, daß ich in die Redaktionen gehe und sage, meine Herren, machen Sie bitte etwas schlechtere Zeitungen?«
Seine Logik leuchtete nicht überall ein. Das Signal zum tätlichen Angriff gaben noch im Jahr 1966 die Kommunisten der DDR. Dort war Axel Springer nach Konrad Adenauers Rücktritt als »Chauvinist, Revanchist, Hetzer, Fälscher, Meinungsmacher« zum Staatsfeind Nr. 1 aufgerückt. Staats- und Parteichef Walter Ulbricht forderte auf dem 20. Jahrestag der SED-Gründung, Springers Macht »zu beseitigen«.
Der Funke sprang sofort nach Westdeutschland über. Auf einer Delegiertenversammlung des »Sozialistischen Deutschen Studentenbundes« (SDS) wurde im Herbst Ulbrichts Wunsch aufgegriffen und erstmals programmatisch die Forderung erhoben: »Enteignet Springer!« Sie sollte zum Schlachtruf werden.
Im letzten Monat jenes vertrackten Jahres bildete in Bonn eine große Koalition von Union und Sozialdemokraten die Regierung. Kanzler war das ehemalige NSDAP-Mitglied Kurt Georg Kiesinger, Vizekanzler der ehemalige Emigrant Willy Brandt. Zu den wichtigsten Aufgaben der großen Koalition gehörte es, die Verfassung zu ändern, um für den Kriegs- und Krisenfall für notwendig erachtete Notstandsgesetze zu verabschieden.
Diese Koalition und ihr Kurs paßten vielen nicht. Eine Fronde aus enttäuschten Sozialdemokraten und Gewerkschaftern, linken Intellektuellen und Demo-Fans bildeten eine »Außerparlamentarische Opposition« (Apo). Ihr Rückgrat war der »Sozialistische Deutsche Studentenbund« (SDS) unter dem charismatischen Studentenführer Rudi Dutschke. Gedanken der Frankfurter Philosophen Theodor Adorno, Max Horkheimer und Herbert Marcuse lieferten das geistige und weniger geistige Rüstzeug.

SDS und Apo wollten eine andere Republik: anti-kapitalistisch, anti-amerikanisch, anti-elitär.
Was ihnen fehlte, war eine überzeugende Feindfigur. Sie fanden sie in Axel Springer. Er war alles, was sie nicht leiden konnten, er war kalter Krieger und Kapitalist, gegen Kommunisten und für Amerikas Vietnam-Krieg. Er stand für Leistung und *law and order*, für Tradition, Religion und Patriotismus. Seine Blätter wurden von nun an per saldo als »Springer-Presse« bezeichnet. Das war abwertend gemeint, wurde aber von manchem Springer-Redakteur als Auszeichnung angesehen.
Eine rasche Eskalation setzte ein. Springer-Gegner und Springer-Presse rauften und rankten sich aneinander empor. Der SDS beschloß »mit allen Kräften der anti-autoritären und anti-kapitalistischen Opposition eine lang andauernde Kampagne zur Entlarvung und Zerschlagung des Springer-Konzerns«.
»Haut dem Springer auf die Finger« – »Axel, wir kommen!« – »Springer-Presse, halt die Fresse«, skandierten die Demonstranten.
»Polit-Gammler« – »Radau-Macher« – »Schreihälse« – »Krawall-Studenten«– »Spinner« – »Geistige Halbstarke« – »Jung-Rote« waren sie für die Blätter des Konzerns.
Bild empfahl »Polizeihiebe auf Krawallköpfe, um den möglicherweise doch vorhandenen Grips locker zu machen«.
Die Auseinandersetzung vergröberte die Ansichten des Verlegers und die Sprache seiner Zeitungen. *Bild* unter *Bild*-Hauer Peter Boenisch drosch auf jeden ein, der nach Moskau roch.
Der *Spiegel* stellte fest: »Die Springer-Zeitungen haben in einer Form über die Studenten-Demonstrationen berichtet, die dem Volksverhetzungstatbestand des Paragraphen 130 des Strafgesetzbuches nahekommt.«
Am 1. Januar 1967 verlegte der Springer-Verlag seinen Hauptsitz von Hamburg ins neue Hochhaus nach Berlin. Die Apo-Proteste

35 AS mit seiner dritten Frau Rosemarie im Januar 1958 auf dem Roten Platz in Moskau

36 AS mit Willy Brandt: erst Verbündete, dann Gegner

37 AS mit Helmut Kohl: Freude, aber kein Triumph

38 AS mit Franz Josef Strauß. »Den unbeherrschten Bayern« nannte er ihn in einem Brief.

39 AS mit Helmut Schmidt. Nach dem Einmarsch der Sowjets in Prag notierte AS: »Ein Traum, den nicht nur Schmidt geträumt hatte, war wie eine Seifenblase geplatzt.«

AS mit der Queen auf Schierensee: »In England nehmen die Kamine auch.«

AS mit seiner letzten Frau bei Ronald Reagan. Der US-Präsident schrieb unter das Foto die Widmung: »Für Friede und Axel. Wir alle bewundern, was Sie tun. Mit den besten Wünschen, herzlich Ronald Reagan.«

42 AS mit Ben Gurion in Israel. Dort schlug ihm Liebe entgegen, die er in Deutschland entbehrte.

43 AS mit Oskar Kokoschka auf dem obersten Stock des Verlagshauses an der Berliner Mauer

44 AS mit Rudolf Augstein. »Das Dumme an der Sache ist ja, der in meinen Augen naive Axel hat Recht behalten«, sagte Augstein nach der Wiedervereinigung und dem Untergang der Sowjetunion.

'apst Paul VI. gewährte AS im April 1977 eine ataudienz.

AS mit Richard v. Weizsäcker. »Sein großes hat es vermocht, seine Zeit und seine Mit-schen zu bewegen«, schrieb Jahre später der despräsident der Witwe.

47 Horst Herbert Alsen mit s[einer] ner Frau Mausi. Sie sollte [die] vierte Frau von AS werden. [Die] Ehe dauerte von 1962 bis 19[..]

48 AS mit seinem zweiten S[ohn] »Lumpi« aus seiner vierten [Ehe.] Das Foto machte sein älte[rer] Sohn Axel jun.

49 Sturm auf das Berliner Verlagshaus 1968

50 Anschlag gegen das Hamburger Verlagshaus 1972. 17 Mitarbeiter wurden verletzt.

51 AS am Krankenbett eines Verletzten

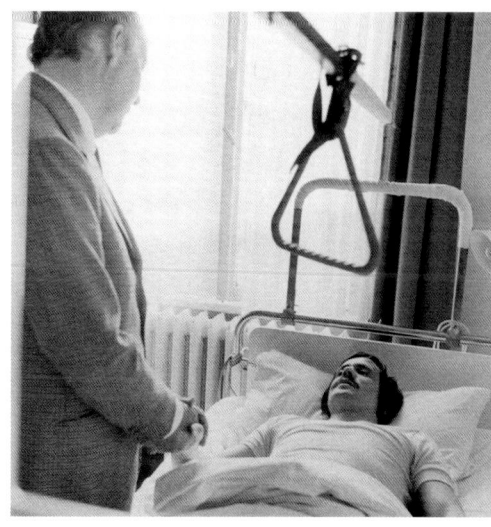

52 Konferenz auf dem Rasen des Klenderhof in Kampen. Der Hubschrauber des Verlegers wartet.

53 Im August 1973 wurde der Klenderhof von unbekannten Tätern in Brand gesteckt.

nahmen zu. Axel Springer wurde als Volksverhetzer hingestellt, der seine Meinungsmacht mißbrauche.

Am 2. Juni 1967, einen Tag, nachdem Bundespräsident Heinrich Lübke dem Verleger das Große Verdienstkreuz mit Stern der Bundesrepublik Deutschland »für besondere Verdienste um Staat und Volk« verliehen hatte, wurde während eines Besuchs des Schahs von Persien in Berlin der Student Benno Ohnesorg bei einer Demo vor der Deutschen Oper von einer Polizeikugel getroffen und starb.

»Wer Terror produziert, muß Härte in Kauf nehmen«, kommentierte Springers *BZ* in Berlin. Die Springer-Blätter machten Millionen von Lesern »dumm wie die Hühner und blutrünstig wie Wölfe«, befand der ehemalige Springer-Journalist Erich Kuby.

Wie so manches in der hektischen Zeit war beides vielleicht nicht gerade die ganze Wahrheit. Aber die Atmosphäre verdichtete sich zu revolutionärem Sprengstoff.

Rote Fahnen wurden geschwenkt, Gewalt gegen Sachen wurde schick. Springer-Tribunale tagten an Hochschulen. Beim Zentralkomitee der SED in Ostberlin wurde »eine Arbeitsgruppe zur Unterstützung der Anti-Springer-Kampagne in Westdeutschland und Westberlin« gebildet. »Springer war bei uns nicht gerade beliebt«, sagte mir DDR-Geheimdienstchef Markus Wolf in seiner Wohnung in Berlin. Die Zahl der Springer-Feinde wuchs.

Eine Panne im Konzern heizte die Atmosphäre auf und schenkte den Springer-Gegnern ein neues Reizwort: das »Springer-Fernsehen«. Axel Springer war seinem Traum vom Fernsehen nie untreu geworden. Nachdem seine Pläne mit Konrad Adenauer für einen Berliner Fernsehsender gescheitert waren, sich auch andere Anläufe zerschlugen und das Zweite Deutsche Fernsehen der Länder seinen Betrieb aufgenommen hatte, strebte er ein »Verleger-Fernsehen« an.

»Ich bin für die öffentlich-rechtlichen Fernsehanstalten«, erklärte er, »allerdings müßte dazu als Gegengewicht ein privates Fernsehen kommen.« Er sah für die Presse eine existentielle Gefahr. Es sei eine fatale Verzerrung des Wettbewerbs, wenn die mit Zwangsgebühren finanzierten öffentlich-rechtlichen Anstalten nun durch TV-Werbung der Presse auch noch Anzeigenkunden abspenstig machten und der Presse gleichzeitig der Zugang zum Fernsehen verwehrt bleibe. *Bild* begleitete seinen Kurs mit *Bild*-Schlagzeilen: »Fernseher kochen vor Wut« – »Kein Mittel gegen Fernseh-Terror« – »Fernseh-Diktatur gegen alle«.

Im Präsidium des Verleger-Verbandes war Axel Springer seit 1963 für ein Privatfernsehen auf einer Art genossenschaftlicher Basis mit Beteiligung möglichst aller Zeitungsverleger eingetreten, etwa wie die Konstruktion der »Deutschen Presse-Agentur«. Er hatte zunächst angeregt, einem solchen Verleger-Fernsehen die Programmherstellung des Zweiten Deutschen Fernsehens zu übertragen. Als daraus nichts wurde, aber dann neben den beiden öffentlich-rechtlichen Anstalten ein drittes Programm am Horizont auftauchte, stritt er dafür, daraus ein Programm der Verleger zu machen. Doch wieder setzten sich die öffentlichen Anstalten durch und strahlten ab 1964 regionale Programme als drittes Programm aus.

Im gleichen Jahr ernannte Axel Springer den Chefjustitiar seines Hauses Hermann F. Arning zum Chef einer Abteilung für »elektronische Publikationsmittel«. Im Herbst 1966 begann dieser Arning das ZDF auszuforschen, um gegen Honorar Material über Schmiergelder, Fehldispositionen und andere Verfehlungen zu erhalten. Die Aktivitäten flogen auf. Arning wurde von seinem Posten entbunden. Doch das Malheur war geschehen. Denn, so hatte einer der Beteiligten ausgesagt: »Herr Arning unterbreitete mir den Wunsch des Verlegers, Informationen über ZDF und ARD zu sammeln.«

Der Chefredakteur der *Zeit*, Josef Müller-Marein, nahm die Gelegenheit wahr, sich aus diesem Anlaß grundsätzlich zu entrü-

sten. »Wenn ein Verleger so groß wird, wie Springer es geworden ist, und wenn es wahr ist, daß er seinen Einfluß auf die Chefredakteure seiner Blätter unablässig geltend macht, ist ein Problem berührt, das allgemeiner Sorgen wert ist: das der Macht.«
Axel Springer antwortete ihm: »Ich habe diesen Zipfel Macht nicht ererbt. Er ist mir von den Lesern meiner Zeitungen – erlauben Sie mir dieses grobflächige Bild – verliehen worden. Deshalb betrachte ich sie auch nur als Lehen.«
Aber seine TV-Bestrebungen mußte er nach dem Arning-Zwischenfall wiederum auf Eis parken. Und seine Gegner hatten ein neues Horror-Szenarium: Neben der Macht der »Springer-Presse« nun auch noch der Griff nach einem »Springer-Fernsehen« (obgleich er nur drei Prozent vom Verleger-TV hatte haben wollen).
Damit nicht genug der Ungeschicklichkeiten des Konzerns. Pech zieht Pech an. Im September 1967 veröffentlichten drei Springer-Zeitungen ungeprüft den Bericht einer nicht sehr seriösen Presseagentur: Der in der DDR lebende jüdische Schriftsteller Arnold Zweig habe in einem Brief nach Israel die Zustände im SED-Staat und seine Verfolgung beklagt.
Das war Kost nach dem Geschmack des Verlegers, und seine Blätter beeilten sich, sie zu servieren. Aber die Meldung stimmte nicht. Wasser auf die Mühlen aller Springer-Feinde. Der »Sozialistische Deutsche Studentenbund« war begeistert. SDS-Chef Rudi Dutschke versprach in einem *Spiegel*-Interview »im Laufe des nächsten Semesters direkte Aktionen gegen die Auslieferung von Springer-Zeitungen in Westberlin«. Er sagte: »Ich denke, daß die Enteignung des Springer-Konzerns auch von größeren Teilen der Bevölkerung unterstützt wird.«
Für die *Gewerkschaftspost* war Axel Springer ein »skrupelloser Geschäftsmann«, der die Studenten »verketzert«. Der »Republikanische Club« in Berlin, ein Apo-Ableger, legte eine »Materialsammlung« vor, in der ein Anklagepunkt gegen Axel Springer

hieß: »Kommunistenhetze, die mit wohl nur als faschistisch zu bezeichnenden Methoden betrieben wird«. Auf der Buchmesse in Frankfurt wurden Springer-Stände demoliert.

Gereizt verkündete Axel Springer im Oktober des Jahres 1967 im Hamburger »Überseeclub« eine Magna Charta für sein Haus, durch die er alle seine Blätter auf vier politische Grundsätze einschwor:

- das unbedingte Eintreten für die friedliche Wiederherstellung der deutschen Einheit in Freiheit;
- die Aussöhnung zwischen Juden und Deutschen; dazu gehört auch die Unterstützung der Lebensrechte des israelischen Volkes;
- die Ablehnung jeglicher Art von politischem Extremismus;
- die Bejahung der freien sozialen Marktwirtschaft.

»Innerhalb dieser vier Grenzpflöcke einer toleranten Weltanschauung«, sagte Axel Springer, »steht es jedem Chefredakteur des Hauses frei, sein Blatt so zu gestalten, wie er es in Zusammenarbeit mit seinen Redakteuren für richtig hält.«

Das war formal sicher nicht falsch. Nur: Axel Springer hatte sich Chefredakteure ausgesucht, die sein Vertrauen genossen und meist für richtig hielten, was er für richtig hielt. Er brauchte nicht Anweisungen zu erteilen. Sein politischer Wille drang durch Osmose bis in die letzte Redaktionsstube. Und je größer der Druck von außen wurde, um so enger schlossen sich die Reihen seiner Redakteure. So sprach das Haus in allen wichtigen Themen durchweg mit einer Zunge, mit der Zunge Axel Springers.

Mit der Verkündung seiner vier Grundsätze hatte Axel Springer seinen Feinden einen neuen Adrenalinstoß beschert. Wie das Wasser zu seinem tiefsten Punkt, so drängte die Entwicklung zur Explosion. Sie sollte nicht lange auf sich warten lassen.

Im nächsten Frühjahr, im April 1968, reiste Axel Springer in die USA, um »meiner geliebten Mutter« ein neues Denkmal zu set-

zen: durch die Errichtung eines »Ottilie-Springer-Lehrstuhls für westeuropäische Zeitgeschichte« an der Brandeis-Universität in Waltham bei Boston. 250 000 Dollar stiftete er für ihn.
»Ich habe das Glück gehabt«, sagte er dort, »von Eltern erzogen zu werden, die sich vor keiner Diktatur zu beugen gewillt waren. Vor allem meine Mutter zeigte mir den rechten Weg. In ihrer kompromißlosen Ablehnung des Nationalsozialismus war sie mir das leuchtende Beispiel in jenen schrecklichen Tagen der deutschen Vergangenheit. Der Geist meiner Mutter war an Goethe orientiert. Und Jahr für Jahr führte sie ihre Kinder nach Weimar, zeigte ihnen damit jenes Deutschland, dem unwandelbar ihr Patriotismus galt. ›Willst Du mit mir hausen, so laß' die Bestie draußen.‹ Dieses Wort Goethes blieb ihr Leitspruch auch in den dunkelsten Jahren, als die Bestie sich bei uns einrichtete und in den Augen der Welt jene Gleichsetzung mit Deutschland zustande brachte, die uns den Begriff des ›häßlichen Deutschen‹ als Symbol unserer Wesensart eingebracht hat. Ich glaube, meine Mutter hat mich gelehrt, was wahrer Patriotismus ist.«
Zwei Tage später, am Gründonnerstag 1968, kehrte Axel Springer nach Deutschland zurück. In Berlin schoß an jenem Tag vor dem Büro des »Sozialistischen Deutschen Studentenbundes« am Kurfürstendamm der Bauhilfsarbeiter Josef Bachmann dem Studentenführer Rudi Dutschke drei Kugeln in Kopf und Brust. Wie elf Millionen Deutsche war der Attentäter *Bild*-Leser. Für die Linke war der Fall klar: »*Bild* hat mitgeschossen!« Der Sturm brach los. Die Osterunruhen begannen. Die 68er-Bewegung wurde geboren.
Mehrere tausend Demonstranten mit brennenden Fackeln und Stöcken zogen in Berlin am Abend vor das Springer-Haus in der Kochstraße, durchbrachen stellenweise die Polizeisperren, zerschmetterten die Glasfront des Foyers, setzten Autos in Brand. »Da haben wir wenigstens genug Licht«, befand Springers Berlin-Statthalter Peter Tamm in seinem Büro im Hochhaus.

Inzwischen war Axel Springer in Berlin gelandet, jedoch auf Anraten des Verfassungsschutzes gleich weiter in die Schweiz geflogen. Von dort ließ er Christian Kracht bei Tamm anrufen, um sich nach dem Stand der Dinge zu erkundigen. »Ich weiß nicht, ob das Haus morgen noch steht«, bellte Tamm. »Sagen Sie Herrn Springer, er soll mich in Ruhe lassen oder herkommen.« Als Seebär war er sicher: »Weisungen können im Gefecht nur von der Brücke kommen.«
Vor allen Springer-Druckereien in Deutschland kam es Ostern '68 zu Krawallen. In Hamburg wurde die Auslieferung von Zeitungen mit Gewalt verhindert. Die *Bild*-Redaktion in München wurde verwüstet, Straßenschlachten forderten dort zwei Todesopfer. »Sie gehen eindeutig aufs Konto des SDS«, urteilte Augstein.
Der an der Isar wohnende Verleger-Sohn Axel Springer jun. machte mit Ehefrau Rosemarie und seiner fünfjährigen Tochter Ariane gerade Osterferien auf Sylt. Nur der zweijährige Sohn Axel Sven war beim Kindermädchen zu Hause geblieben. Am Karfreitag wurde eine Scheibe eingeworfen und ein Anrufer drohte: »Großer Springer, kleiner Springer, jeder kommt uns in die Finger!« Polizeipräsident Schreiber quartierte die zwei im Hotel »Continental« ein.
Der neunte Zivilsenat des Berliner Kammergerichts entschied später, daß der Anwalt des »Sozialistischen Deutschen Studentenbundes« Horst Mahler mehr als 75 000 Mark Schadensersatz an Springer und Ullstein zahlen müsse. »Ich bin 13 Stunden lang Zeuge im Mahler-Prozeß gewesen«, sagte Axel Springer, »und dort habe ich Gesichter sehen können, die die Gesichter von Fanatikern waren.« Von Mahlers Anwalt wurde er so in die Zange genommen, daß er hinterher seufzte: »Den Mann hätte ich gern als Justitiar.« Statt dessen wurde der Mann ein Vierteljahrhundert danach Innenminister der Bundesrepublik. Sein Name ist Otto Schily.

Auch nach Ostern 1968 hielten die Unruhen an, wurde die Anti-Springer-Kampagne fortgesetzt. Immer wieder gab es Demos, Randale, Zwischenfälle. In einer »Erklärung der Vierzehn«, die von Heinrich Böll, Golo Mann und anderen Schriftstellern unterschrieben war, stand, das Attentat auf Rudolf Dutschke sei systematisch vorbereitet worden von einer Presse, die sich als »Hüterin der Verfassung aufspielt und vorgibt, im Namen der Ordnung und der Mehrheit zu sprechen, mit dieser Ordnung aber nichts anderes meint, als ihre Herrschaft über unmündige Massen und den Weg zu einem neuen, autoritätsbestimmten Nationalismus«.

»Wenn ein Lastauto mit Springer-Zeitungen angesteckt wird, ist das Brandstiftung«, erklärte die Journalistin und spätere Terroristin Ulrike Meinhof. »Wenn alle Springer-Autos brennen, dann ist es eine politische Aktion.«

Der Kölner Verleger Alfred Neven DuMont erklärte: »Ich danke den Revolutionären.« Springer kündigte daraufhin den Druckauftrag für einen Teil von *Bild* bei ihm. Die IG Druck wollte die Berichterstattung der Springer-Blätter durch eine Sachverständigen-Kommission untersuchen lassen. Der »Sozialistische Deutsche Studentenbund« plante die Herausgabe einer »Anti-Bild-Zeitung«. Für den SDS war der Springer-Konzern das »Zentrum der systematischen Hetzkampagne gegen politische Minderheiten«.

Springers Verlagshäuser igelten sich hinter Stacheldraht ein. Sein Generalbevollmächtigter Christian Kracht, der schon in drei Kontinenten für den Fall eines sowjetischen oder terroristischen Angriffs Fluchtkonten angelegt hatte, vervollkommnete eine Fluchtroute nach Skandinavien. Eine Wohnung wurde in Flensburg eingerichtet, eine zweite im dänischen Appenrade. Da Deutsche dort keine Immobilien besitzen durften, hielt ein dänischer Antiquitätenhändler sie für Springer. In Norwegen wurde eine Hütte erworben.

In allen Quartieren waren Lebensmittel eingelagert, Dollarbündel und Goldbarren versteckt. Um den Nord-Ostsee-Kanal zu überqueren, wurde an einem Haus ein Schlauchboot stationiert. Springer sagte zu Kracht: »Daß auch eine Luftpumpe dabei ist. Sie sind manchmal so vergeßlich.«

Er selbst reagierte auf Haß und Gewalt, die ihm entgegenschlugen, mit dem Trotz des vom Schicksal verwöhnten reichen Mannes: Er kaufte sich für acht Millionen Mark noch in demselben Jahr in Schleswig-Holstein das 200 Jahre alte Gut Schierensee (über 500 Hektar), das er in dreieinhalb Jahren für 80 Millionen Mark in eines der schönsten Herrenhäuser des Landes verwandelte (mit einem Schreibtisch des Alten Fritz und der wertvollsten Privatsammlung nordeuropäischer Fayencen).

Dazu erwarb Axel Springer für 925 000 Mark die auf der Yarrow-Schiffswerft in Glasgow gebaute Yawl »Southern Cross«, die einst von Lloyds die Medaille als bestentworfene und bestgebaute Yacht erhalten hatte: 205 Tonnen, 32 Meter lang, 350 Quadratmeter Segelfläche, zwei 235-PS-Diesel, 15 Schlafplätze und ein Aktionsradius von 2500 Seemeilen. Er taufte sie »Schierensee«.

Das Schiff wurde auf der Burmester-Werft an der Weser umgebaut und in Esbjerg ausgeliefert. Während er dort wartete, erspähte Axel Springer an einem Kiosk Frauenzeitschriften im kleinen Format mit abgeschlossenen Liebesromanen. »Das müssen wir auch machen«, sagte er zu Peter Tamm. Und so geschah es später erfolgreich.

Die erste Drei-Tage-Reise ums Kattegat erlebte der neue Eigner als Seekranker. In Frederikshavn, mit festem Boden unter den Füßen, stärkte er sich in einem Café erst einmal mit Kuchen. Seekrank sollte er bei rauher See immer werden. Einmal, vor Sizilien, wäre er mit der »Schierensee« im Sturm beinahe untergegangen. Aber er hielt ihr die Treue.

Wenige Wochen nach den Osterunruhen, im Mai 1968, hatte

Axel Springer unerwartet Post von seinem alten Sylt-Freund und *Constanze*-Partner John Jahr erhalten. Die Beziehungen zwischen beiden waren abgekühlt, weil der gerissene und in politischen Systemwechseln erfahrene John Jahr in den ersten Nachkriegsjahren zu Beginn des kalten Krieges aus Vorsicht seine Finger bei der Herausgabe einer prokommunistischen Zeitschrift *Interzonale Brücke Ost-West-Handel* im Spiel gehabt hatte. Damit brachte er auch seinen *Constanze*-Partner Axel Springer bei westlichen Behörden in Verdacht, ein »Rückversicherer« zu sein.
Nach dem Tausch von Springers *Constanze*-Anteilen gegen Jahrs Ullstein-Ansprüche hatten sich ihre Wege dann noch weiter getrennt. Jetzt aber schrieb John Jahr: »Lieber Axel! Man sollte nichts überstürzen; aber ich glaube, daß die Vorgänge und Angriffe um und gegen Dein Haus nicht nachlassen. Eine zeitweilige Beruhigung schafft das Problem nicht aus der Welt, irgend etwas zu unternehmen, was man als Aktion der Beschränkung ansehen könnte ...«
Und Axel Springer beschränkte sich – noch im gleichen Sommer 1968. Er veräußerte für weit über 100 Millionen Mark ein halbes Dutzend seiner Zeitschriften: *Jasmin*, *Eltern*, *Bravo* und *Twen* an Senator Hans Weitpert, das *Neue Blatt* an den Bauer-Verlag, den *Kicker* an den Olympia-Verlag, den Ullstein-Fachzeitschriften- und Fachbuch-Verlag an Bertelsmann. Die Tageszeitung *Mittag* hatte er eingestellt, obgleich der *Spiegel* sie ihm gern abgekauft hätte. »Weise Selbstbeschränkung«, lobte die Jahresversammlung der deutschen Zeitungsverleger.
Mit einem Schlag war es Axel Springer gelungen, allen Bonner Vorwürfen den Boden zu entziehen, seine Medienmacht beeinträchtige die Meinungsvielfalt. Der Entschluß war ihm nicht schwergefallen. Er hatte seine Zeitungen immer mehr geliebt als seine Zeitschriften. Und außerdem hatte ihn der steile Erfolg von *Jasmin* und *Eltern* nicht nur erfreut, sondern auch ein wenig sei-

ne Eitelkeit gekränkt, denn er war weitgehend das Werk seines Generalbevollmächtigten Christian Kracht gewesen.
Während der Verkaufsverhandlungen über *Jasmin* und *Eltern* trafen sich am 15. Juni 1968 der Verleger und Christian Kracht zwischen zwei Flügen in einem Firmenraum in der Halle B des Flughafens Hamburg-Fuhlsbüttel. Dabei sagte Axel Springer, so erinnert sich Kracht: »Wenn Sie auf einen Käufer für mein Gesamthaus stoßen, gehe ich nur einmal um die Flugzeughalle, um meinen Entschluß zu überlegen. Ich würde dann aber mit einem ›Ja‹ zurückkommen.« Eine Milliarde sollte es allerdings schon sein.
Ungewohnt selbstkritisch fragte sich Axel Springer in jenem Juni nach den Osterunruhen, ob er vielleicht wirklich als vernagelter Antikommunist die Welt verzerrt betracht habe? Doch noch im selben Sommer des Jahres 1968 geschah etwas, was ihn in seinem Glauben bestätigte.
Am 20. August besuchten der spätere Kanzler Helmut Schmidt und dessen Frau Loki ihn im Klenderhof auf Sylt. Sie sprachen über den in der Tschechoslowakei unter Alexander Dubček ausgebrochenen »Prager Frühling« eines Sozialismus mit menschlichem Gesicht. Dubčeks Reformkommunismus diente allen Gegnern des kalten Krieges vom Schlage der Apo als Beweis, dass Änderungen im System hinter dem Eisernen Vorhang sehr wohl möglich seien.
Axel Springer erinnerte sich später an das Gespräch im Klenderhof: »Meine Befürchtungen, die Russen würden ..., wenn nichts anderes hilft, wie zwölf Jahre vorher in Budapest in Prag einmarschieren, wischte Schmidt mit einer lässigen Handbewegung vom Tisch. ›Ohne ihr Gesicht zu verlieren, können sie das nicht wagen‹, sagte er und meinte, die Entwicklungen in der Tschechoslowakei zeigten auch, wie falsch unsere Blätter mit ihrem ›sturen Antikommunismus und Antisowjetismus‹ liegen. Ich wiederholte: ›Die werden in Prag einmarschieren.‹ Darauf er

laut lachend: ›Niemals.‹ Die Dämmerung kam und der Hubschrauber brachte die Schmidts zum Brahmsee zurück. Ein paar Stunden später, gegen 22 Uhr, rief mich Christian Kracht an: ›Die Russen rücken in Prag ein.‹ Ein Traum, den nicht nur Schmidt geträumt hatte, war wie eine Seifenblase geplatzt.«
Der Feldzug gegen Springer hielt an. Im Oktober '68 strahlte das DDR-Fernsehen in vier Folgen den Film »Ich – Axel Cäsar Springer« aus. Die Macher waren zuverlässige Genossen: Karl Georg Egel, erst beim Kölner Rundfunk, später beim Deutschen Fernsehfunk in Ostberlin, und Harri Czepuk, erst Bonner Korrespondent, später Chefredakteur des SED-Blattes *Neues Deutschland*. Material des späteren Bundesvorsitzenden des Verbandes deutscher Schriftsteller in der IG Druck, Bernt Engelmann, half ihnen dabei.
»Die Partei verlangt«, schrieb Karl Georg Egel an das ZK-Mitglied Albert Norden, »Angriff und Entlarvung Springers und seiner Methoden.« Der Film erhielt den Nationalpreis der DDR. Er war entsprechend. Axel Springers Aufstieg wurde mit seiner Zugehörigkeit zu einem homosexuellen Männerbund und seinem Zugang zu versteckten SS-Geldern erklärt. Nach Anlaufen des preisgekrönten Werkes, in dem nicht einmal die Namen stimmten, seufzte sogar der *Spiegel* entgeistert: »Nach dem Goebbels-würdigen Einfall, Springer als Haupt einer homosexuellen Verschwörung darzustellen, fehlt jetzt nur ... die Entdeckung, daß Springer Jude, Jesuit und Neger zugleich sei.«
Der DDR-Geheimdienst des Ministers für Staatssicherheit Erich Mielke hatte an der Erstellung der TV-Serie mitgewirkt und Unterlagen zur Verfügung gestellt. Hunderte von Telephongesprächen Axel Springers waren von der Stasi abgehört worden. Später arbeitete auch eine Sekretärin im Verleger-Büro über ein Jahrzehnt als Informantin für die Stasi.
»Lieber Herr Springer«, versuchte am Silvester des turbulenten

Jahres 1967 *Bild*-Chef Peter Boenisch seinem Verleger Mut zu machen, »wir haben die braune SA überlebt, wir werden auch die rote SA überleben. Gott schütze Sie.«

Ein Konzern wird neu geordnet

Die Situation Axel Springers war nicht beneidenswert: Er verstand die Welt nicht mehr. Ungläubig beäugte er die Systemveränderer, die eine andere Republik wollten, doch fast alle sorglos auf dem Wohlstand der alten schwammen, Gammler und Ganoven, aber auch Professoren und Poeten.
»Wie ist das alles nur möglich?« fragte Axel Springer verständnislos einen Freund. Stritt er nicht für das Gute, für Freiheit und Marktwirtschaft, für die Aussöhnung mit den Juden, für die deutsche Einheit und für Berlin? Stritt er nicht gegen das Böse, gegen Unfreiheit, Tyrannei und Diktatur? War er nicht als Idol eines fortschrittlichen Unternehmers verehrt worden, der für seine Mitarbeiter sorgte wie für eine Familie und der Allgemeinheit Millionen gestiftet hatte? Und plötzlich sollte das alles nicht mehr gelten?
»Hier stehe ich«, skizzierte Axel Springer im April 1969 sich selbst in den USA, »ein deutscher Verleger, geboren im kaiserlichen Deutschland, aufgewachsen in der ebenso anregenden wie erschreckenden Atmosphäre von Weimar, als einer, dem es gelang, die schändlichen Tage des Dritten Reiches zu überleben und der nach 1945 am Wiederaufbau seines Landes mithelfen durfte.«
Auf dem Jahresbankett des Overseas Press Club of America im großen Ballsaal des Hotels »Waldorf Astoria« in New York fügte er bei eben jenem Besuch hinzu: »Ich gehöre zu dem sogenann-

ten Establishment. Gewiß könnte es und sollte es vervollkommnet werden. Aber eines steht fest: Dieses Establishment in Deutschland hat der Bevölkerung mehr Wohlstand und Freiheit gebracht, als sie je zuvor besessen hat.«
Drei Tage später ließ sich Axel Springer erstmals in der Mayo-Klinik in Rochester gründlich untersuchen und erstmals wurde sein ungewöhnliches Schilddrüsenleiden entdeckt und diagnostiziert. Es war verantwortlich für die ihn immer heftiger quälenden Stimmungsschwankungen und Depressionen, Schweißausbrüche, Schlaflosigkeit und Erschöpfungszustände.
Als er in diesem Frühling aus den USA heimkehrte, war er entschlossen, sein Haus neu zu ordnen und zu verkaufen. Er war nun 57 Jahre alt, sein Konzern machte erstmals einen Umsatz von über einer Milliarde Mark und er hatte die Nase voll.
Der standfeste Berlin-Verteidiger Peter Tamm war von ihm im Vorjahr zum neuen Chef seines Hauses ernannt worden. Der schmächtige Christian Kracht zeichnete nun nur noch für Springers Finanzen verantwortlich und mußte sein Büro für seinen Nachfolger räumen. Das tat er mit gewohnter Gründlichkeit. Tamm fand im Safe keine einzige Akte mehr vor.
Tamm kümmerte sich um den Konzern, Kracht um dessen Verkauf. In einer internen Konferenz im Juni 1969 erklärte Christian Kracht, »der Inhaber habe mit sehr klaren Worten seine Unlust an seinem Gewerbe kundgetan«. Anwalt Dr. Lois Erdl, später für kurze Zeit im Springer-Aufsichtsrat, präzisierte bei der Gelegenheit, der Verleger habe gesagt: »Ich hasse meinen Beruf.«
Die Wahl Willy Brandts zum ersten SPD-Kanzler der Republik im Herbst 1969 hob Axel Springers Stimmung nicht. Er entnahm seinem Verlag dreistellige Millionenbeträge und wies Christian Kracht an: »Ein eventueller künftiger Finanzbedarf meines Unternehmens soll im Wege der Darlehensaufnahme gedeckt werden.«

Christian Kracht erhielt außerdem Order, die Umwandlung des Konzerns in eine Aktiengesellschaft vorzubereiten, und handelte bis zum Februar 1970 einen Vertrag über die schrittweise Übernahme der Mehrheit des Springer-Verlages durch den Bertelsmann-Verlag in Gütersloh aus. 33 1/3 Prozent gleich, 17 weitere Prozent bei Springers Tod. Die Westdeutsche Landesbank sollte die Transaktion finanzieren. Schon triumphierten Axel Springers Feinde, schon war die erste Bertelsmann-Rate über 313 Millionen auf seinem Konto eingegangen, da zuckte der Verleger zurück.
Christian Kracht erinnert sich: »Bei den Verhandlungen im Springer-Chalet in Gstaad beging der Bevollmächtigte von Bertelsmann, Dr. Manfred Köhnlechner, einen schweren Fehler. Er zog sich die Jacke aus, warf sie auf einen Stuhl und zog sich einen Pullover über. ›Die Schuhe dürfen Sie anbehalten‹, sagte Springer. Das sei kein Käufer für unser Haus, meinte er später zu mir. Darüber hinaus mißfiel ihm, daß Köhnlechner beim Kauf von Springer-Zeitungen im Hamburger Hotel ›Vier Jahreszeiten‹ gesagt hatte: ›Die gehören mir bald.‹«
In Axel Springer waren Zweifel wach geworden, ob Bertelsmann sein Lebenswerk sichern würde. In einem 15 Seiten langen Brief an den Bertelsmann-Besitzer Reinhard Mohn begründete er am 3. Juni 1970 seinen Entschluß, »notfalls mit juristischer Hilfe die Nichtigkeit der zwischen uns getroffenen Vereinbarungen festzustellen«. Er schrieb an Mohn über den Bertelsmann-Verlag, der gerade dabei war, auch nach der Mehrheit im Verlag Gruner + Jahr zu streben: »Was sich mir vorher als Familienunternehmen darstellte, entpuppt sich als rastloser Aufkaufbetrieb für Verlagsanteile, der alles greift, was ihm in die Hände kommt.« Aber: »Ich bin nicht der Meinung, daß ein Verlag eine Art Warenhaus sein darf, in dem alles zu haben ist.« Und: »Der Kapitalist bin ich leider nicht.« Überdies beklagte Springer den Bruch gegenüber der vereinbarten Verschwiegenheit, die schon bei Vertrags-

abschluß nicht mehr vorhanden gewesen sei. So wußten damals bereits Konkurrent Bucerius, SPD-Kanzleramtsminister Ehmke und Bundespressechef Conrad Ahlers Einzelheiten des Deals. Springer: »Herr Mohn, Sie haben mir den Mond verkauft.«
Der Brief verfehlte seine Wirkung nicht. Peter Tamm besiegelte noch im selben Monat in einer stundenlangen Nachtsitzung im Hotel »Interconti« in Hannover mit dem Bertelsmann-Vorstand Manfred Fischer zu den dudelnden Klängen von »Gruezi wohl, Frau Stirnimaa« die Nichtigkeit des Verkaufs. Am nächsten Morgen schwebte er mit dem Firmenhubschrauber nach Sylt ein und meldete Axel Springer: »Mein Verleger: Das Reichsgebiet ist wieder feindfrei.«
Der ausgehandelte und geplatzte Deal bescherte allen Beteiligten negative Schlagzeilen im Überfluß. Die Köpfe der beiden Chefunterhändler Christian Kracht und Manfred Köhnlechner lagen auf dem Schafott. Axel Springer berief den persönlich haftenden Gesellschafter des Flick-Konzerns, Eberhard von Brauchitsch, in seine Konzernspitze. Christian Kracht war davon nicht unterrichtet. Er rollte in jener Nacht ahnungslos im Schlafwagen des »Komet« zu seiner Frau in die Schweiz. Würde er die Veränderungen am nächsten Morgen im Ausland erfahren, waren unvorhersehbare Reaktionen von ihm nicht auszuschließen.
Da es zu jener Zeit noch keine Telephonverbindungen zu Eisenbahnzügen gab, wurde mit Hilfe von *Bild* die Streckenführung ermittelt. Bei der zuständigen Bundesbahnstelle erreichte Springers Advokat Bernhard Servatius dann, daß der Zug auf freier Strecke gestoppt wurde. Dem Schlafwagen-Passagier Christian Kracht wurde die dringende Bitte übermittelt, beim nächsten Halt in Frankfurt auszusteigen und mit der Lufthansa nach Hamburg zurückzukehren, von wo aus der »Aero-Commander« des Verlages ihn nach Sylt zu Axel Springer fliegen würde. Und so geschah es.

In Kampen führte Springers Anwalt, Bernhard Servatius, die Trennungsverhandlungen mit Kracht. Er hatte es abgelehnt, dabei Material einzuführen, das Kracht-Gegner gegen ihn gesammelt hatten. »Wenn Sie es so können, um so besser«, sagte Springer. Servatius konnte es so – und Axel Springer vermochte sich formgerecht von Kracht zu verabschieden.

Nach Krachts Plänen in eine Aktiengesellschaft umgewandelt, erhielt das Haus eine neue Struktur. Inhaber aller Aktien und Vorsitzender des Aufsichtsrates war Axel Springer. Eberhard von Brauchitsch wurde sein Stellvertreter und sein Generalbevollmächtigter im Aufsichtsrat. Die Macht im Haus aber lag bei dem bisherigen Generalbevollmächtigten Peter Tamm, der nun als Alleinvorstand an der Spitze des Unternehmens stand.

Tamm war der Majordomus im Imperium Axel Springers. Die »Hausmeier«, die höchsten Amtsträger am fränkischen Königshof, waren einst zu immer selbstherrlicheren Regenten des Reiches aufgestiegen und hatten die Macht ihrer Monarchen immer mehr beschnitten, bis schließlich Majordomus Pippin der Jüngere sich 751 selbst zum König machte. So weit kam es im Reich des Pressekönigs nicht – doch Hausmeier Tamm sollte seinen Herren noch viele Jahre im Amt überleben.

Peter Tamm, Jahrgang 1928 und wie Axel Springer unter dem Sternzeichen des Stiers geboren, ist ein kraftvoller Mann mit glatt zurückgekämmtem Haar, der nur blaue Anzüge trägt, von einer tiefen Zuneigung zur Schiffahrtsgeschichte erfüllt ist und im Ruhestand Europas größtes maritimes Privatmuseum aufbaute.

Als Zwanzigjähriger hatte er im Jahr der Währungsreform am 1. November 1948 an den damaligen Jungverleger Axel Springer einen Brief getippt: »Hiermit gestatte ich mir, an Sie wegen Herausgabe einer illustrierten Zeitschrift für Schiffahrt heranzutreten ...«

Schon am nächsten Tag lehnte Springer dankend ab, aber nicht

ohne zu erwähnen, er habe vom *Hamburger Abendblatt* mit »Freude gehört, daß zwischen Ihnen und uns eine gedeihliche Zusammenarbeit, insbesondere für den Schiffahrtsteil, schon besteht ...«
Sie sollte weiter gedeihen. Wie Christian Kracht wurde Peter Tamm Redakteur beim *Abendblatt*. Später war er Mitglied von dessen Verlagsleitung. Dann wurde er – wie vorher Christian Kracht – Chef von Ullstein in Berlin. Danach war er Verlagsleiter von *Bild* und baute als Chef des Berliner Hauses das Verlagshaus an der Mauer.
Als Christian Kracht 1968 als Generalbevollmächtigter abgelöst wurde und nur noch die Finanzen verwaltete, unternahmen die grauhaarigen Herzöge des Pressekönigs Springer auf dessen Yacht »Schwanenwerder« einen Ausflug auf der Havel und berieten, wie sie künftig die Macht unter sich aufteilen wollten. Der junge Tamm war nicht eingeladen, Axel Springer urlaubte auf Sylt.
Als die »Schwanenwerder« wieder festgemacht hatte, wurde bekannt, daß der Verleger auf der Nordseeinsel die Kracht-Nachfolge entschieden hatte: Der vierzigjährige Peter Tamm war neuer Generalbevollmächtigter (alleinzeichnungsberechtigter Geschäftsführer der Axel Springer Verlag GmbH, damals die Holding des Gesamtunternehmens).
In einer ersten Konferenz mit den ehrwürdigen Herzögen von der »Schwanenwerder« sagte Tamm, jeder der Anwesenden sei einmal sein Chef gewesen. Also: »Wenn es fortan gut geht, liegt es an Ihnen, wenn es schlecht geht auch.« Unter Todesstrafe stehe von jetzt an nur eines: Intrigen. Glücklicherweise für Tamm gab es bald einen solchen Fall. Der Missetäter wurde noch in der gleichen Nacht entlassen. Von da an war Ruhe im Schiff. Ein zweiter Missetäter bereute mit Tränen in den Augen und wurde einer der zuverlässigsten Mitarbeiter Tamms.
Keine zwei Jahre später wurde die GmbH nach Krachts Plänen

in eine AG umgewandelt. Axel Springers alter Freund, Krupp-Herr Berthold Beitz, hatte ihm vor der Gründung der Aktiengesellschaft geraten, die Gesellschaft nicht von einer Vorstands-Mannschaft, sondern von einem einzelnen führen zu lassen: »Sonst müssen Sie sich als Eigner immer gleich mit einem halben Dutzend Leuten herumärgern.« Das leuchtete Axel Springer ein. 1970 wurde darum Peter Tamm mit 41 Jahren Alleinvorstand des Springer-Verlages. Sein Name stand fortan auf einer Festnahmeliste der Stasi für den Fall der Besetzung Westberlins durch NVA-Truppen weit oben, gleich unter seinem Chef.

Peter Tamm unterschied sich von Axel Springer wie der Bär vom Windspiel. Bald hieß der ehemalige Seekadett im Haus der »Admiral«. Er war Symbol von Kraft, Kompetenz und Kontinuität in unruhiger Zeit. So wie Hans Zehrer das Denken Springers geprägt hatte, so prägte Tamm den Konzern Springers. Jeden Versuch einer Einmischung in seine Aufgaben blockte er ab. »Ich hab' noch nie gehört, daß fünf Kapitäne auf der Brücke ein Schiff besser führen als einer.«

Wie einst die »Hausmeier« der fränkischen Könige strebte er danach, die Macht auf sich zuzuschneiden und dem Unternehmen eine Befehlsstruktur einzuziehen, die keine Nebenluft zuließ. Das führte gelegentlich zwangsläufig zu Spannungen mit Axel Springer, der sich mühte, immer ein Gegengewicht zu Tamm in der Konzernspitze zu haben.

Als Tamm Generalbevollmächtigter geworden war, behielt Springer seinen Christian Kracht zunächst noch als Finanzbevollmächtigten. Nach Krachts Abschied machte Springer Eberhard von Brauchitsch zu seinem Stellvertreter im Aufsichtsrat. Zu dessen Nachfolger berief er Heinrich Prinz Reuss vom Tabakkonzern Brinkmann. Nach dessen unerwartetem frühen Tod schob er den Journalisten Matthias Walden vor.

Peter Tamm hatte manche Eigenschaft, die Axel Springer nicht behagte. Er schmeichelte ihm kaum, hörte Marschmusik im

Auto, und wenn der Verleger mit Mitgliedern seines Hofstaates zu politisieren begann, entschuldigte sich Tamm oft mit der Bemerkung: »Ich muß zurück zur Truppe.« Aber als Axel Springer wieder einmal laut über eine mögliche Ablösung Peter Tamms nachdachte, war es der aus Ungarn stammende Medienmanager Josef von Ferenczy, der Axel Springer in gebrochenem Deutsch die Gretchenfrage stellte: »Haben Sie eine andere Tamm?« Axel Springer hatte nicht.
Der Verleger kritisierte Tamm schon mal vor Dritten, wurde – laut Kracht – »ausfallend« und stichelte sogar bei der Beisetzung des Prinzen Reuss gegen den dicht neben ihm sitzenden Tamm. Aber der Verlag wuchs. Wuchs so, daß Axel Springer bremste. Er wollte nicht spektakulär noch größer werden.
Als Tamm Anfang der siebziger Jahre für 20 Millionen Mark ein Viertel der *Hannoverschen Allgemeinen* kaufen konnte, befahl Springer während eines Tamm-Urlaubs den Abbruch der Verhandlungen. Auch einer Übernahme der *Bremer Nachrichten* verweigerte er seine Zustimmung. Einen Anteil an den *Lübecker Nachrichten* zog Tamm nur durch eine Nacht-Aktion an Land. Als der Verleger am nächsten Morgen anrief, um den Deal zu verhindern, war er schon unterschrieben.
Ähnlich zögernd begleitete Axel Springer den technischen Ausbau des Hauses. Herkömmliche Zeitungs-Rotation oder Rollen-Offset war damals die Alternative. Monate berieten die Experten und konnten sich nicht entscheiden. Schließlich ließ Tamm für fünf Millionen Mark eine Offset-Maschine anschaffen und in Hamburg aufstellen. Redaktionen, Anzeigenabteilungen und Techniker konnten ein Jahr darauf probieren. Schließlich stand fest: Offset war farbig, billiger und besser.
Daraufhin gab Tamm den Befehl zum Bau von Europas größter Offset-Druckerei in Kettwig bei Essen, ein Projekt von fast 100 Millionen Mark. Es stand in weniger als einem Jahr. »Wenn es schiefgeht«, meinte Tamm zu seinem Chef, »habe ich Schuld und

Sie kein Geld mehr.« Axel Springer lobte ihn nicht und tadelte ihn nicht.

Aber am Tag der Einweihung sagte Axel Springer sein Erscheinen aus Krankheitsgründen ab. Tatsächlich segelte er auf der »Schierensee« in der Ostsee. Ein Vertreter verlas seine Rede.

Tamms Vertrag lief 1984 aus, Axel Springer zierte sich mit einer Verlängerung. Vierzehn Tage führte Tamm das Haus ohne Vertrag. Dann bat er um einen Termin, um sich verabschieden zu dürfen, denn der Verleger wolle ja offenbar auf seine Dienste verzichten. Drei Tage später traf ein neuer Fünf-Jahres-Vertrag ein – mit verdoppelten Bezügen.

Die Schwierigkeit sei gewesen, so meinte Tamm, »daß Springer genial war. Mit seinen Ideen seiner Zeit immer weit voraus, manchmal zu weit und häufig mit einer gewissen Mißachtung für das knochenharte Tagesgeschäft.« Aber andererseits gibt es für Peter Tamm keinen Zweifel: »Er hat das größte Zeitungshaus Europas gebaut. Wir konnten nur jeder das Unsere dazutun.«

Tamm tat mehr dazu als jeder andere. Er steuerte den Konzern durch unruhige See, kaufte Fachzeitschriften, baute Druckereien, erwarb Beteiligungen, startete neue Objekte, Anzeigenblätter und Romanreihen, druckte Deutschlands größte Zeitschrift *ADAC-Motorwelt*, engagierte sich im Ausland, perfektionierte Technik, Vertrieb und Anzeigen, steigerte Umsatz und Gewinn.

Im Vergleich zu Peter Tamm, der insgesamt 23 Jahre an der Spitze des Verlages stand, war die Rolle von Eberhard von Brauchitsch eher ein Gastspiel. Doch der hünenhafte Aristokrat verstand es, Axel Springer zu imponieren. Er telephonierte mit den politischen Größen der Republik auf unnachahmliche Gutsherrenart und finanzierte für Axel Springer 1974 mit etwa einer Million Mark einen rechten »Bund Freies Deutschland«, zu dessen Gründungsmitgliedern der TV-Kommentator Gerhard Löwen-

thal und Matthias Walden gehörten. Der Verleger zog sich allerdings wieder zurück, als der Bund Partei werden wollte.
Ein Ministeramt oder einen Botschafterposten anzustreben, hatte Axel Springer stets als zu gering abgelehnt. »Dann müßte ich ja tun, was mir irgendein Dummkopf von Kanzler befiehlt.« Aber der Einfluß von Brauchitsch vermochte Axel Springer das Gefühl zu vermitteln, sogar Bundespräsident werden zu können, wenn er nur wolle.
Eberhard von Brauchitsch war Nachfahre eines Kreuzrittergeschlechtes aus Schlesien. Ein Vetter seines Vaters war Oberbefehlshaber des Heeres im Dritten Reich gewesen, sein eigener Vetter war der Autorennfahrer Manfred von Brauchitsch. Als Schulfreund von Friedrich Karl Flick stieg Eberhard von Brauchitsch im bedeutendsten deutschen Industrie-Imperium in privater Hand zum persönlich haftenden geschäftsführenden Gesellschafter auf. Doch die Schulfreunde entfremdeten sich. Ein Artikel von Hans-Georg von Studnitz in der *Welt am Sonntag* über Brauchitsch war der Tropfen, der das Faß zum Überlaufen brachte. Er trug den Titel: »Der Mann an der Spitze«.
Das war für Friedrich Karl Flick zuviel. Die beiden trennten sich und Brauchitsch ging zu Axel Springer. Brauchitsch ließ auf sein Briefpapier drucken: »Der Generalbevollmächtigte«, schlug die Einrichtung einer Kriegskasse von 100 Millionen Mark vor und warnte den Verleger davor, »zu glauben, Sie seien ein reicher Mann. Sie sind höchstens wohlhabend.« Axel Springer liebte es, den Ausspruch zu zitieren, nicht ohne hinzuzufügen, Eberhard von Brauchitsch habe ihm als Trost versichert: »Aber ich mache Sie zum reichen Mann.«
Tatsächlich allerdings schlugen sich die finanziellen Ergebnisse seiner Tätigkeit sowohl in USA-Immobilien als auch im audiovisuellen Bereich für Axel Springer nicht unbedingt positiv nieder. Das Haus versuchte, über die »Ullstein AV« mit einem Kas-

setten-Fernsehen auf Umwegen in den elektronischen Markt einzudringen. Doch das Vorhaben – eine Art Pay-TV – war seiner Zeit zu weit voraus, scheiterte trotz des Engagements von Brauchitsch und kostete den Verlag über 50 Millionen Mark. Schuld war vor allem eine noch nicht ausgereifte Technik.
Nach nur zwei Jahren verstarb 1972 der alte Konzernherr Friedrich Flick. Er äußerte in seinem Testament den Wunsch, Eberhard von Brauchitsch möge wieder in sein Haus kommen. Axel Springer respektierte den Wunsch des Toten. Eberhard von Brauchitsch kehrte nach Düsseldorf zurück, bescherte dort der Bundesrepublik die erste große Parteispenden-Affäre »zur besonderen Pflege der Bonner Landschaft« und der deutschen Sprache ein neues Kürzel: »wg.«. In seinen Akten standen hinter imponierenden Nullen – so berichtete Joachim Feyerabend in seinem Buch *Der Industrielle* – Vermerke wie »›wg. Lambsdorff‹, ›wg. Friderichs‹, ›wg. Matthöfer‹, ›wg. Kohl, Strauß, Brandt‹, wg., wg., wg. …«
So kurz das Gastspiel des Eberhard von Brauchitsch im Springer-Konzern auch gewesen war, so machte es doch eines deutlich: Trotz seiner Magazin-Verkäufe und seiner Verkaufsabsichten hatte der Verleger die elektronischen Medien noch immer nicht aus dem Auge verloren. Sie trugen für ihn einen verführerischen Januskopf: ärgerliche Konkurrenz, solange sie ihm nicht gehörten, ideale Ergänzung zum Printgeschäft, sobald sie ihm gehörten.
Laserscharf, klarer als deren öffentlich-rechtlicher Verwalter sah Axel Springer Zukunft, Kraft und Macht des Fernsehens voraus. Und er wollte gern dabei sein. Wie in vergangenen Jahren versuchte er immer wieder einen Fuß in die Tür zu stecken. An der Elbe existierte seit 1960 das »Studio Hamburg«. Es gehörte zu 80 Prozent der Norddeutschen Werbefernsehen GmbH (einer Tochter von NDR und Radio Bremen) und zu 20 Prozent dem aus Ungarn stammenden Gyula Trebitsch, Deutschlands bedeu-

tendstem Filmproduzenten. Axel Springer war ihm seit der frühen Nachkriegszeit freundschaftlich verbunden, »Ich brauche eine Druckerei für das Zeitalter Marconis«, sagte er zu Trebitsch. Die beiden schmiedeten darum 1970 den Plan, daß Springer 35 Prozent vom »Studio Hamburg« übernehmen sollte. Aber Funk-Funktionäre und Intendanten – darunter wackere CDU-Mitglieder – vereitelten das Vorhaben.
Auch nach dem Ausscheiden des Eberhard von Brauchitsch hatte Axel Springer die »Ullstein AV« in seinem Haus bestehen lassen, als eine Art vorgeschobenen Beobachter für die elektronischen Medien. Über sie kam es 1976 zu seinem ersten Geschäft mit dem erfolgreichen Film- und Fernsehkaufmann Leo Kirch aus München. Die »Ullstein AV« erwarb von Kirchs Beta-Film für 5,9 Millionen Mark die Lizenzauswertung für 200 Spielfilme, »Lion-Stock« genannt. Ein Bekannter Springers, der das Filmgeschäft kannte, überzeugte den Verleger, daß Kirch ihn dabei über den Tisch gezogen habe. Springer mißtraute Kirch von nun an jahrelang und nannte ihn einen »Haifisch«. 1984 lösten Peter Tamm und Leo Kirch in ihrer ersten Begegnung die geschlossene Vereinbarung. Beta-Film erhielt den »Lion-Stock« zurück. »Haifisch« Kirch leistete eine Ausgleichszahlung. Die Gesamtverluste Springers (einschließlich Zinsen) betrugen keine 1,4 Millionen Mark.

Das schönste Salatrezept

Nicht nur die Manager Kracht und Tamm, von Brauchitsch und Prinz Reuss wechselten Anfang der siebziger Jahre Stühle in der Konzernspitze. Auch seine Redaktionen mischte Axel Springer auf. Seine wichtigste Entscheidung: Er beschloß, Peter Boenisch nach fast zehnjähriger Tätigkeit als Chefredakteur von *Bild* abzulösen.

Zunächst von Boenisch entpolitisiert, hatte *Bild* nach 1966 unter ihm Axel Springers kalten Krieg gekämpft: gegen Kommunisten, Apo, 68er und Terroristen, für Wiedervereinigung, Israel und Amerika, gegen links, für rechts. *Bild* unter Boenisch war gegen die Ostpoltik von SPD-Kanzler Willy Brandt angerannt und für die Ziele Springers eingetreten. *Bild* hatte dabei fast eine Million Auflage verloren.

Alleinvorstand Peter Tamm datierte den Beginn des Auflagenrückgangs in dieser Zeit zwar frotzelnd »genau auf jenen Tag, an dem Peter Boenisch begann, mittags im Hamburger Hotel ›Vier Jahreszeiten‹ zu essen«. Aber eine wichtige Ursache wurzelte wohl doch in der Politik. *Bild* und Boenisch hatten ihren Kopf für Axel Springer und dessen Überzeugungen hingehalten und für ihn Prügel bezogen. Der Verleger entschloß sich auf Bitten von Boenisch zum Wachwechsel. Und dabei bewies er, daß er ungeachtet der gegen ihn anbrandenden Flut der Feindseligkeit nichts von seiner magischen Kraft verloren hatte, journalistische Talente auszumachen.

Axel Springers erste Wahl war der sanfte Peter Bachér, ein Urenkel von Theodor Storm, der bei dem Wunder mitgewirkt hatte, die Zeitschrift *Eltern* in weniger als zwei Jahren auf über eine Million zu bringen. Bachér war – wie Springer, Tamm und Boenisch – unter dem Sternzeichen des Stiers geboren.

Er wurde nach Sylt eingeflogen, lunchte mit Axel Springer, wanderte mit ihm am Watt, aß mit ihm zu Abend, marschierte mit ihm am nächsten Tag am Meer, trank mit ihm im Klenderhof Bordeaux.

Erst nach zwei Tagen Gemeinsamkeit erfuhr Bachér, es werde ein neuer Chefredakteur für *Bild* gesucht. Dafür sei er nicht der richtige Mann. Doch er wäre der ideale Chef für *Bild am Sonntag* mit über zwei Millionen Exemplaren – falls ihn der Posten interessiere. Noch im selben Jahr wurde Bachér ernannt, steigerte die *Bild am Sonntag*-Auflage und erzielte anschließend als Chefredakteur von *HörZu!* deren Auflagen-Rekord mit 4,3 Millionen Exemplaren.

Heute könnte man die meisten Verleger getrost einige Wochen mit Kandidaten auf Sylt einsperren und sie würden immer noch nicht erkennen, wer für welches Blatt gut wäre.

Als Alternative zu Peter Bachér hatte Peter Tamm seinem Chef Günter Prinz (Jahrgang 1929) vorgeschlagen. Prinz war einst unter Karl-Heinz Hagen Polizeireporter bei der *BZ* in Berlin gewesen und hatte später mit ihm die Erfolgszeitschrift *Quick* gemacht und die Millionen-Objekte *Jasmin* und *Eltern* gegründet.

Die Ernennung von Prinz erwies sich als schwierig. Das Flugzeug, das Tamm und Prinz zum Verleger nach Sylt bringen sollte, konnte wegen schlechen Wetters nicht landen. Die beiden mußten die Bahn von Niebüll nehmen. Und Axel Springer lag wieder einmal leidend im Bett. Kaum zehn Minuten lang empfing er die Besucher am Krankenbett – aber er stimmte zu.

In den letzten vier Monaten vor seinem Amtsantritt im Sommer 1971 erarbeitete Prinz mit seinem Stellvertreter Horst Fust und einer kleinen »Keulenriege« in München ein neues *Bild*-Konzept. Die Redaktion in Hamburg erhielt in dieser Vorbereitungsphase bereits einen Vorgeschmack auf das, was sie erwartete. Vom Bonner Büro verlangte Prinz einmal für eine Bildunterschrift binnen einer Stunde Auskunft darüber, von welcher Farbe die Bluse wäre, die Frau Barzel auf einem Schwarzweißphoto trage, wo sie gekauft worden sei und wieviel sie gekostet habe. Auf den Einwand des Büros, man sei für die aktuelle Produktion mit dem Rücktritt von Finanzminister Möller beschäftigt, ließ Prinz mitteilen, das sehe er ein. Er gäbe deshalb 30 Minuten mehr Zeit.

Unter Prinz wurde *Bild* zu einem süchtig machenden täglichen

Cocktail aus Sex, Politik und Sensationen, Facts und Fiction, Mord und Totschlag, Brutalität und Barmherzigkeit, Verbrechen und Verbrauchertips. Seine legendärste vierspaltige Schlagzeile war ein Schrei, den eine Ehefrau stets vor ihrem Höhepunkt ausstieß – bis ihr davon genervter Ehemann sich scheiden ließ: »... und jetzt gibt Mutti alles!«
Wenn der Wahrheitsgehalt einmal etwas zu kurz kam, wußte Prinz Auswege, die noch kein anderer gegangen war. Im täglichen Geraufe der Morgenkonferenz um den tollsten Aufmacher gewann eines Tages der Unterhaltungschef mit einem Beitrag über den Schauspieler Harald Juhnke. Die Schlagzeile lautete: »Juhnke: 17 Millionen von Stahlerbin«. Doch am nächsten Morgen entpuppte sich die schöne Geschichte vom Millionenerbe als Ente. Düster brütete die Vormittagskonferenz, wie man die unvermeidliche Richtigstellung am besten verstecken könne. Prinz entschied: »Noch einmal als Schlagzeile auf Seite eins«. Und so erfuhr die überraschte Republik am folgenden Tag aus der neuen *Bild*-Aufmachung: »17-Mio.-Juhnke wieder arm«.
Auch gegenüber seinem Verleger, der seine Chefredakteure nach linker Ansicht angeblich wie Dienstboten herumkommandierte, wußte Günter Prinz sich zu behaupten. Nach der Bundestagswahl 1973 erschien *Bild* mit der Schlagzeile »Riesensieg für Willy Brandt« und die Zeile blieb – auch als Springer anregte, sie zu ändern.
Als die Tochter eines wichtigen Bonner Politikers Selbstmord begangen hatte, ergab sich folgendes Telephongespräch: »Haben Sie schon gehört, Günter?« – »Ja, Herr Springer.« – »Müssen wir was darüber machen?« – »Ja, Herr Springer.« – »Groß?« – »Ja, Herr Springer.« – »Etwa auf Seite eins?« – »Ja, Herr Springer.« – »Aber nicht als Aufmachung?« – »Doch, Herr Springer.« Und so geschah es.
Ein anderes Mal hatte Axel Springer in einem Brief an Prinz eine Reihe von Punkten einer Ausgabe gerügt und darunter geschrie-

ben: »Das ist nicht mehr meine Zeitung.« Prinz schickte ihm postwendend die steigenden Auflagenzahlen der letzten Monate und Wochen zurück und fügte die Frage hinzu: »Ist das nicht vielleicht doch Ihre Zeitung?«

Günter Prinz überrollte Westdeutschland mit wohltätigen Aktionen, die das Image förderten. Zehn von 22 Millionen deutscher Autos trugen den *Bild*-Aufkleber: »Ein Herz für Kinder«, nach einer Idee Axel Springers. Die Aktion »Bild kämpft für Sie« half Hunderttausenden im Streit mit Bürokratie, Behörden und Vermietern. Und Prinz schuf in allen Ballungsgebieten der Republik Regionalausgaben. So eroberte er die verlorengegangene Auflagenmillion zurück und steuerte die Fünf-Millionen-Marke an.

Auch die *Welt*, *Welt am Sonntag* und das *Hamburger Abendblatt* erhielten 1969 neue Chefs. Nach Zehrers Tod hatte der ehemalige Intendant des Deutschlandfunks, H.F.G. Starke, den Posten des *Welt*-Chefs verwaltet. Doch 1969 übernahm Herbert Kremp (Jahrgang 1928) von der *Rheinischen Post* das Ruder, ein großer Kämpfer und eine glanzvolle Feder. Elf Jahre, fast so lang wie Zehrer, sollte er in unterschiedlichen Funktionen den Kurs des Blattes bestimmen.

Die *Welt* war trotz des Weggangs flotter Federn in Amerika als »Zeitung des Jahres« ausgezeichnet worden. Nun schmiedete Kremp sie zu einem antisozialistischen Blatt. »Ich bin rechts, nicht konservativ«, war sein spöttisches Motto. Wortgewaltig zog er gegen die Feinde des Hauses zu Felde. Er wurde deshalb als »kalter Krieger« verteufelt, die *Welt* als »Kampfpresse« gebrandmarkt. Die Verleihung des Friedensnobelpreises an Brandt verzeichnete Kremp in einer zweispaltigen Meldung auf Seite eins der *Welt*. Den Wahlsieg Willy Brandts im Herbst konnten beide nicht mehr verhindern.

Die *Welt am Sonntag* gab Springer mir, nachdem ich den *Spiegel* verlassen hatte. Das *Hamburger Abendblatt* erhielt Werner Titzrath (für 14 Jahre). In Berlin tauschte Springer später den

Chefredakteur der *Berliner Morgenpost* aus – mit einem für ihn bezeichnenden Vorspiel. Im April 1975 hatte ihn in seiner Berliner Residenz ein Computerschreiben von einem Fräulein Gisela vom Vertrieb des Blattes erreicht, adressiert an: »Herrn/Frau/ Gästehaus Springer, 1000 Berlin 33, Bernadotte Str. 007«.
Im Text hieß es: »Lieber Leser, von unserem Computer mußte ich erfahren, daß Sie Ihr Abonnement auf die ›Berliner Morgenpost‹ gekündigt haben. Nichts liegt für uns näher, als zu fragen: Warum? Haben wir etwas falsch gemacht? ... Schreiben Sie mir doch auf der beiliegenden Karte Ihren Grund. Wir wären keine echten Zeitungsmacher, wenn wir nicht einen Weg zu Ihnen suchten. Besten Dank für Ihre Antwort, schon im voraus. Ihre Gisela vom Kundendienst der ›Berliner Morgenpost‹. P.S. Machen Sie mit bei unserer großen Frühlingsaktion mit TV-Koch Max Inzinger: ›Gesundheit, die aus der Frische kommt.‹ Schicken Sie uns Ihr schönstes Salatrezept – viele Überraschungen warten auf Sie.«
Axel Springer antwortete: »Liebe Gisela, bevor ich Ihnen mein schönstes Salatrezept schicke, um das Sie mich am Schluss Ihres verwirrenden Briefes bitten, lassen Sie mich noch einige andere Dinge sagen.« Und dann legte er seitenlang los: »Ausgerechnet die mir politisch so zusagende ›Morgenpost‹ leidet unter Aufmachungs-Ungeschicklichkeiten bis hin zur Geschmacklosigkeit, die dieses so sympathische Blatt daran hindert, den ›Muff‹ der Mottenpost endlich einmal loszuwerden ... Der Füllfaktor 100 wäre ein Rezept, das ich geben würde, hätte ich etwas zu sagen. ... Bei Stadtbeschreibungen weiß Ihre Zeitung offensichtlich nicht, daß man, um die Lesbarkeit zu erhöhen, personifizieren muß. Human touch nennen es die modisch Verflixten ... Die Schriftgrade Ihrer Zeitung sind, ich bitte um Nachsicht, zu ordinär. Wie wär's mit einem ganz geschmackssicheren Layouter mit viel Vollmacht? Ich glaube zu wissen, daß Sie wegen der Straßenverkaufsnotwendigkeit ein wenig knallige Aufmachun-

gen auf Seite eins benötigen. Das mag hingehen, diesen Stil muß man nicht durch das ganze Blatt ziehen ... Die Sonntagsbeilage hat den Touch von Elmshorn. Ich weiß nicht, ob Sie diese Kleinstadt an der Krückau auf dem flachen Lande in Schleswig-Holstein kennen? Trotz der Äußerung des stark ondulierten Bundespräsidenten, daß Berlin eine Stadt wie jede andere sei, ist Berlin für mich immer noch die Hauptstadt meines Vaterlandes, eine Hauptstadt, die neben aller Lebendigkeit auch ein vornehmes Gepräge von Ihrer Zeitung verlangt ... Ganz ehrlich: Das einzig Menschliche an Ihrem Brief ist Ihr Konterfei: hübsch und sympathisch. Oder sind Sie überhaupt gar nicht Mitglied der ›Morgenpost‹, sondern haben nur Ihr Bild für diesen mißratenen Brief zur Verfügung gestellt? Zum Schluß noch dieses: Von Ihrem Foto abgesehen ist der ganze Brief ein seelenloses Produkt eines Verlagshauses, das mit der Größe offensichtlich nicht fertiggeworden ist und im Computerdasein viele Sympathien zu zerstören fähig ist ...«
Axel Springer sandte eine Kopie seines Briefes an alle Redakteure der *Berliner Morgenpost* und ernannte wenig später Werner Marquardt von der *Welt* zum neuen Chefredakteur. Nach dem Vorbild des *Hamburger Abendblattes* wurde das Blatt renoviert, der Umbruch sieben- statt achtspaltig und die »Times Roman« als neue Grundschrift eingeführt, für Axel Springer »die schönste Zeitungsschrift, die es gibt«.

Ein Stuhl blieb leer

So zufrieden Axel Springer mit der Neuordnung seines Hauses sein konnte, so düster erschien ihm die politische Szene. Willy Brandt war 1969 zum Bundeskanzler gewählt worden und die

Bundesrepublik rutschte weiter nach links. Jahrelang hatte Axel Springer gegen Intellektuelle und die Straße gefochten. Nun hatte er es mit der Regierung zu tun.

Schon im Jahr vor seiner Wahl hatte Willy Brandt erklärt: »Ich muß zugeben, daß ich aufgehört habe, über die Wiedervereinigung zu sprechen.« – »Ich finde es ungeheuerlich«, schrieb Axel Springer damals an Brandts Vertrauten Egon Bahr. »Es ist unsere Pflicht, die Idee des ungeteilten deutschen Vaterlandes in unseren Herzen zu bewahren.«

Nachdem dann Willy Brandt Regierungschef geworden war, ging der Sozialdemokrat direkt auf die Kommunisten zu – zwölf Jahre, nachdem Axel Springer es in Moskau versucht hatte. 1970 traf er als erster Bonner Regierungschef einen DDR-Ministerpräsidenten in Erfurt, machte einen Kniefall am Mahnmal des Warschauer Ghettos und schloß einen Vertrag mit Moskau. »Es war einer meiner schwärzesten Tage, als die Ostverträge unterzeichnet wurden«, notierte Axel Springer.

»Wandel durch Annäherung« zu erreichen, das war die Idee der neuen Regierung. Für Axel Springer aber gab es keinen Pakt mit dem Unrechtssystem. Für ihn war »die neue deutsche Ostpolitik alte sowjetische Westpolitik«. Über Willy Brandt und seine Freunde bemerkte er, daß sie »die weiße und rote Fahne schwenkend hinübergelaufen sind zu den Machtpositionen östlicher Gewalt, die sie noch vor kurzem zu bekämpfen vorgaben«.

Der erste SPD-Vorsitzende nach dem Zweiten Weltkrieg, Kurt Schumacher, hatte über die Ziele des Kommunismus erklärt: »Haß, Rache, Blut, Vergeltung, Ausplünderung, Niedertracht, Vernichtung, das sollen Grundlagen der kommenden Welt sein.« Für ihn waren die Kommunisten »rotlackierte Nazis«. Und für Willy Brandts Vorgänger, Berlins großen Bürgermeister Ernst Reuter war der Kommunismus eine »Macht der Finsternis« gewesen.

Nun näherte sich die Bonner SPD-Regierung eben dieser Macht. Willy Brandt und Egon Bahr, einst engagierte Antikommunisten und Frontoffiziere des kalten Krieges, brachen auf gen Osten. Sie suchten Versöhnung, Verständigung und Verträge mit den dortigen Diktaturen. Sie gingen dabei – vermutlich nicht ganz leichten Herzens – auch auf jenes Regime zu, das Flüchtlinge an der Mauer erschießen ließ und Hunderte ihrer Genossen eingekerkert hatte.
Die einzige machtvolle Stimme in den Medien, die sich gegen den sozialistischen Kurs in der Bundesrepublik erhob, war die Stimme Axel Springers. In den siebziger Jahren, da er Peter Tamm weitgehend die Führung der Geschäfte seines Verlages überließ, wuchs er in die Rolle eines beschwörenden Mahners und Warners der Politik.
»Ist Recht nicht mehr Recht und Unrecht nicht mehr Unrecht«, fragte er angesichts der deutschen Verhältnisse. Er beklagte die »Trägheit des Herzens«, ihn bekümmerte, daß angesichts der Menschenrechtsverletzungen in der DDR »kein Aufschrei durch den freien Teil unseres Vaterlandes geht«. Die Amerikaner waren für ihn »die jungen Europäer«. Für manche Deutsche verkörperte er Hoffnung in einer niedergehenden Welt.
Nachts um halb drei schrieb er im Dezember 1971 an seine erste Frau »Baby«, von der er seit über drei Jahrzehnten geschieden war: »Ein schweres Jahr geht zu Ende ... Ich brauche Ruhe ... Wer einiges weiß von der Welt, kann nicht sehr fröhlich sein ... Ich zittere um mein Berlin, aber auch um unser Land.«
In seinem kleinen holzgetäfelten Büro des Verlagshauses an der Mauer, von dem aus er über Peter Fechters Kreuz und den Checkpoint Charlie weit in das Reich der Unfreiheit blicken konnte, entstanden Reden, Artikel und Briefe, die um das kreisten, was ihn umtrieb, die Wiedervereinigung Deutschlands und die Freiheit Berlins, die Aussöhnung mit Israel und die Rolle des Christentums. Der Seewald-Verlag veröffentlichte Zeugnisse

von ihm in zwei Bänden: *Von Berlin aus gesehen* (1972) und *Aus Liebe zu Deutschland* (1980).
Am 7. Mai 1973, eine Woche vor dem 25. Jahrestag der Staatsgründung Israels, schrieb Axel Springer in der *Welt*:
»›Auf Deutschland, seine Menschen, seine Kultur, hatten wir Juden in Osteuropa jahrzehntelang unsere ganz besonderen Hoffnungen gesetzt. Wie konnte das Schreckliche gerade in Deutschland geschehen?‹ Es gab und gibt keine Antwort auf diese Frage, die mir – stellvertretend für Millionen jüdischer Menschen in aller Welt – vor einigen Jahren der erste israelische Ministerpräsident David Ben Gurion in seinem Haus in der Negev-Wüste gestellt hatte. Aber statt einer Antwort gibt es eine Haltung. Für jeden Deutschen, der nicht einfach in den Tag hineinlebt, sondern Verantwortung fühlt, für sein Land und sein Volk, gilt der Satz: ›Israel ist nicht irgendein Staat ...‹ Manchmal, besonders in neuerer Zeit, schien deutsche Politik in Widerspruch zu geraten zu der tiefen Verpflichtung gegenüber den Juden in aller Welt ... Man erlebt heute bei uns oft ein anmaßendes Naserümpfen über die Härte, mit der Israel seine Existenz verteidigt ... Einst hat es bei uns vielen an Verständnis gefehlt für die Leidensfähigkeit der Juden, für die Gottergebenheit, mit der jahrhundertelang so viele von ihnen in den Tod gingen. Jetzt schütteln die Besserwisser ihre Köpfe über die kompromißlose Entschiedenheit, mit der dieses alte Volk der Israeli seinen jungen Staat verteidigt. Viele, die das Recht Polens und der Sowjetunion auf dauernde Besitznahme deutscher Gebiete propagieren, ereifern sich gegen die derzeitige Besetzung der von Israel kontrollierten arabischen Gebiete. Daß aber ein Rückzug aus diesen Territorien vor einem Friedensabschluß und ohne Garantie der Unverletzlichkeit Israels einem Selbstmord gleichkäme, wird ignoriert.«
Am 18. Juni 1973 erschien in der französischen Zeitschrift *L'Express* unter der Überschrift »Monsieur Berlin« ein Interview mit Axel Springer, in dem er erzählte:

»Gestern zog ich einen schwarzen Anzug an und ging zur Beerdigung eines kleinen Jungen. Dieses fünfjährige Kind war in die Spree gefallen, die an dieser Stelle zu Ostberlin gehört, während das diesseitige Ufer Westberliner Gebiet ist. Niemand hat ihm geholfen. Die Westberliner Polizei hatte kein Recht zu intervenieren und die von Ostberlin mußte zunächst mit ihren Vorgesetzten verhandeln. So ist dieser kleine Junge ertrunken. Es ist das zweite Kind, das diese Familie verloren hat, denn eine Tochter wurde umgebracht, und fast an derselben Stelle wurde die Leiche von dem Mörder in die Spree geworfen. Ich habe mich um diese Familie gekümmert und bin zur Beerdigung gegangen. Es hat mich schmerzlich überrascht zu sehen, daß ich diesmal der einzige war. Vor zehn Jahren hätte man dort auch den regierenden Bürgermeister von Berlin gesehen. Jetzt nicht mehr.«

Am 18. Juni 1976 wurde Axel Springer im Alten Residenztheater in München die Jakob-Fugger-Medaille für »überragende Leistungen« als Verleger und Publizist verliehen. Unter den Zuhörern saßen Altbundeskanzler Ludwig Erhard und Bayerns Ministerpräsident Alfons Goppel. Axel Springer sagte:

»Es ist unsere Pflicht, die Idee des ungeteilten deutschen Vaterlandes in unserem Herzen zu bewahren. Es ist unsere Pflicht, niemals den opportunistischen Erwägungen des sozialistischen Zeitgeistes nachzugeben ... Dieses Nichtverzichtenwollen ist nicht die Maxime eines der Restauration verhafteten Reaktionärs. Ich bin kein Revanchist. Ich bin auch kein Nationalist. Ich bin ein Deutscher, der einfach für alle Deutschen, auch in Weimar, Königsberg und Danzig, Freiheit, Freizügigkeit durch Frieden will. Ganz simpel nicht nur für uns hier im freien Westen, sondern für alle Deutschen ... Man marschiert für die Freiheit der Chilenen, der Schwarzen in Rhodesien oder Südafrika. Man demonstriert dafür, daß Kommunisten in der Bundesrepublik Deutschland Richter, Lehrer, Verwaltungsbeamte

und Staatsanwälte werden dürfen. Aber für unsere Nächsten im politischen Sinn des biblischen Begriffs, die drüben aus politischen Gründen oder einfach als getarnte Geiseln für bei uns gefaßte kommunistische Spitzenagenten hinter Schloß und Riegel sitzen, marschiert man nicht ... Als August Graf Gneisenau, der preußische Reformer und Vertreter eines Soldatentums mit vaterländischer und freiheitlicher Gesinnung, dem kleinmütigen Preußenkönig Friedrich Wilhelm III. im August 1811 den Aufstandsplan gegen Napoleon vorlegte, schrieb der König das ablehnende Hohnwort an den Rand: ›Als Poesie gut‹. Gneisenau antwortete in berühmt gewordener zorniger Replik: ›Religion, Gebet, Liebe zum Regenten, zum Vaterland, zur Tugend sind nichts anderes als Poesie – keine Herzenserhebung ohne poetische Stimmung. Wer nur nach kalter Berechnung handelt, wird ein starrer Egoist. Majestät – auf Poesie ist die Sicherheit der Throne gegründet!‹ Und die Sicherheit des Vaterlandes, möchte ich hinzufügen. In diesem Sinne bin auch ich Poet und Träumer.«
Am 28. April 1977 empfing Papst Paul VI. Axel Springer zu einer einstündigen Privataudienz. Dabei übergab der Verleger ihm einen knappen Text, in dem es heißt:
»Wenn Petrus der Fels ist, auf dem Jesus Christus, der Sohn Gottes, gebaut hat, dann muß dieser Fels auch das Plädoyer für die Rechte der Menschen, der Kinder Gottes tragen ... Warum, so frage ich mich unablässig, erweckt die Kirche Christi den Eindruck, als argumentiere sie nur noch aus der Defensive heraus? Ich vermag nicht zu glauben, daß der Vatikan zum Gefangenen apokalyptischer Visionen geworden ist. Christen sind in Gott gefangen und in sonst nichts. Ich warne leidenschaftlich davor, vor der Vorstellung zu kapitulieren, der Kommunismus werde die Weltregierung übernehmen. Ich warne vor Überlegungen, die Kirche könne sich durch rechtzeitige Arrangements mit dem Materialismus einen Platz zum Überleben auch unter ihren Verfolgern sichern. Eine Volksfront des Christentums mit dem

Kommunismus wäre der sicherste Weg zur atheistischen Weltdiktatur.«

Ein polnischer Papst, Johannes Paul II., sollte ein Jahrzehnt später erfüllen, worauf Axel Springer hoffte.

Nach dem Amtsantritt Willy Brandts als SPD-Kanzler hatte das Zerbröseln der 68er-Bewegung und der Apo begonnen. Beide waren nicht mehr nötig. Viele ihrer Anliegen waren bei der neuen Regierung in guten Händen. Aber ein radikaler Kern tauchte als Terroristen in den Untergrund und wurde zunächst als Baader-Meinhof-Bande, später als »Rote Armee Fraktion« bekannt. Die Regel der Weimarer Republik, »Die Linke redet, die Rechte schießt«, galt in der Bundesrepublik jetzt umgekehrt. Die Terroristen sollten insgesamt 34 Morde verüben.

Andreas Baader (Jahrgang 1945) hatte mit der protestantischen Pfarrerstochter Gudrun Ensslin (Jahrgang 1940) bereits 1968 Kaufhausbrände in Frankfurt gelegt. Als die beiden von der Polizei verfolgt wurden, fanden sie Unterschlupf in der Berliner Wohnung der *Konkret*-Chefredakteurin Ulrike Meinhof (Jahrgang 1934), ebenfalls Tochter eines evangelischen Theologen. Die drei verband Haß gegen das kapitalistische System und Axel Springer. Baader, der lieber Asterix als Marx las, dichtete: »High sein, frei sein, Terror muß dabei sein.« 1970 wurde er beim Versuch, Waffen zu beschaffen, verhaftet, aber schon bald bei einer »Ausführung« ins Zentralinstitut für Soziale Fragen von Gudrun Ensslin und Ulrike Meinhof mit Gewalt befreit. Ein Wachmann wurde dabei getötet.

Die drei ließen sich in einem Trainingscamp radikaler Palästinenser in Jordanien ausbilden. »Wir sagen, der Typ in der Uniform ist ein Schwein, das ist kein Mensch, und so haben wir uns mit ihm auseinanderzusetzen«, befand angeblich Ulrike Meinhof. Der Begriff »Rote Armee Fraktion« (RAF) tauchte erstmals in einer Schrift »Konzept Stadtguerilla« der Gruppe auf, auf deren Titelseite eine Heckler & Koch MP-5-Maschi-

nenpistole abgebildet war. Die Terroristen griffen amerikanische Einrichtungen in Deutschland an (vier Tote) und überfielen Banken.
Mitte der siebziger Jahre wurden Andreas Baader, Gudrun Ensslin, Ulrike Meinhof sowie der zu ihnen gestoßene SDS-Soziologiestudent Jan-Carl Raspe von der Polizei gefaßt und saßen zu lebenslanger Haft verurteilt im Hochsicherheitstrakt Stuttgart-Stammheim ein.
Axel Springer konnte damals feststellen, daß »bei uns die intellektuelle Linke auf die Barrikaden geht, weil die inhaftierten Angehörigen der Baader-Meinhof-Bande bei Tischtennis, Fernsehabenden, Fitneßtraining in büchergefüllten Zellen angeblich Isolationsfolter erleiden«. Solche Ausflüge auf die Barrikaden hielten damals in der Bundesrepublik viele Menschen für fortschrittlich.
RAF-Anführer waren hinter Gittern, die RAF aber lebte. Am 7. April 1977 wurde in Karlsruhe der Generalbundesanwalt Siegfried Buback mit seinem Fahrer Göbel und dem Fuhrparkleiter Wurster in einem blauen Dienstmercedes auf der Fahrt zum Bundesgerichtshof an einer Ampel von zwei Männern auf einem neben ihnen haltenden Suzuki-Motorrad erschossen.
Am 30. Juli 1977 töteten zwei Frauen und ein Mann mit fünf Kugeln den Chef der Dresdner Bank, Jürgen Ponto, in seinem Haus in Oberursel bei Bad Homburg.
Am 5. September 1977 ließen fünf Terroristen in Köln einen gelben Kinderwagen vor den Mercedes 450 SL von Hanns Martin Schleyer, 62, rollen und stoppten so die Limousine des Präsidenten des Bundes der Deutschen Industrie und der Arbeitgeber-Vereinigung. Sie erschossen seinen Fahrer Heinz Marczis und drei Polizisten. Schleyer wurde gekidnappt.
Die Täter verlangten die Freilassung von zehn gefangenen RAF-Terroristen. Die gleiche Forderung wurde von Luftpiraten gestellt, die kurz darauf die in Mallorca gestartete Lufthansa-

Boeing »Landshut« entführten, den Piloten töteten und mit der Erschießung der anderen Geiseln drohten. Die Bundesregierung – inzwischen unter Kanzler Schmidt – war nicht zur Kapitulation bereit. Während die Suche nach Schleyer ergebnislos blieb, stürmte am 18. Oktober kurz nach Mitternacht die deutsche Elite-Einheit GSG 9 in Mogadischu das LH-Flugzeug und befreite die Crew und die Geiseln.

Die führenden RAF-Terroristen im siebten Stock der Haftanstalt Stammheim, Baader, Ensslin und Raspe – Ulrike Meinhof hatte sich im Vorjahr einen Strick aus Handtüchern gedreht und erhängt –, erfuhren noch in der gleichen Nacht vom 18. Oktober 1977 aus dem Radio vom Scheitern des Versuchs, sie freizupressen. Alle drei begingen kollektiven Suizid in ihren Zellen. Baader und Raspe erschossen sich, Gudrun Ensslin erhängte sich mit dem Elektrokabel ihres Plattenspielers. Da manches an ihrem Tod rätselhaft blieb, entstand die Legende vom Mord im Kerker. Einen Tag nach dem Tod in Stammheim klingelte im Stuttgarter Büro der Deutschen Presse-Agentur das Telefon. »Hier RAF«, sagte eine weibliche Stimme: »Wir haben nach 43 Tagen Hanns Martin Schleyers klägliche und korrupte Existenz beendet.« Die Leiche des Präsidenten wurde im Kofferraum eines Audi 100 im französischen Mühlhausen gefunden.

Axel Springer hatte unmittelbar nach Schleyers Entführung angeordnet, daß auf der 100-Jahr-Feier des Ullstein-Verlages ein Stuhl in der ersten Reihe freiblieb. Auf ihm lag ein DIN-A4-Blatt mit einem handgeschriebenen Reservierungsvermerk: »Schleyer«.

Nach dem Tod des Entführten schrieb Axel Springer der Witwe: »Sehr verehrte, liebe Frau Schleyer, nun sind Sie mit Ihren Kindern in ein tiefes Dunkel gestürzt. Ohnmächtig suchen die Freunde Ihres Mannes nach einem gültigen Trostwort für seine Frau und seine Söhne. Als ich in diesen Wochen in Schierensee war, wo Sie uns einmal besuchten, ging ich in mein Zimmer, in dem der ›Schmerzensmann‹ von Lukas Cranach hängt. Vor diesem Bild sitzend konzentrierte ich alle heißen Wünsche für Hanns Martin Schleyer. Wie zufällig fiel mein Blick auf einen Bücherrücken mit dem Titel: ›Das soziale Modell‹ [von Hanns Martin Schleyer] . Ich öffnete das Buch und fand darin eine so warmherzige und freundschaftliche Widmung des Autors. Als ich dann durch den Herbstwald spazierte, kamen mir die Worte eines Dichters [Bertolt Brecht] in Erinnerung: ›Was sind das für Zeiten, wo ein Gespräch über Bäume fast ein Verbrechen ist. Weil es ein Schweigen über so viele Untaten einschließt.‹ Liebe, verehrte Frau Schleyer, wir alle werden früher oder später Ihrem Mann nachfolgen. Möge die Gewißheit des Wiedersehens Ihnen in gnädigen Sekunden etwas Trost geben. Von Ihrem Mann verwöhnt mit Freundschaft, schicke ich Ihnen und Ihren Kindern einen Teil davon in diesen furchtbaren Tagen. Ganz der Ihre Axel Springer.«

Auch Axel Springers Leben war in Gefahr. Die Forderung »Enteignet Springer« ging einigen nicht weit genug. Sie wollten mehr. Die Feuer der gewalttätigen Osterunruhen von 1968 flammten auf. Und 1972 explodierten zwei Bomben im Hamburger Verlagshaus. 17 Mitarbeiter wurden verletzt. Ein »Kommando 2. Juni« drohte mit weiteren Attentaten und forderte von Axel Springer, seine antikommunistische Hetze einzustellen. Er werde nicht nachgeben, sagte er.

Am Donnerstag, den 2. August 1973 meldete der *Stern*, daß der ehemalige Wirtschaftsminister Karl Schiller als Springers Gast im Klenderhof auf Sylt abgestiegen sei. Drei Tage später entdeckte dort das Stubenmädchen Barbara Struck am frühen Morgen, daß Rauch aus dem Reetdach über der Terrasse quoll. Was der SA im Dritten Reich nicht glückte, war in der Bundesrepublik gelungen: die Burg am Watt anzustecken.

Hausmeister Sönksen, ein mutiger und besonnener Mann, griff zum Handfeuerlöscher, Gast Schiller zum Gartenschlauch.

Gegen acht Uhr heulten die Sirenen. Der moderne TLF 18 von Kampens Freiwilliger Feuerwehr, den Axel Springer der Gemeinde ein Jahr zuvor für 135 000 Mark gestiftet hatte, raste als erster Feuerlöschzug heran. Da stand das Strohdach schon in hellen Flammen. Windböen fachten den Brand an. Erst nach zweieinhalb Stunden gelang es, das Feuer unter Kontrolle zu bringen. Der gesamte Nordflügel des Hauses war ausgebrannt. Trotz Ausschreibung einer Belohnung von 20 000 Mark wurden die Täter nie gefaßt.
Schon während der Löscharbeiten hatte Hausmeister Sönksen zwei Brandsätze aus dem Reetdach über der Terrasse gezogen. Auf je einer Sperrholzplatte (25 x 7cm) waren ein Weckeruhrwerk (Marke »Europa«), eine Taschenlampenbatterie (»Varta-Spezial 201«) und als Glühzündung zwei Osram-Glühlampen (ohne Glaskolben) montiert. Beide waren in braunes Packpapier eingeschlagen und mit Isolierband umwickelt.
Mit Brandsätzen gleichen Typs wurde im Januar 1975 im Berner Oberland ein einsames Chalet Axel Springers niedergebrannt. Es lag auf einem Berg bei dem 800-Seelenort Rougemont, dessen Ehrenbürger der Verleger geworden war. Auch dort wurden die Täter nie gefaßt.
Axel Springer, der den zerstörten Klenderhof sofort wieder aufgebaut hatte, verzichtete darauf, sein Berghaus noch einmal zu errichten. Statt dessen ließ er aus den Überresten des Natursteinkamins ein Mahnmal für seinen Lieblingsheiligen Nikolaus von der Flüe schaffen. Ein Bronzerelief des Hamburger Künstlers Fritz Fleer zeigt das Antlitz des Einsiedlers und dessen Worte: »Was die Seele für den Leib, ist Gott für den Staat. Wenn die Seele aus dem Körper weicht, dann zerfällt er. Wenn Gott aus dem Staat getrieben wird, ist der dem Untergang geweiht.«
Auf einer Todesliste, die in der Wohnung eines erschossenen Terroristen gefunden wurde, stand der Name Axel Springer. Bis

zu acht Leibwächter schützten ihn. Zwei Limousinen begleiteten seinen Wagen. Alarmsysteme sicherten seinen Schlaf. Selbst der Salon in Gut Schierensee erhielt kugelsichere Scheiben. Axel Springer sah die Welt durch Panzerglas.

Das vielleicht Überraschende in dieser Situation war, daß selbst jetzt noch Axel Springer bevorzugtes Ziel deutscher Literaten blieb. Sie waren seine anhänglichsten Gegner. Schon 1967, ein Jahr nachdem er bei der Einweihung des Verlagshauses an der Mauer Gast Axel Springers gewesen war, hatte Günter Grass im Fernsehen die »wahrhaft faschistischen Methoden« des Verlages angeprangert, und mehr als 100 Autoren der »Gruppe 47« riefen zum Boykott des Konzerns auf, unter ihnen Heinrich Böll, Günter Grass, Siegfried Lenz und Martin Walser; namhafte große Verlage schlossen sich ihnen an, unter ihnen Rowohlt und Suhrkamp.

1972, im gleichen Jahr, in dem Heinrich Böll als erster deutscher Schriftsteller seit Thomas Mann den Nobelpreis erhielt, warf er im *Spiegel* der Springer-Presse in ihrer Berichterstattung über die Baader-Meinhof-Gruppe Demagogie vor.

Der Tübinger Professor Walter Jens versuchte es zur gleichen Zeit mit Ironie: »Axel Springer, der Prophet und Messias. Springer, der Retter aus Deutschland. Springer, ein Apostel der Freiheit. Der gute, der demütige, der fromme, der väterliche, der bescheidene Springer – ein Beauftragter Gottes in gottferner Zeit. Erwählt unter dem Volk. Springer: der einzig Gerechte inmitten der Christen, die keine Christen mehr sind. Springer, das Symbol: Licht kämpft mit Finsternis; das Gute steht auf, um dem Bösen Paroli zu bieten, das Kind des Lichtes versperrt Beelzebub den Weg.«

Der Ton verschärfte sich, als das Kind des Lichtes sich mit russischen Intellektuellen im Exil verbündete, um dem Bösen Paroli zu bieten: Zur Buchmesse im Herbst 1974 brachte Axel Springer in seinem Ullstein/Propyläen-Verlag die Vierteljahresschrift

Kontinent russischer Emigranten heraus. Im Redaktionskollegium von Wladimir Maximow saßen Andrej Sacharow, Milovan Djilas, Eugène Ioneso und Andrej Sinjawski. Zu den Mitarbeitern gehörte Alexander Solschenizyn.
»Die Emigranten«, sagte Axel Springer, »die Flüchtlinge, die Ausgebürgerten der Sowjets, die wie ich für die noch Eingekerkerten und Bedrohten kämpfen, sind für mich Weggenossen.«
Heinrich Böll und Günter Grass waren betroffen. In einem offenen Brief an Solschenizyn schrieb Grass in der *Zeit*: »Eigentlich könnte Ihnen bekannt sein, daß Sie als Autoren der Zeitschrift Kontinent einem Machtimperium zuarbeiten, das unter dem Namen Springer-Konzern bekannt ist und dessen reaktionäre Intoleranz Ausdruck der gleichen Mentalität ist, die Ihnen, unter anderen ideologischen Vorzeichen, in der Sowjetunion Anlaß zu Protest und Widerstand geboten hat.«
In der *Welt* antwortete ihm Sinjawski: »Ihr Vergleich der Tätigkeit der Gruppe Springer mit den verlegerischen Bedingungen des gegenwärtigen Rußland ... ist schändlich.«
Heinrich Böll, in dessen Ferienhaus bei Düren Solschenizyn nach seiner Ausweisung aus der Sowjetunion ersten Unterschlupf gefunden hatte, erklärte sich mit Grass solidarisch. Er teile die Kritik an Springer »ohne jede Einschränkung«. *Kontinent* sei »ein Vehikel übelster Hetze und Denunziation« gegen die Linke.
Solschenizyn reagierte milde. Grass sei ein ehrlicher Mensch, aber leider »ohne die Tiefe der Einsicht«, was den Osten betreffe. Er selbst kenne Axel Springer nicht, aber »ich bin absolut überzeugt, daß Springer nicht 40 Millionen Menschen im Archipel Gulag ermordet hat«.
Doch so schnell mochten die Springer-Gegner nicht aufstecken. Heinrich Böll veröffentlichte 1974 seinen später auch verfilmten Bestseller *Die verlorene Ehre der Katharina Blum oder: Wie Gewalt entsteht und wohin sie führen kann*. Thema: Verwerfli-

che Meinungsmanipulationen der Boulevardpresse und deren Folgen. Peter Boenisch konterte im *Bild*-Deutsch: »Böll, dieser ›Heinrich-mir-graut-vor-Dir‹, kann alles, weiß alles, redet über alles. Ein deutscher Übermensch ...«

Durch seine nicht immer eindeutigen Stellungnahmen zum Terrorismus geriet Böll zumindest im bürgerlichen Lager in ein gewisses Zwielicht, und nach dem blutigsten RAF-Jahr 1977 suchten *Quick* und *Bild* ihn als eine Art geistigen Komplizen in die Nähe der Gewalt zu rücken. Selbst der *Frankfurter Allgemeinen* galt er als einer, »der bis heute kein von der Vernunft geprägtes Verhältnis zu unserem Staat« gefunden habe.

Im gleichen Jahr hatte sich ein Mann, der zeitweilig mit einer Nichte des Dichters verlobt war, unter falschem Namen in die Höhle des Löwen geschlichen: Der Kölner Journalist Günter Wallraff arbeitete im Frühling 1977 als Hans Esser drei Monate in der *Bild*-Redaktion Hannover und veröffentlichte anschließend drei Bücher über das Massenblatt und dessen Methoden: *Der Aufmacher, Zeugen der Anklage* und *Bild-Störung* mit *Bild*-Schlagzeilen (»Hochbetrieb beim Henker«). *Bild* war für ihn ein Werk »professioneller Fälscher«. Die IG Metall nannte das Blatt »Opium fürs Volk«.

Im Herbst 1980, anknüpfend an die Anti-Springer-Resolution des Jahres 1967, veröffentlichten 58 Schriftsteller eine Erklärung, zu deren Unterzeichnern wieder die Großen der Literatur gehörten, wie Heinrich Böll, Günter Grass, Siegfried Lenz und Wolf Biermann. Engagierte aus dem zweiten Glied klemmten sich auf ihren Sozius-Sitz, wie Hark Bohm, Fritz Raddatz oder Günter Wallraff. Sie alle versprachen ein wenig vollmundig: »Wir schreiben nicht für Springer, weil er die Leser betrügt, wenn er behauptet, überparteilich und unabhängig zu sein ... Wir schreiben nicht für Springer, weil der in seinen Blättern praktizierte Journalismus den Grundsätzen der Demokratie Hohn spricht.« Über 100 SPD-Politiker und Gewerkschaftler schlossen sich mit ihren etwas begrenzteren Möglichkeiten an: Sie wollten der Springer-Presse keine Interviews mehr geben.

Das bemerkenswerteste Duell in diesem sich hinziehenden Streit zwischen Verleger und Autoren blieb wohl bis zuletzt die Auseinandersetzung mit Heinrich Böll, die Axel Springer gewiß nicht gesucht hatte. Beide waren Ausnahmeerscheinungen. Die Weltauflage der Werke Bölls lag schon Ende der siebziger Jahre bei über 17 Millionen Exemplaren. Beide waren gläubig. Die Weltsicht beider hatte sich mit zunehmendem Alter immer mehr verhärtet.

»Erstaunlich und nicht restlos erklärbar bleibt es«, so schreibt Jochen Vogt in seiner verständnisvollen Böll-Biographie, »daß und wie diese außerordentlich diskrete, einfühlsame Privatperson, ein Virtuose des Zuhörens und des versöhnlichen Gesprächs, mit vielen seiner öffentlichen Äußerungen polarisierend, irritierend und provozierend wirkte.«

Welche seltsame Parallele mit dem Phänomen Axel Springer: Der persönlich so weiche Mann, verständnisvoll, harmoniesüchtig und fromm, wirkte genau wie Böll »mit vielen seiner öffentlichen Äußerungen polarisierend, irritierend und provozierend«, wenngleich in entgegengesetzter Richtung. Nur 67 Jahre alt starb Heinrich Böll 1985 – im gleichen Jahr wie Axel Springer.

Er nannte sie »Schalom«

Im Jahr 77 des 20. Jahrhunderts erzählte mir Axel Springer von seiner Faszination für die Zahl 7. Er hatte daraus nie einen Hehl gemacht. »Für mich hat die Zahl 7, die Grundeinheit der Schöpfungsgeschichte, eine starke Symbolkraft«, erklärte er schon am »Tag der Heimat« 1974 vor Vertriebenen: »Und es spricht vieles dafür, daß in ihr eine metaphysische und biologische Regel steckt.«

Bei der siebten Verleihung des »Goldenen Lenkrads«, eines Preises seiner *Bild am Sonntag* für die Automobilindustrie, gestand er: »Die Magie der Zahl hat mich schon immer interessiert. Das reicht bis in die Geburtstage hinein. Tag plus Monat meines Geburtstages (2. Mai) ergeben 7. Tag minus Monat des Geburtstages meiner Frau (15. August) ergeben ebenfalls 7. In 7 Tagen hat Gott die Welt geschaffen, 7 Engel sah Johannes in seiner Offenbarung auf Patmos und 7 Plagen, die die Menschen ertragen müssen, leiten die Endzeit ein. So rahmt die Zahl 7 in der Bibel die ganze Geschichte unserer Welt ein.«

Mich wies er noch darauf hin, daß 7 Jahre und 7 Monate vergangen waren, ehe Hans Zehrer zum zweiten Mal Chefredakteur der *Welt* wurde, und daß 1917 die Bolschewisten die Macht ergriffen hätten. Schon bei den alten Römern habe die 17 Unglück bedeutet, weil ihre Ziffern XVII als Anagramm VIXI ergäben: Ich habe gelebt. Auch 1977, »das Jahr mit der Doppelsieben«, da war er gewiß, »werde seine Kerben hinterlassen«. Und Kerben schlug es.

Der Tod, dessen Form und Wesen das zunehmende Interesse Axel Springers galt, begegnete ihm 1977 im Übermaß, nicht nur der Tod der RAF-Opfer Buback, Ponto, Schleyer und vieler unbekannter Unschuldiger, nicht nur der Tod der RAF-Anführer Baader, Raspe und Ensslin, sondern auch der Tod von drei seiner engsten Weggefährten: von seinem Freund Walter Schultz-Dieckmann, von seinem Freund Pierre Pabst und von seinem Partner Karl Andreas Voß.

Vor den dreien hatte sich schon Axel Springers Begleiter unbekümmerter, wilder Jugendtage, Bobby Dependorf, für immer verabschiedet. Er war im selben Jahr wie Hans Zehrer gestorben. Der eine mochte Axel Springer an Geisteskraft überlegen gewesen sein, der andere an Manneskraft. Aber beide hatten gelernt, sich ihm willig unterzuordnen, und er dankte es ihnen mit seiner Freundschaft.

Bobby Dependorf starb, wie er gelebt hatte. Als er erfuhr, daß er an einem Gehirntumor unheilbar erkrankt sei, gab er sich die Kugel. Um sicher zu sein, daß sein Revolver auch funktionierte, schoß er vorher durch ein Buch, das Axel Springer ihm hatte schenken lassen: *Der ewige Brunnen*, die schönste Sammlung deutscher Gedichte von Ludwig Reiners. Das Loch in ihren 978 Seiten überzeugte Dependorf von der Wirkung der Waffe.

Axel Springer, dem seine Vertraute Hulda Seidewinkel zu jeder Beerdigung in eine Manteltasche einen Veilchenstrauß, in die andere ein Taschentuch steckte, war am Sarge Dependorfs so aus dem Gleichgewicht, daß er das weiße Taschentuch dem Toten in die Grube warf und die Veilchen behielt.

Nach Dependorfs Ableben stellte Axel Springer dessen Foto genau wie das von Hans Zehrer in seinem Arbeitszimmer auf. Nach einem neuen Freund befragt, nannte er den Namen seines Cheflektoren Pierre Pabst. Der ehemalige Herausgeber der *Nordwest-Zeitung* war ebenfalls ein Gefährte seit Jahrzehnten, Bohemien und zuverlässig zugleich, bekannt für seine practical jokes. Eine Zeitlang hatte ihn Hulda Seidewinkel als seine Lebensgefährtin begleitet. Er war einer der letzten gewesen, mit denen Axel Springer unbekümmert zu lachen verstand.

Mit ihm hatten Axel und Friede Springer auf einem Segeltörn der »Schierensee« zum 60. Geburtstag des Verlegers Patmos entdeckt, die Insel des Johannes und der Apokalypse. Axel Springer las noch an Bord die Geschichte des Eilands und war gefesselt. Von dem Athenagoras, dem Metropolit von Thyateira, erwarb er zwei Grundstücke, für Patmos-Verhältnisse weit überteuert, für Axel Springer nicht der Rede wert. Der dankbare Athenagoras verlieh ihm das Goldene Großkreuz des Erzbistums Thyateira, Axel Springer baute sich oberhalb des Hafens ein bescheidenes Haus, das er liebte. Wenigstens zwei- bis dreimal im Jahr besuchte er fortan die Insel. Er und auch seine Frau Friede glaubten dort Stimmen von oben zu hören, die sie bei ihrem Namen riefen. Der erste aber, dem das beim ersten Besuch angeblich widerfahren war, war Pierre Pabst gewesen. 1977 erkrankte Pierre Pabst. »Lieber Pierre«, schrieb Axel Springer dem Todgeweihten. »Ruf mich, wenn Du mich sehen willst. Eine Viertelstunde später bin ich bei Dir ... Sei nicht verzweifelt, mit dem Kranksein. Gib Dich ihm hin. Und bete für Dich und alle anderen, wie ich es für Dich und die anderen tue. Behüt Dich Gott! Dein Axel.« Am Sarg des Pierre Pabst, den seine schöne Frau Irina nach russischem Brauch offengelassen hatte, sagte ein bleicher Axel Springer: »Ich habe einen Freund verloren – und er war mir mehr. Er stand meinem Herzen nahe und uns einte die Überzeugung, daß unsere Welt vor ernsten Prüfungen steht. Prüfungen, bei denen es nicht um politisches Geschick, sondern um Himmel oder Hölle geht.«

Schmerzhaft war für Axel Springer auch der Abschied von Karl Andreas Voß. Bis zuletzt hatte der – längst aller Aufgaben ledig – sein Büro im Hamburger Verlagshaus. Als Eberhard von Brauchitsch einmal meinte, daß das nun wirklich nicht mehr notwendig sei, antwortete ihm Axel Springer: »Wenn Karl Andreas es so wünscht, werde ich ihn von seinem Schreibtisch zum Friedhof tragen.« Bei der Trauerfeier im Hamburger Verlagshaus rief er seinem Partner nach: »Was hier steht, ist sein Werk!« Und: »Bleib du im ew'gen Leben mein guter Kamerad.«

Axel Springer selbst war in diesem Jahr 65 Jahre alt geworden. Kanzler Helmut Schmidt gratulierte ihm mit »Respekt vor der verlegerischen Leistung«. Die Bundesrepublik verlieh ihm das Große Verdienstkreuz mit Stern und Schulterband. Im Herbst feierte der Verleger mit 3000 Mitarbeitern und Gästen an der Elbe den 30. Geburtstag seines *Hamburger Abendblattes*.

»Die Freiheit«, sagte er, »die richtig verstandene Freiheit – die Freiheit zu etwas, nicht von etwas – ist ein felsenfester Bestandteil meines verlegerischen Glaubensbekenntnisses. Deshalb bin ich als deutscher Patriot trotz meines Bekenntnisses zur Rolle des Vaterlandes ein leidenschaftlicher Anhänger eines freien Europa.«

Er war jetzt ein eleganter älterer Herr, Milliardär, mit Ehren und Frischzellen gut versehen und ein aufmerksamer Gastgeber. Er prüfte jede Gästeliste, entschied, ob er an der Stirn- oder Breitseite seiner Tafel sitzen wollte, bestimmte, wann Tischkarten nur die Namen und wann sie auch die Titel der Eingeladenen tragen sollten.

Dabei interessierten ihn die allermeisten Zweibeiner und das, was sie zu sagen hatten, weniger und weniger. Ein Mensch aber wurde für ihn immer wichtiger: Friede Riewerts, die Urururenkelin des Grönlandfahrers und Walfängers Broder Riewerts – Axel Springers letzte Frau.

Friede Riewerts war am 15. August 1942 in Oldsum auf Föhr geboren worden. Sie war das zweite von fünf Kindern von Erich Riewerts und seiner Frau Elise. Der Vater, im Zweiten Weltkrieg in Rußland schwer verwundet, betrieb nach der Kapitulation auf der Nordsee-Insel eine Gärtnerei. Christfried, der älteste der Geschwister, photographierte später eine Zeitlang für den *Spiegel*.

Friede war eine Friesin aus dem Bilderbuch. Kühl, aber freundlich, aufrichtig und sparsam, blond und blauäugig, bescheiden und bezaubernd stand sie mit beiden hübschen Beinen auf dem Boden.

Nach der Schule hatte sie eine Lehre im Hotelfach abgebrochen und die Volkshochschule besucht. Dann war sie erst ein Jahr Kindermädchen bei dem Kieler Oberbürgermeister Hans Müthling, einem Kunden der väterlichen Gärtnerei, anschließend über drei Jahre bei einer Unternehmerfamilie in Wermelskirchen. Im Herbst 1965 trat sie bei einer neuen Familie in Hamburg ihren Dienst an, im Grotiusweg auf dem Falkenstein, hoch über der Elbe.

In dem Haus lebte Axel Springer mit seiner vierten Ehefrau Helga und ihrem gemeinsamen Sohn Raimund Nicolaus (genannt »Lumpi«) sowie den zwei Kindern aus Helga Springers vorausgegangener Ehe mit Horst-Herbert Alsen, Isabel, 14, und Stefan, 11. Tochter Bärbel, 32, aus Axel Springers erster Ehe, und Sohn Axel, 24, aus seiner zweiten kamen gelegentlich zu Besuch.
Friede Riewerts, damals 23, sollte sich vor allem um den dreijährigen »Lumpi« kümmern. Dem Hausherrn gefiel das junge Kindermädchen von Anbeginn. Wenn sie am Abend seinen kleinen Sohn fütterte oder ins Bett brachte, setzte er sich zuweilen mit einem Glas Wein zu den beiden.
Seine Ehe war zu jener Zeit bereits wieder »on the rocks«. Etwa ein halbes Jahr nach der Ankunft von Friede Riewerts zog Helga Springer aus und übersiedelte erst nach Sylt, später in Springers Haus in Gstaad. Nach nicht einmal vier Jahren Dauer wurde die Ehe 1966 geschieden.
Das Kindermädchen folgte mit ihrem Schützling »Lumpi« im Sommer des gleichen Jahres Helga Springer zu ihrem neuen Wohnsitz in die Schweiz. Im Winter verletzte sie sich dort beim Skilaufen eines ihrer Knie: Krankenhaus. Sie kündigte. Um wieder auf die Beine zu kommen, reiste sie zu den Eltern nach Föhr und half in der Gärtnerei.
Axel Springer hatte das blonde Kindermädchen nicht vergessen. Er rief sie an und kam von Sylt für einen Nachmittag mit seinem Hubschrauber auf der Nachbarinsel vorbei. »Sag' Axel zu mir«, habe er sie bei dieser Gelegenheit aufgefordert, berichtet Friede Springers fabelhafte Biographin Inge Kloepfer.
Noch im gleichen Frühjahr 1967 nahm Friede Riewerts, um ihr Englisch zu verbessern, eine neue Stellung als Au-pair-Mädchen in London an. Auf dem Weg dorthin stoppte sie in Hamburg. Das hatte sie Axel Springer bei seinem Föhr-Besuch versprochen.
»Die beiden trafen sich bei mir in der Blumenstraße«, erzählte

Springers Vertraute Hulda Seidewinkel. Axel Springer und das Kindermädchen: Er begehrte sie, sie verehrte ihn. Aber noch war nichts entschieden.

Der Au-pair-Job in England erwies sich als Katastrophe. Schon im Sommer flog Friede Riewerts mit Hilfe von Pfunden, die Axel Springer ihr für den Notfall mitgegeben hatte, von London zu einer alten Freundin aus Föhr nach Madrid. Sie wollte sich über ihre Gefühle und ihre Zukunft klar werden.

Hulda Seidewinkel fand ihre neue Anschrift heraus. Axel Springer meldete sich – am Telephon, mit Briefen, mit Blumen. Im September 1967 hatte Friede Riewerts sich entschieden. Sie flog heim, über die Schweiz nach Deutschland. In Gstaad besuchte sie auf ihrer Route Helga Springer und ihren ehemaligen Schützling »Lumpi«. In Hamburg wartete auf sie Axel Springer. Er warb um sie und eroberte sie.

Er hatte für ihre Ankunft eine erste Bleibe bei Hulda Seidewinkel vorbereiten lassen. Doch schon bald bezog Friede Riewerts für zwei Jahre ein eigenes Apartment in Hamburg-Pöseldorfs Milchstraße. Christian Kracht hatte es in Springers Auftrag für sie eingerichtet (und Springer überließ es ihm später zur Erinnerung). Schließlich schenkte Springer der jungen Föhrerin auch noch eine kleine Wohnung in List auf Sylt (damit sie auf der Insel nicht aus Versehen irgendwann ihrer ehemaligen Arbeitgeberin Helga Springer in einem Springer-Haus in die Arme laufen würde).

Er war verliebt wie ein Primaner in das junge Mädchen, das neun Jahre jünger war als seine älteste Tochter. Und was zunächst nur als flüchtiges Abenteuer mit »Lumpis« Kinderschwester erschien, wurde seine dauerhafteste große Liebe – bis an sein Lebensende.

Auf Sylt schickte er ihr mit einem Balzac-Buch schon 1968 die handschriftliche Notiz: »Gruß und Kuß, meine Süße, lies doch insbesondere das 1. Kapitel (besser: die erste Geschichte) von

Balzac. – Ich beeile mich jetzt, daß wir uns wiedersehen. Ganz Dein Axel.«

Sie zog in den Gästetrakt von Axel Springers Villa in Berlins Bernadottestraße ein, der bis dahin Hulda Seidewinkel zur Verfügung gestanden hatte. Sie vervollkommnete ihr Englisch und Französisch, sie erhielt gesellschaftlichen Schliff, sie paukte Kunst, Wirtschaft und Geschichte, sie hörte zu, beobachtete alles und lernte und lernte und lernte.

Wie ein Kind hatte Axel Springer sie zunächst behandelt: »Sitz gerade«, sagte er. Oder: »Iß, dann kriegst du auch mehr Brust.« Am Schluß aber aß er, was sie für gut für ihn hielt: Salate, Körner und Joghurt. Unmerklich und stetig wuchs ihr Einfluß.

Lange wußten nur wenige im Konzern von ihrer Existenz. Doch seit Anfang der siebziger Jahre wurde sie häufiger an Axel Springers Seite gesehen, saß 1973 auf dem Wiener Opernball mit ihm und Franz Josef Strauß in der Loge von Bundeskanzler Bruno Kreisky und trug ein Diadem der Kaiserin Sisi. In Berlin besuchte sie mit Bürgermeister Klaus Schütz eine Modenschau.

»I love you (becaus I speak english fluently) Axel«, schrieb Springer ihr wie ein verliebter Teenie am 14. Februar 1974 in London auf einen Zettel, auf dem gedruckt stand: »Happiness Is ... the dreamy feeling I get ... from Daydreaming about You!«

1975 tanzte sie mit ihm auf dem Presseball in Bonn. Denn Axel Springers *Welt* war von der Elbe an den Rhein übersiedelt, um näher am politischen Geschehen zu sein. Sie machte etwa 40 Millionen Mark Verlust im Jahr. »Mein teuerstes Blatt« nannte Axel Springer sie doppeldeutig. Er erwog damals, die *Welt*-Leser durch eine Fusion der *Frankfurter Allgemeinen Zeitung* anzuvertrauen, verwarf aber dann doch den Gedanken – nicht ohne Friede gefragt zu haben.

So wie Friede Riewerts langsam, aber unaufhaltsam Hulda Seidewinkels Rolle gegen Null drängte, so achtete sie darauf, daß der Masseur, Heilpraktiker und Pillendreher mit Sauerstoffdu-

schen und Wunderwässerchen aus Axel Springers Haushalt verschwand. Und nach dem Tod der Astrologin Ina Hetzel erhielt kein Nachfolger die Chance, eine vergleichbare Position am Hofe Axel Springers einzunehmen.
Für Friede war ein Traum Wirklichkeit geworden. Sie lebte an der Seite eines Mannes, den sie mehr bewunderte als jeden anderen. Sie begleitete ihn zur Untersuchung in die Mayo-Klinik, zu politischen Gesprächen und zu Konzernverhandlungen, wo er sie seine »Kauffrau« nannte. Friede sorgte für seine Gesundheit, seine Pillen und seine Diät.
Sie ertrug seinen Jähzorn, seine Depressionen und seine Ungeduld. Trat er ins Zimmer, während sie telephonierte, legte sie auf, auch wenn ihre Eltern am anderen Ende waren. Sie war seine Geliebte, seine Krankenschwester und sein lebendes Gedächtnis, und sie hatte nur ein Ziel: ihn, den sie über alles liebte, glücklich zu machen. Dafür brachte sie ihm das größte Opfer, das sie bringen konnte. Sie verzichtete auf Kinder, weil er sie mit niemandem teilen wollte.
Auch die Bindungen zu ihrer Familie auf Föhr lockerten sich. Sie mußte immer um ihn und nur für ihn da sein. Er war stolz auf sie und eifersüchtig. Er wollte und konnte nicht mehr ohne sie sein. »Wo ist die Kleine«, fragte er automatisch, falls sie einmal nicht in dem Zimmer war, in dem er sich aufhielt.
Er vertraute ihrer Menschenkenntnis und verlangte stets zu wissen, was sie von seinen Gesprächspartnern hielt. Er rief sie »Schalom« und »Engel«. Friede wurde sein Trost im irdischen Jammertal. Friede bedeutete ihm Frieden in einer oft feindselig gewordenen Welt.
1978, 13 Jahre nach ihrer ersten Begegnung, fragte er alte Weggefährten, ob er die 30 Jahre jüngere Frau heiraten dürfe. Besonderes Gewicht hatten dabei zweifellos die Antworten von Mary Lahmann und Ernst Gabel, seit über drei Jahrzehnten seine echten Freunde unter Scharen von Schmarotzern, ein großartiges

Paar. Die beiden hatten einst gemeinsam die Regenmantel-Fabrik »Blau-Rot« aufgebaut, führten nun Axel Springers Gutsverwaltung in Schierensee und kannten Friede Riewerts besser als die meisten anderen. Sie waren ihr zugetan.

Um die Weihnachtszeit hielt Axel Springer um die Hand von Friede Riewerts an. Im nächsten Monat heirateten sie auf dem Standesamt Berlin-Charlottenburg; Trauzeugen waren seine persönlichen Assistenten Ernst Cramer und Claus Dieter Nagel. Sonst war niemand dabei. Im Dezember wurden sie in Berlins altlutherischer Marienkirche getraut; Trauzeugen waren diesmal Irina Pabst und Claus Dieter Nagel. So wurde Friede Riewerts die fünfte und geliebteste Ehefrau Axel Springers. Nach ihrer Trauung erhielt Friede von ihrem Mann 20 Millionen Mark. Dafür verzichtete sie, wie alle Frauen und Kinder vor ihr, auf jeden Erbanspruch. So konnte Axel Springer bis zu seinem Tode allein entscheiden, wem er sein Lebenswerk vermachen wollte.

In der Zeit zwischen Standesamt und Kirche entstand auf Springers Grundstück auf der Insel Schwanenwerder in der Havel, wo bis dahin nur ein gläserner Tee-Pavillon gestanden hatte, Berlins prachtvollste Villa (mit einem Fluchttunnel). Axel Springer taufte sie »Tranquillitati«. »Als ich es Heinz Rühmann aus dem Lateinischen mit ›die Gelassenheit‹ übersetzte«, so hieß es in einem Brief an mich aus dem Januar 1979, »schickte er den beigefügten Oetinger.« Beigefügt waren 33 Worte des evangelischen Theologen Friedrich Christoph Oetinger (1702–1782) aus Württemberg:

Gib mir die Gelassenheit,
Dinge hinzunehmen,
die ich nicht ändern kann;
gib mir den Mut,
Dinge zu ändern,

die ich ändern kann;
und gib mir die Weisheit,
das eine vom anderen
zu unterscheiden.

Axel Springer sollte dieser Weisheit bedürfen, als der Winter seines Lebens anbrach.

IV
Der Winter

Mir ist es winterlich im Leibe,
ich wünsche Schnee und Frost auf meiner Bahn.

J. W. v. Goethe

Der letzte Gruß, der am Silvesterabend 1979 das Haus Axel Springers verließ, galt einer befreundeten Familie, deren Sohn freiwillig aus dem Leben geschieden war. Axel Springer sprach darin vom Schwersten, das Eltern begegnen könne. Der Antwortbrief war sanft und stark zugleich. In ihm stand: »Ein totes Kind ist ein unendlich kostbarer Besitz. Man darf es immerzu liebhaben und mit Zärtlichkeit umgeben.« Diese Zeilen an Axel Springer trugen das Datum vom 3. Januar 1980. Am selben Tag erschoß sich sein Sohn Axel Springer jun. Mit dem Tod des Sohnes begann das Sterben des Vaters.
Axel Springer jun. hatte im Überfluß besessen, was andere als Glück betrachten: Wohlstand und Gesundheit, Ansehen und Aussehen. Er hatte die Fähigkeit, Liebe zu geben und Liebe zu wecken. An seinen Kindern hing sein Herz. Seinen Vater bewunderte er. Ein beträchtliches Erbe erwartete ihn. Noch mit Übergewicht eilte er leichtfüßig dahin. Sein Charme reichte aus, eine Kompanie zu entwaffnen. Seine Jungenhaftigkeit betörte. Heiterkeit umgab ihn. Schönheit zog ihn an. Freundschaften flogen ihm entgegen wie Möwen dem einlaufenden Schiff, von Oskar Kokoschka, dem Maler, bis Kietje Bleicken, dem Rentner auf Sylt. Er war talentiert auf vielen Gebieten, unendlich begabt aber – so schien es – für eines: fürs Leben. Und eben das vermochte er in einer Vollmondnacht nicht länger zu ertragen.
Am 7. Februar 1941, im Zweiten Weltkrieg, war Axel Springer jun. als Sohn von Springers zweiter Ehefrau Katrin geboren worden – das einzige der drei ehelichen Kinder des Verlegers, das

nicht vor der Heirat empfangen worden war. »Dem Jungen geht es sehr gut«, berichtete Axel Springer am 21. April 1943 brieflich seiner Mutter: »Er hat jetzt seine langen Locken verloren und sieht sehr erwachsen aus. Ich gehe viel mit ihm spazieren. Überhaupt läuft er immer hinter mir her. Ich liebe ihn heiß und innig.« Die Kriegsjahre verbrachte Axel jun. vorwiegend im Ferienhaus der Familie in Bendestorf, von Mutter und Großmutter liebevoll umsorgt. Nach Kriegsende wurde er in die Volksschule am Hirtenweg in Hamburg-Othmarschen eingeschult. »Loki« Schmidt, die Frau des späteren Bundeskanzlers, war dort Lehrerin und unterrichtete als Vertretung auch schon einmal in Axels Klasse. Ihr blieb er bis zu seinem Ende verbunden.
Die Wege der Eltern trennten sich. Axel jun. blieb bei der Mama. Vom Vater kamen ab und zu Briefe an »mein Pumpelchen, mein Stumpelchen«. Er bewahrte sie alle auf. »Ich hoffe, daß Du manchmal versuchst, Wolkenzipfel für mich zu fangen«, heißt es in einem. Aber er fühlte sich sehr allein. »Meine Patentante hat mich nach der feierlichen Taufe bis zum heutigen Tage vergessen«, schrieb er als Fünfunddreißigjähriger in einem Brief an seinen Patensohn Sven und verriet damit, wie tief der Schmerz der Einsamkeit damals gesessen hatte. Mit neun Jahren begann, was Axel jun. »meinen Stafettenlauf durch Europas Internate« nannte. Nur seine Mütter, so frotzelte er später seinen Vater an, hätten noch schneller gewechselt als seine Schulen.
Axel wurde zuerst ins Internat in Zuoz gesteckt. »Er ist gestern abend gut weggekommen«, schrieb Axel Springer am 12. September 1950 an sein »liebes Muttchen«. »Katrin und er fuhren im Schlafwagen des Skandinavien-Express um 10 Uhr von Hamburg ab. Der kleine ahnungslose Bengel fuhr offensichtlich mit tausend Erwartungen in die Welt hinaus. Die Mutter war schon etwas weniger froh gestimmt ... Du kannst Dir vorstellen, daß ich mir in diesen Stunden oft die Frage vorgelegt habe, ob es auch wirklich notwendig war, daß der Junge nach Zuoz gekom-

men ist. Ich bin mit Dir einer Meinung, daß es das Richtige war. Was ich mir wünsche, ist ja nur, daß er keine unnötigen seelischen Schmerzen dort erleidet.«

Wenige Tage später brachte auch Axel Springers erste Frau »Baby« ihre inzwischen siebzehnjährige Tochter Bärbel in die Schweiz, das Eldorado für gehobene Erziehung. »Baby wird Bärbel nach Lausanne bringen, und zwar am kommenden Montag« teilte Axel Springer seinem »lieben Muttchen« mit. »Wir besorgen gerade für den gleichen Zug, den gestern abend Katrin und Axel benutzt haben, Plätze.«

Keine zwei Wochen danach gestand Axel Springer in einem Brief an Mutter Ottilie von einem Besuch an der Themse: »Liebes Muttchen... Einige Tränen sind dieser Tage aufs Londoner Pflaster gefallen, als ich Axels ersten Brief aus Zuoz las, der mir nachgeschickt worden war. Seine letzte Zeile hieß: Ich habe etwas Heimweh, bitte kommt, so schnell Ihr könnt...«

Am letzten Tag desselben Monats informierte Axel Springer sein »liebes Muttchen« über seine beiden Kinder: »Von Bärbel hatte ich gestern einen sehr sympathischen und vernünftigen Brief. Sie dosiert ihre Kritik wirklich wie ein reifer Mensch. Von Axel habe ich nicht so gute Nachrichten. Trotzdem bin ich des Glaubens, daß noch alles gut wird. Ich habe gestern einen ziemlich strengen Brief an den Leiter in Zuoz geschrieben. Ich hatte sehr gehofft, von dort einen Situationsbericht innerhalb der ersten vierzehn Tage zu kriegen. Ein Telephonat mit einem Lehrer befriedigt mich nicht. Vielleicht bist Du so lieb und rufst auch einmal Katrin an und bist nett zu ihr. Sie leidet im Augenblick wirklich sehr. Heute war geschäftlich ein schöner Tag: Das ›Hamburger Abendblatt‹ überschritt erstmalig die Dreihunderter-Auflagengrenze. 303 000 Exemplare bei 30 Seiten Umfang mit 17 1/4 Seiten Anzeigen. In Liebe Dein Axel.«

So eng lagen familiäre Sorgen und geschäftliche Erfolge für Axel Springer immer beieinander. Noch im gleichen Herbst, zwei

Monate nach Einschulung seines Sohnes in Zuoz, entschloß sich Axel Springer, selbst im Internat nach dem Rechten zu sehen. Sein alter Freund John Jahr, dessen Sohn Michael dort ebenfalls zur Schule ging, bat ihn, eine Stabtaschenlampe für »Micky« mitzunehmen und die Rückfahrt der beiden Jungen in den Weihnachtsferien zu organisieren. Schließlich noch ein Wunsch von Millionär zu Millionär: »Vielleicht braucht Micky auch noch einige Silberfranc, die ich Dich bitte, ihm zu geben, wenn er sie haben möchte, aber keinesfalls mehr als 10 Frs. Dein John.«
Als Neunjähriger hatte sich Axel in Zuoz zuweilen in den Schlaf geweint. Als Zehnjähriger erfuhr er von der Scheidung seiner Eltern und weinte noch ein wenig mehr. Als Elfjähriger auf Winterferien in Hamburg spazierte er mit seinem Vater über die Moorweide und bat ihn um »nur 50 Pfennig«. Axel Springer wies hinüber zum Dammtor-Bahnhof, wo ein Händler *Bild* verkaufte – für einen Groschen. »Siehst du den Mann«, fragte der Vater, »er verdient an jedem Exemplar, das er verkauft, etwa zwei Pfennige. Laß' uns warten, bis er 50 Pfennig verdient hat.« Sie warteten fast eine halbe Stunde. Die Kälte kroch in Zehen und Mantel. Dann war der *Bild*-Verkäufer sein 25. Exemplar los. Und Axel erhielt wie gewünscht »nur 50 Pfennig«. Er hat die Geschichte oft erzählt; unauslöschlich hatte sich die halbe Stunde in seine kindliche Seele eingeprägt.
Von Zuoz enttäuscht, holte Axel Springer seinen Sohn wieder nach Hamburg, ließ ihn im Turmzimmer seiner Villa am Falkenstein wohnen und engagierte für ihn den Privatlehrer Hans Georg Bergmann, der bis zum Tod des Sohnes dessen Freund sein sollte. Zusammen übersiedelten Privatlehrer und Schüler dann nach England, wo Axel jun. erst im väterlichen Haus an der Upper Brook Street büffelte, später an der Abbotsholme Boardingschool ein »Certificate of Education« erwarb, eine Art Mittlerer Reife. Wie sein Vater machte auch er kein Abitur. Selig kehrte er nach Hamburg zurück und bezog wieder sein Turm-

zimmer am Falkenstein. Ein Horoskop, das ihm damals gestellt worden war, prophezeite »einen Unfall mit Schußwaffe«. Natürlich nahm das niemand ernst.

1957, es war das Jahr der messianischen Krise Axel Springers, nahm er seinen inzwischen sechzehnjährigen Sohn in das frühere Konzentrationslager Bergen-Belsen mit. Über 50 000 Menschen waren dort umgekommen. »Ich faßte den Mut«, so schrieb Axel Springer ein wenig exaltiert über den Besuch, »meinem Jungen zu sagen: Nimm Deine Hände und geh' ins Erdreich hinein. Mache Deine Erfahrungen. Es kann sein, daß Du einmal mein Nachfolger sein wirst. Dann sollst Du wissen, was einmal in Deutschland geschehen konnte.«

Ein paar Jahre später, als Axel Springer hinter dem Rücken seiner dritten Frau Rosemarie eine Affäre mit Mausi Alsen begann, spielte der junge Sohn zuweilen den Postillion d'amour und überbrachte Botschaften des Vaters. Er tat es gern. Er hatte das Gefühl, er räche sich damit an der Frau, die seiner Mutter den Mann weggenommen hatte. Und ihm gefiel, wie unbekümmert sich sein Vater, damals schon ein bekannter Verleger, mit seiner neuen Freundin Mausi in Westerland auf einen Kantstein setzte, um Eis zu schlecken.

Dann kam es zum Streit. 1962, im selben Jahr, in dem der Vater seine vierte Ehe mit Mausi Alsen einging, heiratete auch sein Sohn – inzwischen Gefreiter bei der Bundeswehr und genau so jung, wie einst Axel Springer bei seiner ersten Trauung gewesen war: 21 Jahre. Die Braut Rosemarie Koschwald war 19, ungewöhnlich blond, ungewöhnlich hübsch, ungewöhnlich keß. Der Vater stemmte sich vergebens gegen die Heirat. Es kam zum Zerwürfnis. Die Liebenden ließen nicht voneinander. Zwar behielt der Vater recht, was die Ehe betraf. Nach acht Jahren wurde sie geschieden. Doch inzwischen hatte Rosemarie ihrem Mann zwei engelblonde Kinder geschenkt, Ariane (Jahrgang 1963) und Axel Sven (Jahrgang 1966). Darüber hinaus hatte sie ihrem Mann nach

dessen Auseinandersetzung mit seinem Vater den Mut gegeben, als Photograph selbständig zu werden. Sie kramte die Filme zusammen, die im VW-Käfer des Amateur-Photographen herumflogen, und sagte: »Hier, das ist dein Startkapital.«
Erst lag Axel mit seiner Leica im Matsch hinter dem HSV-Tor, später auf dem Teppich des Weißen Hauses. Er schoß Titelbilder für den *Spiegel*, lichtete Fidel Castro für den Bauer-Verlag ab, und *Stern*-Chef Rolf Gillhausen nannte ihn einen »der Großen« seines Fachs. Auf einem Bonner Festakt schlug der spätere Bundespräsident Richard von Weizsäcker ihm vor, andere Prominente als ihn »zu knipsen«. Da ließ der junge Springer seine Kamera für einen Moment sinken: »Sie knipsen, Herr von Weizsäcker. Ich photographiere.« Und hob den Apparat zum nächsten Schuß. Er brachte mehr als ein Dutzend Sportbücher heraus und Bildbände über Adenauer und Kokoschka, über China und Hamburg, über Willy Brandt und Uwe Seeler. Unter seinem Pseudonym Sven Simon gründete er eine Photoagentur, deren Bilder in vier Kontinenten verkauft und gedruckt wurden.
Axel Springer jun. zog mit seiner Frau nach München und erklomm ohne Hilfe, Unterstützung oder auch nur den Namen des Vaters die Spitze seines Berufes. »Das war das Drittwichtigste in meinem Leben«, sagte er mir, »nach Einatmen und Ausatmen.« Damit hatte er besiegt, woran andere zerbrechen: das Schicksal, Sohn eines bedeutenden Mannes zu sein. Erst als erfolgreicher und unabhängiger Sven Simon kehrte er nach seiner Scheidung in die Arme und das Haus von Axel Springer zurück. Und als der Mob in den Straßen dessen Namen johlte, da trug er diesen Namen wieder stolz und unbekümmert zugleich. Während in Deutschland der Terrorismus erblühte und Leibwächter Statussymbole in Politik und Wirtschaft wurden, lehnte Axel jun. jeden Gorilla ab. Nur seine fünfschüssige »Smith & Wesson Special« trug er zuweilen bei sich.
Die ideologischen Konflikte, die um seinen Vater entbrannt

waren, nahm er eher locker. 1971 schrieb ihm sein besorgter Vater deshalb einen Brief, der eher wie ein Leitartikel klang, über den Radikalismus, der Terror und Gewalt geboren hatte. »Mein lieber Axel, wir sprachen kürzlich über die Frage, ob sich insbesondere unser Land einen Radikalismus auf der einen oder anderen Seite erlauben könne. Als Du weg warst, habe ich über dieses Thema noch lange nachgedacht – vor allem darüber, warum gerade uns Deutschen jede Form von Radikalismus so schlecht ansteht ... Niemals mehr, so glaubten wir vor 25 Jahren, als das Schicksal dem freien Teil Deutschlands noch einmal eine Chance bot, würden Radikalismus, ideologische Intoleranz und fanatisierte Gewalt sich in der wiedergewonnenen Freiheit auch nur zu Wort melden, geschweige denn tätig werden können ... Aber der Radikalismus frißt erneut an der Substanz unserer Demokratie. 95 000 Deutsche gehören nach Angaben der Bundesregierung extremistischen Gruppen an. 30 000 davon sind Rechtsradikale. 65 000 meist jüngere Menschen verteilen sich auf die etwa 250 linksradikalen Gruppen ... Niemand hat sie gerufen. Aber sie sind da und bohren Sprenglöcher in die Demokratie. In diesem Lande, dessen Rechtsradikalismus 50 Millionen Menschen das Leben kostete, das von linksradikaler Gewalt in zwei Teile geschlagen wurde und in dem 17 Millionen Mitbürger unter einer extremistischen Ideologie zu leiden haben, üben sich extremistische Minderheiten in Gewalt, um der demokratischen Mitte den Garaus zu machen ... Es gibt untrügliche Erkennungsmerkmale, die allen Radikalen gemeinsam sind, gleichgültig, wo sie politisch stehen: Frechheit, Mangel an Takt, Freude an der Entwürdigung ihrer Gegner, methodische Geschmacklosigkeit, Penetranz, Unfähigkeit zuzuhören, Elitedünkel unter dem Parolennetz der Gleichmacherei, Ordnungsfeindlichkeit, Mißbrauch der eigenen Freiheit zu Lasten der Freiheit anderer. Daran sind sie zu erkennen ... Heute geht es den Radikalen nicht darum, Unzufriedene auf ihre Seite zu ziehen, sondern sie versuchen Zufriedene unzufrieden zu machen, Gesunde zu verletzen, Liebe in Haß zu wandeln, Sexualität in Obszönität, Recht gegen Gewalt zu tauschen, sozialen Erfolg in sozialistische Risiken zu verwandeln, Demut in Schwäche umzulügen und Gläubigkeit als Furcht vor der Welt zu verdächtigen. Die ideelle und die materielle Kraft der Mitte hätte den Radikalismus nicht zu fürchten, wenn sie sich nicht, wie das einschlägige Wort bezeichnenderweise heißt, ›verunsichern‹ ließe. Wenn sie sich nicht in Selbstvertrauensseligkeit, sondern in Selbstvertrauen übte. Dies, lieber Axel, ist freilich eine Aufgabe, die wir Älteren nicht allein bewältigen können. Sie erfordert vielmehr auch das volle Engagement der Jüngeren. Denn erst wenn wir es gemeinsam gelernt haben, uns zu bekennen, werden wir den Radikalen den Rücken kehren können. Solange dies jedoch nicht der Fall ist, bleiben wir mit ihnen konfrontiert. Mit herzlichen Grüßen Dein Vater.«

Im Sommer 1971 hatte Axel Springer an Bord seiner Segelyacht »Schierensee« vor Norwegens Küste gekreuzt. Im August bezog er in seinem Haus am Watt von Kampen Quartier. Dort erreichte ihn die überaus überraschende Nachricht, der Regierungssprecher, Staatssekretär Conrad Ahlers, habe mehrmals angeläutet, eine Geheimnummer hinterlassen und um Rückruf gebeten, weil er einen Termin mit dem Bundeskanzler vereinbaren wollte. Denn auch Kanzler Brandt machte in jenem Sommer vier Wochen Urlaub auf Sylt. Er wohnte beim Bürgermeister von List, dem Baulöwen Horst Günther Hisam. Nach einigen vergeblichen Bemühungen des Verleger-Sekretariats, eine Verbindung zur gewünschten Zeit herzustellen (»Der Herr Bundeskanzler ist spazierengegangen«), teilte schließlich ein Kanzler-Mitarbeiter dem Verleger Springer forsch mit: »Sie können um 15 Uhr kommen, es kann aber auch 16 Uhr werden, auf alle Fälle ist dann Herr Schütz da. Sie können die beiden Herren gemeinsam photographieren.«

Da erst ging dem Verleger ein Licht auf: Die Regierung hatte Axel Springer sen. mit seinem Sohn Axel Springer jun. verwechselt, der ebenfalls ein Haus in Keitum auf Sylt besaß und den Kanzler ablichten wollte. Nach dieser Aufklärung der rätselhaften Anrufe konnte der Vater am Telephon die unwillige Bemerkung nicht unterdrücken, dreimal habe man ihm »auf den Zehen gestanden« und ihn aufgefordert, zu bestimmten Stunden anzurufen: »Ich weiß aus der Tanzstunde über gewisse Formen Bescheid.«

Willy Brandt fand einen Weg, die Panne mit »gewissen Formen« auszubügeln: Der Kanzler begegnete dem Verleger (den er eigentlich gar nicht sehen wollte), aber er bat ihn nicht zu sich (was dem Protokoll entsprochen hätte), sondern kam als Geste der Wiedergutmachung zu ihm. Und Axel Springer erwartete ihn zum Topfkuchen – aber nicht in seinem Haus am Hobokenweg, auch nicht in seinem Gästehaus, dem Klenderhof, sondern in dem nahegelegenen Anwesen eines seiner Manager. Da hockten die beiden Mächtigen nun zusammen und hielten einander Vorträge über die Ostpolitik, ohne dem anderen wirklich zuzuhören. Es war gemütlich wie zur gemeinsamen Teestunde von zwei rivalisierenden Hollywood-Diven. »Sie müssen doch einsehen, Herr Springer«, meinte Brandt zu dem Amerika-Freund, »daß die Vereinigten Staaten als die Nummer eins von der Weltbühne abgetreten sind.« Verärgert revanchierte sich Springer beim Abschied mit der Frage, ob der Kanzler freundlicherweise veranlassen könne, daß er nicht mehr abgehört werde. Daß er abgehört werde, sei zwar ausgeschlossen, antwortete Brandt, versprach aber, sich darum zu kümmern. So endete das Treffen am 18. August 1971 auf Sylt. Kampen war immer für eine Überraschung gut.

Im Konzern kannte der Sohn Axel Springers bald jedes Objekt von innen, von *Bild* bis zur *Welt*. Und jeder kannte ihn. Er duzte sich mit Setzern, Layoutern und Chefredakteuren. Er war der

54 AS im Juni 1970 in seinem Haus in Kampen auf Sylt

55 »Mein Hof in Holstein« nannte AS sein Gut Schierensee.

56 AS auf Schierensee. Das Anwesen umfaßte 500 Hektar.

, 58 AS tanzt mit seiner späteren Ehefrau Friede auf Wiens Opernball, lacht mit ihr in Berlin.

AS mit Ehefrau Friede auf der »Schierensee«. Bei Sturm wurde er seekrank.

60 »Sag mal, was verdient eigentlich mein Vater« hatte Axel Springer jun. in eine Sprechblase auf nem Foto von sich geschrieben. AS schrieb auf Rückseite: »Prügel verdient der Vater, daß er s nen begabten Sohn nicht schon seit langer Zeit a heimischen Schreibtisch hat! – Herr Vater«

61 AS mit Tochter Bärbel aus seiner ersten Ehe

62 AS mit Sohn Axel jun. aus seiner zweiten Ehe

Die Parkbank am Oberlauf der Alster, auf der sich Axel Springer jun. in der Vollmondnacht zum 3. Januar 1980 das Leben nahm. Er schoß sich mit einer »Smith & Wesson Special« in die Stirn.

Beisetzung von Axel Springer jun. auf dem Flottbeker Friedhof am Stillen Weg: AS mit seiner Ehefrau Friede und den beiden Kindern des Verstorbenen, Ariane und Axel Sven. Ganz links: »Lumpi«, der zweite Sohn von AS aus dessen vierter Ehe.

65 Springer-Villa »Tranqui
tati« auf Schwanenwerder
Berlin. Dort spielte der W
größter Cellist Rostropowit
für AS und seine Gäste. »Lie
Slawa«, schrieb ihm AS: »N
zittert unser Haus an der Ha
vor Freude und Dankbark
nach Deinem Konzert.«

66 AS mit seinem Schulfreu
Hermann Firchow. Im A
1981 berichtete AS seiner ers
Frau Baby über den letzten
such des damals schon kran
Firchow: »Zum ersten Ma
unserem Leben sprachen
nicht über Gesang und san
auch nicht ... Ach Baby.« We
später starb Firchow.

Das letzte Foto von AS mit [s]einer Frau Friede. Es entstand [vor] seinem Haus »Fuxfarm« in [Kl]osters am 15. August 1985, [ih]rem 43. Geburtstag. Er hatte ge[ra]de noch einen Monat zu leben.

Friede Springer am 27. Sep[te]mber 1985 auf dem Weg zur [Be]isetzung ihres Mannes. Als [17]Jährige war sie AS zum ersten [M]al begegnet. 13 Jahre später hat[te] er um ihre Hand angehalten.

69 Der Trauergottesdienst für AS in Berlins Gedächtniskirche ähnelte einem Staatsakt mit Bundpräsident und Bundeskanzler. 22 000 kleine Fenster aus Chartres-Glas dämpften das Licht der Setembersonne. Der helle Eichensarg war mit 3000 Moosröschen bedeckt.

70 »Ich möchte in Berlin sterben und in Berlin begraben sein«, hatte AS sich gewünscht. Und wie wohnt geschah, was er begehrte. Sein Grabstein mit der Losung seines Todestages aus dem Evangeli des Johannes steht auf dem Waldfriedhof Nikolassee.

Springer zum Anfassen im Verlag der 12 000. Das war die Zeit, in der wir Freundschaft schlossen. Im Auftrag seines Vaters verpflanzten wir zusammen mit Herbert Kremp die *Welt* von Hamburg nach Bonn. Am Tag vor Pfingsten 1975 erschien die letzte Ausgabe an der Elbe, am Tag nach Pfingsten die erste am Rhein. Das hatte es bis dahin noch nicht gegeben. Es klappte ohne Druckfehler.

Hin- und Herreisen hatte in der Vorbereitungsphase zu den vornehmsten, wenn auch nicht beliebtesten Beschäftigungen von Axel und mir gehört. Eines Morgens saßen wir ohne Flugscheine da. Jeder gab der Sekretärin des anderen die Schuld. Es half nichts. Wir mußten einen Wagen nehmen. Die Autobahn war mit Baustellen gepflastert und verstopft. Es regnete. Wir stritten über einen Leserbrief. Zu allem Überfluß hatte Axel auch noch Zahnschmerzen. Hinter Hannover erteilte ich ihm unerbetenen Rat: »Wenn es mein Zahn wäre, würde ich ihn ziehen lassen.« Er sah mich von der Seite an: »Wenn es dein Zahn wäre, würde ich ihn auch ziehen lassen.« So war Axel. Ich hatte eine Anekdote erzählen wollen und er erzählte die Pointe. Er hatte von seiner Mutter geerbt, was unsere Väter »Mutterwitz« nannten. Sein Witz war dabei stets ohne Widerhaken, aber sein Auftritt selten ohne Witz. Er konnte die unglaublichsten Dinge sagen, ohne je obszön zu klingen.

Die Stelle der Tapferen

Axel Springer jun. und ich saßen täglich zusammen am Produktionstisch und wohnten Monate zusammen im Bonner »Steigenberger«. Wir frühstückten zusammen und aßen zusammen zur Nacht. Wir machten zusammen Zeitungen und ein Buch über

Sylt. Ich zeigte ihm Harlem und er wurde Patenonkel meines Sohnes Sven. Nach seiner Scheidung von Rosemarie, unter der er litt wie ein geprügelter Hund, hatte er sich Anfang der siebziger Jahre Renate Lüdmann zur Lebensgefährtin gewählt. Sie hatte aus einer vorangegangenen Ehe eine Tochter Melanie, für die er zärtlich sorgte wie für seine beiden eigenen Kinder. Jeden Silvester spielten wir mit Frauen und Kindern »Monopoly« in seinem Haus in Morsum. Sein Vater hatte es 1967 als drittes Anwesen auf Sylt erworben und nebenan für sich und seine Freunde einen Neun-Loch-Golfplatz angelegt. Auf einem Deckenbalken im Wohnzimmer stand seitdem: »Non mihi sed amicis«. Fünf Jahre später schenkte er das Haus seinem Sohn. Der ließ auf die andere Hälfte des Balkens malen: »Patri gratias ago«. 1973, im Jom-Kippur-Krieg, flog er mit seinem Vater in das kämpfende Land Israel. Der Sohn, der während des Waffenganges unter seinem Pseudonym Sven Simon für *Bild* photographierte, lag eines Abends mit israelischen Soldaten in einem Graben auf dem Westufer des Suez-Kanals. Die Unterhaltung kam auf die Bonner Regierung, die gerade das Auslaufen von drei israelischen Schiffen mit Waffen aus Bremerhaven behindert hatte. Einige Israelis fluchten. Einer warf ein: »Aber es gibt einen Deutschen, dem wir vertrauen können, der unser Freund ist.« Axel jun. fragte: »Wer?« Und er hörte den Namen seines Vaters. Mindestens zweimal riskierte der Photoreporter Sven Simon in diesem Waffengang sein Leben. »Ich hatte Bammel wie ein Abgeordneter am Wahltag«, war alles, was er darüber erzählte. Zusammen mit seinem Vater besuchte er Israels ersten Premierminister David Ben Gurion im Kibbuz Sde Boker. »Es ist erstaunlich, daß der Sohn nicht so groß ist wie der Vater«, notierte der in seinem Tagebuch. »Ich erzählte ihnen, daß in Israel die Söhne größer seien als ihre Väter.« Axel schoß das vielleicht anrührendste Photo von Ben Gurion – der Großvater und sein Enkel Uri Hand in Hand in der Wüste.

Von seinem Vater hatte Axel jun. die Sensibilität geerbt. In einer Pause zwischen zwei Sitzungen in Berlin gingen wir den Kudamm hinauf. Dabei erzählte er mir – was nicht seine Art war – von einer kurzen intensiven Affäre, die er vor Jahren in Israel mit einem Mädchen gehabt hatte. Auf der anderen Seite des Kudamm schlenderten wir wieder herunter und kamen an einer Telephonzelle vorbei. »Da ist sie ja«, sagte er. Es war das Mädchen aus Israel, das er bis dahin nie wieder gesehen hatte. Zufall? Oder hatten die Antennen seines Unbewußten ihre Nähe gespürt und hatte er deshalb begonnen, mir von ihr zu berichten?
Axel liebte seinen Vater. Weihnachten 1978 schrieb er an ihn: »Lieber Vater, das Leben ist nichts als ein Weg, um etwas zu werden. Diese Widmung schrieb Dir Deine Mutter am 1. April 1928 in das Evangelisch-Lutherische Gesangbuch der Provinz Schleswig-Holstein, gedruckt in Bordesholm. Dieses kleine Gesangbuch fand ich jetzt während des Umzugs in die schöne Brabandstraße. Es befand sich in dem Nachlaß meiner Mutter. Ich glaube, das ist ein Weihnachtsgeschenk, über das Du Dich freuen wirst, und ich wünsche mir, daß es auf Deinem Nachttisch in Schwanenwerder liegt. Denn Kirchenmusik gehört mit zum Schönsten, was ich kenne. Ich erwische mich immer wieder dabei, wie ich ›Ein feste Burg ist unser Gott‹ summe. Ich möchte mich bei Dir für ein schönes Jahr voller großzügigster Geschenke und vieler schöner Begegnungen bedanken und Dir sagen, daß ich stolz auf Dich bin. Dein Sohn Axel.«
Mehr kann wohl kaum ein Vater hören.
Axels Schuljahre in England hatten unübersehbare Spuren hinterlassen. Er liebte London, Tweed und das Landleben. Angeben war Axel fremd, Prahlerei zuwider. Sein Tonfall änderte sich nicht, ob er mit Ministern sprach oder mit Dienstboten. Durch den Sucher seiner Kamera hatte er die Sensationen dieser Erde gesehen, durch ihre Optik den Jahrmarkt lärmender Eitelkeiten eingefangen. Er selbst aber suchte die Stille von Watt und Wald

auf der »Insel meiner Kinderträume«, wie er Sylt in seinem Bildband nannte. Er hatte die Mittel zum süßen Leben, nach dem andere strebten, aber er jagte und fischte lieber mit den Bauern von Morsum.

An einem Juniabend saß er in seinem VW auf dem Autozug, der von der Insel über den Hindenburgdamm zum Festland ratterte. Plötzlich glaubte er im Schaum der auflaufenden Flut am Fuß des Dammes schemenhaft etwas Lebendiges zu sehen. Es ließ ihm keine Ruhe. Nach der Entladung wendete er seinen Wagen und fuhr – entgegen allen Straßenverkehrs- und Bundesbahnvorschriften – auf dem Schotter des Hindenburgdammes zurück, Richtung Sylt. Er hatte sich nicht getäuscht. Ein junger, von seiner Mutter verlassener Seehund war angespült worden. Axel verstaute den Heuler in einem Sack auf dem Rücksitz seines Wagens, befahl Rauchverbot für alle Insassen und fuhr rückwärts auf dem Bahndamm zurück, weil Wenden unmöglich war. Bei Einbruch der Nacht lieferte er den Gestrandeten in der Seehund-Aufzuchtstation Büsum ab. Zwei Wochen lang rief er jeden Vormittag um zehn Uhr dort an und ließ sich berichten, wieviel der Findling gefressen habe. Dann war das Jungtier kräftig genug, in die rauhe Nordsee entlassen zu werden. Ein Schnappschuß vom kläglichen Heuler am Hindenburgdamm zählt sicher nicht zu den berühmtesten Photos von Axel und ist doch eines seiner schönsten: Zeugnis seiner hilfsbereiten Liebe zu Natur und Kreatur.

Auch sein Humor war englisch, staubtrocken, daß er einen husten ließ. Auf einer Krisensitzung im Konzern, auf der ein mächtiger Manager alle Schuld Abwesenden an anderen Orten zuschob, meinte Axel, um seine Ansicht gebeten: »Warum in die Ferne schweifen, lügt das Gute doch so nah.« Als sein Vater erwog, den Konzern zu verkaufen, meldete er sich mit »Axel Bertelsmann jun.« am Telephon, als sein Vater Israel besuchte, war er nach Auskunft des Sohnes wieder einmal »im viel zu viel

gelobten Land«, als der Vater zum fünftenmal heiratete, befand der Sohn: »Lieber Friede im Bett als Schüsse an der Mauer.« Meinem Sohn schenkte er nach dessen Taufe als Pate zu jedem Geburtstag »ein Goldstück vom Goldstück für's Goldstück« (wie er es formulierte) und vergaß 1976 im Begleitbrief nicht hinzuzufügen: »Paß auf, daß es gut aufgehoben wird und daß Dein Vater nicht alles verwettet.«
Einem reichen Griesgram schrieb er zum Geburtstag als Widmung Goethes Worte in einen Bildband: »Weißt du, worin der Spaß des Lebens liegt? Sei heiter, geht es nicht, so sei vergnügt.« Eine studierte Volontärin, die sich beschwerte, ein Redakteur habe versucht, sie im Treppenhaus zu küssen, tröstete er: »Gäben alle Küsse Flecken, wären alle Mädchen Schecken.« Da lächelte sogar der Blaustrumpf wieder hinter seiner Brille. Auf einer Konferenz auf Schierensee hatte ich gerade zu bedeutsamen Ausführungen angesetzt, da traf mich unter dem Tisch schmerzhaft Axels Schuh am Schienenbein. »Wenn du noch lange weitergequatscht hättest«, erläuterte er mir kurz danach im Wirtshaus des Dorfes, »hätten wir zum Essen bleiben müssen.« Bei seinem Vater aber gab es Gesundheitskost und leichten Wein. Nun standen Bier und Bauernfrühstück vor uns. Das war nach Axels Geschmack.
Mit einem Wort konnte Axel Wolken aufreißen und die Sonne scheinen lassen. So sehr man sich über ihn geärgert haben mochte – wenn er den Kopf zur Tür hereinsteckte, war alles vergessen, war alles wie früher. Er vermochte launisch zu sein, aber war nie boshaft. Jeder Streit fand ihn zunächst einmal auf der Seite des Schwächeren. Wohin er kam, eroberte er das Herz vor der Vernunft. Gefühl war ihm wichtiger als Verstand. Die Welt, die ihm zu Füßen lag, bedeutete ihm nichts, war sie nicht voller Wärme und Harmonie. Er sammelte Bücher und Bilder (Modersohn und Spitzweg). Schenken machte ihm mehr Freude als beschenkt zu werden. Vergeblich suchte er sich hinter Kalauern

zu tarnen. Was, so fragte er mich einmal im PS eines Briefes, »was wünschst Du Dir zu Weihnachten außer Schlägen?« Er konnte brüllen, toben, poltern. Aber er war voll sanfter Güte. Selbst durch seinen Jähzorn schimmerte Behutsamkeit, durch seine Verspieltheit Fürsorge, durch seine Unternehmungslust Melancholie. »Es heißt, Du hast mich als Geisel genommen«, schrieb er mir, als wir gemeinsam die *Welt am Sonntag* machten. »Wie immer dem auch sei: Ich war es gerne, bin es gerne und will es gerne immer bleiben.« Wir lachten und wußten nicht, wie grausam kurz »immer« im Leben eines Menschen sein kann.

Genau wie bei seinem Vater, nur weniger extrem, hatte die Schilddrüse Axels Stimmungen stets schwanken lassen. Dann, in seinem letzten Sommer, erwischte ihn eine lächerliche Kinderkrankheit: Windpocken. Sie können bei Erwachsenen ohnehin vorhandene Depression verstärken, orakelten Wissenschaftler hinterher. Außerdem entwickelte Axel eine Hautallergie, eine Art Gürtelrose, die mit Cortison behandelt werden mußte. Sein Körper wurde gesund, sein Geist mutlos. Tiefe Schatten hatten sich auf sein Gemüt gelegt. Da kann man wenig machen (versicherten im nachhinein Fachleute). Wenn der stärkste Trieb des Menschen erlischt, wenn der Wunsch zu leben schwindet und der Wunsch zum Sterben wächst, da kann man wenig machen. Dann braucht es nur noch einen Anlaß, keinen Grund, um die Hand gegen sich selbst zu erheben.

Axel hat sein Leid versteckt. Was ging es andere an. Er erfüllte seine Pflicht: Wie einst Christian Kracht erhielt er auf Wunsch Axel Springers Nachhilfeunterricht in Betriebswirtschaft bei Dr. Julius Greifzu, dem Autor des Hammerich & Lesser-Bestsellers *Handbuch des Kaufmanns*, um höhere Weihen im Verlag übernehmen zu können. Viel Spaß bereitete ihm das nicht. Lieber setzte er sich zum Lernen der Betriebswirtschaft schon mal an die Kasse des Friseursalons seiner Freundin Renate Lüdmann. In seinem letzten Herbst fragte er seine Exfrau Rosema-

rie in München, ob sie es noch einmal versuchen sollten. Nein?
Sein gesegneter Appetit wurde hemmungslos. Er wurde dick,
was sein Vater nicht leiden konnte. War der Grund Cortison oder
Liebesentzug, vom Vater, von der Freundin, von der Exfrau?
Unter Anspielung auf einen entführten Oetker-Sohn, der in
einer Kiste gefangengehalten worden war, meinte Axel mit pechschwarzem Galgenhumor: »Wenigstens kann ich nicht gekidnappt werden. Ich paß' in keine Kiste mehr.«
Von seiner Not hat er nur leise gesprochen, mal im Büro, mal auf
dem Hochsitz. Auf die Frage: »Wie geht's?« antwortete er vielleicht »Danke, schlecht«. Auf die Frage: »Wozu hast du Lust?«
sagte er matt: »Auf gar nichts.« Doch ihre Empfindsamkeit verlor seine junge Seele nie, auch als dunkle Wellen über ihr zusammenschlugen. In das bezaubernde Bilderbuch *Weihnachten –
wie es früher einmal war* schrieb er seinem Patenkind Sven am
Heiligabend 1979: »Weil ein so lieber kleiner Junge, wie Du es
bist, viel viel Schönes sehen soll.« Zehn Tage später erschoß er
sich.
Weihnachten hatte er mit Renate Lüdmann, deren Tochter
Melanie und seinen eigenen beiden Kindern Ariane und Axel
Sven erst in Hamburg, dann auf Sylt verbracht. Zwischen den
Feiertagen fuhren die beiden jungen Mädchen nach Hamburg,
um Silvester mit Freunden zu feiern. Nach Neujahr folgte ihnen
Renate Lüdmann. Axel Springer und sein Sohn kamen am
2. Januar im Auto nach. Am Abend waren alle wieder in der Brabandstraße vereint.
In der Nacht zum 3. Januar ging Axel gegen zwei Uhr früh hinaus in die Nacht, ließ er in seinem Klinkerhaus in der Brabandstraße am Oberlauf der Alster zurück, was er liebte. Dünner
Schnee bedeckte die Erde, die Temperatur lag unter Null. Er
wurde nur von seinem Labrador Larch begleitet. Sechseinhalb
Stunden später wurde er auf einer vom Frost überzogenen Parkbank am Fluß gefunden, kaum einen Steinwurf von seinem

Heim entfernt, bewacht von der Kreatur, deren Treue älter ist als die geschriebene Geschichte des Menschen. Er hatte sich zwischen 3.30 und 4.30 Uhr mit seinem fünfschüssigen »Smith & Wesson Special« zwischen die Augen geschossen – die Stelle der Tapferen. Fremdeinwirkung schloß die Polizei aus.

Der Freitod unter dem kalten Vollmond war spontan und nicht lange geplant. Axel hinterließ keinen Abschiedsbrief. Seine Termine reichten tief ins nächste Jahr. Sein wunderbarer Band über Sylt, *Abenteuer einer Insel*, an dem er jahrelang gearbeitet hatte, war bis auf die letzte Korrektur fertig zum Druck und erschien im Frühling.

An seinem Todestag, dessen Morgendämmerung er nicht mehr erlebte, waren er und sein dreizehnjähriger Sohn auf Axel Springers Gut Schierensee zum Jagen angemeldet: »Axel der Erste, der Zweite und der Dritte«, so hatte es der Verleger stolz formuliert. Axel Springer wollte – nach seinen Worten – mit seinem Sohn an diesem 3. Januar 1980 »über die ganze Zukunft unseres Hauses sprechen« und ihm »eine noch größere Rolle anvertrauen, nämlich Verbindungsmann zwischen den Verlagsspitzen und mir intensiv zu spielen«.

Statt dessen wählte der Sohn den Tod. Ich mußte es den Kindern sagen. Ihre kleinen weißen Gesichter waren offene Wunden. Dann fuhren wir zusammen hinaus nach Schierensee zu ihrem Großvater, der noch im eigenen Schmerz zu trösten wußte.

Reise in die Vergangenheit

Axel wurde auf dem Flottbeker Friedhof am Stillen Weg neben seiner geliebten Mutter Katrin beigesetzt. Sein Vater schenkte der Stadt zum Gedenken an den Sohn sein über fünf Hektar großes Grundstück am Falkenstein um das Turmhaus, wo Axel einst gespielt hatte und zum Mann herangewachsen war. Auch Axel Springers alter Freund Bobby Dependorf hatte eine Zeitlang in dem Turmhaus gelebt, ehe er sich ebenfalls erschoß. Seit der Übersiedlung Axel Springers nach Berlin war es langsam verfallen. Das Terrain mit Waldwiesen und Teichen voller Seerosen ist 50 bis 60 Meter hoch über dem Ufer der Elbe gelegen. Weit reicht von dort der Blick über den Strom nach Niedersachsen hinein. »Mit dem Gelände«, schrieb Axel Springer, »habe ich das schönste Grundstück weggegeben, das ich besitze.« Er gab ihm jenen Namen, den sein Sohn gewählt hatte, um nicht als Erbe, sondern aus eigener Kraft seinen Weg zu gehen: Sven-Simon-Park.

Als die Nachricht davon gegen Ende des Jahres in der Zeitung stand, erhielt Axel Springer Post von einer alten Dame. Erika Lehmann-Pentin war eine Rittmeisterswitwe aus Pommern. Als sie 1945 von ihrem Rittergut an der Peene vertrieben wurde, ließ sie drei Gräber zurück: Ihr einziger Sohn Claus Werner war als Kind an einer Blutvergiftung gestorben, ihre einzige Tochter Ruth hatte sich aus Liebesschmerz das Leben genommen, ihr Mann schluckte Gift, als die Russen kamen.

»Es ist ein Glockenstuhl ..., um dessentwillen ich Ihnen schreibe«, hieß es in ihrem Brief an Axel Springer. »Für den achtjährigen Sohn, den wir 1932 in die Erde betten mußten, stifteten wir in unserem Schmerz die Glocke, die auf den Namen unseres Sohnes lautete, mit einer Inschrift aus der Bibel: ›Und durch dieses redet er noch, wiewohl er gestorben ist. Hebr. 11,4‹. Diese Glocke wurde geläutet, wenn jemand im Dorfe starb. Sie wurde auch am Totensonntag geläutet und am Ostersonntag in der ersten Morgenfrühe ... Schreiben Sie über den Eingang (des Sven-Simon-Parks) den Hebräer-Spruch, der uns verzweifelten Eltern so sehr geholfen ... Zwölf Jahre nach dem Tod unseres Sohnes, den wir Bui nannten, mußten wir die Glocke läuten für unsere

Tochter. Eines Tages begrub ich meinen Mann neben seinen Kindern und dann kamen die Russen. Mir ist wenig geschehen, denn die polnischen Zwangsarbeiter stellten sich vor das Haus und beschützten mich.«

Axel Springer antwortete ihr: »Sehr verehrte gnädige Frau, den schönsten Weihnachtsbrief schrieben Sie mir. Ich habe ihn einige Male gelesen und aus dem Hebräer-Zitat Trost empfangen. Die Besucher und der Vater werden es am Sven-Simon-Park finden. Die Geschichte Ihres Lebens ist erschütternd. Wen der Herr liebt, prüft er. Mutter Basilea Schlink schrieb mir nach Axels Tod: Mein Vater, ich verstehe Dich nicht, aber ich vertraue Dir!«

Auf einer Metalltafel am Eingang des Sven-Simon-Parks stehen seither die Worte: »Und durch dieses redet er noch, wiewohl er gestorben ist.« Ich suchte Frau Lehmann-Pentin auf, um ihr zu danken, und fand eine alte Dame, die ihr Schicksal zu etwas Besonderem geschliffen hatte. Inzwischen deckt auch sie längst kühler Rasen.

Es gab auch andere Reaktionen auf den der Stadt geschenkten Sven-Simon-Park. Ein fünfunddreißigjähriger Abgeordneter der SPD-Bürgerschaftsfraktion in Hamburg wollte vom Senat wissen, ob der Begriff »Schenkung« angebracht wäre, wenn diese steuerlich abzugsfähig sei. Axel Springer schrieb auch ihm: »Sehr geehrter Herr Sachs, ich weiß nicht, ob jemand schon einmal an Sie herangetreten ist mit der Bitte um eine Spende und Ihnen die steuerliche Abzugsfähigkeit angeboten hat. Das ist gang und gäbe in einem sozialen Rechtsstaat mit hoher Besteuerung ... Ich weiß natürlich überhaupt nicht, ob Sie Spenden, das sind Geschenke, geben. Ich tue es oft und gern ... Ja, Herr Sachs, diese Spende ist abzugsfähig. Der Steuernachlaß wird mir nicht sofort, sondern in zehn Jahren erstattet ... Wie gut, daß die Toten das Geschwätz der Törichten und der Neidvollen nicht hören. Ihr Axel Springer.«

Eduard Rhein, der seine Entlassung als *HörZu!*-Chef nie verwinden konnte, behauptete nach Axels Selbstmord: »Ich empfand seinen Freitod als einen öffentlichen Protest gegen seinen Vater.« Rudolf Augstein dagegen qualifizierte alle Darstellungen, die im Verhältnis vom Vater zum Sohn die Ursache für Axels Freitod sahen, als »bodenlosen Blödsinn« ab. Tatsächlich waren die beiden einander nie näher gewesen als in den letzten Jahren. Aber Axel Springer fragte sich dennoch immer wieder prüfend, ob er früher nicht versagt habe und warum er sich so wenig um seine drei Kinder gekümmert hatte. »Habe ich nicht viel Schuld? Der Vater fehlte dem Sohn«, stand in einem Brief an Eduard Rhein. »Was müssen meine Kinder unter mir gelitten haben«, sagte er zu Karl-Heinz Hagen. »Mein Gott, gibt's überall viel Leid«, schrieb er mir.

Immer häufiger sah er zum »Schmerzensmann« von Lukas Cranach vor seinem Schlafzimmer auf Schierensee empor. »Immer wieder erzählte er mir, was er alles falsch gemacht habe, nie, was er richtig gemacht hatte«, berichtete Friede Springer. »Er wollte alles wiedergutmachen. Gab große Zuwendungen an seine erste Schwiegermutter und die Witwe von Derrick Sington, der ihm geholfen hatte, die *Welt* zu bekommen.« Dunkle Monate, verhangen mit quälenden Selbstvorwürfen und Kummer, folgten. »Nach Axels Tod sah ich ihn erstmals weinen«, erinnert sich »Baby« Springer. »Ich bete jeden Tag viele Male für meinen Sohn«, schrieb Axel Springer an Pfarrer Johannes Kuhn in Stuttgart. »Meine Bitte für ihn lautet: Herr, nimm ihn an! Dem ich das Immerwährende Herzensgebet folgen lasse: Herr Jesus Christus, Sohn Gottes, erbarme Dich seiner.«

Seine Frau Friede war ihm in dieser Zeit der Verzweiflung Halt und Trost. Sie durfte nicht von seiner Seite weichen. Im Herbst des Anno horribilis legte sie sich sogar gleichzeitig mit ihm ins Hospital. »Wir beide haben eine sehr geglückte Mandeloperation in der Schloßpark-Klinik hinter uns«, teilte er Berlins Bür-

germeister Stobbe mit. »Liebe ist ... wenn ein Ehepaar sich zusammen die Mandeln herausnehmen läßt.«
Mir schrieb er: »Die Mandeln sind raus, der Kracht ist im Haus, dem A.S. macht's wieder Spaß.« Er versuchte dynamisch zu wirken: »Ich kraxle in den Bergen, schwimme zweimal am Tag und habe zehn Kilo abgenommen. Mit Bajazzo: das Spiel kann beginnen.«
Nach mehr als zehnjähriger Trennung war sein ehemaliger Generalbevollmächtigter Christian Kracht zurückgekehrt. »Bitte besuchen Sie mich und richten Sie sich darauf ein, länger zu bleiben als nur ein Wochenende«, hatte Springer ihm nach Sea Island vor der Ostküste Amerikas gekabelt. Kracht zögerte nicht. Er wurde am Flugplatz abgeholt und nach Schierensee gebracht. Springer begrüßte ihn, sagte, er habe am Abend Gäste, und begleitete ihn in sein Quartier, das Gästeapartment im Torhaus. Dort lagen aufgetürmte Aktenberge: Geschäftsberichte, Hausmitteilungen und Bilanzen der letzten sechs Jahre. »Sehen Sie sie einmal durch«, bat Springer. Christian Kracht machte sich an die Nachtarbeit. Am nächsten Morgen, um sechs Uhr früh, kam Axel Springer im Schlafrock vom Herrenhaus über den Hof zum Torhaus und setzte sich aufs Sofa unter ein Pferdebild. Kracht trug ihm zwei Stunden vor. »Jetzt sehe ich mein Unternehmen vor mir«, sagte Springer. »Wir essen um zwölf.« Nun durfte der Besucher doch noch ein paar Stunden schlafen.
Das Wiederauftauchen Krachts ließ das Haus aufhorchen. Eberhard von Brauchitsch residierte damals schon wieder bei Flick. Der für die Finanzen verantwortliche Prinz Heike Reuss lebte noch, war aber bereits sehr krank. In dieser Situation bot Axel Springer Kracht Sitz und Stimme in der Geschäftsführung der Holding des Konzerns. Kracht nahm an und blieb noch einmal über zwei Jahre.
Axel Springers Offerte an Kracht war der verzweifelte Versuch eines alten Mannes, nach dem Tod seines Sohnes die Vergan-

genheit wieder aufleben zu lassen und an ihr anzuknüpfen. Christian Kracht war nicht die einzige Figur in diesem Spiel. Springers Schulfreund Hermann Firchow, mit dem er einst Ferien gemacht und in der Kiesgrube gesungen hatte, wurde eingeladen. Noch im Sommer 1978 hatten sie gemeinsam ein Band in Schierensee aufgenommen, mit Liedern wie »Dein ist mein ganzes Herz« oder »Selig seid Ihr – wenn Euch die Menschen schmähen – unter Freunden«.
»Es war doch gerade der Gesang, der uns verband und uns viele herrliche Stunden bescherte«, schrieb Firchow an Springer. Doch bei ihrer letzten Begegnung nach dem Freitod des Juniors war Firchow bereits zu krank, um zu singen. Am 28. April 1981 berichtete Axel Springer in einem Brief an seine erste Frau »Baby« von Firchows »grauer Gesichtsfarbe« bei diesem Besuch: »Zum ersten Mal in unserem Leben sprachen wir nicht über Gesang und sangen auch nicht ... Ach Baby.« Wenig später war Axel Springers ältester Freund gestorben. In seiner Sehnsucht nach Weggefährten seiner Vergangenheit lud er »Baby« mit ihrer Mutter 1981 zu einem Adventsbesuch nach Berlin ein. Gemeinsam mit ihnen flog er nach Hamburg zurück. In ihrem Buch *Bitte komm mit mir ...* erinnert sich »Baby« an den »Rückflug« in einem Gedicht:

> *»Gesprochene Worte klangen nochmals nach,*
> *der Silbervogel surrte leise*
> *eine ganz besondere Melodie,*
> *vom Wiedersehen und nicht vergessen.«*

Sogar zu einem Gefährten aus der Jahrzehnte zurückliegenden Swing-Zeit im Dritten Reich nahm Axel Springer wieder Kontakt auf, zu Thorsten Müller (Jahrgang 1927). Der anglophile Müller, Redakteur beim *Deutschen Allgemeinen Sonntagsblatt*, bewunderte Axel Springers Schönheits- und Gottesliebe, »die beide ich nicht hätte auseinanderhalten können, gerad' so, als ob die eine die Zwillingsliebe der anderen gewesen wär'.« Springers Londoner Haus mit Butler in der Upper Brook Street gefiel ihm besonders.

Schließlich ließ Axel Springer auch noch aus München in seinem Privatjet den längst grau gewordenen Karl-Heinz Hagen einfliegen, der vor 20 Jahren sein *Bild*-Chef gewesen war. Ob er nicht wieder als Berater in sein Haus kommen wolle, fragte Axel Springer ihn in Schierensee. Hagen: »Aus einer Mischung aus Sentimentalität und echtem Bedürfnis wollte er die alte Garde wieder versammeln.« Es war Vormittag. Axel Springer baute wie gewöhnlich körperlich schnell ab. Zwei Gläser Champagner belebten ihn wieder. Man aß zusammen zu Mittag, nahm den Kaffee im ersten Stock. »Ich kann alle diese Gesichter nicht mehr sehen«, so erinnerte Hagen sich an Springers Worte. »Ich will mich mit meinen alten Vertrauten umgeben. Ich will sie sehr dicht bei mir haben. Wir haben eine Menge zu tun. Es ist alles aus dem Ruder gelaufen.« Aber aus Hagens Heimkehr wurde nichts.

Was seiner Ansicht nach so alles aus dem Ruder gelaufen war, geht aus einem Brief hervor, den Axel Springer am 3. November 1980 an seinen Vorstandsvorsitzenden Peter Tamm schickte: »Lieber Herr Tamm, mit Vergnügen las ich am 19. Oktober in BILD am SONNTAG die redaktionelle Abrechnung mit Herrn Fassbinder über Döblins Alexanderplatz. Weiß Gott: ein literarisches Denkmal wurde verhunzt.«

»Mit Betroffenheit mußte ich jedoch in derselben Nummer des Blattes lesen, daß die neue BILD-am-SONNTAG-Schallplatte mit der ›Orginal-Filmmusik zur großartigen TV-Serie von Rainer-Werner Fassbinder‹ eine kaufenswerte Sache sei. Großartige TV-Serie!«

»Wie ich erfuhr, hat Chefredakteur Struwe sich bei der Verlagsleitung dagegen verwahrt, daß überhaupt ein Vertrag über ein

Fassbinder-Objekt gemacht wurde. Mit Recht verwahrt; denn dieser Regisseur gehört ja zu den Leuten, die ihre demokratische Erziehungslegitimation dadurch unter Beweis stellen wollen, daß sie auffordern, die Blätter unseres Hauses zu boykottieren.«
»Kann es eine größere Irritation des Lesers über die redaktionelle Glaubwürdigkeit geben, als eine solche doppelbödige Haltung?«
»Geht man der Sache nach, dann stellt man fest, daß mangelnde Aufmerksamkeit – vielleicht sogar Gleichgültigkeit gegenüber unseren politischen und ideologischen Grundsätzen und Anliegen – zu solchen und anderen Fehlentscheidungen in unserem Hause führen. Ich meine damit nicht nur Sach-, sondern auch Personalfragen.«
»Da wurde z.B. ein Mann – namens S. – in eine führende Position einer uns verbundenen Zeitung gesetzt, obwohl hätte bekannt sein müssen, oder jedenfalls leicht in Erfahrung zu bringen gewesen wäre, daß dieser durch die Landschaft irrlichternde und vielerorts gescheiterte Redakteur keinerlei Bindung zu unseren Essentials und politischen Grundsätzen hat und auch in anderer Hinsicht für einen Dienst in meinem Haus disqualifiziert ist. Ganz abgesehen davon, daß bei der Einstellung der Grundsatz verletzt wurde, wonach bei Einstellungen von Chefredakteuren, stellvertretenden Chefredakteuren, Verlagsleitern und ihren Vertretern meine Zustimmung erforderlich ist. Ich bestehe aus gutem Grund auf die Einhaltung dieser Regelung. Denn bei der Art und Weise, wie ich und unser Haus bekämpft werden, ist die Sorgfalt bei der Prüfung der fachlichen und charakterlichen Qualifikation unerläßlich für das Wohl des Unternehmens. Abgesehen davon, daß langfristige Verträge mit hohem Gehalt zwar bekanntlich schnell zu schließen, aber sehr schwer wieder aufzulösen sind! Wir können weder Versager, Blender, Untergrundkämpfer noch V-Männer gebrauchen.«
»Wenn ich das sage, so ist das keine Marotte, sondern die Folge

von Erfahrung, für die Wallraff – und neuerdings S. – treffende Namen sind. Die Wallraffs unserer Zeit wollen ja nicht nur nach außen, sondern auch im Hause Unfrieden stiften und unsere Essentials aus den Angeln heben. Was übrigens im Fall S. so weit ging, daß er unter Berufung auf ein angebliches Gespräch mit mir sich als ›liberaler‹ Kursänderer ausgab. Und das von einem Mann, dem das Wortspiel von der neuen SS im Hinblick auf meine Kontakte mit F.J. Strauß flott über die Zunge ging. Einen solchen Mann als journalistische Führungskraft in meinem Umfeld zu wissen, wäre grotesk.«

»Ich muß deshalb darauf bestehen, daß Verlagsleitungen und Geschäftsbereichsleiter, Chefredakteure und Verlagsleiter der Objekte in der Sach- und Personalpolitik sorgfältigst verfahren; auf jeden Fall sorgfältiger, als in den zur Frage gestellten Fällen sichtbar geworden ist. Denn wenn wir die kommenden schweren Zeiten unbeschadet überstehen wollen, darf keine Führungskraft versagen. Und wer meint, er sei dadurch in seinen liberalen Grundsätzen beeinträchtigt, der sollte prüfen, ob er im richtigen Unternehmen tätig ist. Ihr Axel Springer.«

Einen Monat nach diesem Brief zeigte auch eine Bemerkung Axel Springers gegenüber dem *Zeit*-Autoren Ben Witter, wie sehr der Verleger durch den Selbstmord seines Sohnes angeschlagen war: »Ich leide wie ein Hund darunter, daß manches in meinen Blättern steht, womit ich überhaupt nicht einverstanden bin«, sagte er laut Witter. »Wie oft leide ich, wenn ich morgens die *Bild*-Zeitung lese. In Hunderten von Briefen beschwor ich die Chefredaktion, alles zu lassen, was gegen die Würde des Menschen verstößt.«

Die Redaktion war verletzt. 136 Redakteure unterzeichneten ein Schreiben an ihren Verleger, in dem stand: »Heute ist für uns der schlimmste Tag, seit wir bei BILD sind ... Der Tag ist deshalb so schlimm, weil Sie uns in den Rücken gefallen sind.« In einem Brief an Ben Witter (Kopie an die Redaktion) konnte Axel Springer den häuslichen Frieden wiederherstellen: »In bester Absicht haben Sie, Herr Ben Witter, in eigene Worte gekleidet, was ich über das Unbehagen sagte, das ich schon oft und immer wegen mancher Veröffentlichungen in den Zeitungen meines Hauses empfunden habe. Von Verstößen gegen die Würde des Menschen war bei mir in diesem Zusammenhang nicht die Rede.« Axel Springer hatte die Kurve gerade noch gekriegt, aber ein solcher Lapsus wie gegenüber Ben Witter wäre ihm in einem früheren Jahr sicher nicht unterlaufen. Er war mißmutig geworden, was die Alltagsgeschäfte seines Hauses anging. Als Vorstände neue Verträge erhalten hatten, teilte er es seinem Vertrauten Servatius am Telefon mit den Worten mit: »Ich bin soeben erpreßt worden.«

Die Burda-Söhne gehen an Bord

Die Sorge um die Zukunft seines Hauses überschattete Axel Springers letzte Lebensjahre. Voller Unruhe verfolgte er das Zeitungssterben in anderen Ländern und sah mit der ihm eigenen visionären Weitsicht voraus, was andere erst Jahrzehnte nach ihm in dieser Klarheit erkannten – den Niedergang der Presse im elektronischen Zeitalter.
»Seit langem«, schrieb er an den ZDF-Chefredakteur Hans-Joachim Reiche, »bin ich mir bewußt, daß die Ablösung des Gutenberg-Zeitalters durch das Marconis für das gedruckte Wort schicksalhafte Konsequenzen hat. Die Politiker, die lediglich auf die Marktanteile im Pressebereich sehen, verkennen die Schwächung der Wirtschaftskraft, welche die Presse schon in der Vergangenheit erfahren hat. Vor allem aber verschließen sie die Augen vor den Einbußen, die der Presse in der Zukunft durch

Kabelfernsehen und Satellitenfernsehen drohen, die nicht nur das Interesse der Bürger vom gedruckten Wort ablenken, sondern auch mehr und mehr Werbung auf sich ziehen werden ... Sein oder Nichtsein von Zeitungen wird dann allein von einer Beteiligung der Verleger an den neuen Medien abhängen.«
Darum gab er nicht auf, auf ein privates Verleger-Fernsehen zu drängen. Und wie so oft, wenn er etwas wirklich wollte, ging seine Rechnung schließlich auf. 139 deutsche Verlage gründeten die Gesellschaft »Aktuell Presse-Fernsehen« (APF). Der Springer-Konzern war mit 35 Prozent beteiligt und hatte drei Sitze im neunköpfigen Aufsichtsrat der APF. Bald darauf war die APF dabei, als in der Mainzer Staatskanzlei des CDU-Ministerpräsidenten Bernhard Vogel der Zusammenschluß privater Fernsehbewerber zu einem SAT-1-Konsortium protokolliert wurde.
Außer der APF und Springer waren die Verlage Burda, Holtzbrinck und Leo Kirch mit von der Partie. Am 1. Januar 1985 ging SAT 1 als erstes deutsches privates Fernsehvollprogramm mit den »Blick«-Nachrichten auf Sendung. Axel Springer war am Ziel. Er hatte erreicht, wonach er 16 Jahre lang gestrebt hatte. Aber sein letztes Lebensjahr war angebrochen, und er war nach dem Tod seines Sohnes zu müde, um zu versuchen, noch einmal der Größte zu werden – zumal er nicht einmal mehr in der Print-Welt der Größte war. Der Bertelsmann-Verlag war – gemessen am reinen Umsatz – am Springer-Verlag vorbeigezogen. Der Verzicht auf weitere Expansion war ein Preis gewesen, den Axel Springer sehenden Auges für seine Überzeugungen entrichtete.
Im Sommer 1981 war Bertelsmann-Chef Reinhard Mohn 60 Jahre alt geworden. Aus diesem Anlaß kam es zu einem verräterischen Briefwechsel zwischen den beiden mächtigsten Medienmogulen Deutschlands. Mit liebenswürdigen und lobevollen Worten lasen Missionar Springer und Praktikus Mohn einander die Leviten. Beide zogen dabei eine Art Bilanz ihrer Lebenswerke.

»Lieber Herr Mohn«, schrieb Axel Springer, »zu Ihrem Geburtstag gratuliere ich Ihnen sehr herzlich und aufrichtig. In meine vielen guten Wünsche für Ihr zukünftiges Leben und Arbeiten mischt sich freilich auch ein wenig Nachdenklichkeit. Mein Respekt gilt all dem, was Sie geleistet und geschaffen haben. ›Den zweitgrößten Medienkonzern der Erde‹ – so las ich es kürzlich in einem Text Ihrer PR-Abteilung – haben Sie aus Ihrem Haus gemacht. Die Bewunderung dafür bleibe ich gewiß nicht schuldig. Zumal ich weiß, was andere wohl nur ahnen: welche Gefährdungen mit der wachsenden Größe eines Unternehmens – besonders in unserem Metier – verbunden sind. Mein Verlagshaus könnte, gemessen an dem Ihren, nun fast als mittelständischer Familienbetrieb erscheinen. Das Wort vom ›Springer-Monopol‹ war zwar niemals richtig, aber durch den Vergleich mit Ihrem Haus gerinnt er vollends zur Scherzhaftigkeit. Ihnen wird es verzeihlich erscheinen, daß ich mich frage: Ob mich das in den Augen derer wohl nun entlasten wird, die bei mir eine unstatthafte verlegerische Begehrlichkeit zu erkennen meinten? Mit der Heimat im Herzen bin und bleibe ich in Berlin festgehalten. Ideale sind kostspielig – besonders in unserer Zeit. Ideelle Anstrengungen sind den materiellen meist nicht förderlich. Das gilt allerdings auch in der Umkehrung. Die Substanz, die Sie geschaffen haben, beflügelt mich heute zu doppelter Gratulation, die nicht melancholischer Art ist, wie Fernstehende annehmen könnten. Sie und ich wissen, wie steinig die Wege sind, über die wir unseren Zielen zustreben. Das ist uns gemeinsam. Und was mir zusätzlich auferlegt wurde, habe ich wissend auf mich genommen, denn mir war ja bewußt, daß ich durch Minenfelder ging, als ich meinte, unserer zerrissenen, gequälten, rast- und ratlosen Welt mehr zu schulden als wirtschaftlichen Erfolg. Obwohl ich weiß, daß jeder wirtschaftliche Erfolg auch seine moralische Qualität hat. Ich erhoffe Ihre Nachsicht dafür, daß mir diese Gedanken in den Sinn kamen, als ich mich anschickte,

Ihnen Glück zu wünschen – obwohl die Frage, was ist Glück?, eigentlich noch nie ganz gültig beantwortet wurde und das Glück des einen sich meist von dem des anderen zu unterscheiden pflegt. Für die einen steht es in den Sternen, für andere im ›Stern‹. Zuversicht, Kraft und Gelassenheit, die ich Ihnen von Herzen zum 29. Juni wünsche, werden wir alle brauchen können … Herzlich Ihr Axel Springer.«

Reinhard Mohn nahm sich für die Antwort Zeit. »Lieber Herr Springer«, schrieb er am 10. Juli zurück, »recht herzlich möchte ich mich bedanken für Ihre freundlichen Glückwünsche zu meinem 60. Geburtstag. Ich habe mich sehr darüber gefreut. In Ihrem Brief stellen Sie auch die Frage nach dem Glück und vermerken sehr richtig, daß hierunter sicher jeder etwas anderes versteht. Trotzdem darf ich Ihnen anläßlich meines Überwechselns vom Vorstand in den Aufsichtsrat dazu eine Anmerkung machen. Nach den schlimmen Erfahrungen und Enttäuschungen des Dritten Reiches und des Zweiten Weltkrieges war es uns allen ja aufgegeben, eine neue Basis für unser Leben und unsere Ziele zu suchen. Damals habe ich mir vorgenommen, nicht mehr Weltanschauungen und allzuweit gesteckte Ziele zu verfolgen, sondern vielmehr zu versuchen, im Kreise meiner direkten Umwelt das Mögliche anzustreben. Dabei waren meine Ziele sowohl auf die notwendige Arbeit als auch auf die Menschen ausgerichtet. Schließlich war ja gerade in bezug auf die Menschen das Erleben des Krieges und bei mir der Gefangenschaft nicht spurlos vorübergegangen. Aus diesen Prämissen mögen Sie die andere Akzentsetzung in meiner beruflichen Laufbahn verstehen. Ich achte Ihr Lebenswerk und Ihre Ziele in hohem Maße. Sie haben mit großer Eigenständigkeit und in aufrechter Art Ihre Ziele verfolgt. Ich glaube, daß wirtschaftliche Größenordnungen bei solchen Bewertungen wenig besagen. Ich respektiere ganz einfach Ihr an hohen ethischen Prinzipien ausgerichtetes Lebenswerk. Nun zurück zur Definition des Glücks. Es war für mich ein Glück und sehr befriedigend, eine sehr ausgefüllte, aber auch erfüllte Zeit erleben zu dürfen. Meine Überzeugung, daß eine menschenwürdige und gerechte gesellschaftliche Ordnung innerhalb eines Unternehmens zugleich auch die beste Voraussetzung für den Erfolg ist, hat sich in erstaunlicher Weise bewahrheitet. Die dabei auftretenden wirtschaftlichen Relationen beeindrucken mich viel weniger als die Bestätigung meiner unternehmerischen und politischen Konzeption. Es ist mir deutlich, daß wir bei aller gegenseitigen Wertschätzung in unserer Arbeit unterschiedliche Wege gegangen sind. In wiederholten Gesprächen konnten wir aber auch immer wieder feststellen, daß wir in grundsätzlichen ethischen und politischen Fragen einen hohen Konsens antreffen. Auf dieser Basis haben wir uns immer persönlich und sachlich gut verstanden. Es wäre mein Wunsch, daß dieses auch in den kommenden Jahren so bleibt. Ihnen darf ich zum Abschluß noch einmal herzlich danken. Ihr Brief war mir eine Freude. Recht herzlich grüßt Sie Ihr R. Mohn.«

Im nächsten Jahr war Axel Springer selbst der Jubilar. »Als ich 50 Jahre alt wurde«, so hat er über seine Geburtstage zu Protokoll gegeben, »verdrückte ich mich mit Erfolg in ein stilles Seitental in der Schweiz. 60 Jahre alt wurde ich auf meinem Boot in Piräus. Am 2. Mai 1977 erinnerte mich meine Frau nachmittags um halb drei daran, daß ich 65. Geburtstag hätte.« So leicht kam er an seinem 70. Geburtstag nicht davon. Er erhielt Berlins höchste Auszeichnung, die Ernst-Reuter-Plakette in Silber, und den Heinrich-Stahl-Preis von Berlins jüdischer Gemeinde. Das Fernsehen strahlte in der Serie »Zeugen des Jahrhunderts« ein Porträt von ihm aus.

Als Jahrhundertzeuge erklärte er: »Gleichmacherei ist meines Erachtens das Schlimmste überhaupt. Der Mensch ist nur vor Gott und den Gerichten gleich. Leibniz hat einmal die Hofgesellschaft im Schloß Charlottenburg in den Park geschickt und hat sie Blätter aufsammeln lassen. Dann sind alle Blätter miteinander verglichen worden und keines war einem anderen gleich. In einem meiner Bücher habe ich einmal ein Wort von Martin Luther zu diesem Thema zitiert, und ich muß schon sagen, wer konnte es besser in Sprache fassen als er: Luther sagt: ›Vor der Welt muß die Ungleichheit bleiben, daß der Vater mehr ist als der Sohn, der Lehrer mehr ist als der Schüler. Wer da eine Gleichheit machen wollte, der würde ein schönes Regiment anrichten.‹ Das ist auch meine Auffassung.«

An seinem Geburtstag, am 2. Mai, legte er dann den Grundstein für den Bau der damals größten Offset-Druckerei Europas in Ahrensburg bei Hamburg. »Einigkeit und Recht und Freiheit«, sagte er, »diese Begriffe sind das Fundament unseres Volkes. Deshalb habe ich sie auch in dem Fundament dieses neuen Druckhauses eingehämmert.« Axel Springer hatte über 300 Millionen Mark in das neue Projekt investiert, weil er »in der Farbe noch ein Verlängerungsmoment für die Zeitung überhaupt« sah. Das Geburtstagskind Axel Springer nutzte die Grundsteinlegung, die Namen jener 32 Angehörigen seines Hauses zu verlesen, die wie er an diesem Tag Geburtstag hatten, und ihnen Glück zu wünschen. Dann kam er auf sich selbst und die neue Druckerei zu sprechen: »Wenn mir einer vorhält, daß ich, ein nunmehr Siebzigjähriger, gerade jetzt, in diesen schlechten Zeiten, ein derartiges Wagnis eingehe, dann antworte ich mit Martin Luther: Auch wenn ich wüßte, daß morgen die Welt unterginge, pflanzte ich doch heute meinen Apfelbaum. Denn, meine Damen und Herren, ich habe keinesfalls vor, nun, nach diesem Geburtstag, die Zügel aus der Hand zu geben.«

Die Liste der Gratulanten reichte vom Bundespräsidenten Karl Carstens bis zum US-Präsidenten Ronald Reagan, der ihn ins Weiße Haus einlud. Zwei Wochen später waren Friede und Axel Springer dort zu Gast. Auf ein Photo, das von ihnen und ihrem Gastgeber gemacht wurde, schrieb Amerikas Staatschef: »To

Friede and Axel. All of us appreciate what you are doing. With best wishes, sincerely Ronald Reagan« – »Für Friede und Axel. Wir alle bewundern, was Sie tun. Mit den besten Wünschen, herzlich Ronald Reagan«.

Axel Springer sagte im Weißen Haus, woran außer ihm kaum noch einer glaubte: »Ich rechne mit der deutschen Wiedervereinigung in unserer Zeit.« Er kam aus Washington mit der Gewißheit zurück, daß Reagan dem »Reich des Bösen« überlegen sei und der Papst »die Menschen hinter dem Limes« aufrolle. Es dauerte kein Vierteljahr, daß sich auch die deutsche Politik bewegte: Nach 13 Jahren SPD-FDP-Herrschaft wurden die Risse in der regierenden Koalition immer tiefer und Außenminister Hans-Dietrich Genscher traf sich mit Axel Springer in der Schweiz.

Zusammen mit ihren Ehefrauen und Axel Springers Vertrautem Bernhard Servatius aßen sie in Zürich im Hotel »Dolder« zu Mittag. Vorher hatten die Männer Genschers Sorgen besprochen: Wenn es zu Neuwahlen käme, könnte die FDP an der Fünf-Prozent-Hürde scheitern, nicht mehr im Bundestag vertreten sein und keinem CDU-Kanzler zur Mehrheit verhelfen – es sei denn, genug CDU-Wähler würden mit ihrer Zweitstimme den Wiedereinzug der Liberalen garantieren. Dazu wäre publizistische Aufklärung über das Zweitstimmen-Recht wünschenswert und nötig. Axel Springer hörte zu, aber versprach nichts. Bernhard Servatius meinte, falls Matthias Walden als »Signalschreiber« über Möglichkeiten und Bedeutung der Zweitstimme hinweise, würden die meisten Chefredakteure das wohl als Linie des Hauses verstehen.

Einen Monat später, im September, zerbrach die SPD-FDP-Koalition und nach einem Mißtrauensvotum gegen Kanzler Helmut Schmidt wurde am 1. Oktober 1982 Helmut Kohl Regierungschef einer neuen CDU-FDP-Koalition. Aber wie würden die nun fälligen Wahlen ausgehen? »Ich stehe mit meinen Blät-

tern zur Verfügung«, schrieb Axel Springer an den neuen Bundesinnenminister Friedrich Zimmermann (CSU).
Im März 1983 bestätigten Bundestagswahlen die neue Koalition. Union und FDP errangen die Mehrheit. »Glückwunsch zu der entschlossenen Unterstützung, die Sie und Ihre Blätter Kanzler Kohl und seinen Kollegen angedeihen ließen«, kabelte Ex-Präsident Richard Nixon an Axel Springer. »Ihr großer Sieg ist eine gute Nachricht für die gerechte Sache des Friedens und der Sicherheit der Welt.«
Im gleichen Frühjahr lobte Axel Springer den neuen Regierungschef: »Sehr verehrter Herr Bundeskanzler, lieber Herr Kohl, sehr habe ich mich gefreut, zu hören, daß Sie im Mai Israel besuchen werden. Dies um so mehr, als seit sieben Jahren kein deutscher Bundeskanzler in diesem Land gewesen ist. Ein Skandal, finde ich.«
In einem zweiten Brief nahm er den Kanzler dann schon mahnend beim Portepee: »Als 1945 Kurt Schumacher ungebrochen aus dem KZ kam, nannte er die Kommunisten ›rotlackierte Nazis‹. Mir, dem Berliner, der von seinem Büro aus über die Mauer blickt und sowohl von den vollen Gefängnissen drüben als auch der Tatsache weiß, daß die meisten der Selbstschuß-Automaten lediglich modernisiert werden, fällt für die dafür Verantwortlichen keine andere Bezeichnung ein als die Schumachers.«
Noch immer, 15 Jahre nach den Osterunruhen von 1968, eiferte die deutsche Linke gegen Axel Springer und seinen Verlag. 40 SPD-Bundestagsabgeordnete forderten, den Springer-Zeitungen keine Interviews mehr zu geben, und vor dem Springer-Haus in Hamburg kam es wieder zu einer Straßenschlacht nach einer Demonstration gegen die »Kriegshetze« des Konzerns – gemeint war dessen Antikommunismus.
Axel Springer war über den Wachwechsel in Bonn erleichtert, aber er triumphierte nicht. Seinen Chefredakteuren schrieb er im Sommer des Wahlsieg-Jahres: »Die Deutschen haben 1939

den bisher größten Krieg aller Zeiten angezettelt und ihn dann mit Pauken und Trompeten verloren. Nach 1945 waren unsere Landsleute, also auch wir selber, geradezu von japanischem Fleiß. Das Ergebnis kennen wir. Bis dann vor 13 Jahren Willy Brandt die Lebensqualität erhöhen, die Demokratie demokratisieren und den Frieden sicherer machen wollte. Jetzt sind wir das in Europa am meisten gefährdete Land ... Ich beklage mich nicht, daß alles so in Deutschland gekommen ist. ›Nichts ist schwerer zu ertragen, als eine Reihe von guten Tagen‹, sagt Goethe. Und nur der wird ein Mann, der Prüfungen besteht. Eindrucksvolle Gesichter zeigen ja auch immer Leidensspuren. Ohne Pessimist zu sein, ich glaube, es geht ums Ganze, wie auch immer. Was ist zu tun? Ganz konkret: Unsere Blätter sind immer noch die gedruckte Antwort auf das auch nach der Wende weiterhin so schlimme Fernsehen. Es geht nicht etwa nur um unser Haus und unsere Zeitungen, es geht um jeden von uns, der in Freiheit leben möchte.«

Der alte Löwe zeigte noch einmal seine Pranke und schlug zu. Nach drei Testausgaben startete er im Monat der siegreichen Kohl-Wahl mit Hilfe von *Bild*-Chef Günter Prinz ein Blatt, wie es es bis dahin in Deutschland nicht gegeben hatte und das in einem vollbesetzten Markt alle Konkurrenten überflügeln sollte: das farbige *Bild der Frau* mit einer Startauflage von zwei Millionen. »Hier geht ein letzter Traum von mir in Erfüllung«, sagte Axel Springer. Chefredakteurin war Andrea Zangemeister von *Bild*, eine bewundernswürdige Frau, hübsch, klug und temperamentvoll, für ihren Verleger »das größte weibliche Talent in meinem Haus«.

An einem heiteren Sommertag fuhr Axel Springer mit ihr von Schwanenwerder aus in seinem Riva-Boot – das für ihn angefertigte letzte Exemplar der Baureihe »Tritone« mit der Nummer 258 – zu einem Ausflugslokal an der Havel. An einem Nebentisch saß mit ihrem Mann eine mollige Bürgersfrau, eng das Kostüm, den kleinen Finger an der Kaffeetasse zierlich abgespreizt, die weiße Handtasche über die Stuhllehne gehängt.»Schauen Sie sie sich gut an«, sagte Axel Springer zu Andrea Zangemeister.»Vergessen Sie sie nie. Das ist eine der wichtigsten Personen in Ihrem Leben. Das ist Ihre Leserin. Verlieren Sie sie nie aus den Augen.«

Bild der Frau wurde unter Andrea Zangemeister sofort Deutschlands größte Frauenillustrierte und blieb es – immer unter der gleichen Chefredakteurin – bis in das nächste Jahrtausend. Axel Springer hätte sie dafür in Gold gefaßt.»Wir lieben unsere Leserin, und unsere Leserin spürt das«, hatte sie bereits 1983 lächelnd den Siegeszug ihres Wochenblattes begründet. Im gleichen Jahr stieg der Umsatz des Konzerns erstmals über zwei Milliarden Mark. »Admiral« Peter Tamm auf der Brücke des Konzerns erhielt einen neuen Fünf-Jahres-Vertrag.

Während Axel Springer sich kaum noch mit geschäftlichen Einzelheiten beschäftigte, waren zwei neue Männer in der Holding des Konzerns aufgestiegen: der Journalist Matthias Walden und der Jurist Bernhard Servatius.

Matthias Walden war 1927 als Sohn des Schriftstellers Eugen von Sass in Dresden geboren worden. Im letzten Kriegsjahr baute er ein Notabitur, trat 1946 als Volontär in eine Dresdner Zeitung ein und setzte sich 1950 nach Westberlin ab, wo er für den amerikanischen Sender Rias arbeitete. Unter seinem Pseudonym Matthias Walden machte er ab 1956 als Chefkommentator und Chefredakteur des Senders Freies Berlin Karriere. Im November 1974 beklagte er, daß der Boden der Gewalt der Bundesrepublik durch den Ungeist der Sympathie mit den Gewalttätern gedüngt worden sei. In dem Zusammenhang hatte er den Namen des Dichters Heinrich Böll genannt. Dafür wurde er vom Bundesgerichtshof zu 40 000 Mark Schmerzensgeld verurteilt. Rosemarie Springer, mit der Axel Springer bis zu seinem Tode freundschaftlich verbunden war, hatte ihn auf die Radiokommentare

Waldens aufmerksam gemacht. Walden war höflich, gebildet und gescheit, er dachte scharf, wenn auch nicht unbedingt tief. Axel Springer fand Gefallen an dem aufrechten Streiter gegen den Kommunismus und für die deutsche Einheit.
Nach dem Tod seines Freundes Hans Zehrer meinte Axel Springer in ihm den geeigneten journalistischen Nachfolger gefunden zu haben und holte ihn 1979 in sein Haus. Der Unterschied zwischen Zehrer und Walden war ihm selbst dabei wohl nicht bewußt: Zehrer hatte politische Gedanken in Springers Hirn gepflanzt, Walden brachte Springers politische Gedanken zu Papier. Es war seine besondere Begabung, schnell, prägnant und geschliffen genau das zu formulieren, was Springer sagen wollte. Daß Waldens Schmeicheleien bei Springer stärkeren Anklang fanden als andere, lag – so analysierte Ernst Cramer – »sicher nicht zuletzt daran, daß Walden von seinen Schmeicheleien selbst auch überzeugt war«. Axel Springer sah in Matthias Walden seinen »publizistischen Erben« und hatte ihn ein Jahr nach Axels Freitod als seinen Stellvertreter in die Geschäftsführung der Konzern-Holding berufen. Aber Walden erkrankte schwer und starb im November 1984 an Krebs, nur 57 Jahre alt. Er hinterließ Frau und drei Töchter.
Nach dem Tod von Matthias Walden berief Axel Springer seine Frau Friede und Bernhard Servatius in die Geschäftsführung der Holding. In Vertretung von Axel Springer übernahm Servatius den Vorsitz des Gremiums. Der Advokat war damit zu einer der höchsten Positionen im Springer-Imperium aufgestiegen.
Bernhard Servatius war ein erstaunlicher Mann. 1932 als Sohn eines Lehrers in Magdeburg geboren, machte er mit 17 sein Abitur, studierte Philosophie, Jurisprudenz und ließ sich 1959 als Anwalt an Hamburgs Alster nieder. Sechs Jahre später wurde er erstmals bundesweit bekannt. Er hatte einen fast aussichtslosen Fall übernommen: die Verteidigung von Eva-Maria Mariotti. Sie war wegen Mordes an einer Zahnarztwitwe nach zwei Verfahren

zu lebenslänglich Zuchthaus verurteilt worden. Sieben Wochen währte eine dritte Verhandlung vor dem Schwurgericht, sieben Wochen schwieg die Angeklagte – trotz erdrückender Indizien und Zeugenaussagen. Das war die gewagte Strategie eines blutjungen Verteidigers, der dann ein sechsstündiges Schlußplädoyer hielt. Die Angeklagte wurde freigesprochen – und die deutsche Prozeßordnung nach den Erkenntnissen dieses Servatius-Verfahrens in drei Punkten rechtsstaatlich fortgeschrieben. Es war der erste von nur vier Strafprozessen, die Bernhard Servatius überhaupt führte.
Wirtschafts- und Zivilrecht wählte er als eigentliche Domäne. Er wurde juristischer Berater und Testamentsvollstrecker von Axel Springers väterlichem Freund John Jahr. Als Axel Springer 1970 den schon unterschriebenen Bertelsmann-Vertrag wieder auflösen wollte, benötigte er dringend einen überragenden Juristen. Bernhard Servatius, leise und geschickt agierend, schien ihm der geeignete Mann. Axel Springer hatte mit Wohlgefallen zwei Rechtsgutachten gelesen, die von Servatius über Redaktionsstatute und die Mitbestimmung in Verlagen verfaßt worden waren. Last not least faszinierte ihn die Nähe von Servatius zur katholischen Kirche, seine Verbindungen zu Klerus und Kurie bis tief in den Vatikan. Denn Axel Springer – weitsichtig wie so oft – lebte immer in der Sorge, der Rechtsdrall der *Welt* und der Sexdrall von *Bild* könne eines Tages zu einer unheiligen, aber schwer bezwingbaren Allianz von Linken und Katholiken gegen sein Haus führen. Das im Notfall mit zu verhindern, auch dafür schien ihm Servatius der rechte Mann. Deshalb bat Axel Springer seinen Freund John Jahr, den Advokaten für ihn freizugeben. Der erfüllte Springers Wunsch. Und der unaufhaltsame Aufstieg des Bernhard Servatius hatte begonnen. Kein wichtiger privater oder geschäftlicher Vertrag, der nicht über seinen Tisch gelaufen wäre. Nach dem Freitod von Axel Springer jun. regelte Servatius dessen Nachlaß.

Für Axel Springer setzte er im Lauf der Jahre ein Testament und mehrere Ergänzungen auf. Darin bat Springer seine Erben um Verständnis, daß er sein Unternehmen »in den Mittelpunkt meiner letztwilligen Überlegungen gestellt habe«. Auf ihren Anspruch auf einen Pflichtteil hatten alle Erben gegen großzügige Millionenzahlungen verzichtet.

Eine Schlüsselrolle in Springers Überlegungen über seine mögliche Nachfolge spielten die drei erwachsenen Söhne Franz, Frieder und Hubert von Axel Springers verstorbenem Freund, dem Illustrierten-Verleger Senator Franz Burda (*Bunte*). »Mein Sohn Axel«, erläuterte Axel Springer, »ging wie ein Kind im Hause Burda ein und aus, wofür ich immer noch dankbar bin. Und Axel war es denn auch, der den Namen Burda selbst vorgeschlagen hat.« In einem Brief fügte er hinzu: »Die drei Burda-Söhne sind sachkundig und erfahren: Franz, der Drucker, Frieder, der Kaufmann und Organisator, Hubert, der Journalist. Das läßt mich die ›Wahlverwandschaft‹ erkennen und anstreben. Die Investitionen, die wir leisten müssen – zuerst zur Modernisierung der Technik und später für eine Beteiligung an den elektronischen Medien –, haben Größenordnungen, die zum Zusammenschluß zwingen. Und nicht zuletzt habe ich an die 12 000 Arbeitsplätze zu denken, die es in meinem Haus zu erhalten gilt.«

Aber konnten die beiden Häuser Springer und Burda verschmelzen? Durften die Burdas eine Sperrminorität (26%) erwerben, verbunden mit einer Option auf die Mehrheit (51%) nach Axel Springers Tod? Das war sein Plan. Das Bundeskartellamt sagte nein. Dennoch kam es zu einer kleinen Fusion. Für 265 Millionen Mark übernahmen die Burdas vom 1. Januar 1983 an 24,9 Prozent des Springer-Konzerns. Der Acht-Seiten-Vertrag wurde in Zürich beurkundet, wo die Notariatsgebühren niedrig waren.

Für die Burdas unterzeichnete Frieder, für Springer setzte Christian Kracht seine Unterschrift unter die Urkunde. Genau wie beim Bertelsmann-Deal und bei so manch anderer Gelegenheit hatte Axel Springer auch diesmal wieder dazu geneigt, in letzter Minute mißtrauisch zurückzuzucken. Er ließ Servatius in Zürich anrufen. Kracht bestand darauf, den Chef zu sprechen. Nach einigen Fragen traute Axel Springer sich dann doch nicht, die von ihm selbst befohlene Aktion abzublasen. Wenn Axel Springer sich auch zierte: Er war entschlossen, noch mehr von seinem Reich zu verkaufen. Wie so oft wollte er gleichzeitig, was andere als kaum möglich bezeichnet hätten: sein Lebenswerk sichern und Kasse machen.

Das letzte Konzert auf Schierensee

Im Mai 1983 hielt der Zeitungszar zum letzten Mal Hof. Axel Springer lud zu einem Hauskonzert auf sein 2000-Morgen-Gut Schierensee, das Axel Springer gern »meinen Hof in Holstein« nannte. Der große Cellist Mstislav Rostropowitsch mit seiner Frau Galina musizierten für ihn und seine Gäste. Rostropowitsch hatte schon im Vorjahr im Kuppelsaal von Axel Springers Berliner Haus auf Schwanenwerder gespielt und einen tiefen Eindruck auf den Hausherrn gemacht. Der spiegelt sich in dem Brief wieder, den Axel Springer damals an den Künstler schickte:
»Lieber Slawa, noch zittert unser Haus an der Havel vor Freude und Dankbarkeit nach Deinem Konzert. Als Du gingst, klang der Jubel um Dich überhaupt nicht ab. Man blieb lange zusammen und war erschüttert und zu Tränen gerührt. Dein musikalisches Gebet wurde von allen als ein Gebet für die Freiheit aller Menschen empfunden. Wie schön Galina ist und aussieht, konnte ich

beim gebannten Zuhören sehen. Friede drückte mir die Hand und zeigte mit ihrem hübschen Zeigefinger auf Galina und tuschelte mir ins Ohr: Wie ihre Schönheit doch das Ganze abrundet ... Seid bedankt. Seid umarmt. Gott behüte Euch. Es leben mit Euch im immerwährenden Gedenken Eure Friede und Axel.«

Dem Russen gelang in seiner Antwort das Meisterstück, das Pathos seines Gastgebers zu übertreffen: »Lieber, von mir geliebter Bruder Axel ... Wenn die Musik von Bach, einem Brunnen gleich, sich emporhob bis in die Kuppel Deiner schönen Halle und von dort wieder an den Wänden herabströmte, dann waren in dieser Musik eben auch Töne, die wie Bajonette auf die Erde herunterstießen und die Mauer durchbohrten, dieses kilometerlange Monument des Schreckens, das, von Kerkermeistern errichtet, die Menschheit skandalisiert. Von dieser Halle im herrlichen Tranquillitati oder von Deinem Büro aus nimmst Du die Mauer unter Feuer, mit Deinen Gedanken, mit Deinem Gewissen, mit den Tönen der Musik, mit den Worten der Literatur und des Journalismus. Du bist ein Ritter in vorderster Linie des Kampfes. Und ich bin glücklich, daß ich Dir den Klang meines Violoncellos geben konnte, so wie man dem Ritter eine Waffe gibt, um ihn in seiner Kraft zu stärken. Galina und ich lieben Dich enthusiastisch. (Die erstere Liebe ist sogar gefährlich für Dich.) Wir lieben Dich, nicht nur, weil Du ein treuer unersetzlicher Freund bist, sondern auch, weil Du ein Ritter der Wahrheit und des Gewissens bist ... Für mich ist das schönste Wort von allen existierenden Wörtern das Wort Freiheit – auf englisch ›freedom‹. Deine Frau, oder wie Du sie nennst, Dein Engel, ist so schön, daß ich fürchte, daß ich in Zukunft statt ›freedom‹ einfach ›Friede‹ sagen werde. In ihr vereinen sich Schönheit, Ausstrahlung und Bescheidenheit, die Stärke eines Panzerkorps, wenn Du verteidigt werden mußt, und die Zärtlichkeit eines Schmetterlings, wenn sie in Deiner Nähe ist ... Galina und ich umarmen Dich und Friede. Wir lieben Euch mit Begeisterung und Ergebenheit. Und erwarten unser nächstes Zusammensein mit Ungeduld. Immer Dein Slawa.«

Auch auf Schierensee spielte Rostropowitsch wieder Johann Sebastian Bach. Seine Frau Galina Wishnewskaja, ehemalige Primadonna des Moskauer Bolschoi-Theaters, sang Lieder von Tschaikowsky, Rachmaninow und Glinka. Etwa 100 Gäste lauschten im weißen Katharinen-Saal – benannt nach Rußlands großer Zarin. Unter ihrem Bild im Katharinen-Saal begegneten sich Preußen und Rußland nun einmal mehr. Der Mann des Wortes aus Preußen umarmte den Mann der Musik aus Rußland. Caspar von Salderns Nachfolger auf Schierensee, Axel Springer, begrüßte seinen Freund Rostropowitsch. »Einen der Gerechten dieser Welt« nannte er den Furchtlosen, der dem Dichter Alexander Solschenizyn in seinem Haus Zuflucht vor dem allmächtigen sowjetischen Geheimdienst KGB gewährt hatte und dann selbst die Heimat mit dem Exil vertauschen mußte.

Noch vor dem Essen wurde der Nachfahre von Friedrich dem Großen, der Chef des Hauses Hohenzollern, Preußen-Prinz Louis Ferdinand, von Rostropowitsch nach russischer Sitte mit einem Wangenkuß bedacht. Außerdem zählten die Herzöge von Mecklenburg und Oldenburg, die Herzogin von Schleswig-Holstein und Fürst und Fürstin Bismarck zu den Gästen. Aus dem bürgerlichen Lager waren die Ministerpräsidenten von Niedersachsen und Rheinland-Pfalz erschienen, Ernst Albrecht und der um das Privatfernsehen so verdienstvolle Bernhard Vogel. Dazu gesellten sich Frieder Burda sowie die hanseatischen Bankiers Alwin Münchmeyer und Enno von Marcard, bei dem Axel Springer seine dritte Frau kennengelernt hatte. Der Gastgeber schenkte dem Ehepaar Rostropowitsch zur Erinnerung an diesen Tag ein russisches Tee-Service Vermeil in der Art der Fabergé-Werkstatt. Nacht hatte sich über die sanften Hügel Holsteins gelegt, als die letzten Gäste das Herrenhaus durch jenes Portal wieder verließen, über dem gemeißelt steht: Non mihi sed posteris.

Schierensee war vor 200 Jahren von Caspar von Saldern, dem Staatsminister Katharina der Großen, erbaut worden. Die Zarin hatte ihn zur Stärkung »unserer Allianz« an den Hof Friedrichs des Großen entsandt. »Ich könnte keinen besseren Fürsprecher für meine Ideen wählen, als Monseigneur Saldern«, schrieb Katharina im April 1766 aus Petersburg dem Alten Fritz in Berlin, »und niemand anderen besser meine neuerlichen Bezeugungen der Hochachtung für Euch, verehrter Bruder, Majestät, anvertrauen.«

Axel Springer, der auch von einer deutsch-russischen Versöhnung geträumt hatte, war stolz auf Schierensee, und etwas von diesem Stolz klingt in einem Brief an, den er 1974 an sein gerade getauftes Patenkind Carolin-Elisabeth Dorothea von Bauddissin schrieb, zu deren Vorfahren Caspar von Saldern gehört: »Liebe Carolin, heute wurdest Du in der schönen Kirche von Westensee getauft. Am Abend finden sich alle, die Dich liebhaben, auf Augustenhof zusammen. Zugleich wird der Geburtstag Deiner Mutter gefeiert. Ich wünsche mir sehr, daß dieser Briefbogen die Zeiten überdauert, bis daß Du seinen Inhalt lesen und verstehen kannst. Wenn Gott will, wird Dein Patenonkel Axel, solange er lebt, für Dich etwas sammeln. Er will für Dich ein beziehungsreiches Geschirr sammeln, was es zum erstenmal im Jahr 1789 gab und was gedacht war für die große Kaiserin Katharina von Rußland, die von deutschem Geblüt war und deren großes, schönes Bild Du auf Schierensee sehen wirst, wenn Du mich besuchst. Die Zarin aber konnte das Flora-Danica-Service nicht mehr in Augenschein nehmen. Es wurde dann eingeweiht an der Geburtstagstafel Christians VII., des Königs von Dänemark und Norwegen und Herzogs von Schleswig und Holstein. Auch sein Bild wirst Du auf Schierensee finden, wo der König auch Deinem Vorfahren Caspar von Saldern, dessen Leben ich studiere und der den Russen im Gegensatz zu den heute Verantwortlichen etwas nahm und nicht gegeben hat, seinen Besuch machte.«

»Während ich diese Zeilen schreibe, am 22. Februar 1974, sieht es in Deinem Vaterland nicht gut aus. Es gibt Leute, die sagen, daß Dein Patenonkel Axel zu denen gehört, die versuchen zu retten, was zu retten ist. Für Dich, meine liebe Carolin, für meinen Sohn Raimund, für alle kleinen Menschenkinder, denen wir eine geordnete Zukunft aus ganzem Herzen wünschen. 1789, das Geburtsjahr Deines Flora-Danica-Geschirrs, war ebenfalls eine Zeit großer Wirren, einer Revolution, die überdies den Abfall von Gott verlangte. Im übrigen war 1789 auch das Geburtsjahr eines Verlagshauses, dessen Urzelle im damals dänischen Altona sich befand und dem ich vorstehe.«

Axel Springer zitierte für sein Patenkind Carolin sodann aus einem Brief von Matthias Claudius an seinen Sohn, der »zu den schönsten und weisesten Aussagen der Weltliteratur« gehöre. Er schloß sein eigenes Schreiben mit den Worten: »Carolin-Elisabeth Dorothea, Du kleines Mädchen mit dem schönen Namen, wachse, blühe und gedeihe. Die Gärten in Schierensee warten auf Dich. Ganz behutsam nimmt Dich in seine Arme Dein Pate Axel Springer.«

Schierensee war der vielleicht eindrucksvollste Beleg für Axel Springers erlesenen Geschmack. »Wer ihn verstehen wollte, mußte Schierensee kennen«, meinte sein Enkel Axel Sven. Wie als Ehemann und Liebhaber, als Verleger und Geschäftsmann, als Patriot und Christ hatte Axel Springer auch als Kunstsammler und -mäzen ungewöhnliche Dimensionen. Millionen hatte er für Museen, Orchester und Schlösser, Gotteshäuser und Bibliotheken gespendet. Er stiftete für den Erhalt der Kaiser-Wilhelm-Gedächtniskirche und das Charlottenburger Schloß, schenkte der dänischen Kristiankirken in Berlin eine Orgel und der neuen Jerusalems-Kirche Glockenturm und Geläute. Er bedachte auch die Staatsbibliothek und die Nationalgalerie, die Akademie der Künste und das Stadtgeschichtliche Museum. In Hamburg konnte das Altonaer Museum durch ihn 24 Galionsfiguren erwerben, das Museum für Kunst und Gewerbe einen um 1600 entstandenen Kabinettschrank aus Italien, und das Schleswig-Holsteinische Landesmuseum erhielt 16 Porträts. Kulturelle Geschenke von ihm gingen nach Jerusalem und in die USA, nach Kamerun und Uganda. Nicht immer stand darüber eine Zeile in seinen Zeitungen. Axel Springer begegnete der Kunst mit Ehrfurcht. Kunstbücher und Auktionskataloge gehörten zu seiner bevorzugten Nachtlektüre, wenn er keinen Schlaf fand. Er liebte Bilder, Möbel und Silber, Porzellan, Spiegel und Gläser, genau wie beim anderen Geschlecht alles, was Schönheit atmete.

Schon in den siebziger Jahren hatte er »Die blaue Stunde« von Peder Severin Kroyer (1851–1909) erworben, ein Schlüsselbild des dänischen Impressionismus (100 x 150 cm). Es zeigt zwei Frauen an einem Sommerabend am Südstrand in Skagen. Die Kammersängerin Lilly Lehmann-Kalisch kaufte das Gemälde 1895, drei Jahre nach seiner Entstehung, für 4400 Mark vom Künstler. Nach ihrem Tod in Salzburg wurde es in Kopenhagen versteigert. In Dänemark wurde dafür gesammelt. Aber auf der Auktion fiel es an Axel Springer, für 350 000 Mark (heute ist es Millionen Euro wert). Der Verleger entschied am ersten Tag des Besitzes, das Bild solle nach seinem Ableben an das Skagen-Museum fallen. »Geschenke«, sagte er, »muß man sich vom Herzen reißen, sonst sind es keine.«

Ebenso verfuhr er mit einem Dresdner Schreibschrank (Lackmalerei von Christian Reinow) aus der Mitte des 18. Jahrhunderts. Axel Springer hatte ihn im gleichen Jahrzehnt wie »Die blaue Stunde« in London ersteigert und bestimmt, er werde nach seinem Tod dem Victoria-and-Albert-Museum geschenkt, das ebenfalls auf den Schrank geboten hatte. Zu Axel Springers Lebzeiten stand das kostbare Möbel in seinem Haus »Tranquil-

litati« auf Schwanenwerder, dicht an der Grenze zur DDR. Besorgt erkundigte sich ein Labour-Abgeordneter im Unterhaus, was denn mit dem Schrank geschehe, wenn die Russen in Berlin einrücken würden. Sie kamen nicht. Aber schon wenige Tage, nachdem Axel Springer gestorben war, meldete sich der Direktor des Victoria-and-Albert-Museums, um sich nach dem Geschenk zu erkundigen. Er bekam es.
Obgleich es ihm nicht gerade an Mitteln mangelte, erstand Axel Springer nie reine Prestigeobjekte großer Namen, keinen Rembrandt, Renoir oder Picasso. In Schwanenwerder fanden vor allem Bilder aus Berlin und Preußen Aufnahme, darunter historische Porträts von Antoine Pesne, Berliner Straßenszenen von Lesser Ury und märkische Landschaften von Walter Leistikow und eine große Zille-Sammlung, aber auch Max Liebermann, Ernst Barlach und Edvard Munch, Max Pechstein und Emil Nolde, Kirchner, Kokoschka und Macke.
Die Restaurierung von Schierensee, dessen Giebel sein Erbauer Caspar von Saldern ungewollt vorausschauend mit einem großen goldenen »S« geschmückt hatte, war Axel Springers bedeutendste denkmalpflegerische Leistung. In dem Herrenhaus sammelte er bevorzugt Kunst aus Schleswig-Holstein und Nordeuropa. Kernstück war der von ihm besonders geliebte Fayence-Saal mit 750 Kostbarkeiten. Beim Besuch von Königin Elisabeth II. auf Schierensee 1978 qualmte ausgerechnet der Kamin im Fayence-Saal, als die Queen die Sammlung besichtigte. Axel Springers Gutsverwalterin, Mary Lahmann, wie Bibi Bibernell eine Freundin seit Jahrzehnten, war in Tränen aufgelöst. Kaum hatte die Königin das Herrenhaus verlassen, nahm Axel Springer Mary Lahmann in den Arm: »In England«, tröstete er sie, »qualmen die Kamine auch.«
Auch für Axel Springers Kustos, den Kunsthistoriker Dr. Henrik Lungagnini, wurde der Fayence-Saal zur Stätte schmerzhafter Niederlage. Eine neue Sendung war eingetroffen, eine wertvol-

le Deckelterrine mit Untersatz. Arbeiter packten sie aus – bis auf den Untersatz. Als der Verlust entdeckt wurde, war die Verpackung längst im Müllcontainer auf der Mülldeponie gelandet. Niedergeschlagenheit erfüllte Lungagnini wie noch nie in seinem Berufsleben. Er war verzweifelt. »Wissen Sie«, log Axel Springer ihn an, »das Stück hat mir eigentlich gar nicht gefallen. So etwas kann auch im Louvre passieren. Trinken Sie einen Whisky und vergessen Sie die Sache.« Lungagnini vergaß sie nicht, durchwühlte mit sechs Arbeitern und einem Bagger die Deponie nach archäologischer Methodik und fand das verlorene Stück. Es war zerbrochen, konnte aber restauriert werden.
Henrik Lungagnini hat Axel Springer von einer Seite gekannt, die nur für wenige sichtbar war. Für ihn war er »einer der bedeutendsten und vielseitigsten Kunstsammler und Mäzene der Nachkriegszeit«, dessen »Verbundenheit mit der Kunst, darunter übrigens auch mit der Musik, ein Teil seines tiefsten Wesens war«. Das Zeugnis des Kustos: »Axel Springer war frei von Hochmut. Für einen in Not geratenen Menschen dazusein, war für ihn eine Maxime, die er ohne Aufhebens und mit Selbstverständlichkeit praktizierte. Auch wenn schwerwiegende, den Verlag betreffende Entscheidungen von ihm erwartet wurden, fand er Zeit, Anordnungen zu treffen, um einem Bedrängten zu helfen, als sei dieser ihm der Nächste und Wichtigste. Diese Hilfsaktionen, die häufig mit Kunst und Künstlern zu tun hatten, zeigen noch mehr als seine großen Stiftungen seine unvergleichbare, einzigartige Menschlichkeit, von der Außenstehende selten etwas erfahren haben.«
Weiter berichtet Henrik Lungagnini über Axel Springer: »Im Sammeln von Kunst sah er die kulturelle Aufgabe des Bewahrens ... Er war ein Grandseigneur und hat vom legitimen Recht des Kunstsammlers, an dem Kaufpreis zu rütteln, niemals Gebrauch gemacht ... Wenn ich über die Wertsteigerung von Kunstwerken mit ihm sprach, mußte ich das Thema schnell wechseln, um ihn

nicht zu langweilen ... Er besaß ein hohes ästhetisches Empfinden, nicht nur für das Objekt selbst, sondern auch für dessen Plazierung ... Seine Häuser sind die Verwirklichung der Vision einer Einheit von Kunst, Geschichte, Natur und Glauben. Obwohl der Schreiber dieser Zeilen ein Jesuiten-Gymnasium besucht und auch einige Semester Theologie studiert hat, traf er doch selten einen so überzeugten und gläubigen Menschen wie Axel Springer. Der ›Schmerzensmann‹ von Lukas Cranach war für ihn nicht nur ein Kunstwerk.«

Tage im Kloster

Axel Springer war in seinem Alter ein frommer Mann geworden, frei von der Überspanntheit seiner religiösen Midlife-crisis. Er war nachsichtig, wenn andere über seine Gläubigkeit lächelten. »Wenn ich vor dem Essen ein Tischgebet spreche«, erzählte er, »sagen meine Manager: ›Das macht ja nicht einmal mehr der Vorstand der CDU.‹ Wenn ich durch meinen Betrieb gehe und mit einem Setzer über das Christentum spreche, sagt er: ›Ja, Herr Springer, selbstverständlich, Herr Springer.‹ Sobald ich um die Ecke bin, sagt er: ›Jetzt ist er nicht nur reich geworden, sondern auch noch verrückt.‹«
»Es ist der Abfall von Gott, der die Welt quält.« Davon war er überzeugt. Ihm Einhalt zu gebieten, dazu wollte er beitragen. Und er war sicher, »dass es kein Vaterland ohne Gott gibt. Das gilt auch für Deutschland und für seine gesamte Politik.« Er las und las und las, vom Alten Testament und den Evangelien bis zu dem schwedischen Mystiker Emanuel Swedenborg (1688–1772) oder dem Schweizer Sozialreformer Carl Hilty (1833–1909), »dessen Bücher in der Bibliothek Konrad Adenauers standen

und stehen und ihm Antwort gaben während einer religiösen Krise in jüngeren Jahren«, wie er in einem Brief an Pfarrer Alexander Evertz schrieb. Er fügte hinzu: »Auch dem Mann A.S., der um Krisen solcher Art weiß, liegt ein Predigtband ›Gott lebt noch heut‹ sehr am Herzen.«

Auf Patmos besaß Axel Springer einen Schlüssel zu einer Kapelle an einem Bach in der Nähe seines Hauses, an dem der heilige Johannes getauft haben soll. Solange er sich auf der Insel aufhielt, stellte Springer stets selbst frische Blumen in das kleine Gotteshaus. Kaum ein paar Steinwürfe entfernt liegt jene Höhle, in der Johannes die Apokalypse offenbart wurde. Axel Springer war von ihr und anderen Weltuntergangserwartungen besonders gefesselt, kamen sie doch so sehr seinen eigenen düsteren Visionen über die Zustände in Deutschland und der Welt entgegen, über Terror und sittlichen Zerfall. »Es werden Tage kommen«, zitierte er die Propheten, »in denen kein rechter Gott, kein Priester, der lehrt, und kein Gesetz vorhanden sein wird. Dann wird es nicht wohl sein denen, die aus- und eingehen, sondern ein Volk wird das andere zerschlagen, und Gott wird sie schrecken mit mancherlei Ängsten.«

In einem Brief an Arbeitsminister Norbert Blüm fragte er im Dezember 1983: »Wie weit ist den Männern der Christlich-Demokratischen Union noch der weise spanische Diplomat Donoso Cortez ein Begriff, der vor 200 Jahren lebte? Einmal sagte er: Nur noch Heilige sind imstande, den erkrankten Völkern zu helfen. Donoso Cortez, der von der ganz liberalen Seite ins Madrider Parlament kam, sagte aber auch dieses: ›Es gibt nur zwei Arten der Bewältigung der menschlichen Führung: eine innere, religiöse, und eine äußere durch staatliche Gesetze. Es liegt in der Natur der Sache, daß bei der inneren, der religiösen Bewältigung, der staatliche Zwang nachlassen kann und umgekehrt, wenn die innere Selbstbeherrschung schwächer wird, muß der staatliche Druck sich steigern bis zur Diktatur. Das ist ein

Naturgesetz, durch die Geschichte bewiesen. Die Freiheit, die wahre Freiheit, die Freiheit aller und für alle, ist in die Welt erst mit dem Erlöser der Welt, mit Jesus Christus gekommen. Es leuchtet ein, daß mit dem Schwinden des Glaubens an ihn und seine Lehre diese Freiheit auch wieder aus der Welt verschwinden wird. Ich weiß nicht, welches Mittel der Schöpfer dann noch haben wird, um dieser dann fälligen Fäulnis zu begegnen.«

Seine Redaktionen mahnte Axel Springer, bei der Behandlung religiöser Fragen leichtfertige, ironische und modernistische Töne zu meiden. Als sein *Hamburger Abendblatt* im Januar 1969 unter dem Titel »Rebellen im Namen Christi« eine Artikel-Serie über sogenannte fortschrittliche Theologie veröffentlichte, warnte Axel Springer den Chefredakteur Martin Saller: »Helfen wir der Kirche in dieser Zeit weitgehenden Abfalls von Gott ... Die überheblichen Narren im Talar, die Gott leugnen und Christus in einen Sozialreformer ›umstrukturieren‹ wollen, sollten sich den ehrlicheren Anzug eines Atheisten, eines Agnostikers anziehen. Sie sollen aber nicht, mit Halskrause angetan, ein weiteres Beispiel dafür bieten, daß so oft der Teufel unter der Kanzel sitzt. Glauben ist schwer und sicherlich – im Sinne Luthers – Gnade. Wer meint, Glauben in dieser irren Zeit sei eine Zumutung, dem sei gesagt, daß Glauben schon immer Zumutung war. Das Große findet man nicht am Wegrand.« Noch im selben Jahr wurde Saller als Chefredaktreur abgelöst – bei gleichbleibenden Bezügen.

Sein Nachfolger Werner Titzrath räumte nach einiger Zeit ebenfalls lautstark vorgetragenen Modernisierungstendenzen in der Kirche breiten Raum ein. Auch er erhielt einen Brief des Verlegers: »Den Gläubigen bereitet es Schmerzen. Der stille Raum ihres Glaubens verträgt nicht die laute Diskussion. Wenn Zorn erlaubt wäre, würden sie mit Matthias Claudius sagen: ›Bleibe der Religion deiner Väter getreu und hasse die theologischen Kannengießer.‹ Ich schreibe Ihnen diese Zeilen mit der Bitte um

den Schutz für solche Leser Ihres Blattes, die den Weg des Glaubens bereits gefunden zu haben glauben.«
Auch seine Nachkommen wurden ermahnt, nicht vom rechten Pfad abzuweichen. Im Januar 1979 sandte Axel Springer aus Schierensee einen Brief an seinen sechzehnjährigen Sohn Raimund Nicolaus, den er »Lumpi« nannte: »Mein lieber Junge, es ist ganz still im Haus. Draußen liegt noch immer viel Schnee. Ich habe heute eine Bitte an Dich. Höre im Religionsunterricht gut zu und laß Dich bald konfirmieren. Als ich so jung war wie Du, wollte ich von den Sachen auch nichts wissen. Heute würden mir die Grundkenntnisse, zu denen eines Tages der Glaube an Christus ganz von selbst kommt, furchtbar fehlen. Nicolaus, nimm die beigefügte ›Welt‹ zur Hand und lies auf Seite 15 die Geschichte von den Eulen. Denk gut nach: Wer wohl hat alles so eingerichtet, daß die Vögel ohne es gelernt zu haben ihre Nester finden, Nahrung sammeln, ihre Jungen füttern, hübsch sind, federleicht durch die Luft fliegen? Wer gab ihnen Augen, Ohren und Stimme? Die Natur? Ja, die Natur. Aber das ganze Konzert der Natur leitet Gott. Und Christus schickte er auf die Welt, damit wir ihn, Gott, überhaupt verstehen können. Nicolaus, hör gut zu! Eines Tages wirst Du es verstehen können. Herzliche Grüße von Deinem Vater.«
Als der Haß der Linken über Axel Springer zusammenschlug, war er von der Haltung mancher evangelischer Würdenträger enttäuscht. Sie hatten sich kaum verhohlen auf die Seite seiner Gegner geschlagen. Ihre Talare bauschten sich wie Spinnaker im Wind des Zeitgeistes. »Ich hänge meiner Kirche mit Respekt und Liebe an«, sagte Axel Springer in einem TV-Interview, »was mich nicht daran hindern kann, modernistische Tendenzen gar nicht schön zu finden.« In einem Brief an den Bischof der Evangelischen Kirche in Berlin-Brandenburg, D. Kurt Scharf, wurde er 1971 noch deutlicher: »Ich bin als lutherischer Christ, der als Verleger mitten in den öffentlichen Auseinandersetzungen dieser Zeit steht, im hohen Maße darüber beunruhigt, daß mir die

Kirche ständig und unaufgefordert politische, wirtschaftliche und unternehmerische Ratschläge erteilen will und andererseits mehr und mehr darauf verzichtet, mir das bereitzustellen, wofür ich die Kirche tatsächlich brauche: nämlich für den Frieden mit Gott, für Trost und Zuspruch und auch für Gewissenserforschung am absoluten Maßstab des Evangeliums.«

Mehr als alle Politik beunruhigte Axel Springer nun der Zerfall seiner Kirche. Im Januar 1985, im ersten Monat seines letzten Lebensjahres, richtete er einen sechsseitigen, enggeschriebenen Brief an den Vorsitzenden des Rates der Evangelischen Kirche in Deutschland, Bischof Eduard Lohse: »Die Indizien mehren sich, daß selbst Männer im Talar auf einen Irrweg geraten, daß sie die Kirche umzufunktionieren trachten und sich dem Geist des Evangeliums entfernen ... Wie weiland ›Reichsbischof‹ Müllers Deutsche-Christen-Pastoren im Braunhemd, so sind es nun die sogenannten linken Pastoren, die hinter der roten Fahne des Sozialismus daherlaufen und den Aufruhr schüren, Gewaltakte anführen, ja sogar segnen. Im Lutherrock werben sie für ein System, für das der gotteslästerliche Bolschewismus nicht nur Schutzmacht ist, sondern Endstation ... Muß das alles so sein? Muß die Kirche immer mehr ins Fahrwasser einer umtriebigen Minderheit geraten, die das Gebot der Verkündigung mit Politik verwechselt? ... Sehr geehrter Herr Bischof, die Welt krankt daran, daß sie von Gott abgefallen ist. Die Kirche krankt daran, daß sie sich mit eben dieser Welt einläßt, daß sie Gott in ein opportunistisches ›Als-ob‹ stellt, daß sie die Umformung der Botschaft Jesu durch geistliche Politologen und ideologische Quacksalber gestattet, daß sie es zuläßt, wenn sektiererische Minderheiten Jesus von Nazareth als Sohn Gottes verleugnen und unseren Herrn zu einer bloßen historischen Figur irdischen Zuschnitts, zu einem politisch-moralischen Wanderprediger degradieren. Ich beschwöre Sie, sich mit allen Kräften diesem Irrweg entgegenzustellen ...«

Wegen des Kurses seiner Kirche hatte Axel Springer schon 1969 um ein Gespräch mit dem Pastor der lutherischen Marienkirche in Berlin-Zehlendorf, Jobst Schöne (Jahrgang 1931), gebeten. Die Alt-Lutheraner, auf die Max Schmeling Axel Springer aufmerksam gemacht hatte, hielten glaubensstark am reinen Evangelium fest. Vor der Begegnung war auch das Springer-Bild von Jobst Schöne negativ geprägt: kalter Krieger, Konzernherr, Kapitalist. Aber dann: »Er war ganz anderes. Ich fiel vom Stuhl. Bescheiden, mit einer ganz großen Ausstrahlung.« Die Sympathie beruhte auf Gegenseitigkeit. Ende März bat Axel Springer um Aufnahme in die Selbständige Evangelisch-Lutherische Kirche, damals kaum 40 000 Mitglieder stark. Jobst Schöne, später Bischof der Alt-Lutheraner, und Axel Springer wurden Freunde. Er half beim Bau einer kleinen Kirche für Alt-Lutheraner in Berlin. Beim Gottesdienst saß er stets rechts in der zweiten Reihe und wußte – trotz seiner Bodyguards – nie aufzufallen. Seine Sorge über die politische und geistige Entwicklung in der Welt saß so tief, daß Jobst Schöne ihn 1976 warnte: »Verzweiflung, lieber Herr Springer, ist Sünde – denn sie verleugnet Gottes Macht und Gnade.« Jobst Schöne: »Das berührte ihn offenbar zutiefst.« Axel Springer zweifelte weiter an der Welt, aber er verzweifelte nicht an ihr.

Nach Jobst Schöne war der schweizerische Theologe Walter Nigg wichtiger Gesprächspartner Axel Springers in christlichen Fragen. Niggs Buch über die großen Heiligen hatte ihm schon in seiner »Sinn- und Lebenskrise« Trost und Halt gegeben. Er war Nigg bis zu seinem Tode dankbar. »Ihnen, lieber Herr Nigg«, schrieb er ihm, »hat ein gütiger Gott die Kraft gegeben, den Menschen unserer Zeit die Heiligen und die Engel nahezubringen. Was wäre wichtiger? ... So oft habe ich zu meiner Frau gesagt, wer so über die Heiligen schreiben kann, muß er nicht selber ...? Deshalb sind mir Ihre Bücher, die ich alle kenne und immer wieder lese, die liebsten auf der Welt.«

Der dritte religiöse Pfadfinder Axel Springers wurde Mutter Basilea Schlink, die Mitbegründerin und Leiterin der evangelischen Marienschwesterschaft. Im Sommer 1978 erhielt sie den Brief eines Unbekannten aus Berlin. Absender: »A.S.« Sie öffnete und fand zu ihrer Überraschung zwei Farbphotos von einem kleinen Haus auf Patmos, in dem sie drei Jahre gewohnt hatte, als sie dort ein Buch über die Offenbarung des Johannes geschrieben hatte. Axel Springer hatte das Buch gelesen und bei seinem nächsten Aufenthalt auf der Insel das Haus gesucht und abgelichtet. »In Deutschland wieder angelangt«, schrieb er ihr dazu, »las ich dann Ihr Buch über Israel. Meine Reaktion darauf war so heftig, daß ich zutiefst erschüttert und glücklich war, das Rätsel meiner Zuneigung zu den Juden und Israel ganz abseits von der selbstverständlichen Wiedergutmachungspflicht zu finden.«

Sie schrieben und sie trafen sich auf Patmos, auf Schierensee und auch in Jerusalem, wo die Schwestern von Mutter Basilea eine Niederlassung auf dem Ölberg hatten. »Als er das erste Mal ganz allein und unangemeldet vor dem Tor stand«, erinnerte sie sich: »rief er über die Mauer: ›Ich bin der Axel Springer. Kann ich einmal hereinkommen?‹« Sein liebster Platz wurde die kleine Hauskapelle, von deren Fenstern aus man über Jerusalem und direkt auf Gethsemane blickt, wo Jesu wirkte und litt. Mutter Basilea: »In der Liebe zu diesem Platz kam seine große Liebe zu seinem Herrn zum Ausdruck ... Er war uns wie ein großer väterlicher Freund.«

Er dachte an Mutter Basilea, auch wenn sie nicht gegenwärtig war. Als Axel und Friede Springer im Berliner Schloßpark-Theater ein etwas halbseidenes Stück besuchten, schrieb er seiner Frau auf das Programmheft: »Gut, daß Mutter Basilea nicht hier ist.« Mutter Basilea ihrerseits erkannte und bewunderte, was ihm widerfahren war und wie er es getragen hatte: »Von welchen Stürmen und Schicksalsschlägen wurde er getroffen!« Und für sie war klar, welcher Lohn ihn erwartete: »Selig sind, die um der Gerechtigkeit willen verfolgt werden; denn ihnen gehört das Himmelreich« (Mt. 5,10).

Der Vierte im Bunde war nach Schöne, Nigg und Mutter Basilea schließlich der Pater Emmanuel Jungclaussen (Jahrgang 1927) aus dem Kloster Niederaltaich. Auch er hatte ein Buch (*Aufrichtige Erzählungen eines russischen Pilgers*) geschrieben, das Axel Springers Aufmerksamkeit erregte. Kern des Buches war »das Immerwährende Jesusgebet«. Diese Gebetsform geht auf die Zeit der Kirchenväter zurück. Sie war vor allem in der Ostkirche verbreitet, wurde aber auch im Westen bekannt. Das Gebet ist eine Meditation, an der sich der Körper beteiligt. Der Betende soll zur Ruhe kommen, die Muskulatur völlig entspannt sein. Im Einklang mit Herzschlag oder Atem wird unablässig wiederholt: »Herr Jesus Christus, erbarme Dich meiner.« Oder: »Herr Jesus Christus, Sohn Gottes, erbarme Dich unser.« So versenkt sich der Gläubige in die Gegenwart Jesu. Das Jesusgebet wird von jenen, die es üben, als ein Weg zur inneren Freiheit bezeichnet. Axel Springer war fasziniert.

»Ich fasse mir ein Herz«, schrieb er im August 1979 an Pater Emmanuel Jungclaussen, »und frage höflich, ob ich Sie einmal für eine Stunde besuchen darf.« Aus der Stunde wurden drei Tage im November. Die Bodyguards wurden ins Hotel geschickt. Axel Springer aber nahm am klösterlichen Leben in Niederaltaich teil, schlief in einer Mönchszelle, besuchte Gottesdienste, und zwar die, so berichtet Pater Emmanuel, »des byzantinischen Ritus, um den kirchlichen Hintergrund der Erzählungen eines russischen Pilgers noch besser verstehen zu lernen«. Axel Springer übte das Jesusgebet – auch Herzensgebet genannt – und sprach in einem Dankschreiben an den Abt des Klosters von Trost und Zuversicht, die ihm der Aufenthalt in Niederaltaich geschenkt habe.

Pater Emmanuel: »Er konnte zu diesem Zeitpunkt nicht ahnen,

daß bald Trost und Zuversicht bis aufs letzte in Frage gestellt werden sollten« – durch den Selbstmord seines Sohnes Axel. Zwischen Tod und Beerdigung Axels suchte Pater Emmanuel den Verleger in Schierensee auf und unvergeßlich blieben ihm »jene langen Minuten, die wir schweigend am offenen Kaminfeuer standen, bis wir endlich Worte fanden«. Später folgte der Pater einer Einladung nach Patmos und mehreren auf das Gut in Schleswig-Holstein. Dabei hatte er immer das Gefühl, »daß Axel Springer sich selbst mehr als Gast denn als Besitzer dieses Hauses empfand, dessen auserlesene Schönheit er stets als besonderes Geschenk betrachtete. ›Pater Emmanuel, womit habe ich das verdient?‹ sagte er oftmals.«

Obgleich Axel Springer seine Gottsuche lange zuvor begonnen hatte, beschäftigte ihn nach Axels Freitod die Religion immer stärker. Im Herbst 1984, kein Jahr mehr bis zu seinem eigenen Tod, war Axel Springers Gesundheit schon angegriffen. Mit seiner Frau Friede fuhr er nach Bad Wörishofen zu einer dreiwöchigen Kur bei den Nachfolgern von Pfarrer Kneipp. Während der Morgenandacht in der dortigen Erlöserkirche sah er, wie eine Blinde zum Abendmahl geführt wurde und dann von ihrer Begleiterin wieder in die Bank zurückgeführt wurde. Die Begleiterin, eine Rentnerin aus der DDR, erinnerte sich später: »Als wir nach dem Gottesdienst noch eine Weile in der Kirche sitzen blieben, kam ein stattlicher Herr zu uns und stellte sich als Axel Springer vor. Ich hatte damals keine Ahnung, wer das ist. Er sagte, er wolle meiner blinden Freundin eine Freude machen und ihr Kassetten mit Bibeltexten schenken. Wenn er abends müde nach Hause käme, hätte er keine Lust mehr, noch etwas zu lesen, darum höre er sich die Bibel auf Kassette an. Wir sagten, daß wir aus dem Osten wären. Da sagte er: ›Die können mich zwar nicht leiden, aber ich finde schon eine Möglichkeit.‹ Und er hat Wort gehalten. Meine Freundin bekam ein großes Paket mit Kassetten.«

Je mehr Axel Springers Körper verfiel, je mehr das Ende nahte, um so näher fühlte er sich seinem Schöpfer. Und er war felsenfest von einem Leben nach dem Tode überzeugt. In einem Beitrag für *Bild* erklärte er: »Tod – das ist Übergang in ein anderes Leben.« In einem Brief bat er den Chef des New Yorker Büros vom »Springer Foreign News Service«, Alfred von Krusenstiern, festzustellen, was sich hinter der Äußerung des Evangelisten Billy Graham verberge, ein Drittel aller Wahlberechtigten in den USA könne man als »Wiedergeborene« ansehen: »Wie kommt er zu dieser Zahl?«

»Seit Menschengedenken«, so schrieb er, »ist es nie ohne Anstrengung, aber auch nie ohne Erfolg gewesen, sich mit dem Tode zu befreunden. Nur wer ihn als Feind verkennt, fürchtet ihn. Wilhelm von Humboldt zum Beispiel wußte, daß der Tod ›kein Abschnitt des Daseins‹ ist. Er erkannte ihn als ›ein Zwischenereignis‹, als ›einen Übergang aus einer Form des englischen Wesens in eine andere‹. Die Zuversicht, die dem Leben nach dem Tode gilt, erwächst nicht ohne die Kraft des Glaubens. In rührenden Worten steht dies an einer alten Kirche im fränkischen Altmühltal: ›Herrlich ist der Todt, da ein Endt der Arbeit, eine Vollendung des Siegs, ein Thür des Lebens und ein Eingang der vollkommenen Sicherheit‹. Der Tod als ›Tür des Lebens‹ – das ist nur scheinbar ein Widerspruch. Und die vollkommene Sicherheit ist niemals von dieser Welt und in dieser Welt. Sie ist eine Verheißung des Jenseits, eine Geborgenheit, die nur Gott gewähren kann, nicht den Lebenden, sondern denen, die er zu sich gerufen hat.«

Nach dem Tode des Chefredakteurs Werner Titzrath schrieb Springer dessen Witwe: »Ich weiß, daß es keinen Tod, sondern nur eine Verwandlung gibt ... Mein Axel ist noch keinen Tag für mich unerreichbar gewesen.«

Am Ende seines Lebens war Axel Springer seiner Sache ganz sicher. »Als ich einmal zu einer alten Dame, der ich innig zuge-

tan war, ans Sterbebett gerufen wurde, nahm sie mich gar nicht mehr wahr. Lange kniete ich neben ihr und vernahm nur, ohne daß sie die Augen öffnete, die immerwährende Wiederholung ihrer Worte: ›Liebe, Liebe. Liebe ...‹ Als ich ging, war ich gewiß: Sie war nicht gestorben, sondern hatte Zutritt in eine andere Welt gefunden. Sowohl der glückliche Ausdruck ihres Gesichts als auch das Getröstetsein der Angehörigen gab mir letzte Gewißheit.«
Das war es, was der sterbende Axel Springer glauben wollte und woran er glaubte.

»Warum weinst du?«

1985, das letzte Jahr im Leben Axel Springers war angebrochen. Rastlos wie immer, reiste er nach Israel, nach Klosters, nach Patmos. Aber er war nicht mehr der strahlende, charismatische Pressekönig. Er war ein müder, reicher, alter Herr, der in die Abgründe der Welt geblickt hatte und sich nun darauf vorbereitete, vor seinen Schöpfer zu treten. Berlin und Jerusalem waren für ihn »Frontstädte« geworden. Auch sein geliebtes Haus in Kampen hatte er verkauft. Er hielt sich am liebsten auf Schierensee und Patmos auf. Er betete und grübelte, zweifelte und fröstelte. Selbst auf Patmos saß er in Decken gehüllt und las, meist religiöse Literatur. »Ich weiß nicht, ob es Ihnen auch so geht«, hatte er in seinem letzten Telephongespräch mit Rudolf Augstein gesagt: »Aber was in den Zeitungen steht, will ich immer weniger wissen.« Sein Teint wurde fahl, mit dunklen Flecken auf den Wangen. Er war über seine Jahre gealtert.
Der wichtigste Mensch in seinem Leben war seine Frau Friede. Sie durfte nicht von seiner Seite weichen. Als sie einmal von

Schierensee nach Kiel zum Arzt mußte, stand er im Herrenhaus auf ihre Rückkehr wartend am Fenster und hielt nach ihr Ausschau – zu einer Zeit, als sie kaum Kiel erreicht haben konnte. »Axel hat sich in den letzten zwei, drei Jahren nie mehr richtig wohl gefühlt«, verriet seine Frau. Morgens fand sie Zettel vor ihrem Schlafzimmer, auf denen er notiert hatte, wie es ihm in der Nacht ergangen war:

»Bericht der Nacht zum Montag.
Kefir mit Natron
2 Rohypnol genommen
Gebetsbuch Mutter Basileas gefunden
Schönes Buch von Peter Bachér
1.05 Zweites Glas Kefir
Bürsten – Kaltes Bad
½ 2 Zwei Rohypnol
Letzte Eintragung:
    morgen um ½ 6 Uhr aufwecken.«

Axel Springer kränkelte. Er litt unter Depressionen, Schlaflosigkeit und Muskelzuckungen. Grippe und Bronchitis wechselten einander ab. Die geringste Anstrengung führte zu Schweißausbrüchen. Seit zwei Jahrzehnten plagten ihn nun schon seine Beine. Das Gehen fiel ihm schwer; seine Waden schienen ihm aus Blei. Den Kopf hielt er ein wenig schräg. Aber noch war der Kelch seines Leides nicht geleert. 1983 erkrankte sein jüngster Sohn »Lumpi« an Krebs, den er mit dem tapferen Beistand seiner Frau Cooky besiegte. Und in der Nacht vom 20. auf den 21. Januar 1985 wurde sein Enkel Axel Sven Springer im Internat Zuoz entführt.
Seinen Enkeln war Axel Springer noch ferner gewesen als seinen Kindern. Bis zum Freitod seines Vaters hatte Axel Sven seinen Großvater bewußt vielleicht ein halbes Dutzend Mal erlebt. Am nachhaltigsten hatte den Jungen beeindruckt, als eines Tages der

Hubschrauber des Verlegers aus vielleicht 20 Meter Höhe über dem Garten des Sylter Hauses von Axel Springer jun. in Morsum ein T-Shirt für ihn abwarf – mit der Aufschrift: »Axel Cäsar«. Aber nach dem Selbstmord von Axel Springer jun. und unter dem Einfluß seiner Frau Friede hatte sich das Verhältnis von Axel Springer zu seinen Nachkommen verändert, zumindest gab er sich Mühe, es zu verändern, versuchte Anteil an ihrem Leben zu nehmen. Da war seine Tochter Bärbel aus erster Ehe, die inzwischen zwei Kindern das Leben geschenkt hatte, da war »Lumpi« aus vierter Ehe und da waren die beiden Kinder seines toten Sohnes Axel jun.: Ariane und Axel Sven (genannt »Aggi«). Axel Springers besonderes Interesse galt seinem Enkel Aggi. Er erkundigte sich nach seinen Leistungen, lud ihn zu sich ein und erzählte ihm in der Präsidenten-Suite des Zürcher Hotels »Dolder« über die deutsche Teilung, bis Ehefrau Friede mahnte, es sei Zeit, zu Bett zu gehen.
1982 schrieb Axel Springer mir über seinen Enkel: »Der Sechzehnjährige wurde in Zuoz konfirmiert. Es war seltsamerweise alles sehr beeindruckend. Im übrigen hat der Kleine die erste Rede seines Lebens gehalten. Seine Hand zitterte so, daß ich immer fürchtete, er würde sein Manuskript verlieren. Aber von dem, was die sieben Konfirmanden sagten, war seine Rede die beste … Nun kommt etwas Entzückendes: Aggi, wie ich Axel III., solange er noch nicht mein Nachfolger ist, anrede, übte Kritik am Sportteil der ›Welt am Sonntag‹ … Lassen Sie mich zum Schluß sagen, wie beglückt ich über diesen Bengel bin. Ich habe Axel noch keinen Tag vergessen und will es auch nicht tun, weil es mir so treulos erschiene, aber in seinem Sohn einen neuen Sohn geschenkt bekommen zu haben, ist für Friede Springer und mich ein großes Glück.«
Drei Jahre später wurde der inzwischen neunzehnjährige Axel Sven im Engadin gekidnappt. Auch sein Großvater hielt sich gerade in der Schweiz auf. »Drei Tage vor der Entführung«, so

notierte er, »hatte mir Aggi (auch Axel III. genannt) noch einen Brief geschrieben. Er bat mich für Gespräche mit seinen Mitschülern um meine Argumente dafür, warum unsere Zeitungen den Namen ›DDR‹ stets nur mit Anführungszeichen veröffentlichen.«

Dann kamen die Kidnapper. Ortskundig drangen sie in das Internat »Lyceum Alpinum« von Zuoz ein, verschleppten Axel Sven mit Waffengewalt und zwangen ihn, ein Tonband zu besprechen, das der Mutter Rosemarie übers Telefon vorgespielt wurde: »Keine Presse, keine Polizei, zahlt 15 Millionen, sonst werde ich getötet.« Tatsächlich aber hatten die Verbrecher ihrem Opfer versichert, sie würden ihn in jedem Fall umbringen, ob gezahlt würde oder nicht.

Bernhard Servatius machte sich auf nach Zürich, wo die Übergabe des Lösegeldes stattfinden sollte, aber er kam nur bis München. Die Nerven der Erpresser versagten, als das Fernsehen über die Entführung berichtete. Nach drei Tagen ließen sie Axel Sven laufen. Von der Polizeistation des Zürcher Flughafens Kloten aus rief er seine Mutter an. Einer der Kidnapper versuchte nach Aggis Freilassung, dafür noch ein »Honorar« von 100 000 Mark zu ergaunern. Dadurch konnten alle vier Täter geschnappt werden: drei junge Männer (von denen zwei Axel Svens Internat besucht hatten) und eine griechische Studentin.

Großvater Axel Springer war sichtbar erschüttert. Jetzt bestellte er sein Haus, das heißt: Er verkaufte es. 24,9 Prozent der Aktiengesellschaft hatte er für 265 Millionen bereits an die drei Burda-Söhne abgegeben, mit einer Option für ein weiteres Prozent. 25,1 Prozent wollte er behalten (so daß 51 Prozent bei einer sogenannten »Verleger-Mehrheit« blieben).

Etwa 49 Prozent der Aktien sollte die Deutsche Bank als Namensaktien für über 500 Millionen Mark an der Börse plazieren. Aus dem Kaiserreich wurde eine AG.

Am 17. Juni 1985 wirbelte ein Hubschrauber den Chef der Deut-

schen Bank Friedrich Wilhelm Christians nach Patmos, um letzte Einzelheiten mit Axel Springer zu besprechen. Der müde Hausherr stimmte in der Unterredung auf der Insel Christians Vorschlag zu, 10 der 49 Prozent zu plazierenden Aktien dem wenig geliebten Leo Kirch verkaufen. Das würde dem Verkauf des Restes guttun. Aber nicht mehr, meinte Springer. Je ein Prozent der Aktien schenkte er seinem Alleinvorstand Peter Tamm und *Bild*-Chef Günter Prinz (die ihre Anteile bald mit Gewinn Leo Kirch überließen).
Dem Chef der Deutschen Bank war es außerdem gelungen, Axel Springer zu überzeugen, daß er durch eine Vinkulierung der Aktien – Kauf und Verkauf stimmberechtigter Aktien nur mit Einverständnis des Unternehmens – das Imperium sogar dann kontrollieren könne, wenn er selbst nur noch eine Aktie besäße. Doch schon bald murmelte Axel Springer: »Das ist nichts mehr für mich.« Bernhard Servatius wurde Vorsitzender des Aufsichtsrats, Frieder Burda sein Stellvertreter.
Ende Juli 1985 war der Verkauf an der Börse vollzogen. Axel Springer erklärte seiner Belegschaft seinen Entschluß: »Ich bin 73 Jahre alt. Nachdem mein Sohn Axel von uns gegangen ist, habe ich keinen direkten Erben mehr, der den Verlag kurzfristig persönlich weiterführen könnte ... Ich habe sichergestellt, daß es keinerlei unerwünschte Einflußnahme von seiten unerwünschter Interessen auf die Journalisten, die Objekte und die Politik unseres Hauses geben wird ... Die verlegerische Verantwortung bleibt nach wie vor in meinen Händen.«
Als er die Worte diktierte, hatte er keine drei Monate mehr zu leben. An Friede Springers 43. Geburtstag, dem 15. August, entstand in seinem Haus »Fuxfarm« in Klosters das letzte Photo des Paares. Wieder erkältete er sich und begab sich noch im selben Monat zur Behandlung ins Kantonshospital nach Zürich. Anschließend wollte er sich am Genfer See Frischzellen spritzen lassen, die ihm im Frühjahr gutgetan hatten. Professor Wolfgang

Horst, sein hervorragender alter Arzt aus Hamburg, der nun in Zürich wirkte, riet ab. Denn Frischzellen sind für einen Patienten gefährlich, wenn er Fieber oder eine Infektion hat. In Vevey hatten die Ärzte weniger Bedenken und spritzen Zellextrakte. Axel Springer reiste nach Zürich zurück, in seine stets gleiche Suite im »Dolder«.
Am Montag, den 2. September, so berichtet Axel Springers Vertrauter Bernhard Servatius, habe er den Verleger und seine Gattin in dem Hotel aufgesucht. Wie so häufig in den letzten Jahren habe Axel Springer im Bett gelegen. Zwei Stunden hätten die beiden Testamentsänderungen besprochen, die der Verleger zugunsten seiner Frau, seiner Enkelin Ariane und seines Sohnes »Lumpi« noch vornehmen wollte. Als Servatius weitere Punkte erörtern wollte, wehrte Axel Springer ab: »Sehen Sie sich an, was Sie jetzt schon angerichtet haben«, sagte er und schlug die Bettdecke zurück. Sein Pyjama war völlig durchgeschwitzt.
Noch am Abend desselben Tages flog Servatius nach Berlin, um die besprochenen Änderungen am Dienstagmorgen so früh diktieren zu können, daß Axel Springer sie in seinem Haus »Tranquillitati« vorfand, als er und seine Frau Friede nach einem stürmischen Gewitterflug am Nachmittag jenes Tages ebenfalls in Berlin eintrafen. Axel Springers Gesundheitszustand war jammervoll. Leidend lag er im Bett. Trotzdem stand er am Mittwoch, den 4. September auf, fuhr in die Stadt und betrat zum letzten Mal sein Verlagshaus in der Kochstraße, den Leuchtturm der Freiheit an der Mauer.
Der neue Aufsichtsrat der Axel Springer Verlag AG hatte sich dort zu seiner konstituierenden Sitzung versammelt. Axel Springer sah elend aus und richtete ein paar Worte an das Gremium. »Dabei«, so erinnert sich Friede Springer, »zitterte er am ganzen Körper, hielt sich an einer Stuhllehne fest.« Jedem Anwesenden gab er die Hand. Dem oft gescholtenen Peter Tamm legte er beide Hände auf die Schulter: »Diesem Mann habe ich viel zu ver-

danken«, sagte er leise. Dann leerte er ein Glas Champagner auf das Wohl des Hauses, saß noch für ein paar Minuten allein auf einem Sofa in einem kleinen Nebenzimmer und kehrte heim nach »Tranquillitati«.

Die nächsten 16 Tage verließ er nur noch selten das Bett, schrieb ein paar Briefe, telephonierte mit wenigen Vertrauten. Seine Frau Friede pflegte, behütete ihn und schirmte ihn ab. Sein Berliner Arzt Volker Regensburger, der Urlaub gemacht hatte, kehrte zurück und schlug vor, Axel Springer sofort ins Krankenhaus einzuliefern. Aber noch galt das Wort des Königs. Und der wollte nicht von Friede getrennt werden. Erst als er zu geschwächt war, weiteren Widerstand zu leisten, fuhr sie mit ihm am Samstagmorgen, den 21. September, ins Martin-Luther-Krankenhaus. Den ganzen Tag verbrachte sie bei ihm. Nachts wachte ein Medizinstudent am Bett des Todgeweihten.

Am nächsten Morgen, am Sonntag, den 22. September, saß Friede Springer wieder an seinem Bett. »Ich wußte beim ersten Blick, daß Axel diesen Tag nicht überleben würde«, erinnert sie sich. »Er freute sich, mich zu sehen, nahm meine Hand und sagte: ›Du bist fabelhaft.‹« Sie las ihm die Losung vor, die auf seinem Kalender für diesen Tag stand, seltsamerweise Worte aus dem Evangelium des Johannes: »Ich bin die Auferstehung und das Leben. Wer an mich glaubt, der wird leben, ob er gleich stürbe.«

Friede Springer hat Axel Springers letzte Minuten aufgezeichnet: »Die Tränen liefen mir übers Gesicht. Axel verstand meine Tränen nicht, als ich meinte: ›Das ist für dich geschrieben.‹ Er nickte, zwinkerte mir zu und fragte: ›Warum weinst du?‹ Ich hatte keine Antwort. Wir sahen uns an. Axel strahlte eine heitere Gelassenheit aus, war voll Frieden. Er fror nicht, er hatte keine Schmerzen, nichts quälte ihn mehr. Alles, alles war für ihn in Ordnung. Ich aber fragte ihn voller Sorge: ›Axel, wie geht es dir?‹ Er schaute mich an und sagte mit etwas verzerrter Stimme: ›Es könnte nicht besser sein!‹ Im gleichen Moment hörte sein Herz auf zu schlagen.« Auf der Intensivstation wurde sein Herz noch einmal zum Schlagen gebracht, aber das Bewußtsein erlangte er nicht wieder.

Eine im Bündel seiner Krankheiten zu spät erkannte Herzmuskelentzündung wurde als letzte Todesursache genannt. Sie wird in vielen Fällen erst post mortem festgestellt. So auch bei Axel Springer. Seine beabsichtigten Testamentsänderungen hatte Axel Springer nicht mehr handschriftlich niedergeschrieben, wie es nötig gewesen wäre, um sie gültig werden zu lassen.

Einen Tag nach Axel Springers Tod erhielt die Witwe von Bundespräsident Richard von Weizsäcker einen handgeschriebenen Brief. »Sein großes Herz hat es vermocht, seine Zeit und seine Mitmenschen zu bewegen«, hieß es darin über den Toten. »Axel Springer war ein starker und zugleich gütiger Mann«, befand US-Präsident Ronald Reagan.

Der Trauergottesdienst fand am 27. September 1985 um zehn Uhr in Berlins Kaiser-Wilhelm-Gedächtniskirche statt, zu deren Erhaltung und Neubau Axel Springer so viel beigetragen hatte. Die Feier ähnelte einem Staatsakt. Der Bundespräsident hatte einen Besuch im Sudan verschoben, um dabeisein zu können. Bundeskanzler Helmut Kohl vertagte eine Konferenz mit den Länderchefs in Bonn. Fünf von ihnen kamen statt dessen, wie Kohl, in die geteilte Stadt, um Axel Springer die letzte Ehre zu erweisen: Ernst Albrecht, Uwe Barschel, Eberhard Diepgen, Klaus von Dohnanyi und Duzfreund Franz Josef Strauß. Der hatte Tränen in den Augen.

Die sechs Stufen zum Gotteshaus waren mit Blumengebinden bedeckt. Im achteckigen Inneren dämpften 22 000 kleine Fenster aus Chartres-Glas das Licht der Septembersonne. Vor dem Altar stand auf einem Katafalk Axel Springers heller Eichensarg, umgeben von Kränzen und brennenden Kerzen, bedeckt mit seinen Lieblingsblumen – 3000 rosa Moosröschen in Schleierkraut. In der ersten Reihe der Trauergemeinde saß seine Familie – die schöne Witwe, Schwester Inge, Tochter Bärbel, Sohn »Lumpi« und die Enkelkinder Ariane und Axel Sven. Zu den 500 geladenen Trauergästen gehörten neben jeder Menge an Trägern von Würde und Wichtigkeit alte Freunde wie Max Schmeling, Walter Salomon und Teddy Kollek, John Jahr, Frederick Ullstein und Bibi Bibernell, aber auch Prinz Louis Ferdinand von Preußen, Reinhard Mohn und die Burda-Brüder. Weitere Plätze waren für die Allgemeinheit freigehalten – bei weitem nicht genug. Über 1000 Menschen, die keinen Raum mehr in der Kirche gefunden hatten, hörten die durch Lautsprecher nach draußen übertragene Trauerfeier und nahmen unter freiem Himmel Abschied von Axel Springer. Die Berliner liebten ihn – wie seit einem Vierteljahrhundert.

Der Gottesdienst begann mit einem Musikstück, das der Tote für diesen Anlaß selbst ausgesucht hatte: das Adagio für Orgel und Streicher in g-moll von Tommaso Albinoni. Dann sangen die Schöneberger Sängerknaben, was einst Axel Springer und Hermann Firchow gemeinsam gesungen hatten: »Selig seid Ihr – wenn Euch die Menschen schmähen – unter Freunden«. Es sprachen am Sarg: Bischof Jobst Schöne, Kanzler Kohl, Berlins Bürgermeister Diepgen, Jerusalems Bürgermeister Kollek, John Silber, dessen Boston University den Verstorbenen zum Ehrendoktor ernannt hatte, und der Vorstandsvorsitzende Peter Tamm. Am Nachmittag desselben Tages wurde Axel Springer in märkischer Erde beigesetzt. »Ich möchte in Berlin sterben und in Berlin begraben sein«, hatte er sich gewünscht. Und wie gewohnt geschah, was er begehrte. Gegen 16 Uhr fand er auf dem evangelischen Waldfriedhof Nikolassee, nicht weit von seinem Haus »Tranquillitati« entfernt, die letzte Ruhe. Nur seine Familie und ein paar Freunde gaben ihm das Geleit auf dem Gottesacker, der von Birken und Kastanien, Linden, Kiefern und Tannen gesäumt ist. Seine Witwe Friede warf ihm einen kleinen Strauß seiner Lieblingsrosen ins offene Grab.

Auf Axel Springers Grabstein aus Travertin steht die Johannes-Losung seines Todestages, die sie ihm auf dem Totenbett vorgelesen hatte: »Ich bin die Auferstehung und das Leben. Wer an mich glaubt, der wird leben, ob er gleich stürbe.« Und darunter:

AXEL SPRINGER
* 2.5.1912 † 22.9.1985

»Er war ein großer Deutscher«, hatte Kanzler Kohl ihm in der Gedächtniskirche nachgerufen. »Man spricht von einem großen Mann«, waren die Worte von Axel Springers Hirten Jobst Schöne: »Am größten, denke ich, war er, wenn er als Christ vor seinen Gott trat, vor ihm die Knie beugte, Vergebung erbittend und empfangend ...«

Literatur

Böll, Heinrich: Bild – Bonn – Boenisch. Köln 1984
Böll, Heinrich: Die verlorene Ehre der Katharina Blum. Köln 1974
Demant, Ebbo: Von Schleicher zu Springer – Hans Zehrer. Mainz 1971
Doering, Daniela: Axel Springer und die DDR. Berlin 1999
Ermann, Hans: August Scherl. 1954
Ferris, Paul: The House of Northcliffe. London 1971
Geschichte des Verlagshauses Axel Springer. 1990
Jacobi, Claus: 50 Jahre Axel Springer Verlag. Berlin 1996
Jakobs, Hans-Jürgen/Müller, Uwe: Augstein, Springer & Co. Zürich 1990
Jürgs, Michael: Der Fall Axel Springer. München 1995
Kloepfer, Inge: Friede Springer. Hamburg 2005
Kruip, Gudrun: Das *Welt-Bild* des Axel Springer Verlages. München 1999
Lohmeyer, Henno: Springer. Berlin 1992
Müller, Hans Dieter: Der Springer-Konzern. München 1968
Naeher, Gerhard: Axel Springer. Erlangen 1991
Nigg, Walter: Bleibt ihr Engel. Berlin 1978
Posche, Ulrike: Weibliche Übernahme. Frankfurt 2004
Rhein, Eduard: Der Jahrhundertmann. Wien 1990
Seebach, Carl-Heinrich: Schierensee. Neumünster 1974
Springer, Axel: An meine Kinder und Kindeskinder. Berlin 1981
Springer, Axel: Aus Sorge um Deutschland. Stuttgart 1980
Springer, Axel: Von Berlin aus gesehen. Stuttgart 1971
Springer, Friede: Die Freunde dem Freund. Berlin 1986
Stolz, Benedikt/Weiss, Franz: Johannes auf Patmos. Stein am Rhein 1971
Taufar, Barbara: Die Rose von Jericho. Wien 1994

Danksagung

Mein besonderer Dank gilt dem Unternehmensarchiv der Axel Springer AG unter Leitung von Dr. Erik Lindner. Ohne seine freundliche Hilfsbereitschaft hätte ich dieses Buch so nicht schreiben können.

C.J.

Bildnachweis

Unternehmensarchiv der Axel Springer AG: 1, 2, 3 4, 6, 7, 8, 9, 10, 11, 12, 13, 14 (Wolfgang Fischer), 15, 16, 17, 19, 21, 22 (Gabriele du Kniaze), 23, 24, 25 (Klaus Kuhnigk), 26, 28 (Schmidt-Luchs), 30, 31, 37 (Stark), 38, 40 (Kiesel), 46 (Walter Becher), 47 (Jochen H. Blume), 50 (Peter Timm), 51 (Klaus Kuhnigk), 52 (Lederer), 54 (Lederer), 58 (Harald Paulenz), 59, 60, 65, 66, 67; Christian Kracht: 35; Bild: 5, 27, 33, 36 (Bera), 39, 49 (Ulf Schneider), 64, 68 (Harry Hampel); dpa: 18 (Schaffrath), 69 (Chris Hoffmann); Joachim-Eicke-Verlag: 55; ullstein bild: 20 (Hugo Schmidt), 41, 43 (Sven Simon), 44 (Vinage), 45 (AP), 56, 57, 70; SvenSimon: 34, 42, 48, 62, 63.

Einige der verwendeten Fotos besitzen keinen Urhebervermerk. Sofern ein Fotograf bzw. Rechteinhaber Urheberrechte beansprucht, bittet der Verlag um Kontaktaufnahme.

Register

Abel, Oberst 189
Abs, Hermann Josef 195
Adenauer, Konrad 24, 40, 42, 44f., 48, 53, 55, 150, 153, 160, 169, 173, 180, 182f., 186–191, 211, 220f., 223, 225, 285, 326
Adorno, Theodor 223
Ahlers, Conrad 200, 218, 239, 287
Albers, Hans 92, 126
Albrecht, Ernst 320, 343
Alsen, Horst-Herbert 140f., 143, 192f., 272
Amman, Max 95
Arning, Hermann F. 226f.
Assisi, Franz von 163–166, 168
Augstein, Rudolf 10, 16, 22, 35, 42, 55, 109, 182, 200f., 207, 211, 220–222, 230, 299, 336

Baader, Andreas 259–261, 268
Bachér, Peter 248f.
Bachmann, Josef 229
Bahr, Egon 44, 53f., 254f.
Baldner, Max »Bimbo« 139, 195
Baldner, Charlotte »Bimba«, geb. Lindemann 195f.
Barnetson, Lord 110
Barschel, Uwe 343
Barzel, Rainer 189
Bauddissin, Carolin-Elisabeth Dorothea von 321f.
Beaverbrook, Lord 190
Beckermann, Dr. 101
Beitz, Berthold 144f., 242

Ben Gurion, David 45, 218, 256, 290
Ben Nathan, Asher 215
Bergman, Ingrid 13
Bergmann, Hans Georg 283
Beuthien, Reinhard 148
Bibernell, Irmgard »Bibi« 89, 98, 106, 117, 179, 324, 344
Biermann, Wolf 266
Bismarck, Otto von 10, 58, 144
Bleicken, Kietje 280
Bluhm, Hans 198
Blüm, Norbert 327
Blumenfeld, Erik 66, 109, 119, 138, 153, 170, 215
Blumenfeld, Sybille 138f.
Blunck, Richard 120
Boden, Prof. 161, 167
Boenisch, Peter 25, 43, 189f., 197f., 224, 236, 247f., 266
Bohm, Hark 266
Böll, Heinrich 231, 264–267, 314
Bölling, Klaus 54
Bonhoeffer, Dietrich 160f.
Borchardt, Ulrike 30
Bouvier, Jacqueline 156
Brandt, Willy 11, 16, 43, 52–55, 170, 185, 187f., 190, 205, 211f., 223, 237, 246, 248, 250f., 253–255, 259, 285, 287f., 313
Brauchitsch, Eberhard von 239f., 242, 244–247, 270, 300
Brauer, Max 43, 60, 77f., 122, 126, 143

Brecht, Bertolt 262
Breuer, Karl 193
Broschek, Albert 65
Buback, Siegfried 260, 268
Bucerius, »Ebelin« 119
Bucerius, Gerd 35, 55, 60, 108, 119, 152, 155, 177, 200f., 239
Buhre, Lisa 112f.
Burda, Franz jun. 317, 344
Burda, Franz sen. 35, 45, 211, 317
Burda, Frieder 317, 320, 340, 344
Burda, Hubert 317, 344
Busack, Jürgen 52
Bush, George sen. 13
Byron, Lord 22

Carstens, Karl 44, 310
Carter, Jimmy 16, 46
Castro, Fidel 285
Chen, Chiyin 69
Christian IV., König von Dänemark 58f.
Christian VII., König von Dänemark 58, 321
Christians, Friedrich Wilhelm 340
Chruschtschow, Nikita 43, 45, 169–176, 205
Claudius, Matthias 21, 39, 322, 328
Cortez, Donoso 327
Covents, Helmuth »Moische« 98, 112, 191
Cramer, Ernst 43, 199, 209, 215, 276, 315
Cranach, Lukas 31, 163, 262, 299, 326
Czepuk, Harri 235

348

Dahrendorf, Lord 115
Dalai Lama 13
Dayan, Moshe 218
De Gaulle, Charles 46
Defregger, Franz 33
Delmer, Sefton 17, 154
Dependorf, Robert
 »Bobby« 82f., 138, 142, 268f., 297
Dickens, Charles 123
Diehl, Günter 123, 134
Diepgen, Eberhard 343f.
Djilas, Milovan 265
Dohnanyi, Klaus von 16, 343
Döring, Guschi 123
Dorsch, Käthe 195
Dubček, Alexander 234
Dulles, Allen 184
Dutschke, Rudi 223, 227, 229, 231

Ebert, Marianne 101
Eckardt, Felix von 153, 183
Egel, Karl Georg 235
Eggebrecht, Axel 114f.
Ehmke, Horst 239
Eichbaum, Otto 68
Eichendorff, Joseph von 50
Eisenhower, Dwight D. 169
Elisabeth II., Königin von England 324
Emslander, Richard F. 29
Engelmann, Bernt 235
Ensslin, Gudrun 259–261, 268
Eppler, Erhard 53f.
Erdl, Lois 237
Erhard, Ludwig 55, 257
Eskuchen, Ernst 88
Etté, Bernhard 69f.
Evertz, Alexander 327

Fassbinder, Rainer-Werner 302f.
Fechter, Peter 206, 210, 255
Ferenczy, Josef von 243

Feyerabend, Joachim 246
Firchow, Hermann 66f., 87, 141, 301, 344
Firle, Otto 142, 195
Fischer, Manfred 239
Flaischlen, Cäsar 63
Fleer, Fritz 263
Flick, Friedrich Karl 245f., 300
Flüe, Nikolaus von der 163–165, 168, 263
Fock, Gorch 121
Forst, Willy 196
Frederik VIII., König von Dänemark 59
Freud, Sigmund 21
Frey, Johannes 64
Friedrich II. der Große, König von Preußen, der »Alte Fritz« 13, 21, 232, 320f.
Friedrich Wilhelm III., König von Preußen 258
Frisch, Max 194
Funke, Fred 77
Fust, Horst 249

Gabel, Ernst 275
Garland, Henry B. 153f.
Gaus, Günter 53
Géczy, Barnabas von 82
Genscher, Hans-Dietrich 311
Gerstenmaier, Eugen 184
Gibson, W. E. 153f.
Gillhausen, Rolf 285
Giovanetti, P. L. 136
Globke, Hans 42, 186f.
Gneisenau, August Graf 258
Goethe, Johann Wolfgang von 39, 49, 62, 132, 162, 229, 293, 313
Goetz, Curt 140
Goppel, Alfons 257
Gorbatschow, Michail 13
Göring, Hermann 195
Görlitz, Walter 157
Goverts, Henry 93
Graham, Billy 335
Grass, Günter 49, 54, 211, 264–266

Greifzu, Julius 294
Grippain, Dr. 106
Gruner, Richard 200f.
Guillaume, Günter 53
Günther, Eberhard 222

Haffner, Sebastian 49
Hagen, Karl-Heinz 185, 194, 197, 249, 299, 302
Hagen, Willi 95
Hammerich, Johann Friedrich 58
Hansemann, Walther 28, 68, 70, 112, 114, 120–122, 191f.
Harmsworth, Alfred Charles William 33
Hass, Hein 138
Hearst, William Randolph 33
Herzog, Chaim 218
Hetherington, Alastair 154
Hetzel, Ina 25, 153, 162, 170, 275
Heuss, Theodor 11
Hilty, Carl 326
Hindenburg, Paul von 70, 91
Hisam, Horst Günther 287
Hitler, Adolf 10f., 27, 49, 70f., 77f., 80, 88, 91, 96, 186, 188
Hoboken, Annemarie von 194
Hoboken, Anthony von 194
Hoffmann, Heinz 38, 141
Hollander, Walther von 114, 120
Holm, Camillo 87, 98
Honecker, Erich 53
Horkheimer, Max 223
Horst, Wolfgang 30, 340f.
Hugenberg, Alfred 33
Huijsman, Nikolaus 109
Humboldt, Wilhelm von 335

Iljitschow, ??? 171f., 175
Ionesco, Eugène 265

Jacobi, Claus 12f., 216
Jahr, John jun. 200
Jahr, John sen. 86, 94f., 99–102, 106–109, 111, 120, 140, 148, 180, 200f., 233, 283, 316, 344
Jahr, Michael 283
Jens, Walter 264
Johannes Paul II., Papst 259
Jonas, Julius 95
Jud, Felix 80, 98, 111
Juhnke, Harald 250
Jungclaussen, Emmanuel 333f.
Jürgs, Michael 10, 218

Kaden, Dr. 88
Kaisen, Wilhelm 43
Kamp, Willy 196
Kapeller, Ludwig 115
Kapp, Wolfgang 90
Karajan, Herbert von 13, 211
Karstadt, Rudolph 59
Karstens, Ernst 82–84
Kästner, Erich 102
Katharina die Große, Zarin von Rußland 320f.
Keller, Gottfried 99, 123
Kennedy, John F. 45, 156, 184f., 188f., 220
Kiesinger, Kurt Georg 55, 223
Kinau, Rudolf 60
King, Cecil 38, 146, 211
Kirch, Leo 247, 306, 340
Kirkpatrick, Sir Ivone 151
Kissinger, Henry 45
Kleiber, Erich 196
Kleinlein, Friedrich 64
Klemperer, Otto 59
Kloepfer, Inge 272
Knuth, Gustav 98
Koch, Thilo 222
Kohl, Helmut 10, 13, 44, 53, 55, 246, 311–313, 343f.
Köhnlechner, Manfred 238f.
Kokoschka, Oskar 13, 208, 210f., 280, 285

Kollek, Teddy 13, 47, 216–218, 344
Kracht, Christian 25, 38, 41, 135f., 143, 145, 152f., 159, 166, 170f., 178–180, 199, 201, 221, 230–235, 237–243, 247, 273, 294, 300f., 317f
Kreisky, Bruno 274
Kremp, Herbert 251, 289
Krone, Heinrich 186f.
Kroyer, Peder Severin 321
Krupp, Bertha 196
Kruse, Wiebeke 59
Krusenstiern, Alfred von 335
Kuby, Erich 225
Kuhn, Johannes 299
Kunz, Jürgen 27f.

Lafontaine, Oskar 52
Lahmann, Mary 275, 324
Landrock, Heino 99
Leber, Georg 43
Lehmann-Kalisch, Lilly 323
Lehmann-Pentin, Erika 297f.
Leibniz, Gottfried Wilhelm 309
Leichsenring, Hans 186
Leip, Hans 60
Lenz, Siegfried 264, 266
Ley, Robert 94
Liesner, Claus 41
Lissner, Ivar 145
Lohse, Eduard 330
Lorenz, Lovis H. 155
Lorenz, Werner 140, 180
Löwenthal, Gerhard 244f.
Lübke, Heinrich 211–213, 225
Lüdmann, Renate 290, 294f.
Lungagnini, Henrik 324f.
Lüscher, Max 147
Luther, Martin 21, 310

Mahler, Horst 230
Mahnke, Horst 42, 199

Mann, Golo 231
Marcard, Enno von 141, 320
Marcuse, Herbert 223
Marczis, Heinz 260
Marek, Kurt W. 154f.
Marquardt, Werner 253
Marx, Karl 51, 259
Maßmann, Hans Ferdinand 212
Mathilde, Königin von Dänemark 59
Maupassant, Guy de 99, 123
Maximow, Wladimir 265
Mayer, Margot 72, 74f.
McCloy, John J. 160
McHugh, General 188
McRitchie, Steel 152, 154
Meinhof, Ulrike 231, 259–261
Meir, Golda 218
Mende, Erich 211
Mendelssohn-Bartholdy, Felix 211
Menne, Bernhard 152, 177
Meyer, Hans E. 95
Meyer, Mary 77
Meyer-Arndt, Lüder 190f.
Michael, Rudolf 39, 112, 125, 148–151, 155, 177
Mielke, Erich 235
Millies, Dan 96–98
Millies, Daniela und Renate 96
Mohn, Reinhard 238f., 306–309, 344
Morell, Theo 186
Müller, Hans 210
Müller, Thorsten 301
Müller-Marein, Josef 155, 226
Munch, Edvard 166
Münchmeyer, Alwin 320
Murrow, Ed 185
Müthling, Hans 271

Naeher, Gerhard 10
Nagel, Claus Dieter 276
Nannen, Henri 35, 52
Naumann, Friedrich 60

Neven DuMont, Alfred 35, 231
Niarchos, Stavros 18
Nigg, Walter 164f., 167, 331, 333
Niklaus, Carina 151
Niklaus, Roland 151
Nixon, Richard 13, 46, 312
Nolde, Emil 93
Norden, Albert 235
Nordhoff, Heinrich 211

Oetinger, Friedrich Christoph 276
Ohnesorg, Benno 225
Ondra, Anny 141
Opel, Fritz von 93, 195f.
Opel, Margot von 196

Pabst, Irina 270, 276
Pabst, Pierre 268–270
Paul VI., Papst 258
Peres, Shimon 218
Petersen, Rudolf 83
Ponto, Jürgen 260, 268
Pope, Lance 152
Powers, Gary 189
Preußen, Prinz Louis Ferdinand von 211, 320, 344
Prinz, Günter 194, 249–251, 313, 340

Raddatz, Fritz 266
Rasner, Will 170
Raspe, Jan-Carl 260f., 268
Reagan, Ronald 44f., 310f., 343
Reemtsma, Philipp 21, 80, 168
Regensburger, Volker 342
Reiche, Hans-Joachim 305
Remington, Frederic 33
Reuss, Eberhard Prinz 242f., 247
Reuss, Heike Prinz 300
Reuter, Ernst 43, 254
Rhein, Eduard 115–118, 124, 137, 198f., 299

Ribbentrop, Joachim von 27, 42
Riewerts, Broder 271
Riewerts, Christfried 271
Rilke, Rainer Maria 22
Ringelnatz, Joachim 60
Rockefeller, David 13
Rosh, Lea 54
Rostropowitsch, Galina 318–320
Rostropowitsch, Mstislav 25, 318–320
Rowohlt, Ernst 93, 155
Ruge, Gerd 172
Rühmann, Heinz 276
Rüschmann, Erika 24
Rusk, Dean 188

Sacharow, Andrej 265
Sachs, Gunter 17–19
Saldern, Caspar von 320f., 324
Saller, Martin 31, 328
Salomon, Ernst von 93, 194
Salomon, Walter 79, 83, 344
Samhaber, Ernst 155
Sass, Eugen von 314
Schabowski, Günter 182
Scharf, D. Kurt 329
Scherl, August 33
Schiller, Karl 43, 262
Schily, Otto 230
Schirach, Baldur von 94
Schirrmacher, Johanna 98
Schleicher, Kurt von 91
Schlesinger, Arthur 188
Schleyer, Hanns Martin 260–262, 268
Schlink, Basilea 298, 332f.
Schmeling, Max 102, 106–108, 141, 211, 331, 344
Schmidt di Simoni, Ewald 154f.
Schmidt, Helmut 17, 44, 53, 55, 234f., 261, 270, 311
Schmidt, Loki 16f., 234f., 281

Schmidt-Carell, Paul 27, 36, 42
Schnitzler, Karl Eduard von 115
Schöne, Jobst 331, 333, 344f.
Schreck, Friedrich 120
Schröder, Gerhard 54
Schulte, Heinrich 152, 197
Schultz, Prof. J. H. 89
Schultz-Dieckmann, Walter 23, 25, 83–85, 87, 98, 112, 126, 142, 268
Schulz, Günther T. 147
Schulze, Wilhelm »Schulze-Tokio« 123, 133
Schumacher, Kurt 50, 254, 312
Schürfeld, Gustav 160f.
Schütz, Klaus 274
Scripps, Howard W. 32
Seeler, Uwe 285
Seidel, Ina 194
Seidewinkel, Hulda 211, 214f., 269, 273f.
Servatius, Bernhard 239f., 305, 311, 314–316, 318, 339, 340f.
Sieker, Hugo 99
Siemer, Otto 22, 28, 36f., 39, 112f., 127, 133, 136f., 155, 177
Silber, John 344
Simon, Fritz 82f.
Sington, Derrick 152, 299
Sington, Traute 138
Sinjawski, Andrej 265
Sintenis, Renée 93
Smirnov, Andrej A. 169
Solschenizyn, Alexander 265, 320
Sommer, Theo 53
Sönksen, Hausmeister 28, 262f.
Springer Ariane 230, 284, 295, 338, 341, 344
Springer, Axel jun., alias Sven Simon 14f., 19, 23, 27, 87, 98, 142, 175,

193, 230, 272, 280–299, 315–317, 334, 338, 340
Springer, Axel Sven »Aggi« 230, 284, 295f., 320, 337–339, 344
Springer, Barbara Margot Inge »Bärbel« 27, 75, 77, 85, 98, 141, 151, 158, 193, 214, 272, 282, 338, 344
Springer, Cooky 337
Springer, Erna Frieda Bertha »Katrin«, geb. Küster 86f., 89f., 93, 96, 98, 137f., 140, 142, 147, 280–282, 296
Springer, Friede, geb. Riewerts 14, 18f., 30, 40, 51, 61, 269–276, 299, 310f., 315, 319f., 332, 334, 336–338, 340–344
Springer, Helga Babette Ilse Luise »Mausi« 192f., 272f., 284
Springer, Hinrich Andreas Theodor »Heino« 58–60, 65, 67f., 70, 78, 84, 95–97, 103, 106, 109, 113, 120, 122, 127
Springer, Inge 61, 78, 96–98, 344
Springer, Martha Auguste Henriette Ottilie, geb. Müller 61–64, 66f., 72–75, 77f., 80, 97f., 103, 113, 127, 131, 138f., 142f., 156, 158, 160, 191f., 229, 282
Springer, Martha Else »Baby«, geb. Mayer 72–77, 86, 98, 141, 195f., 255, 282, 299, 301
Springer, Raimund Axel Nicolaus »Lumpi« 27, 30, 78, 193, 272f., 322, 329, 337f., 341, 344
Springer, Rosemarie, geb. Koschwald 284, 290, 294f., 339
Springer, Rosemarie, geb. Lorenz 140–143, 146, 151, 158f., 161, 164,

166–172, 175, 177, 180, 193, 284
Spurling, Douglas 106
St. Laurent, Louis Stephan 159f.
Stalin, Josef 156, 171
Starke, H.F.G. 251
Stauffer, Teddy 82
Stenbock, Nils Graf 134
Stevenson, Louis 108
Stobbe, Dietrich 300
Strauß, Franz Josef 44, 52f., 170, 211, 220f., 246, 274, 304, 343
Strauß, Marianne 19
Struck, Barbara 262
Struensee, Johann Friedrich 59
Struwe, Ewald 302
Studnitz, Hans-Georg von 34, 245
Suhrkamp, Peter 93, 194
Swedenborg, Emanuel 326
Szimmetat, Arthur Friedrich 147

Tamm, Peter 23, 26, 37f., 41, 180, 207f., 229f., 232, 237, 239–244, 247–249, 255, 302, 314, 340f., 344
Tank, Kurt Lothar 92f.
Tauber, Richard 67
Taufar, Barbara 213–216, 218
Thälmann, Ernst 77
Thatcher, Margaret 46
Thederan, Will 117
Thiess, Frank 114
Tietz, Hermann 59
Titzrath, Werner 251, 328, 335
Toth, Joschi 123
Trebitsch, Gyula 246f.
Tüngel, Richard 155

Ulbricht, Walter 48f., 173f., 184f., 223
Ullstein, Frederick 35, 80, 344
Ullstein, Heinz 179f.

Ullstein, Rudolf 179f.
Underberg, Emil 93, 196

Vetter, Horst 29
Vieter, Albert 24
Vogel, Bernhard 306, 320
Vogel, Wolfgang 189
Vogt, Jochen 267
Vollhardt, Adam 186
Voß, Karl Andreas 20, 111f., 114, 118, 120, 126f., 136, 139, 142, 146, 148, 152f., 160f., 167, 193, 199, 211, 268, 270

Wagner, Julius 58f.
Wald, Hubertus 29
Walden, Matthias 19, 242, 245, 311, 314f.
Wallraff, Günter 266, 304
Walsemann, Edgar 78
Walser, Martin 264
Wehner, Herbert 17, 170
Weichmann, Herbert 43, 218
Weitpert, Hans 233
Weizsäcker, Richard von 285, 343
Werner, Ilse 108
Wienand, Karl 53
Wiesenthal, Simon 218
Witter, Ben 168, 304f.
Wolf, Markus 225
Wolz, Alwin 106

Zahn, Peter von 26, 114
Zangemeister, Andrea 313f.
Zehrer, Hans 86, 90–94, 128, 130f., 138, 148, 153–158, 162f., 165, 168, 177, 196f., 208–210, 242, 251, 268f., 315
Zehrer, Margot, geb. Susmann-Mosse 91f.
Zimmermann, Friedrich 312
Zöttl, Therese 33
Zuckmayer, Carl 93, 194
Zweig, Arnold 227